犯罪と市民の心理学

犯罪リスクに社会はどうかかわるか

小俣謙二・島田貴仁 編著

北大路書房

はじめに──犯罪と市民とのかかわりを扱う心理学の必要性

　ここ数年，犯罪認知件数はやや落ち着きを取り戻してきましたが，それでもまだ日々多くの犯罪が起き，人々の耳目を集めています。テレビや映画でも「犯罪モノ」は相変わらず人気を博し，最近では犯罪者プロファイリングや警察の心理部門を扱ったドラマまで作られています。大学でも「犯罪心理学」関係の授業は臨床心理学と並んで人気のある授業となっています。なぜ，これほどまでに人々は犯罪や犯罪心理学に大きな興味関心をもつのでしょうか。

　学生たちに何に興味をもったか聞いてみると，ひとつには快楽殺人や連続殺人などの凶悪犯罪への興味があげられます。おそらく，これには自分たちとはかけ離れた人間の「こころの底」を覗き見てみたいという気持ちがあるのでしょう。もうひとつは意外にも，捜査心理学的な興味です。警察がどのように犯罪を暴くのか，容疑者の「嘘」をいかに見破るかに関心があるようです。これら2つに共通するのは，犯罪への関心はすなわち「犯罪者への関心」である，ということです。同じことがアカデミックな領域である犯罪心理学研究にもあてはまります。歴史的に，日本での犯罪心理学研究の多くは，犯罪・非行の原因解明や，犯罪捜査・裁判・矯正保護といった刑事司法での応用に主眼が置かれてきました。そこでの研究の対象は犯罪者が中心であり，社会的環境，家庭的環境なども犯罪者（犯罪行為）の発生メカニズムの一環として取りあげられてきました。

　しかし，昨今の社会の変化を見ると，こうした犯罪者理解の犯罪心理学にとどまらない，犯罪と市民とのかかわりを扱う新しいアプローチの必要性を痛感します。たとえば，犯罪といえば殺人などの凶悪事件がすぐ想像されますが，実際には，ひったくりや振り込め詐欺などの身近な犯罪の方がはるかに発生件数は多く，市民への被害予防対策の普及が求められます。また，近年，市民による自主防犯活動がさかんになってきていますが，一方で，活動が長続きしないことが大きな問題となっています。これらは，犯罪の総量抑止や未然予防を目的とする警察の生活安全部門の大きな課題でもあります。2009年から始まった裁判員制度も，犯罪に対する市民の新しいかかわり方であり，しかも社会的影響は大きいといえます。また，犯罪被害者への支援や，刑務所や少年院に収容されていた元犯罪者・非行少年の円滑な社会復帰は，市民が暮らす社会の安寧に直結する，古くて新しい課題です。これらは，いわば犯罪というリスクに一般市民がどうかかわるかと

いうことにほかなりません。

　本書は，従来の犯罪者理解のための心理学を超えた，心理学の幅広い分野からのアプローチによって，犯罪と市民とのかかわりに関する心理学研究を確立したい，という編者の思いから生まれました。たとえば，子どもや高齢者といった犯罪弱者を理解し，安全なまちづくりを進めるためには，発達心理学や環境心理学の知識が不可欠です。市民の犯罪不安を鎮め，防犯対策を普及させるためには，リスク認知や説得，メディア研究などの社会心理学や認知心理学の知識が有効な枠組みを提供してくれるはずです。加害者・被害者の責任判断には，社会心理学の帰属理論が，被害者支援や犯罪者・非行少年の社会内処遇を進めるには，コミュニティ心理学や臨床心理学の知識がそれぞれ不可欠です。

　このように，従来の犯罪心理学が他の心理学と交流を深めることで，犯罪者でも被害者でもない一般市民が犯罪にどうかかわるかのメカニズムの解明につながることが期待されます。これらの研究で得られた知見は，実務や政策にも大きく貢献することでしょう。

　本書の出版にはもうひとつの狙いがあります。それは日本の心理学界における犯罪研究の広がりへの対応です。日本の犯罪心理学研究はおもに，警察や法務省の実務家に支えられており，大学での教育体制は，犯罪研究で卒論や修論を書きたい学生のニーズにこたえられていません。しかし，大学教員にも社会貢献を求める昨今の風潮や，大学院重点化による大学院生増加の影響も手伝ってか，日本心理学会大会の「犯罪・非行」部門での発表は年々増加しています。また，かつては実務家が中心だった日本犯罪心理学会大会でも，防犯をテーマに取り上げた大学教員や大学院生による発表が増加し，2007年以降「防犯」部門が設けられています。

　このような犯罪研究での心理学のすそ野の広がりは歓迎すべきことですが，一方で，犯罪心理学が主専門でない大学教員にとっては犯罪実態や刑事司法実務への理解が，大学院や学部の学生にとっては犯罪研究を指導できる大学教員の不足が，それぞれ研究の質の確保の上で課題になってくるように思います。このため，本書では，犯罪研究に新規参入したい大学教員や学生に対して，各テーマの理論の系譜や，研究事例，政策的意義などを提供することをもうひとつの狙いとしました。

　社会心理学会や，法と心理学会などでも本書の趣旨に合致した報告が現われつつありますが，現時点ではまだ大きな流れにはなっていないように思います。本

書を世に問うことが，より多くの研究者，実務者の研究を促し，新しい犯罪研究とその成果の社会還元をもたらす起爆剤となることを期待しています。

　以上のような問題意識から，本書は3部構成をとりました。
　第1部では，「市民の意識・行動と犯罪」をテーマに，市民が日常生活を送るなかで，犯罪や犯罪の当事者と無意図的にかかわる場面をおもに取り上げました。具体的には，マス・メディアと犯罪不安，ライフスタイルと犯罪被害，犯罪と援助行動，犯罪被害者に対する第三者の態度といった問題についての研究を取りあげています。
　第2部では，「市民と防犯対策」をテーマに，市民が犯罪に対して意図的にかかわる場面を「犯罪予防」という視点からまとめてみました。そこでは，対処行動とコミュニケーション，コミュニティと防犯，場所に基づく犯罪予防，子どもの遊びと防犯といった問題を取りあげています。
　第3部では，「市民と刑事司法」をテーマに，裁判員制度や犯罪被害者対策など，刑事司法制度のなかでの新しい市民と犯罪とのかかわりを取りあげています。また，各章末の「ピックアップ」では，各章の内容に関連した概念や研究法を短く取りあげています。
　本書が扱った研究領域は，まだ萌芽的な段階にありますが，幸いにも多くのすぐれた，かつ意欲的な執筆者のご協力を得ることができました。執筆者にポスドク研究者や大学院生が多いことにお気づきの方もおられるかもしれません。彼らの多くは，大学院修了後，あるいは大学院博士課程に在学しながら，科学警察研究所と大学，民間との共同研究プロジェクト（RISTEX）「子どもの被害の測定と防犯活動の実証的基盤の確立」に参画しています。編者2人が，欧米の犯罪研究の幅の広がりに比べて，日本の犯罪研究の体制がなかなか追いつかないと危惧していたところに，日本の犯罪研究でかつて類をみなかった大規模研究プロジェクトがスタートし，そこに参加した若手研究者や大学院生が「触媒」となることで，本書の構想は一気に加速しました。このプロジェクトの副産物ともいえる本書は，かれら若い人的資源と並んで，これからの日本の犯罪研究の基盤になるものと確信します。プロジェクト代表者でもある原田豊・科学警察研究所犯罪行動科学部長には本書企画に対し多大な支援を賜りました。記して感謝いたします。
　また，北大路書房のみなさん，特に編集担当の奥野浩之さんには，日本では前例をみない，この出版企画を受け止めていただき，大変なお世話になりながら出版という形にたどり着きました。ここに記してお礼を申し上げます。

本書の原稿が集まり，編集も最終段階に達したところで，東日本大震災が発生しました。その死傷者数は阪神大震災を上回り，原子力発電所の事故も発生1か月が経過して，なお収束の兆しをみせません。被災地では窃盗など各種犯罪の発生が報告されているほか，主にインターネットを介した流言や，被災地から遠く離れた首都圏での生活物資の買占めなどの過剰反応が問題になっています。また，原子力発電所の事故では，リスクに関する情報発信のあり方やリスク管理機関への信頼も大きく問われることとなりました。

　犯罪と災害の違いこそあれ，これらの事象は，本書の副題である「リスクに社会はどうかかわるか」という共通の視点でとらえることができます。本書が，犯罪だけには限らない社会の中の多種多様なリスクに対して，市民ひとりひとりがどのようにかかわるかを考えるきっかけになれば幸いです。

2011年　4月
編者　　小俣　謙二
島田　貴仁

目　次

はじめに i

第1部　市民の意識・行動と犯罪 …………………………………………………… 1

第1章　犯罪不安とリスク認知 ……………………………………………… 2

第1節　犯罪と市民の心理―研究の意義　2
第2節　犯罪不安とリスク認知―その定義と相互関連　6
第3節　犯罪不安研究の歴史　10
第4節　犯罪不安に影響する要因　17
第5節　今後の展望―犯罪をめぐる認知，感情，そして行動へ　20
ピックアップ1　世界と日本の犯罪被害調査　23

第2章　マス・メディアと犯罪不安 ………………………………………… 27

第1節　犯罪情報の情報源としてのマス・メディア　27
第2節　マス・メディアが描く犯罪　29
第3節　マス・メディアと犯罪不安に関する研究の系譜と研究方法　30
第4節　マス・メディアと犯罪不安に関する説明理論　31
第5節　マス・メディアへの接触が犯罪不安・被害リスク認知に及ぼす影響　33
第6節　まとめと今後の展望―犯罪情報の影響力の解明に向けて　39

第3章　ライフスタイルと犯罪被害 ………………………………………… 42

第1節　人，場所，時間によって異なる被害リスク　42
第2節　犯罪予防への応用　43
第3節　理論的発展　45
第4節　既存研究のアプローチ　51
第5節　まとめと今後の展望―犯罪被害リスクの削減のために　56
ピックアップ2　小地域集計データの利用　58

第4章　犯罪と援助行動 ……………………………………………………… 62

第1節　犯罪と援助行動―対立する概念か　62

第2節　アプローチにかかわる方法論　63
　第3節　援助行動を研究するきっかけとなったとされる事件　64
　第4節　援助行動と犯罪行動の事例　65
　第5節　従来の行動説明モデル　67
　第6節　援助行動と犯罪に関連する要因　71
　第7節　インターネットのなかの援助と攻撃　74
　第8節　まとめと今後の展望―援助行動の新たなモデルと今後の可能性　74
　　ピックアップ3　恥と犯罪　76

第5章　性犯罪被害者への非難と責任帰属　80

　第1節　なぜ被害者への非難を問題とするのか―研究の実際的意義　80
　第2節　性犯罪被害者への責任帰属や非難はどのように研究されているのか　82
　第3節　性犯罪被害者への責任帰属，非難をもたらす要因　88
　第4節　今後の展望―現実問題への応用可能性　95
　　ピックアップ4　性犯罪神話研究の現状と展望　99

第2部　市民と防犯対策　103

第6章　対処行動とコミュニケーション　104

　第1節　犯罪対処行動　104
　第2節　リスクとしての犯罪の性質　108
　第3節　犯罪予防のためのコミュニケーション　112
　第4節　説得的コミュニケーションとしての側面　115
　第5節　リスク・コミュニケーションとしての側面　120
　第6節　今後の展望―犯罪に備えるために　124
　　ピックアップ5　犯罪予防　126

第7章　コミュニティと防犯　130

　第1節　コミュニティと防犯をめぐる社会の動き　130
　第2節　本章におけるコミュニティの定義　131
　第3節　防犯研究における犯罪へのアプローチの変化　132
　第4節　犯罪の1次予防における地域住民の自主防犯活動への関心の高まり　135

第5節　近隣地域住民による自主防犯活動の背景理論　138
第6節　今後の展望──持続可能な防犯活動に向けて　145
ピックアップ6　根拠（エビデンス）に基づく実務──防犯対策を賢く選ぶために　149
ピックアップ7　青色防犯パトロールは有効か　155
ピックアップ8　ソーシャルキャピタルの防犯への役割　157

第8章　場所に基づく犯罪予防　161

第1節　犯罪と場所とのかかわり　161
第2節　場所に基づく犯罪予防の諸理論　164
第3節　日本における「場所と犯罪」研究　175
第4節　今後の展望──防犯環境設計論の枠組みを超えて　180
ピックアップ9　青色防犯灯の現状と青色LEDによる新たな防犯灯開発　181

第9章　子どもの遊びと防犯　185

第1節　子どもにとって遊びの大切さ　185
第2節　子どもの遊びを阻害するもの──外で遊べない・遊ばない子どもたち　187
第3節　地域で支える子どもの遊びと育ち──冒険遊び場づくりの活動　193
第4節　今後の展望──もっともっと外遊びを　198
ピックアップ10　地域安全マップによる防犯教育の効用　199
ピックアップ11　子どもの防犯のための2つの「ものさし」　203
ピックアップ12　育児環境　209

第3部　市民と刑事司法　213

第10章　裁判員制度と心理学　214

第1節　裁判員制度研究の意義　214
第2節　裁判員裁判への参加意向に関する問題　216
第3節　裁判員裁判に参加した場合の問題　221
第4節　今後の展望──裁判員制度の問題点を解決するために　228
ピックアップ13　刑事司法と社会心理学　232
ピックアップ14　刑事司法への信頼──警察への信頼を中心として　236

第 11 章　犯罪被害者の心理と支援 ……………………………………… 240
　　第 1 節　犯罪被害の実態　240
　　第 2 節　犯罪被害者の心理　241
　　第 3 節　犯罪被害者の支援　248
　　第 4 節　今後の展望―犯罪被害者の心理と支援の新たな研究　252
　　ピックアップ 15　市民の中の犯罪被害者　256
　　ピックアップ 16　修復的司法と心理学　261

引用・参考文献　265
索引　301

第1部
市民の意識・行動と犯罪

第1章

犯罪不安とリスク認知

> 私たちは自分自身が犯罪の被害に遭うことは少ないかもしれないが，知り合いが犯罪被害に遭ったという話を聞くことはけっして珍しくないだろう。これらの犯罪に関する経験によって，私たちが犯罪に対していだく意識は変化し，その変化は刑事司法や地域社会に対する態度や，日常場面での行動にも反映する。本章では，私たちが犯罪に対していだく意識を，感情（犯罪不安）と認知（リスク認知）の両面でとらえ，欧米での研究の歴史と，心理学における今後の発展可能性を議論する。

第1節 犯罪と市民の心理──研究の意義

1 日本の犯罪と犯罪不安

「水と安全はタダ」といわれ，諸外国のなかでも治安のよさが特筆された日本でも，1990年代後半以降，犯罪が増加するとともに，犯罪に対する市民の懸念も高まった。図1-1は1980年以降の各年における日本の刑法犯認知件数と，内閣府「社会意識に関する世論調査」で，国が悪い方向に進んでいる分野として「治安」をあげた回答者の割合を示している。前者は犯罪の客観的な指標，後者は犯罪に対する市民の懸念を示す主観的な指標といえる。

1980年から1995年にかけて刑法犯認知件数は緩やかに増加していたが，犯罪に対して懸念をいだく回答者の割合は全体の10％程度にとどまってきた。しかし，その後，刑法犯認知件数は1990年代中盤から急激に上昇し，2002年には戦後最悪の285万件を記録した。これに対し，犯罪に対する市民の懸念には，1995年と2005年の2つのピークが見られる。

この2つのピークからは，犯罪に対する市民の懸念がもつ異なる性質がそれぞれうかがえる。ひとつ目の性質は，犯罪に対する懸念は，必ずしも犯罪発生の総数を反映していないことである。1995年の最初のピークは，地下鉄サリン事件のように，鮮明で，一度に多数の被害者が出た事件が影響していると考えられている。

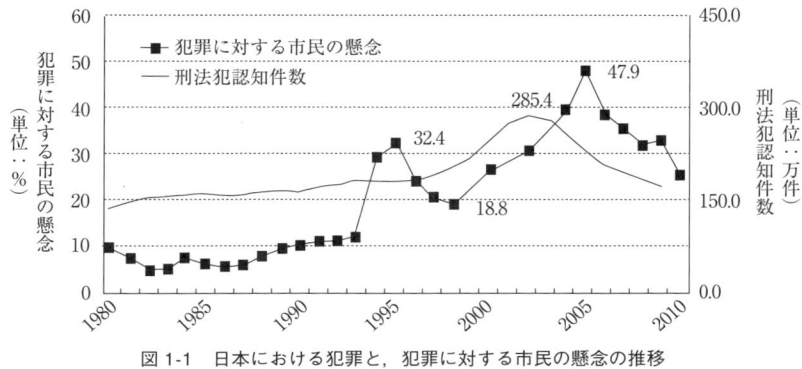

図 1-1　日本における犯罪と，犯罪に対する市民の懸念の推移

　ふたつ目の性質は，市民がいったん犯罪に対して懸念をいだくと，その懸念はなかなか解消されない，ということである。刑法犯認知件数は 2002 年以降毎年減少を続け，2010 年にはほぼ 1990 年代中盤の水準まで回復した。これに対し，犯罪に対して懸念を示す市民の割合は 2005 年の第 2 のピークを迎えて以降減少期に入ったものの，2010 年の調査では 25.2％であり，いまだ 1990 年代中盤の水準には回復していない。

2　犯罪に対する市民の認識の影響

　犯罪に対する市民の認識（public perception of crime, 犯罪観ともいわれる）は，個人の犯罪対処行動（第 6 章）や，近隣での防犯対策（第 7 章），新しい法律の制定など社会が犯罪に立ち向かうための原動力になる。たとえば，2005 年に小学生低学年の女児が殺害される事件が相次いで発生したのちに，保護者や地域住民による登下校時の見守り活動が熱心に行なわれるようになった。また，2006 年に福岡市で起きた飲酒運転による幼児の死亡事故がきっかけになって，飲酒運転の違法性に対する市民の認識が高まり，道路交通法が改正され，罰則が強化されることになった。

　しかし，市民が犯罪の脅威を認識し，それに対処するなかで，個人や社会にとってさまざまな不利益がもたらされることも少なくない。以降，市民の犯罪に対する認識が，個人の日常生活，犯罪者・非行少年，刑事司法それぞれに与える影響を見てゆこう。

(1) 個人の日常生活への影響

　まず，犯罪に対する懸念のために，個人が外出を控えたり特定の場所を回避

することにより，生活の質が損なわれる（Keane, 1998；Riger & Gordon, 1981；Stafford & Galle, 1984；Warr, 1994；Yin, 1982）。また，犯罪に対して慢性的な不安をいだくことによって，主観的な健康が損なわれる（Green et al., 2002；Ross, 1993；Whitley & Prince, 2005；Jackson, 2009）。加えて，犯罪は住んでいる場所への愛着を損ね，地区からの転居の原因となる（Dugan, 1999；Xie & McDowall, 2008）。また，銃の購入や武装など，本来は不必要な社会的コストを払うことになる（DeFronzo, 1979）。

このような犯罪が個人の日常生活に与える悪影響は，ネガティブなフィードバック効果をもつ（Hipp, 2010；Markowitz et al., 2001）。近隣社会で犯罪不安が広まることで，街路や公園など公共の場所の利用者が減少し，被害対象に自然に目を配る自然監視性や，マナー違反を冒す他者に注意するといったインフォーマルな社会統制機能が損なわれ，犯罪や秩序違反行為が助長されることとなる。

(2) 犯罪の加害者・被害者への影響

「罪を憎んで人を憎まず」ということわざはあるが，実際のところ，犯罪や非行をおかした人間が，色眼鏡で見られることは珍しくない。このように，犯罪に対する市民の認識は，犯罪の加害者・被害者へ影響を与える。

加害者に対する典型的な影響にラベリングがある。ラベリングとは，犯罪や非行をおかした人間が周囲から逸脱者というラベルを貼られ疎外されることで，同種の犯罪をくり返したり，より悪質な犯罪に手を染めるなど犯罪への親和性を高めるとする犯罪非行理論である。また，別の犯罪非行理論である社会的絆理論では，人間が親族・学校・友人と結びついている場合，犯罪や非行をおかすリスクは低減すると考える（Hirschi, 2002）。これらの犯罪非行理論からは，人々の犯罪に対する認識は，犯罪者・非行少年が，社会内で就業機会やサポートが得られるかなど社会への再統合に大きな影響をもたらし，それが，彼らの再犯にかかわってくることがうかがえる。

また，犯罪被害者が一般市民から好奇の目で見られたり，時に非難の対象になることもある（第5章）。このような犯罪被害者に対する第三者の態度は，その被害者が被害前の状態に回復できるかどうかにも影響する（第11章）。

(3) 刑事司法への影響

刑事司法とは警察，検察，裁判，矯正，保護といった，犯罪が起きてから，その犯罪を行なった犯罪者・非行少年が社会に戻るまでの一連の公的な手続きをさす。

犯罪に対する市民の認識は，被害時の警察への届け出，刑事裁判，更正保護な

ど刑事司法のさまざまな場面に影響を与えている（ピックアップ13参照）。

届け出　犯罪の被害者が，自分が巻き込まれた犯罪を警察へ届けるかどうかは，その犯罪が刑事司法の手続きに載るかどうかの最初の大きな分かれめである。グリーンベルグとビーチ（Greenberg & Beach, 2004）は，警察への届け出に影響する要因のひとつに，届けることによるコストとベネフィットの比較をあげている。また，被害者が加害者からの仕返しを恐れることは被害を警察に通報しない大きな原因である（Singer, 1988）。

犯罪捜査　犯罪捜査では聞き込みや情報提供など一般市民からの協力は不可欠である。これらの犯罪捜査への市民の協力行動にも，犯罪に対する市民の認識が影響する。

刑罰　犯罪者が刑事裁判でどのような処断が下されるかは，刑事司法における大きな局面である。刑事裁判では，法定刑（法律で定められた刑罰の基準）をもとに量刑（個別のケースに対する処断）が決定されるが，法定刑，量刑ともに，市民の犯罪観とは無縁ではない。

法定刑を定める議会は市民の代表者で構成され，世論が強く反映する。たとえば，2007年の少年法改正による刑事罰対象年齢の引き下げ，道路交通法改正などによる飲酒運転に対する罰則の強化は，市民の犯罪観の変化が法律改正につながった例だが，一方で，犯罪不安が強い個人ほど厳罰化に賛意を示す（Costelloe et al., 2002；Sprott & Doob, 1997）。

また，たとえ裁判官裁判の量刑であっても，市民の犯罪観の影響を間接的に受けている。オイメットとコイル（Ouimet & Coyle, 1991）は，裁判所に勤務する実務家に対する調査から，市民の犯罪不安の水準が高いと考えている実務家ほど模擬的な事案に対する量刑が長いことを見いだしている。さらに，近年の日本では裁判員制度（10章参照）や被害者参加制度（ピックアップ15参照）のように，市民が直接的に刑事司法にかかわる制度が創設され，犯罪に対する市民の認識が量刑に与える影響は大きくなってゆくと考えられる。

更生保護　刑務所に収容された受刑者の円滑な社会復帰と再犯防止は，社会の安全のために重大な問題である。刑務所内での行状がよく，出所後の身寄りが確保されている受刑者は，刑期途中で仮釈放され，社会で残りの刑期を勤めながら比較的円滑に社会復帰を進めることができる。これに対し，行状がよくても身寄りがない者は満期出所となるが，出所直後に困難に直面する。

このため満期出所者の社会復帰を支援する公的な更生保護施設が設置されたが，彼らの再犯を懸念する市民からの反対は根強い（朝日新聞, 2010，毎日新聞,

2010, ピックアップ 13 も参照）。「犯罪者の更生の必要性はわかるが自分の近所に更生保護施設が来るのには反対だ」という構図は「発電所や清掃工場は必要だが，自分の近所に立地するのには反対だ」と同様にNIMBY（Not In My Back Yard）問題だといえる。この問題の背景には，一般市民が犯罪リスクを把握するのが必ずしも容易ではない点，また，犯罪リスクの管理を警察や裁判所，矯正保護といった他者に委任せねばならない，という点がある。このため，犯罪に対する市民の認識は，刑事司法への信頼（ピックアップ 14 参照）に関連する側面もあるといえよう。

第2節　犯罪不安とリスク認知——その定義と相互関連

　犯罪に対する市民の認識は，研究では犯罪不安（fear of crime）と犯罪リスク認知（perceived risk of crime）とに大別されて扱われている。

1　犯罪不安

　犯罪不安を扱った論文や成書は数多く存在するが，犯罪不安の定義を明確に述べたものは少ない（Yin, 1982:486）。犯罪不安は心理学，社会学，犯罪学，政治学，工学，医学など学際的に研究されてきたが，研究の発展過程で複数の測定尺度が乱立するなど，異なる立場の研究者が独自に犯罪不安を扱っていた状況は，「群盲象を評す」のたとえすら当てはめられている（Vanderveen, 2006）。

　しかし，現在では，米国の社会学者フェラーロ（Ferraro, 1995；Ferraro & LaGrange, 1987；LaGrange & Ferraro, 1987）による定義「犯罪や，人間が犯罪に関連づけるシンボルに対する，恐れ（dread）または不安（anxiety）といった感情的な反応」が定着している。

　この背景には，研究の進展のなかで，①犯罪に対する人間の反応のなかで，感情と認知とが区別されたこと，②犯罪不安が実際の犯罪被害よりも広がっていることを説明するために，銃声や，荒廃した街路といった「犯罪に関連するシンボル」から市民が犯罪の脅威を読み取ることが犯罪不安を喚起するという考え方が導入された，といったことがある。

　犯罪に対する感情反応をさし示す用語として，英語圏では fear of crime が用いられるのに対し，日本語では「犯罪不安」（または「犯罪不安感」）が多数派である。恐怖と不安との相違について，心理学では，明確な対象に対する一次性（生得的な）動因を恐怖，不明確な対象に対する二次性（学習される）動因を不安と

して区別する（藤永, 1983；東ら, 1995）。当初 fear of crime 研究がさかんになった米国では、銃声や荒廃した街路など犯罪に関して恐怖を喚起させる具体的な事象が多いのに対し、日本では、犯罪不安、犯罪認知件数の増加といった抽象的な事象が問題視されたことが、この相違につながったと考えられる。英語圏でも、潜在的な危険に対する反応を表わす単語 fear, anxiety, concern, worry の区別があいまいなままで fear が定着したという指摘が見られる（DuBow et al., 1979）

なお、犯罪不安の対象となる事象は、個人が犯罪被害に遭うことであり、犯罪の加害者になることではない。このニュアンスを明確にするため、犯罪不安は、被害不安（fear of victimization）と表記されることもあるが、両者は同義であると考えてよい。

2　犯罪リスク認知

リスクにはさまざまな定義があるが、一般に「危害の大きさ」と「発生確率」の積と考えられている。リスクの概念は自然災害、金融、科学技術、疾病などさまざまな分野で使われているが、犯罪被害も「発生した場合にはなんらかの危害をもたらすが、いつ、どこで発生するかを明確に予測できない」というリスクとしての性質をもっている。

犯罪リスク認知（perceived risk of crime）とは、リスクとしての犯罪の性質に対する個人の認知、すなわち、自分や他者が犯罪被害に遭遇する確率や被害の程度に対する主観的な見積もりである。犯罪被害のリスクは犯罪発生件数や被害額といった客観指標で評価されるのに対し、リスク認知は、人間がその犯罪リスクをどうとらえるか、という主観的な概念だといえる。

犯罪分野で用いられるリスクは、①犯罪者リスク、②逮捕リスク、③被害リスク、という多義性をもっている（第6章参照）。このうち、犯罪不安の対として議論される犯罪リスクとは③の被害者・被害対象としての立場である。このため、犯罪リスク認知は被害リスク認知（perceived risk of victimization）と表記されることも多い。

環境や防災、金融、工学のようにリスクの定量評価が発達している分野では、危害の大きさと確率の両面からリスクを評価する。しかし、犯罪には、人間が傷つけられたり死亡する身体犯罪と、財物が奪われたり損なわれる財産犯罪があるため、危害の大きさを1次元で評価することは困難である。このため、犯罪研究でのリスク認知は確率面を重視し、「自分や他者が将来どの程度の確率で犯罪にまきこまれるかの見積もり」（主観的確率）として扱われることが多い。

3 犯罪不安とリスク認知との相違

　犯罪不安，リスク認知はともに犯罪に対する人間の反応ととらえることができるが，前者は，恐れや心配，懸念といった情動的な側面であるのに対し，後者は，犯罪被害に巻き込まれるリスクの見積もりという認知的な側面である。

　フェラーロとラグランジェ（Ferraro & LaGrange, 1987）は，犯罪に対する市民の認識を，「認識の水準」と「参照する対象」の2つの軸で分類した（表1-1）。「認識の水準」は，地区の安全性や犯罪被害の主観的確率などの判断（judgment），居住地区の治安や犯罪問題に対する懸念などの価値（value），自己や他者の犯罪被害に対する感情（emotion）の3種類に分けている。犯罪不安は感情（CまたはF），リスク認知は判断（AまたはD）に相当する。一方，「参照する対象」は犯罪不安や犯罪リスク認知を表明する際に，自分自身の犯罪被害を想定しているのか，それとも，家族や近隣住民など他者のことを想定しているかを区別しようとするものである。

　本章冒頭で紹介した「社会意識に関する世論調査」の質問項目「日本がこれから悪くなる分野」はAに該当する。また，日本の警察実務では，刑法犯認知件数を指数治安，市民の主観的な治安認識を体感治安とよぶことが多いが，体感治安もAに該当するといえよう。

表1-1　犯罪に対する認識の分類（フェラーロとラグランジェ，1987より筆者作成）

参照する対象		認識の水準		
		認知的 判断	価値	情動的 感情
	総体	A 他者のリスク評価	B 他者の犯罪被害に対する懸念	C 他者の犯罪被害に対する恐れ
	個人	D 自己のリスク評価	E 自己の犯罪被害に対する懸念	F 自己の犯罪被害に対する恐れ

4 研究方法

　犯罪不安は，調査法・実験法のいずれでも研究可能である。

　調査法では，調査対象者の犯罪にまつわる経験や意識を，質問紙調査や面接調査によって尋ね，各変数の関連を分析する。住民基本台帳を利用すると住民の代表性が確保できるが，研究テーマによっては，子どもをもつ親（Warr & Ellison,

2000），大学の女子学生（King, 2009）など，特定の集団を対象とした研究も多い。

調査法のメリットは，表 1-2 に示すような一度に複数の変数を測定したうえで，多変量解析を適用することで，研究者が興味をもつ要因の影響を取り出せることだろう。また，犯罪不安を，長期間の経験を経て形成される心的状態と考える立場に立つと，犯罪不安を調査法で測ることの妥当性は高い。

一方，調査法のデメリットは，回答者によって「表明された」犯罪不安しか吟味できないことである。また，犯罪不安研究は犯罪不安の原因に興味があるが，単一時点の社会調査データから因果関係を結論づける際の問題点も指摘される。

一方，実験法では，街路環境の写真スライドや犯罪を取り上げた新聞記事など，犯罪に関連する刺激を実験参加者に提示し，その反応を測定する。意識レベルの反応だけではなく，生理指標を用いた研究も多く見られる。

実験法のメリットは，実験参加者に提示する刺激を人工的に制御することによって，因果関係をより明確に示せることである。また，生理指標を活用すると，実験参加者の表明を経ずに，感情反応の指標を直接採取できる。犯罪不安を心的反応とみる立場に立つと，犯罪不安を実験法で測る妥当性も高い。

実験法のデメリットには，犯罪に関連する刺激を実験で再現することの妥当性の問題があげられる。また，刺激に対する生理反応を用いる場合には，被害者がその刺激を犯罪と関連づけたのか，それともほかの原因（たとえば事故）と関連づけたのかを区別することが困難である。

表1-2　犯罪不安・犯罪リスク認知に影響する要因

個人レベル	デモグラフィック	性別，年齢，家族構成，就業状態，教育歴，収入，人種
	過去経験	犯罪被害，メディア視聴，警察活動／防犯活動への接触
	日常活動	外出頻度，犯罪対処行動
	社会関係	パーソナルネットワーク，ソーシャルサポート，社会参加
	居住環境	住宅の種類（一戸建て／集合住宅），住宅所有，住宅の監視性／領域性
	態度など	刑事司法への信頼，公正世界信念
地区レベル	犯罪	犯罪発生率，警察活動／防犯活動の水準
	住民の安定性	5年間定住率，住宅所有，人種構成
	物理環境要因	都市規模，街路の監視性／領域性，秩序びん乱
	社会関係	自治会への加入，社会活動の水準，集合的効力感

第3節　犯罪不安研究の歴史

1　犯罪不安研究の起こりと「犯罪に対する反応」モデル

　犯罪研究において，人間がなぜ犯罪者・非行少年になるのかという犯罪原因論は200年近い歴史があるが，一般市民が犯罪をどう認識し，対処するのかといった研究の歴史はたかだか40年程度にとどまる。

　犯罪不安研究の起こりは1960年代末のアメリカにさかのぼる。当時のアメリカでは急速に治安が悪化し，ジョンソン大統領の特命委員会によって建言された犯罪対策では，「凶悪犯罪のもっとも大きな影響は恐怖であり，それを過小評価してはならない」とうたわれた（the President's Commission on Law Enforcement and Administration of Justice, 1967）。

　これを受け，全国犯罪被害調査（National Crime Victimization Survey, NCVS）や総合的社会調査（General Social Survey, GSS）といった全国調査のなかに「この周辺―たとえば1マイル以内に―夜ひとりで歩くのが怖い場所がありますか」のような夜のひとり歩きの安全性評価が，犯罪不安の代理指標として盛り込まれた。

　これらの社会調査データの分析によって，犯罪不安の実態が少しずつ明らかになってきた。それらは①犯罪不安を表明する個人は実際の犯罪被害者よりも多い，②高齢者など実際に犯罪被害に遭いにくい個人ほど犯罪不安の程度が高い，③都市は地方よりも多くの犯罪対策が実施されているにもかかわらず，都市住民は地方住民よりも犯罪不安を表明している，という各種の矛盾に満ちたものだった（Baumer & DuBow, 1976；Brooks, 1974；Conklin, 1975；Garofalo, 1979；Gordon & Riger, 1979；Hartnagel, 1979）。これらは犯罪－犯罪不安のパラドックス（crime-fear-paradox）と総称されるようになった。

　政治学者であるスコーガンと社会学者であるマックスフィールド（Skogan & Maxfield, 1981）は，犯罪－犯罪不安のパラドックスの原因を，犯罪ニュースや伝聞情報といった犯罪の間接被害（indirect victimization）に求め，「犯罪に対する反応（Reactions to Crime）」モデルを提出した（図1-2）。これは間接被害モデルともいわれる。

　このモデルでは個人の犯罪不安の形成に数段階のプロセスを仮定している。まず，背景要因には個人や世帯の犯罪に対する脆弱性，都市規模，近隣の3つがあり，これらが異なれば犯罪被害経験，メディア情報への曝露，対人ネットワーク

が異なってくる。次に，個人が犯罪被害を経験すること，メディア情報への曝露を介して犯罪事実を知ること，また，個人の対人ネットワークを介して犯罪被害者を知ることのいずれかで犯罪不安が高まると考えた。

スコーガンとマックスフィールド（Skogan & Maxfield, 1981）は，全米各地での社会調査データを分析し，都市規模と犯罪不安との関連や，メディア接触と犯罪不安との関連など「犯罪に対する反応」モデルの各部分がそれぞれ妥当なことを示したが，モデル全体の妥当性までは証明しなかった。しかし，「犯罪に対する反応」モデルは個人の犯罪不安の原因と，犯罪不安が行動に表われる結果を包括的に扱おうとした最初期のモデルであり，その後の犯罪不安研究に大きな影響を与えた。

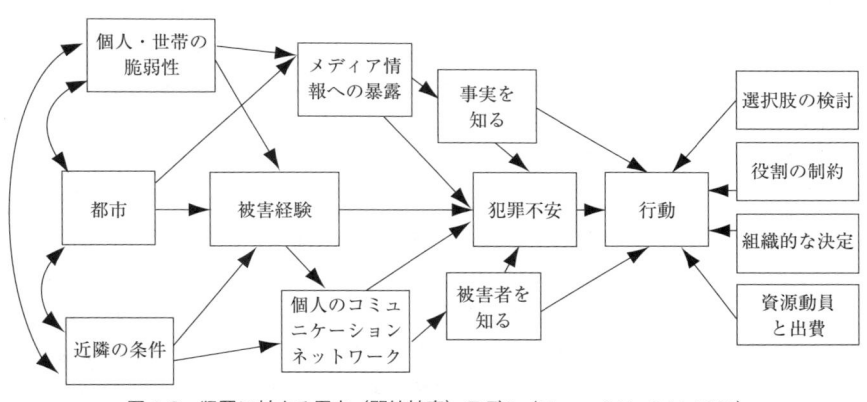

図1-2　犯罪に対する反応（間接被害）モデル（Skogan & Maxfield, 1981）

2　リスク解釈モデル

米国で最初に盛り上がりをみせた犯罪不安研究は，社会調査を通じて，性，年齢，犯罪被害，近隣での知人数，メディアへの接触など観測可能な外生変数と犯罪不安との関係をみようとするものだった。しかし，人間のなかにある認知的な要因は扱っていなかった。

また，当初の犯罪不安研究で用いられた質問項目「夜のひとり歩きの安全性評価」の問題点も明らかになった。この質問項目は，犯罪不安は直接測定することができないため，犯罪不安が喚起される一場面である夜のひとり歩きの場面を取りあげて，その安全性評価を犯罪不安の代理指標と考えるものであった。しかし，この質問では，①多種多様な犯罪のなかでも，屋外での対人犯罪のみが扱われ，

侵入犯罪などほかの多くの犯罪が含まれていない，②高齢者や自動車利用者など近隣を歩く機会が少ない回答者には回答しづらい，ことが考えられた。

このため，社会学者であるウォーとスタフォード（Warr & Stafford, 1983）は，一般市民を対象に質問紙調査を実施し，空き巣に入られる，知らない人に殴られる，殺されるなど16種類の犯罪について，ふだんの生活のなかで被害に遭う心配の程度（犯罪不安），将来1年間に被害に遭う可能性の認知（主観的確率），その犯罪の深刻さの認知を測定した。その結果，犯罪不安は主観的確率と深刻さの認知の積で説明可能なことが示された（乗法モデル）。

また，老年社会学者であるフェラーロとラグランジェ（Ferraro & La Grange, 1992）は，外出機会が乏しい高齢者は，夜のひとり歩きの安全性を低く評価する可能性を指摘し，罪種固有の犯罪不安（crime-specific fear of crime）を，多重測度を使って測定することを提案した。彼らは，アメリカ国民を母集団にした「アメリカの犯罪不安」調査で10種類の犯罪について犯罪不安とリスク認知を尋ね，路上犯罪よりはむしろ侵入犯罪に対する犯罪不安が高いこと，一方で，高齢者は若年者ほど犯罪不安を感じていないことを実証的に示した。

フェラーロ（Ferraro, 1995）は，これらを説明するため「リスク解釈モデル」を提出した（図1-3）。このモデルでは，地区別の犯罪発生率や犯罪機会構造といったマクロレベル，個人の過去の犯罪被害経験といったミクロレベルの背景要因が，リスク認知と行動適応を媒介して犯罪不安につながると考える。その特徴は①リスク認知を犯罪不安に先行する媒介要因として置いた，②リスク認知と犯罪不安との間に危険な場所を避けるなどの制限行動と，防犯設備の導入や武器の携行など防御行動の両面からなる行動適応を媒介させたことであろう。

ウォーやフェラーロの貢献により，多重指標を用いた罪種別の測定で犯罪不安

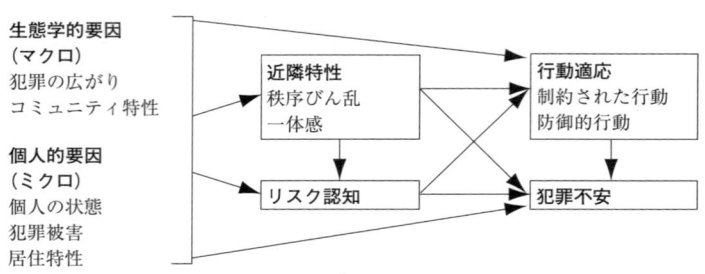

図1-3　リスク解釈モデル（Ferraro, 1995）

の測定が精緻化され，犯罪不安には犯罪リスク認知という個人の内的要因が媒介することが示された。一方でリスク解釈モデルには限界も見られる。すなわち，①リスク解釈モデルにはマクロとミクロな背景要因が含まれているが，フェラーロ自身はマクロな近隣特性について厳密には検討していない，②リスクは，事象の発生確率とその結果の重大性の積であるが，リスク解釈モデルでは，発生確率の認知しか扱っていない。前者は，テイラーらの環境心理学的アプローチ，後者は，ジャクソンらのリスク心理学的アプローチでそれぞれ改良される。

3 環境心理学的アプローチ

　米国では全国規模の社会調査が行なわれる一方で，ある一都市を対象に街区や近隣などで多段抽出した社会調査を行ない，国勢調査で取得した社会経済データや，システマティックな社会観察（Systematic Social Observation）によって取得した物理環境データと犯罪・犯罪不安との関連をみる研究が行なわれるようになった。その背景には，アメリカの犯罪問題は，大都市の中心市街地のスラム化や建物の荒廃といった物理的環境の問題，失業や福祉・教育機会の不平などといった社会経済的問題，近隣の社会統制機能の低下といった社会解体の問題が複雑に絡み合った都市問題だったという事情があるといえよう。このなかで，荒廃理論（Hunter, 1978），割れ窓理論（Wilson & Kelling, 1982）といった環境と犯罪・犯罪不安に関する理論が提出されてきた。

　環境心理学者であるテイラーとホール（Taylor & Hale, 1986）は，犯罪－犯罪不安のパラドックスについて，①ひとりが犯罪不安を表明することが多数の犯罪不安を高める（乗数効果），②地区別の犯罪率と住民の犯罪不安とが一致しない（日本での例を図1-4に示す），の2点を指摘し，これを検討する作業仮説として秩序びん乱の兆候モデル，コミュニティの懸念モデルを提出した（図1-5）。

　秩序びん乱の兆候モデルでは，犯罪不安の原因を犯罪そのものではなく，近隣の環境手がかりに求めた。すなわち，物理的な荒廃が進んだ地区に住む個人はそうでない個人に比べて，それぞれ秩序びん乱の兆候を認知する機会が多く，その秩序びん乱の認知が犯罪不安につながると考えた。

　コミュニティへの懸念モデルは，秩序びん乱の兆候モデルを修正したものであり，秩序びん乱の認知と犯罪不安との間に媒介変数を加えている。すなわち，秩序びん乱を認知することが，コミュニティの犯罪統制能力への懸念につながり，さらに犯罪不安につながるというモデルである。

　テイラーとホール（Taylor & Hale, 1986）は，アメリカのジョージア州アト

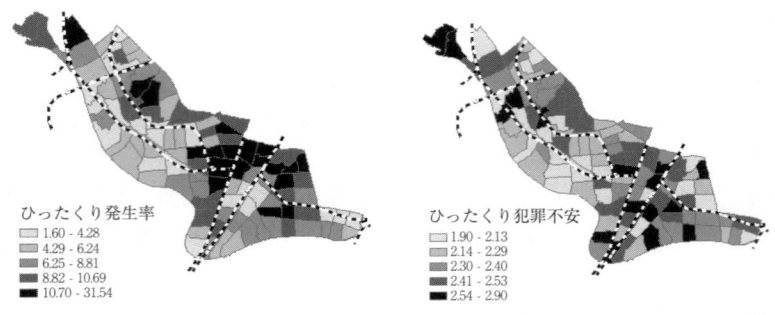

図1-4　地区単位の犯罪発生率と住民の犯罪不安とが一致しない例（島田・鈴木，2006）

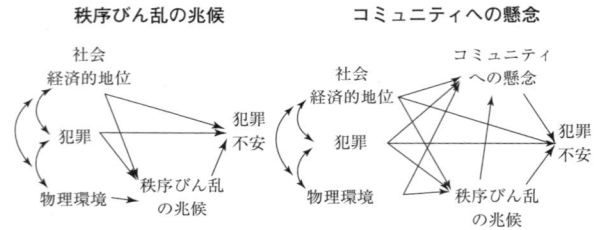

図1-5　犯罪不安に関する仮説モデル（Taylor & Hale, 1986）

ランタでの社会調査データをパス解析で分析し，コミュニティへの懸念モデルは，秩序びん乱の兆候モデルや，間接被害モデルに比べて，犯罪不安の説明力が高いことが明らかになった。すなわち，秩序びん乱といった近隣環境が，地区の人間関係とあいまって，犯罪不安を形成する，という結果であった。

また，テイラーら（Taylor et al., 1984）は，メリーランド州ボルティモアで，住区単位のシステマティックな社会観察と，住民に対する面接調査を同時に実施し，「守りやすい空間」や領域性といった物理的な環境要因が住民の犯罪不安を軽減させていることを示した。さらに，この時期に急速に発展したマルチレベル分析を導入することで，近隣レベルの犯罪率・社会解体が個人の犯罪リスク認知を増大させ（Taylor, 1997），秩序びん乱の変化が，個人の居住満足感や犯罪リスク認知の変化に影響する（Robinson et al., 2003）など，地区の環境変化が，犯罪にまつわる個人の行動に影響を与えていることが明らかになった。

その後の研究でも，近隣レベル・個人レベルでの各変数が犯罪リスク認知や犯罪不安に与える影響は検討されており（Franklin et al., 2008；Rountree & Land, 1996a, 1996b；Wilcox et al., 2003；Zhang et al., 2009），犯罪不安研究においてマ

ルチレベル分析は「定番」と化してきた観がある。

4 英国での犯罪不安研究―社会文化モデル

　英国でも，1980年代以降，移民の増大や若者の失業率増大にともない，犯罪に対する市民の懸念が高まった。このため，1998年には犯罪及び秩序違反法（crime and disorder act）が制定され，安心のための警察活動（reassuance policing）が全国で実施されるなど，政府による広範な犯罪対策が実施された。これにともない，犯罪不安に関する研究が数多く行なわれるようになった。その特徴は，①より精緻に犯罪不安を測定するための新機軸を打ち出した，②治安に関する意識など，社会をどうとらえるかの要因が導入された，の2点に要約できる。

　これまで米国を中心に発展してきた犯罪不安研究では，社会調査を実施した時点での回答者が「表明した」犯罪不安の程度を扱ってきた。その背景には犯罪不安を，ある特定時点で一定の値をもつ心的状態（mental state）ととらえる考え方がある。

　これに対し，英国の犯罪学者や社会心理学者は，犯罪不安を心的事象（mental event）として考えるべきだと主張した。その理由は，人々は日常経験のなかで犯罪不安を喚起する事象に遭遇し，それに対する反応として犯罪不安が喚起するため，調査時点の犯罪不安の水準を測るのは妥当ではない，というものだった（Hough, 2004）。ファレルら（Farrall & Gadd, 2004；Farrall et al., 2009）は，犯罪不安を心的状態（調査時点での犯罪への心配の程度）と心的事象（過去12か月間に犯罪不安を感じた経験数）の両面で尋ねたところ，心的状態を尋ねる質問に対し「とても心配だ」と答えた回答者の63％は，過去12か月に犯罪不安を喚起するような事象を一度も経験していないことが明らかになった。

　これらの研究結果を踏まえ，ジャクソン（Jackson, 2004）は「犯罪不安の社会文化モデル」を提案した。このモデルでは，犯罪不安の根源的な予測要因を，法秩序や長期的な社会変動に対する個人の態度と考え，これらの態度が近隣の秩序びん乱や住民の一体感の認知を媒介し，リスク認知（主観的確率）と犯罪不安の経験につながると考えた（図1-6）。ジャクソン（Jackson, 2004）は英国北西部の農村部での社会調査データからこのモデルの妥当性を示し，また，ファレルら（Farrall et al., 2009）は英国犯罪調査（BCS）の結果から同様のモデルを構築している。

　これら英国における一連の研究の意義は，①犯罪不安の測定に新機軸をもたら

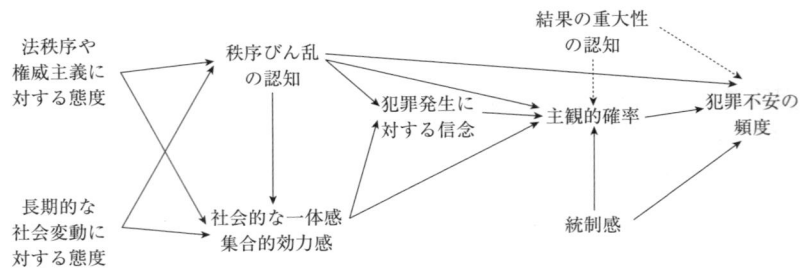

図 1-6　犯罪不安の社会文化モデル（Jackson, 2004）
点線は非有意なパスを示す

した，②社会に対する態度や価値観が犯罪不安に影響していることを実証的に示した，③リスク研究と犯罪不安研究との連携可能性を示した，の3点にまとめることができる。③に関して，ジャクソン（Jackson, 2006）は，人間の情報処理過程や感情ヒューリスティックスといったリスク心理学の下位概念と犯罪不安研究との関連を指摘した。一方で，犯罪不安を頻度で測る測定方法の信頼性が確立していない点，米国で発展しているような地区差は扱われていない点，犯罪リスク認知の概念があいまいである点では，今後の発展が期待される。

5　日本での犯罪不安研究

　日本での犯罪不安研究は行動科学，犯罪学，工学，刑事政策学などで学際的に発展してきたが，ここでは行動科学，犯罪学分野での実証研究を中心に述べる。日本は戦後の高度経済成長以降，諸外国に比べて社会経済要因に恵まれ治安に対する人々の懸念は低かったため，犯罪不安研究も，都市規模や警察活動の程度との関連（星野，1975a, 1975b；星野・清永，1984），罪種別の検討（清永・高杉，1990），日米比較（星野・清永，1984）などがあったものの，諸外国に比べて低調であった。

　しかし，第1節に述べたように，1990年代後半から犯罪不安が大きな社会問題となり，政府が2003年10月に策定した「犯罪に強い社会の実現のための行動計画」でも国民の不安感の増大が指摘された。このような社会情勢を反映し，犯罪不安が研究者の関心を集めるようになり，日本心理学会では2002年以降数度にわたり，日本犯罪心理学会では2004年に，それぞれワークショップ・シンポジウムが開催されるなど，研究が大きく展開した。

　まず，犯罪不安の測定に関してダメージや対処方略を含む尺度を作成した舟生

ら（2003）のほか，実験室実験で犯罪不安を喚起する環境要因を検討した小野寺ら（2002）の研究が現われた。

同時期に，全国規模の社会調査が相次いで行なわれ，犯罪リスク認知と居住満足感，政府の犯罪支出への態度との関連を検討した島田（2008a），犯罪リスク認知の日米比較を行なった阪口（2008），ソーシャルキャピタルと犯罪リスク認知との関係をみた石田（2009）などの研究が行なわれるようになった。

さらに，市区町村単位でのローカルな社会調査で，地区の環境要因や個人の犯罪被害など犯罪不安の形成要因を検討する研究が見られるようになった（古谷・浦，2006；小林・鈴木，2000；小俣，1999, 2009；島田ら，2004；鈴木・島田，2006；泊，2006, 2008）。

近年では，屋外で小学生児童が被害に遭う事件が相次ぎ，社会問題になったこともあり，小学生児童の保護者を対象に利他的不安（第4節参照）の測定や，利他的不安が子どもの外出への規制に与える影響についての研究が行なわれている（荒井ら，2010；古谷・浦，2006；島田・羽生，2008）。

第4節 犯罪不安に影響する要因

1 デモグラフィック要因

犯罪不安を社会調査で調べる研究では，性別，年齢，教育，収入，同居家族数，既婚・未婚といったデモグラフィック要因と犯罪不安との関連が広く検討されている。これらのデモグラフィック要因は，脆弱性（vulnerability）や，犯行対象としての魅力（target attractiveness）として議論されることも多い。

性別に関しては，女性は男性よりも犯罪不安の水準は高い。これは，女性は男性よりも襲撃された際に，反撃する体力に劣るなど脆弱であることと，性犯罪やひったくりなど女性が被害に遭いやすい犯罪が存在することが原因だと考えられている（Jackson, 2009）。

年齢と犯罪不安との関連は，犯罪不安をどう測定するかの問題もあり，一定していない。一般に夜のひとり歩きの安全性評価を尋ねた場合には，高齢者は若年者よりも高い犯罪不安を表明し，罪種別に尋ねた場合には逆に若年者は高齢者よりも高い犯罪不安を表明する。また，高齢者は振り込め詐欺の被害リスクが高いにもかかわらず，振り込め詐欺に対する犯罪リスク認知や犯罪不安は低い（島田，2007, 2008b）。

また，収入や学歴など社会経済的地位と犯罪不安の間には負の関係が見られる

ことが多い。犯罪者は意思に基づいて利得を最大化するよう犯行対象を選択するという合理的選択理論（Cornish & Clarke, 1986）に基づくと，収入が多い個人ほど犯行対象になりやすいが，一方で社会経済的地位が高い個人ほど犯罪の被害に遭わないための手段をもち合わせていることが多いため，犯罪不安の水準は低いと考えられる（Hale, 1996）。

　また，欧米の研究では，人種による要因も大きいと指摘されている。米国では，アフリカ系などマイノリティ住民は，白人よりも犯罪不安の水準は高い。また，大都市の中心街が荒廃するにつれ，経済力がある白人が郊外に転居するが，経済力がないアフリカ系住民が取り残され，犯罪と犯罪不安とが問題になることが報告されている（Scott, 2003）。

　同居家族の有無は犯罪不安に大きく影響する。家族といった「重要な他者」が被害に遭うことに対する不安は，利他的不安（altruistic fear）と呼ばれ，自分自身が犯罪被害に遭うことに対する不安に比べてその水準が高い（Snedker, 2006；Warr & Ellison, 2000）。

2　都市規模

　一般に，大都市に住む住民は，小都市や町村に住む住民よりも犯罪不安の水準が高い（Ferraro, 1995；社会安全研究財団, 2008）。大都市に住む住民は町村に住む住民よりも匿名性が高くなり，犯罪統制の程度が乏しいこと，生活時間帯が深夜に及び犯罪不安を感じる機会が多いこと，マス・メディアが発達し，各種の犯罪情報に接触する機会が多い，などの要因が考えられる。

3　犯罪被害

　犯罪被害を経験することは大きな犯罪不安の原因である。過去に犯罪被害経験をもつ個人は，そうでない個人に比べて犯罪不安の水準が高い（La Grande & Ferraro, 1992；Schafer et al., 2006；Wilcox et al., 2003；島田ら，2004）。また，2時点にわたる個人の追跡調査でも，被害に遭うことによって，犯罪不安の水準が高まることが示されている（島田・鈴木，2006；島田ら，2010）。このため，犯罪を抑止することは犯罪不安を削減するオーソドックスな方法であるといえよう。

　一方で，自分自身が犯罪被害に遭わない場合でも，家族や知人が犯罪被害に遭うことや，犯罪被害を伝え聞くことが犯罪不安の原因になり得る。これらは代理被害（vicarious victimization）や間接被害（indirect victimization）とよばれる。とくに日本は諸外国に比べ犯罪発生水準が必ずしも高くないこともあり，代理被

害や間接被害が犯罪不安に及ぼす影響は大きいと考えられる。なお，マス・メディアと犯罪不安との関連については2章で詳述する。

4　秩序びん乱の認知

　落書きやごみのポイ捨て，違法駐車など秩序びん乱が顕著な場所では，たとえそこで犯罪が起きていなくても，潜在的犯罪者の活動や，社会統制の欠如が想像され，犯罪不安を生起させる。秩序びん乱を認知している個人は，犯罪不安の水準が高い（LaGrange & Ferraro, 1992；Lewis & Salem, 1986；Taylor, 2000）。島田ら（2004）は，東京都大田区の住民調査によって，秩序びん乱の認知が犯罪リスク認知を媒介して犯罪不安を高めることを示した。

　秩序びん乱と犯罪との関係について，割れ窓理論（broken windows theory）では，地区の秩序びん乱を放置することが，犯罪者にとっては犯行決断を助長する手がかりになると考える（Wilson & Kelling, 1982）。このため，ニューヨークなど犯罪問題に悩む米国の大都市では，軽微な秩序違反を厳しく取り締まることで犯罪を抑制してきたことは日本でも知られている。このような割れ窓理論に基づく犯罪対策は，犯罪発生と犯罪不安とを一挙に軽減できる特効薬と考えられがちだが，実際には留意が必要である。というのは，地域の秩序違反行為を徹底的に排除することは，地域内の人間関係を損ねたり，相互不信を植えつけるという副作用があり，これが犯罪不安につながるからである。テイラー（Taylor, 2000）は，先述のボルティモアでの社会調査分析の結果に基づき，仮に地区内での落書きをすべて消去したとしても，住民の犯罪不安の4％～15％程度しか削減できないと試算している。

5　近隣での人間関係

　近隣での人間関係は，さまざまな形で犯罪不安に影響し得る。対人ネットワークがより広くより深いほど，防犯に関して他者に期待できるため，より少ない労力で犯罪に対処することができ，犯罪不安を感じずにすむだろう。また，各種の防犯活動に参加する機会や，防犯活動について知ることで，犯罪不安が軽減されると考えられる。しかし，一方では，犯罪に対する反応モデルや，間接被害モデルのように，対人関係が広いほど地域で起きている犯罪を知る機会が増え，犯罪不安の水準が高まるとも考えられる。

　このような考え方に基づき，対人ネットワークやソーシャルサポートといった近隣の人間関係と，犯罪不安との関連が研究されている。社会的絆（social tie）

や集合的効力感（collective efficacy）といった，近隣やその人間関係に関する絆や信頼感は，インフォーマルな社会統制の行使を介して犯罪被害を削減させる（Sampson et al., 1997）と同時に，犯罪不安を緩和させる（Riger et al., 1981；Taylor, 2002）。一方で，単なる近隣組織への加入の有無は犯罪不安とは関連せず（Kanan & Pruitt, 2002；Schafer et al., 2006），そこでどのような活動が行なわれているかが重要だと思われる。

第5節　今後の展望──犯罪をめぐる認知，感情，そして行動へ

本章では，犯罪不安やリスク認知といった犯罪に対する市民の認識を取りあげ，その重要性，研究の発展の歴史，影響する各種要因について述べてきた。最後に，今後の研究の発展可能性について述べる。

1　測定を精緻化し，因果関係を同定する

科学研究にとって測定は第一歩である。第3節，第4節で述べたように犯罪不安研究の歴史のなかでは，犯罪不安の構成概念は整理されたものの，その測定は夜のひとり歩きの安全性評価，罪種別の不安の程度，犯罪不安を喚起する事象の経験頻度というさまざまな測度が見られ，いまだ統一されていない。今後，測定の精緻化に対して心理学の貢献が期待される。

また，犯罪不安にまつわる因果関係の同定も必要である。本章で紹介した犯罪不安に関するモデルは，すべて犯罪不安の形成要因とその影響についてなんらかの因果関係を規定している。たとえば，ルイスとセーラム（Lewis & Salem, 1986）の荒廃仮説や，フェラーロ（Ferraro, 1995）のリスク解釈モデルでは，秩序びん乱が犯罪リスク認知を媒介し犯罪不安が形成されるという因果を仮定している。

しかし，一時点の調査データの分析からは，このような変数間の因果を確定させることはできない。仮に秩序びん乱の認知，犯罪リスク認知，犯罪不安の三者間に正の相関がみられたとしても，上記の仮説に基づく因果以外にも，犯罪被害経験によって犯罪不安が高まると秩序びん乱への感受性が高まるという逆方向の因果や，個人の感受性が，秩序びん乱認知と犯罪不安双方に影響するという交絡変数の存在を排除することはできない。

この因果関係の問題を解決する方法には，同一の対象者に対して継続的に社会調査を実施する縦断研究があげられる。心理学では交差遅れモデルなどの分

析モデルが提案されており，犯罪不安研究への適用例も見られる（Jackson & Stafford, 2009；Robinson et al., 2003）。これらを活用することで，犯罪や防犯活動への曝露，対人関係や近隣の変化が，個人の犯罪不安に与える影響を同定することができる（島田ら，2010）。

2 地区レベル変数を導入する

日本は外国に比べて均質な社会であり，地区による住民の格差は小さいといわれてきた。しかし，それでも犯罪発生率や近隣防犯活動の水準など犯罪現象には地区差が存在し，個人の犯罪不安に少なからぬ影響を与えていると思われる。また，犯罪対策の多くは地区単位で実施されるため，地区の変化が個人の犯罪不安に与える影響はとくに着目される。

近年，町丁目で集計された国勢調査データや犯罪発生データが入手可能になるともに，分析単位の空間的な位置関係を加味した分析である空間統計学や，データの個人 − 集団の階層性に着目したマルチレベル分析など方法論も長足の進化を遂げた（ピックアップ 2，6 参照）。

調査法ではともすれば全国サンプルを追求しがちであるが，地区単位で集計可能なローカルな社会調査を実施し，犯罪率や秩序びん乱，近隣防犯活動，居住安定性など地区レベルの変数と統合することで，地区レベルの変数が，個人の犯罪不安や犯罪被害に与える影響を明らかにすることができる。また，地区特性によって，個人レベルの関係（たとえば被害経験と犯罪不安や，日常行動と犯罪被害との関係）が異なるというクロスレベル交互作用に着目することは，犯罪 − 犯罪不安の矛盾の解決や，地区特性に応じた犯罪対策の提案につながるといえよう。

3 犯罪対策のアウトカムとして利用する

近年，警察や行政が，防犯パトロール活動や街頭防犯カメラなど，さまざまな犯罪対策を実施するようになった。これら犯罪対策の多くでは，犯罪に加え犯罪不安の削減（または安心感の創出）が期待されているが，その効果は明らかになっていない。

犯罪対策がアウトカムに与える影響にはさまざまな要因が交絡するため，犯罪対策の効果分析には実験デザインの導入が有効である（ピックアップ 6 参照）。欧米では，根拠に基づく実務（evidence-based practice）の必要性が認識され，社会実験によって，犯罪対策の効果に関する根拠の産出がさかんになっている。これまで，パトロール活動（Troyer & Wright, 1985；Winkel, 1986；Zhao et al.,

2002），照明（Nair & Ditton, 1993），街頭防犯カメラの設置（Ditton, 2000）などで，犯罪不安をアウトカムにした研究が実施されている。

　これら実験犯罪学による犯罪対策の研究は，心理学での実験デザインとの親和性が非常に高いため，心理学者の関与が期待される。

4　おわりに

　犯罪不安―より広義には，犯罪に対する市民の認識―は，これまで心理学，社会学，犯罪学，工学など学際的な分野で発展してきたが，心理学の貢献は必ずしも大きいものでなかったといえよう。

　その原因は犯罪不安研究への心理学の適用可能性が低いからではなく，犯罪不安研究が既存の心理学の研究分野の谷間に埋没していたからだと思われる。すなわち，犯罪心理学者の関心はともすれば犯罪者・非行少年に向きがちであり，社会心理学など心理学の他分野の研究者も，犯罪被害や犯罪不安のような犯罪と市民とのかかわりへの関心は薄かったといえよう。

　犯罪は，いつどこで発生するか予測できない不確実な事象であるが，起きた場合にはネガティブな結果をもたらす。このような犯罪の性質を人間がどう認識するかは，犯罪に対する備えの程度に影響し，犯罪被害の遭いやすさにかかわってくるだろう。また，犯罪や犯罪者に対する不安や恐怖，懸念，怒りといった感情反応，そして被害者に対する同情や哀惜は，時に個人の行動や社会に大きな影響を与える。

　このように犯罪事象は，認知，感情，行動のさまざまな側面で人間とかかわりあっている。これらの心理的過程を解き明かすためには，たとえば，人間が犯罪の確率や結果の重大性をどう認知し解釈するか，環境中の手がかりから何を見いだすか，近隣での人間関係，刑事司法に対する信頼など，心理学独自の貢献が求められる。これらの問題に対しては，犯罪・非行の原因論といった従来の犯罪心理学だけではなく，社会心理学，環境心理学，認知心理学，生理心理学といったより広い心理学からの研究参加が期待される。

ピックアップ 1　世界と日本の犯罪被害調査

　犯罪・非行研究に限らず，社会科学研究では正確な測定が命である。犯罪・非行研究のためのデータを得る手段は，公的統計，犯罪被害調査，自己申告調査が三本柱だといわれる。①公的統計（official statistics）は，警察が認知した犯罪認知件数や刑務所への入所人員などの公的機関が業務で作成する統計データである。②犯罪被害調査（crime victimization survey）は，無作為抽出された一般市民を対象に犯罪被害経験の有無や犯罪不安，刑事司法への態度やニーズを尋ねるものである。③自己申告調査（self-report survey）は，一般市民（青少年が多い）を対象に犯罪や非行を行なった経験を尋ねるものである。

1 犯罪被害調査が必要な理由

　犯罪被害調査が必要とされる理由は，①すべての犯罪被害が警察などの刑事司法機関に通報されるとは限らず，公的統計から抜けおちる犯罪被害（これを暗数と呼ぶ）が発生すること，②警察官数やパトロール回数，さらには市民からの通報をどう処理するかなど，刑事司法機関の活動は変化し得るため，厳密にいうと，公的統計だけで犯罪・非行の変化をとらえるには不十分であること，③犯罪不安，刑事司法への態度やニーズは，刑事司法機関の業務を通じて得ることはできないため，個人に対して直接尋ねる必要がある，といったことがあげられる。

2 各国の犯罪被害調査

　多くの国では，中央政府やその関連機関が犯罪被害調査を実施している。表1に，諸外国での犯罪不安調査の実施状況をまとめた。各国とも自国での犯罪問題の高まりに応じて犯罪調査が実施されるようになり，現在まで継続して調査が実施されている。

　日本では，法務省法務総合研究所が「犯罪被害実態（暗数）調査」を，社会安全研究財団が「犯罪に対する不安感等に関する調査」を実施している。

　「犯罪被害実態（暗数）調査」は，2000年，2004年，2008年の3回にわたり実施されている。標本集団は全国で16歳以上の男女6,000名である。国際比較を企図して各国で実施されている「国際犯罪被害実態調査（International

表1　各国の犯罪調査

国名	日本	日本	米国	英国	韓国
調査名	犯罪被害実態(暗数)調査	犯罪に対する不安感等に関する調査	全国犯罪被害調査(NCVS)	英国犯罪調査(BCS)	全国犯罪被害調査
初回調査	2000	2001	1973	1982	1988
調査主体	法務省 法務総合研究所	社会安全研究財団	司法省犯罪統計局 (Bureau of Justice Statistics)	内務省調査企画部 (Research and Planning Unit)	韓国犯罪学研究所 (The Korean Institute of Criminology)
母集団	日本全国の16歳以上の個人	日本全国の20歳以上の個人	米国50州と特別区の世帯に住む12歳以上の個人	英国の世帯と16歳以上の個人	韓国国内に住む15歳以上の個人
アタック数	6,000名	6,000名	49,000世帯	40,000世帯	2,050名
実査方法	訪問面接法	訪問留置法	面接調査とコンピュータ補助による電話調査の併用	面接法	面接法
主な項目	世帯犯罪被害、個人犯罪被害、被害申告、治安認識、犯罪不安	罪種別の被害経験、犯罪不安、地域の治安と防犯対策など	スクリーニングと詳細被害報告	罪種別の犯罪被害経験とその詳細、刑事司法制度に対する態度など	罪種別の被害経験とその詳細、犯罪に対する態度、犯罪不安など

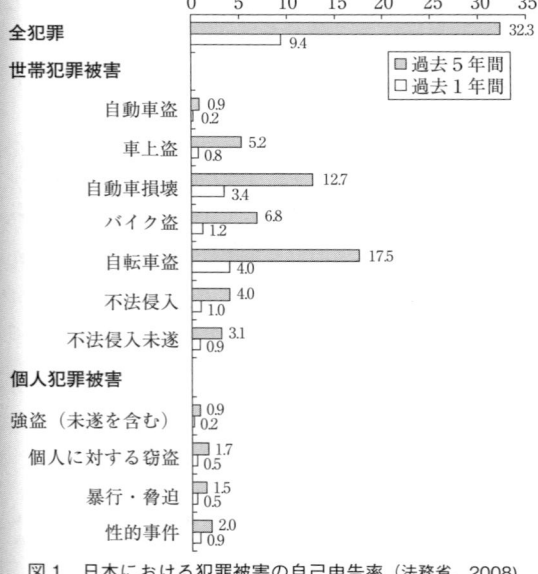

図1　日本における犯罪被害の自己申告率（法務省，2008）

Crime Victimization Survey, ICVS）」の一翼をなしているのが特徴である。住宅侵入，自動車盗などの世帯犯罪被害，強盗，暴行・脅迫，性的事件などの個人犯罪被害のほか，夜間の屋外でのひとり歩き場面や自宅に夜間ひとりでいる場面での安全性評価や，住宅侵入のリスク認知なども尋ねている。2008年の調査では調査対象者の9.4％が過去1年間に，32.3％が過去5年間になんらかの犯罪被害に遭ったと回答している。

　また，犯罪被害調査では，被害に遭った個人が警察に被害を通報する率（被害申告率）を算出することができる。2008年の調査での被害申告率は，最も高いのが自動車盗（85.2％）であり，最も低いのが性的事件（13.3％）であり，犯罪類型によって大きな差があることがわかる。

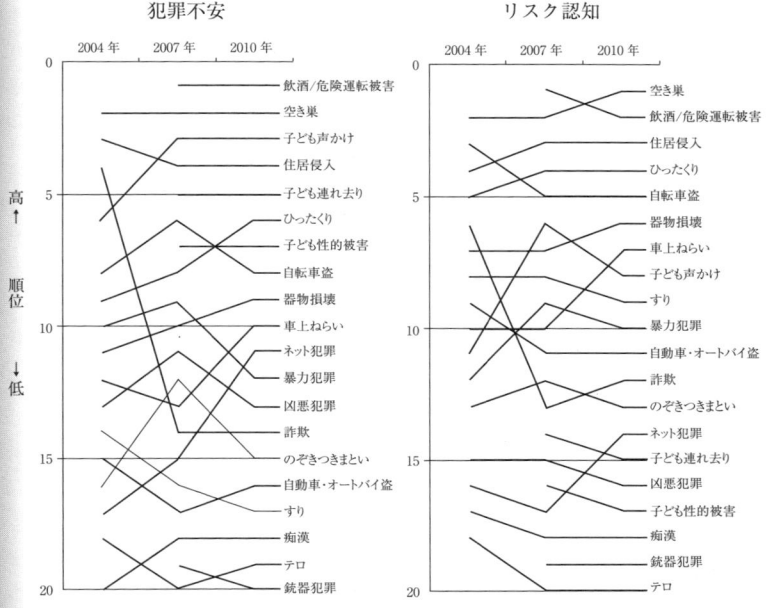

図2 罪種別犯罪不安・リスク認知の順位の経年変化（島田，2011）

「犯罪に対する不安感等に関する調査研究」は2001年，2004年，2007年，2010年の4回実施されている。標本集団は全国に住む20歳以上の男女6,000名である。この調査は，そのタイトルのとおり，犯罪被害に加えて，犯罪不安や警察活動への態度などに重点を置いていることが特徴である（島田，2008）。回答者本人や同居の家族が犯罪被害に遭う不安や夜のひとり歩きの安全性評価に加え，20の罪種別に犯罪不安とリスク認知の双方を尋ねている。

犯罪の被害に遭う不安を感じることがよくある，たまにあると表明した回答者の割合の合計は，2004年で53.5％に達していたが，2010年では37.9％まで改善している。また，罪種別に見た場合，交通犯罪や住宅侵入盗に対する不安は高く，テロや銃器犯罪に対する不安は低かった（図2）。これらの報告書は，社会安全研究財団のホームページからダウンロードできる。また，資格をもつ研究者や大学院生は，東京大学社会科学研究所のSSJDAデータアーカイブから，個票データ（ローデータ）をダウンロードし，独自に分析することができる。

犯罪問題に特化してはいないが，幅広いテーマのひとつとして犯罪を取りあげている社会調査もある。

「社会意識に関する世論調査」は，内閣府が，社会や国に対する国民の基本的意識の動向を調べることを目的に，全国に住む20歳以上の男女10,000名を標本集団として毎年実施している社会調査である。この調査では，1980年から，景気，教育，環境，治安など社会の各分野のなかから，よい方向に向かっているものと，悪い方向に向かっているものを尋ねている。この項目は，治安に対する懸念（concern about crime）を測っている項目だといえる。

「日本版総合的社会調査（JGSS）」プロジェクトは，大阪商業大学と東京大学社会科学研究所とが，日本人の意識や行動を総合的に把握することを目的として，2000年から継続的に実施している社会調査である。空き巣や暴行の被害経験，防犯対策への意見，少年犯罪の原因認知，政府の犯罪取締りへの支出への評価，警察への信頼といった項目が継続的に尋ねられている。このプロジェクトの特徴は，ひとつの機関が大規模な社会調査を実施してデータを蓄積し，希望する研究者や大学院生に対して個票データを提供するデータアーカイブ機能を持っていることである。このことにより，①社会調査のコストを削減する，②同内容の社会調査が乱立することを避け，回答者の負担を減らす，③若手研究者や大学院生などの研究機会を確保する，といった大きなメリットが期待される。詳しくは，同プロジェクトホームページ http://jgss.daishodai.ac.jp/index.html を参照されたい。

3 犯罪・非行研究のためのインフラ―データアーカイブ

世界的にみると，アメリカ・ミシガン大学にICPSR（Inter-University Consortium for Political and Social Research）という社会科学のデータアーカイブが整備されており，犯罪被害調査のデータのみならず，警察の公的統計データや犯罪・非行の自己申告データが研究用に提供され，大学や研究機関での犯罪研究を支えてきた。

日本では近年，犯罪・非行研究に対する関心が高まってきたが，研究用データが入手困難なために研究が進展しないといわれてきた。しかしながら，犯罪被害調査に関しては，前節で述べたように少しずつではあるが研究用データが整備されつつある。これらの公開された研究用データを利用して多くの研究者や大学院生が犯罪研究に参入することで，研究が進展することが期待される。

第2章

マス・メディアと犯罪不安

　"犯罪"と聞いて，何を想像するであろうか。ある人は，自分が経験したできごとを思い出し，恐怖や不安に駆られるかもしれない。またある人は，ドラマのなかに登場する一場面を想像し，俳優や女優にうっとりするかもしれない。さらにある人は，昨日聞いたニュースを思い出し，社会に憂いをいだくかもしれない。"犯罪"に対するわれわれの思考や感情には，さまざまなルートからの情報が欠かせない。何も知らないままでは，イメージなどいだきようがないし，現代には犯罪にかかわるさまざまな情報があふれている。とくに，犯罪に関しては，次から次へと新しい報道がなされ，新しいドラマが放送され，毎日話題に事欠かない。本章では，このような巷にあふれている犯罪情報が，市民の心理にどのような影響を及ぼしているのかを問題にした研究を紹介する。

第1節　犯罪情報の情報源としてのマス・メディア

　われわれの多くは，実際に，凶悪犯罪の被害に遭ったことがないであろう。社会安全研究財団（2008）の全国調査によれば，過去1年間に犯罪の被害に遭った経験のある世帯は，約2割であるという。それにもかかわらず，われわれは現実社会で，"どのような犯罪が問題になっているのか"，あるいは"現在，日本の治安がどのような方向へ向かっているのか"を，各人がそれぞれに理解している。犯罪被害の経験がないにもかかわらず，そして日本全体という直接的に見ることができない対象であるにもかかわらず，われわれが，犯罪や治安の状況を理解できるのは，なんらかの形で犯罪の情報を得ているからにほかならない。

　われわれが，犯罪被害に遭う可能性を憂慮し，被害に遭うことに不安を感じ，被害を回避するために行動を起こすにいたる過程には，大きく3つの情報源からの情報が影響を及ぼしている（Gunter, 1987；Rousenbaum & Heath, 1990；Skogan & Maxfield, 1981）。第1に，自分の被害経験である。われわれは，過去に遭遇したできごとを参照枠としながら，現在のできごとに対して判断を下して

いる。それゆえに，過去に自分が遭遇したできごとは，現在のわれわれの認識や感情，そして行動の規定要因として作用していると考えられる。

また第2は，家族や友人からの伝聞経験であり，他者が遭遇した被害の伝聞経験も，われわれの認識に影響を及ぼすといわれる（Skogan & Maxfild, 1981）。他者からの情報は，直接的な経験に比べ身近さは劣るが，それでもマス・メディアが伝える情報よりは，格段に身近であろう。また，他者から伝達される情報であるがゆえに，客観的な被害情報に加えて，話者の考えや感情が話題に含まれる可能性があるし，事実とは異なった情報に変化している可能性も考えられる。それゆえに，直接的な被害経験とは異なった影響を及ぼす可能性がある。

そして第3に，マス・メディアの情報である。マス・メディアが，我々の現実世界のリアリティを支える源として作用していることは，古くから指摘されてきた（田崎・児島, 1992）。マス・メディアは，直接経験や他者からの情報とは異なり，空間的に広範囲な情報を伝える。つまり，マス・メディアは，ローカルなできごとから，国内のあらゆるできごとを取りあげ，記事にすることが可能なのである。それゆえに，マス・メディアが及ぼす影響は，直接経験や他者からの情報とは異なると予想される。

これらの情報源のうち，情報を得る機会が最も多いのは，マス・メディアをとおしてであろう。実際，多くの国民が，テレビや新聞，ラジオなどのマス・メディアから犯罪や治安に関する情報を得ている（図2-1）。次いで，情報源として多くあげられているのが，家族や友人から情報である。また近年では，インター

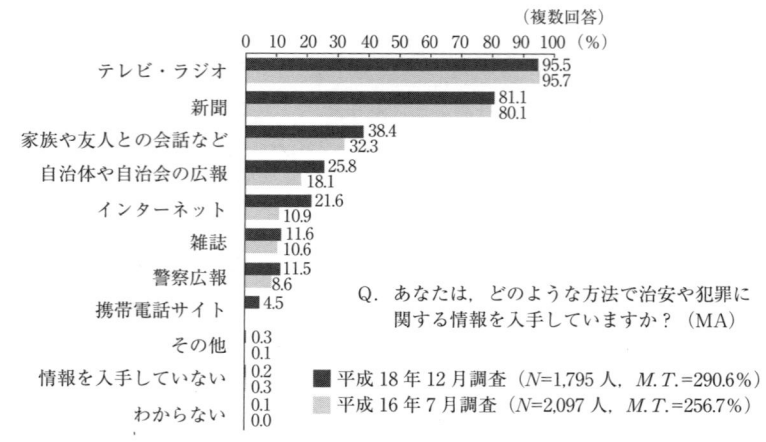

（複数回答）

情報源	平成18年12月調査	平成16年7月調査
テレビ・ラジオ	95.5	95.7
新聞	81.1	80.1
家族や友人との会話など	38.4	32.3
自治体や自治会の広報	25.8	18.1
インターネット	21.6	10.9
雑誌	11.6	10.6
警察広報	11.5	8.6
携帯電話サイト	4.5	
その他	0.3	0.1
情報を入手していない	0.2	0.3
わからない	0.1	0.0

Q. あなたは，どのような方法で治安や犯罪に関する情報を入手していますか？（MA）

■ 平成18年12月調査（N=1,795人，$M.T.$=290.6%）
□ 平成16年7月調査（N=2,097人，$M.T.$=256.7%）

図2-1　治安に関する情報の入手方法（内閣府，2007）

ネットをとおして情報を得る割合が増加している。パーソナルコンピュータや携帯電話の普及とともに，インターネットは身近な存在となりつつあり（総務省，2009），インターネットを介した犯罪情報への接触は，今後，益々，増加すると予想される。

第2節 マス・メディアが描く犯罪

　一方で，マス・メディアが映し出す犯罪は，いくつかの点で偏っていることが指摘されている（Galofaro, 1981）。たとえば，古くはデイビス（Davis, 1952）が，コロラドにおける統一犯罪報告（Uniform Crime Report）の統計と新聞4紙の内容分析結果とを比較し，犯罪統計と犯罪に割かれる紙面量とには関連が見られないことを示している。同時に，同一地域の新聞であれ，犯罪の報道量が一定していないことも明らかにしている。こうした知見は，現実で発生する犯罪件数と報道量とは，必ずしも対応関係にはないことを示唆する。また，シェリーとアシュキンス（Sheley & Ashkins, 1981）も，ニューオーリンズにおいて，警察統計と犯罪の報道量，犯罪動向に対する市民の認識を比較し，警察統計と報道量とには関連が見られず，犯罪動向に対する市民の認識は，警察統計よりも犯罪の報道量に一致していると報告している。内容的にも，マス・メディアでは，センセーショナルな犯罪（Hale, 1996；小城，2004），暴力や性と関連した犯罪（Chermak, 1994；Ditton & Duffy, 1983；Dominick, 1973），そして被害者数が多いなど重大性の高い犯罪（Chermak, 1998；Hale, 1996）が，報道されやすいことが示されている。

　このような特徴を考えると，マス・メディアの偏りのある犯罪情報に反復的に接触するうちに，同じような犯罪が自分にも起こるかもしれないという不安をいだいても不思議なことではない。また，偏った情報をくり返し受け取ることで，現実で起こる犯罪とは異なった実態を，われわれが現実として認識する可能性もある。現実と乖離した認識によって，犯罪に過剰な不安をいだき，不適切な行動が生じるのであれば，精神的にも身体的にも，そして経済的にも損失であろう。そうした個人の損失を社会レベルで考えると，その損失は膨大なものとなる。それゆえに，マス・メディアから犯罪情報を受け取ることが，われわれの犯罪不安や被害リスク認知にどのような影響を及ぼしているのかを明らかにすることは，社会政策的に重要な課題であると思われる。

第3節　マス・メディアと犯罪不安に関する研究の系譜と研究方法

1　研究の系譜

　マス・メディアと犯罪との関連に注目した研究は，大きく2つの流れとしてとらえられる（Lab, 2004）。一方は，"マス・メディアが暴力行為などの逸脱行動を引き起こすかどうか"に関心を寄せる。欧米では，1960年代から実験研究や調査研究がさかんになされ，概してマス・メディアに描写される暴力に反復的に接触することで，視聴者の攻撃性や攻撃行動が促進される可能性が示されている（Paik & Comstock, 1994）。ただし，逆に，近年の研究をまとめて，両者の関連は弱いか，もしくは関連が見られないとする知見もある（Ferguson & Kilburn, 2009）。マス・メディアと犯罪については，多くの研究が，マス・メディアが視聴者の攻撃性，すなわち潜在的加害者を生み出すかどうかに関心が向けられてきた（Ditton et al., 2004；Skogan & Maxfield, 1981）。

　もう一方の関心は，"マス・メディアが犯罪不安や被害リスク認知，そして防犯対策を引き起こすかどうか"に向けられてきた。すなわち，マス・メディアに描写される暴力に反復的に接触することが，暴力に対する間接的，潜在的な被害者を生みだすのかどうかに関心を向ける。本章では，この系譜に注目し，犯罪情報に接することが市民の心理にどのような影響を及ぼすのかを検討した研究を取りあげる。マス・メディアへの接触が犯罪不安や被害リスク認知にどのような影響を及ぼすのかについては，これまでに社会学や犯罪学を中心に，さまざまな検討がされている。

2　マス・メディアと犯罪不安に関する研究方法

　マス・メディアと犯罪不安，被害リスク認知との関連を検討した研究では，第1に，社会調査で得られたデータの2次分析に基づいた研究がなされてきた。たとえば，米国では総合的社会調査（General Social Survey, GSS）や全国犯罪被害調査（National Crime Victimization Survey, NCVS）など，英国では英国犯罪調査（British Crime Survey, BCS）などの大規模な社会調査のデータが利用される（ピックアップ1参照）。いくつか例をあげれば，リスカとバッカグリーニ（Liska & Baccaglini, 1990）は，1974年から1975年に実施されたNCSデータ（NCVSの前身）の2次分析と新聞記事の内容分析から，新聞報道と犯罪不安との関連を検討しているし，ロマーら（Romer et al., 2003）は，GSSデータ

を用いて，テレビ，新聞，ラジオ，雑誌と被害リスク認知との関連を分析している。一方，日本でも，たとえば，日本版総合的社会調査（Japan General Social Survey, JGSS）などの大規模調査が実施されており，こうしたデータの2次分析が可能である。2次分析を用いた研究では，社会調査として実施された調査データから当該の研究にあった項目を用いる。そのため，研究者が独自に項目を加えることがむずかしく，研究者の想定する構成概念と測定している構成概念とに多少のズレがあっても，社会調査に含まれる項目を代替的に用いざるを得ない。しかし，データ収集にかかるばく大なコストを減らすことが可能であり，研究資源の効率的な活用が可能となるといわれる（佐藤ら，2000）。

　第2は，研究者自身が，一般住民に対して独自にデータを収集するサンプリング調査である。サンプリング調査では，研究者が質問項目を作成できるため，繊細な内容を測定することが可能だが，実施にばく大なコストがかかる。サンプリング調査の例としては，チリコスら（Chiricos et al., 1997）やワイツァーとキューブリン（Weitzer & Kubrin, 2004）が，それぞれ18歳以上の一般市民に対してRDD（ランダム・デジット・ダイヤリング）による電話調査を実施し，マス・メディアへの接触と犯罪不安との関連を分析している。

　第3は，実験的にマス・メディアへの接触と犯罪不安や被害リスク認知との関連を検討する方法である。たとえば，フィッシャーら（Fisher et al., 2004）は，30歳から60歳の一般市民を対象に，脱獄に関する3種類の報道（標準版，安心版，遠距離版）のいずれかを提示し，視聴直後の不安感情を測定している。こうした実験研究では，特定の情報刺激を提示したうえで，犯罪不安や被害リスク認知にどのような変化が生じるのかを検討する。しかし，マス・メディアと犯罪不安や被害リスク認知との関係を実験的に検討した研究は，相対的に少数である。

　ほかにも，報道内容に対する内容分析や質的分析が行なわれる。また，各研究方法を組み合わせるなど，方法論的には多様な方法が用いられてきた。

第4節　マス・メディアと犯罪不安に関する説明理論

　犯罪の問題に限らず，マス・メディアが，われわれに及ぼす影響については，マス・メディアが誕生して以降，常に関心が寄せられてきた。そして，これまでにコミュニケーション研究の領域では，膨大な数の研究をとおして，マス・メディアがわれわれの現実認識に及ぼす影響に関するさまざまな説明理論が提出されてきた。本節では，とくにマス・メディアと犯罪不安や被害リスク認知との関

係に的を絞り，代表的な理論を紹介する。なお，マス・メディアの影響力に関する説明理論としては，議題設定機能（McCombs & Shaw, 1972）や沈黙の螺旋理論（Noelle-Neumann, 1993）などがあげられる。あるいは，マス・メディアのフレーミング効果やプライミング効果，マス・メディアのなかに提示されるイグザンプラーの効果なども議論されている。各理論とも，これまでに詳細に解説されており（たとえば，池田，1997；斉藤，2001a，2001b；田崎・児島，1992），各理論の詳細は，そちらを参照していただきたい。

1 培養理論（Cultivation Hypothesis）

　マス・メディアへの接触が犯罪不安や被害リスク認知に及ぼす影響に的を絞ると，代表的な理論として培養理論があげられる。培養理論は「文化指標（Cultural Indicators）研究」の一部として，ガーブナーらによって提案された（Gerbner & Gross, 1976；Gerbner et al., 1977；Gerbner et al., 1978；Gerbner et al., 1979）。培養理論によれば，メディア暴力への長期的・反復的な接触は，テレビのなかに描き出される世界に沿った現実認識をもたらし，現実以上に自分の被害可能性を高く見積もることにつながるという。

　マス・メディアへの接触と犯罪不安や被害リスク認知との関連を検討した多くの研究が，培養理論に反論し，拡張する形で実施されてきたと考えられる。たとえば，ドゥーブとマクドナルド（Doob & Macdonald, 1979）は，だれにおいてもテレビへの接触頻度と犯罪不安との間に関連が見られるのではなく，居住地の犯罪発生件数が両者の関連に影響を及ぼすと仮定し，実際に，犯罪発生件数の多い都市部でのみ，テレビへの接触頻度と犯罪不安とに関連が見られることを示している。こうした知見を考慮して，ガーブナーら（Gerbner et al., 1980）は，視聴者の日常経験などの影響を考慮した共鳴現象（resonance）を提示している。共鳴現象では，マス・メディアへの接触と他の要因とが共鳴することで，われわれの現実認識に影響が生じると考える。つまり，ドゥーブとマクドナルド（Doob & Macdonald, 1979）が示すように，居住地の犯罪発生件数の多さなどの第3要因と情報への接触とが共鳴することで，視聴者の犯罪不安が高まるととらえるのである。

2 インパーソナル・インパクト仮説（Impersonal Impact Hypothesis）

　他方，マス・メディアが犯罪不安や被害リスク認知に及ぼす影響について，タイラーはインパーソナル・インパクト仮説を提出している（Tyler 1980, 1984；

Tyler & Cook, 1984)。インパーソナル・インパクト仮説では，第1に，被害可能性の認知を社会的水準での判断と個人的水準での判断との2つに区別する。社会的水準での判断とは，居住地域の一般的な他者が犯罪被害に遭う可能性の判断であり，個人的水準での判断とは，自分が犯罪被害に遭う可能性の判断である。第2に，2つの判断に影響を及ぼす情報要因を，直接的経験（自分の被害経験）と間接的経験（マス・メディアの情報，被害伝聞経験）とに区別する。そして，直接的経験は個人的水準での判断に影響を及ぼし，逆に間接的経験は社会的水準での判断に影響を及ぼすと予測する。インパーソナル・インパクト仮説では，直接経験，他者からの被害伝聞経験，マス・メディアの情報を網羅している点で，情報をより広くとらえた仮説である。

この理論仮説を検証するために，タイラー（Tyler, 1980）は，ロサンゼルスの一般市民を対象にした研究と，フィラデルフィア，サンフランシスコ，シカゴの一般市民を対象とした研究を実施した。そして，社会的水準での判断は間接的経験から影響を受け，個人的水準での判断は直接的経験から影響を受けること，個人的水準での判断が防犯対策の実施に影響を及ぼすことを明らかにしている。

第5節 マス・メディアへの接触が犯罪不安・被害リスク認知に及ぼす影響

前節までに，犯罪情報と犯罪不安や被害リスク認知との関係を検討することの意義，研究の系譜や研究方法，そして説明理論について取りあげた。本節では，実際に，マス・メディアへの接触が，市民の犯罪不安や被害リスク認知を高めるのかどうかについて，これまでに明らかになっている知見を紹介する。

1970年代以降，マス・メディアへの接触が犯罪不安や被害リスク認知に及ぼす影響が，精力的に検討されてきたにもかかわらず（Gunter, 1987；Hale, 1996；Heath & Gilbert, 1996），両者の関連については明確な結論が得られていない。つまり，ある研究で両者に関連が見られても，他の研究では必ずしも同じ関連が見いだされていないのである。また，マス・メディアへの接触と犯罪不安や被害リスク認知との関係を明確に否定する研究もある（たとえば，Chadee & Ditton, 2005）。

では，なぜ，マス・メディアへの接触と犯罪不安との関連を検討した研究には，知見の齟齬が生じるのであろうか。その理由として考えられるのは，第1に，両者に影響を及ぼす第3要因が関与している可能性である（Heath & Gilbert,

1996)。つまり、マス・メディアへの接触が、いつでも、あらゆる人に同質の影響を及ぼすのではなく、ある情報が、ある時に、ある人に対して影響を及ぼす可能性が指摘できる。そして第2に、マス・メディアと犯罪不安の双方の要因である。すなわち、どのマス・メディアに注目するのか、犯罪不安をどのように測定するかによって両者の関連が異なる可能性である。こうした知見の不一致を生みだす要因について、以下では"マス・メディアの種類"、"媒介・調整要因"、"犯罪不安の測定方法"の3つの観点から整理する。

1 マス・メディアの種類と犯罪不安

マス・メディアには、テレビ、新聞、ラジオ、雑誌など異なる種類の媒体が含まれるが、各媒体が同様の影響を犯罪不安や被害リスク認知に及ぼしているのであろうか。こうした問題に対して、ワイツァーとキューブリン（Weitzer & Kubrin, 2004）は、ワシントンD.C.の住民480名を対象に、テレビ、新聞、ラジオ、インターネットなどのマス・メディアへの接触が、犯罪不安に及ぼす影響を検討した。その結果、テレビへの接触頻度が増えることでのみ、犯罪不安が高まることが報告されている。同様に、チリコスら（Chiricos et al., 1997）は、テレビ、新聞、ラジオについて普段の1週間に視聴する日数に回答を求め、雑誌については普段の1か月間に読む頻度に回答を求め、犯罪不安との関連を検討した。その結果、テレビ、ラジオの視聴時間が増えるほど、犯罪不安が高まることを明らかにしている。一方、スモールとキビビュオリ（Smolej & Kivivuori, 2006）は、フィンランドの被害者調査の2次分析によって、タブロイド紙のトップページへの接触頻度が多いほど、犯罪不安が高まることを示している。また、彼らの研究では、接触の多様性についても検討を行ない、接触するマス・メディアの種類が多様になるほど、犯罪不安が高まることも示唆されている。こうした研究を踏まえると、問題とするマス・メディアが異なれば、犯罪不安や被害リスク認知に生じる影響は異なると考えられる。

他方、マス・メディアの種類だけでなく、マス・メディアが視聴者にどのように認知されているのかも、マス・メディアへの接触と犯罪不安との関係に影響を及ぼす。たとえば、コーメンら（Koomen et al., 2000）は、情報源の信頼性の問題に注目し、新聞を対象に実験的な検討を行なった。彼らの研究では、路上強盗に関する記事を、信頼性が高い新聞の記事として提示する群と、信頼性が低い新聞の記事として提示する群での犯罪不安を比較し、高信頼群のほうが、低信頼群よりも、犯罪不安が高まることを示している。あくまでも、新聞を対象とした研

究ではあるが，視聴者が対象となるマス・メディアをどのようにとらえているのかによっても，マス・メディアへの接触と犯罪不安との関連は変化する可能性を示唆する知見である。

2 マス・メディアへの接触と犯罪不安・被害リスク認知との媒介・調整要因

　先述のように，マス・メディアへの接触と犯罪不安や被害リスク認知との間に，一貫した知見が得られていない理由として，両者に関与する交絡変数が存在する可能性がある。つまり，マス・メディアの情報が，いつでも，あらゆる人に影響を及ぼすのではなく，ある情報が，ある時に，ある人に対して影響を及ぼすととらえるわけである。以下では，両者の関係を調整・媒介する要因を扱った研究を整理する。

(1) 視聴者の属性の影響

　視聴者の属性としてあげられるのは，性別や年齢，人種，あるいは被害経験の有無である。つまり，女性や高齢者のように被害時の脆弱性が高い視聴者において，あるいは，被害者として頻繁に報道される視聴者において，マス・メディアへの接触と犯罪不安との間に，関連が見られると予想する。こうした観点からの研究例をあげれば，チリコスら（Chiricos et al., 1997）は，フロリダ州の一般市民2,092名を対象に，性別，年齢，人種の影響について検討を行なった。その結果，30歳から54歳の白人女性でのみ，テレビへの接触頻度と犯罪不安との間に関連が見られることを報告している。さらに，ウィーバーとワクシュラグ（Weaber & Wakshlag, 1986）は，過去の被害経験とマス・メディアへの接触とが相互作用的に，犯罪不安に影響を及ぼす点を指摘している。そして，興味深いことに，彼らの研究では，被害経験がある者では，犯罪番組への接触頻度が増加するほど，犯罪不安が減少することが示されている。

　一方，なぜ視聴者の属性が，両者の関係に影響を及ぼすのかについては，いくつかの説明がなされている（Eschholz et al., 2003）。ひとつが，被害に対する脆弱性（vulnerability）仮説である。脆弱性仮説では，たとえば，女性や高齢者，白人など潜在的に犯罪被害に遭いやすい（脆弱性の高い）視聴者において，マス・メディアへの接触による犯罪不安への影響が顕著になると考える。また，脆弱性仮説と似ているが，類似性（affinity）仮説では，性別，年齢，人種などのいずれの属性にしても，マス・メディアに被害者として頻繁に描写される属性の者で，マス・メディアへの接触が犯罪不安を高めるとする。さらにもうひとつが，ガンター（Gunter, 1987）の示す代理（substitution）仮説であり，マス・メディアは

被害経験のない視聴者に代理経験をもたらし，それゆえに被害経験のない視聴者でのみ，マス・メディアへの接触が犯罪不安を高めると考えるのである。最後に，代理仮説と逆の立場を取るのが，先に紹介した共鳴現象（resonance; Gerbner et al., 1980）である。この考え方では，視聴者の日常経験がマス・メディアの描写と共鳴することで，犯罪不安が高まると考える。それゆえに，被害経験のある視聴者でのみ，マス・メディアへの接触が犯罪不安を高めると予想する。

(2) 視聴者の近隣環境の影響

視聴者の属性の他に，視聴者の居住地の近隣環境によって，マス・メディアへの接触と犯罪不安との関連が異なるとする観点である。たとえば，ドゥーブとマクドナルド（Doob & Macdonald, 1979）は，トロントを犯罪発生件数（多・少）と位置（都市・郊外）で4分割し，各地区に居住する18歳以上の男女408名に調査を実施し，犯罪が多発している都市でのみ，マス・メディアへの接触が犯罪不安を高めることを報告した。一方，犯罪発生件数だけでなく，エシュホルツら（Eschholz et al., 2003）は，居住地域の人種構成に対する認知を取りあげている。具体的には，彼女たちの研究では，フロリダに居住する18歳以上の住民1,490名に対する調査をとおして，居住地の近隣の人種構成に対するとらえ方の影響を検討した。その結果として，居住地近隣に住む黒人の割合が多いと考える者で，マス・メディアへの接触が犯罪不安を高めることを示している。

これらの研究をまとめると，概して，犯罪が多発している地区に居住している，あるいは犯罪が身近な問題としてとらえられるような環境に置かれていると考える場合に，マス・メディアへの接触が犯罪不安や被害リスク認知を高めると考えられる。

(3) 伝達される情報の特徴

伝達される情報の特徴によって，マス・メディアへの接触と犯罪不安との関連が異なることも知られている。こうした特徴としてあげられるのは，伝えられる犯罪情報のセンセーショナルさ（sensationalism）とランダムさ（randomness）である（Koomen et al., 2000）。つまり，犯罪が衝撃度の高い内容である場合，そして被害が誰にでも起こり得るものとして伝えられる場合に，犯罪不安が高まると考えられる。実際に，ヒース（Heath, 1984）は記事のセンセーショナルさによって新聞を分け，各読者の犯罪不安を電話調査によって測定した。その結果，センセーショナルな記事が多い新聞を日常的に読む読者は，非センセーショナルな記事が多い新聞を読む読者よりも，犯罪不安が高いことを明らかにしている。また，彼女の第2研究では大学生を対象に犯罪情報のランダムさを操作した実験

を行ない，犯罪被害が誰にでも起こる，すなわち被害のランダムさが伝えられる場合に，犯罪不安が高まることを明らかにしている。

　一方で，犯罪情報の地理的・物理的距離が，マス・メディアへの接触と犯罪不安や被害リスク認知との関連に影響を及ぼすことも知られている。つまり，地理的・物理的に近接した場所での犯罪情報に反復的に接触することでのみ，犯罪不安が高まるというのである。たとえば，チリコスら（Chiricos et al., 2000）は，フロリダの一般市民 2,250 名を対象に，テレビ報道への接触と犯罪不安との関連を検討し，ローカル・ニュースの視聴頻度が多いほど，自分の居住地における犯罪不安が高まることを示している。同様に，リスカとバッカグリーニ（Liska & Baccaglini, 1990）の新聞への接触と犯罪不安との関連性を検討した NCS の二次分析でも，ローカル・ニュースへの接触頻度が多いほど，犯罪不安が高まることが報告されている。一方，彼らの研究で興味深いのは，ナショナル・ニュースへの接触頻度と犯罪不安とには負の相関があることを示している点である。この結果について，彼らは，社会的比較（social comparison）の観点から解釈している。すなわち，自分とは直接関係のない遠く離れた土地で起こった犯罪を反復的に視聴することで，自分の地域はそうした犯罪多発地域よりも安全であると認識し，犯罪不安が低下すると考察する。

　以上の知見を総じて，犯罪情報の地理的・物理的距離に関していえば，身近な話題を報道するローカル・ニュースへの反復的な接触が，犯罪不安や被害リスク認知と関連している可能性が推察される。

(4) 視聴者の解釈の影響

　一方，視聴者が犯罪情報をどうとらえ，どう感じるか，視聴者の情報に対する解釈の重要性も指摘されている。たとえば，ガンター（Gunter, 1987）は，犯罪情報が視聴者にどの程度現実的に感じられるかによって，マス・メディアへの接触が犯罪不安や被害リスク認知に及ぼす影響が異なると指摘する。同様に，ポッター（Potter, 1986）は，報道内容にどれほど真実性を感じるのかによって，マス・メディアの影響力は異なることを示している。また，ディットンら（Ditton et al., 2004）は，グラスゴーの 167 名の調査協力者に質問紙調査を実施し，犯罪情報への接触頻度と犯罪不安とには関連が見られないことを明らかにした。そのうえで，彼らは，質問紙調査と同一の対象者を犯罪不安の程度によって 3 群（犯罪不安の高い者，中程度の者，低い者）に分割し，各群について数名ずつ面接調査を行なった。その結果，犯罪不安が低い者は，マス・メディアの情報を自分とは関連のない情報と考えるのに対して，犯罪不安が中程度の者や高い者は，マス・

メディアの情報と身近な経験とを結びつけて解釈することを示している。そして，最終的に，犯罪不安にとって重要なのは，客観的な接触頻度よりも，視聴者が情報をどのように解釈し，受け止めるのかであると結論づけている。一方，荒井ら（2010）は，視聴内容に対する視聴者のとらえ方の観点から，幼児をもつ母親1,040名を対象とした調査を行なっている。彼らの研究では，犯罪情報を身近に感じ，被害者に共感し，情報に動揺し，類似事件を想起しやすいほど，視聴内容にインパクトを受けているととらえたのである。その結果として，マス・メディアへの接触は，直接的に犯罪不安や被害リスク認知に影響を及ぼすのではなく，視聴内容からインパクトを受ける過程をとおしてのみ，犯罪不安や被害リスク認知に影響を及ぼすことを明らかにしている。

3 マス・メディアへの接触と犯罪不安の測定方法

マス・メディアへの接触と犯罪不安や被害リスク認知との関連を検討した研究において，一貫した知見が得られていないもうひとつの原因は，従属変数として測定される犯罪不安や被害リスク認知の多様性にある。つまり，犯罪不安を測定する方法として，"夜間，自宅の近隣をひとりで歩くことに対する安全性の評定"や"罪種別に被害に遭う可能性と被害に遭う不安を評定する方法"が混在しているのである（第1章参照）。

また，従属変数（犯罪不安や被害リスク認知）に対する別のとらえ方もある。たとえば，先述のとおり，タイラー（Tyler, 1980, 1984）は，社会的水準における判断と個人的水準における判断とを別に測定し，マス・メディアへの接触は社会的水準での犯罪に対する懸念とのみ関連することを報告している。同様に，アメリオとロカット（Amerio & Roccato, 2005）も，社会的水準における懸念と個人的水準における被害リスク認知とを区別して測定し，マス・メディアへの接触は社会的水準での犯罪に対する懸念とのみ関連することを示している。社会的水準と個人的水準というとらえ方といくぶん類似しているが，自分の居住地での犯罪不安と遠く離れた都市における犯罪不安とでは，マス・メディアとの関連が異なることも示されている（Heath & Petraitis, 1987）。さらに，ウォーとエリソン（Warr & Ellison, 2000）が指摘するように自分の犯罪不安や被害リスク認知と，利他的不安（altruistic fear）や被害リスク認知とでは，マス・メディアとの関連が異なることを示した研究もある。具体的には，阪口（2008）が，新聞やテレビニュース（全国ニュースと地方ニュース）の視聴頻度と自身に対する犯罪不安や利他的不安との関連性を検討し，マス・メディアへの接触は利他的不安とのみ

関連することを示している。こうした測定方法の違いも，マス・メディアへの接触と犯罪不安や被害リスク認知との関連性を混乱させる一因と考えられよう。

第6節 まとめと今後の展望—犯罪情報の影響力の解明に向けて

これまで概観してきたように，マス・メディアへの接触が犯罪不安や被害リスク認知に及ぼす影響については，必ずしも明確な結論が得られていない。しかし，両者にかかわる要因を1つひとつ丁寧に紐解いていくと，たとえば，犯罪が身近に感じられるような環境におかれていたり，情報内容が衝撃的であったり，あるいは被害のランダムさが強調されて伝えられる場合など，どのような状況でマス・メディアへの接触が犯罪不安や被害リスク認知を高めるのか，その法則性は見えてくると思われる。こうした点を踏まえると，現時点では知見の一致を見てはいないが，マス・メディアへの長期的・反復的な接触が，市民の心理になんらかの影響力をもつことは確かである。今後，これまでの知見をより詳細に整理しつつ，現象全体を説明できるような理論を構築することが望まれる。またいくつかの点で，今後，検討が必要と思われる課題もある。

1 なぜマス・メディアへの接触が犯罪不安や被害リスク認知を高めるのか？

まず，マス・メディアへの接触が犯罪不安や被害リスク認知に影響を及ぼす影響過程，つまり心理的過程を明らかにする必要がある。マス・メディアへの長期的・反復的な接触がマス・メディアに沿った現実認識をもたらすにしても（Gerbner & Gross, 1976），その影響が社会的水準でのみ見られるとしても（Tyler, 1984），なぜわれわれは，犯罪情報に反復的・長期的に接触すると，みずからの被害可能性を高く考え，被害に強い不安を感じてしまうのであろうか。こうした問題に対して，シュラム（Shrum, 1995, 1996）は，記憶における情報のアクセシビリティの観点から検討を行ない，メディア暴力への接触量が多いほど，犯罪に関連した情報のアクセシビリティが高まる可能性を示唆している。彼らの研究のように，今後，マス・メディアへの接触と犯罪不安や被害リスク認知との関係を記述するにとどまらない，影響過程の解明に向けた研究が必要であると思われる。そうすることで，現象の理解が深まるだけでなく，対策を立てるうえでも，あるいはむしろ積極的に防犯対策に活用するうえでも，有益であろう。

2 卵が先か？ 鶏が先か？──因果関係の問題

　これまでに紹介した多くの研究が，マス・メディアへの接触"が"犯罪不安"を"高める，という前提に立っている。たしかに，こうした前提を支持する知見として，オーキエフとレイド - ナッシュ（O'Keefe & Reid-Nash, 1987）のパネル調査では，1 時点目でテレビニュースへ注目するほど，2 時点目での犯罪不安が高まる一方，1 時点目での犯罪不安の高さは，2 時点目でのテレビニュースへの接触頻度や注目度とは関連しないことが示されている。

　しかし，逆に，視聴者の事前の状態が，視聴番組の選択に影響を及ぼすことも知られている。たとえば，事前に不安を感じている視聴者ほど，被害を描写した番組を視聴せず，加害者に対する制裁を多く含んだ番組を好んで視聴する（Wakshlag et al., 1983）。同様に，事前に犯罪への脅威を喚起した状態では，脅威を喚起していない場合と比較して，特定の番組や内容を好みやすくなる（たとえば，Boyanowsky, 1977；Boyanowsky et al., 1974；Minnebo, 2006）。あくまで，番組の選好ではあるが，事前に犯罪に対して強い不安を感じることで，その後の視聴行動が影響を受けることを示した例である。これらの知見は，これまでの研究が前提とする因果関係に疑義を呈する。また，可能性としては，視聴者の事前状態が視聴行動に影響を及ぼし，視聴行動によって視聴者の状態が影響を受ける結果として，視聴行動がさらに変化するというスパイラルな関係も想定される。マス・メディアへの接触が不安をもたらすのか，不安がマス・メディアへの接触をもたらすのか，今後，両者の因果についても，検討の余地が残されている。

3 どのように犯罪不安を測定するのか？

　また，マス・メディアの影響力を検討する際には，犯罪不安や被害リスク認知をどのように測定するのかを明確にする必要がある。測定の問題については，犯罪不安研究が始まって以降，長い間議論されてきた（第 1 章；Ferraro, 1995）。前節で紹介したとおり，マス・メディアへの接触が犯罪不安に及ぼす影響を検討した研究においても，研究ごとにさまざまな測定方法が用いられており，測定方法（ひいては犯罪不安という構成概念）の多様性が知見の混乱をもたらす一因となっていると思われる。それゆえに，検討しているのが認知なのか，感情なのか，あるいは何に対する認知や感情なのか（治安に対してか，自分や重要な他者の被害に対してか）を切り分けて考える必要がある。

4 研究知見の現実への応用

　さらに，マス・メディアへの接触と犯罪不安や被害リスク認知との関連を検討した研究知見の応用方法についてである。従来の研究の関心は，おもに，マス・メディアが犯罪不安や被害リスク認知に及ぼす影響の解明に向けられている。しかし，両者の関係を明らかにするだけでなく，本領域における知見を実務に生かすための方策も考慮すべきであろう。たとえば，オーキエフ（O'Keefe, 1985）は，Take a bit out of crime というメディア・キャンペーンによって，市民の犯罪や防犯に対する関心を高めるための施策について議論している。このように，両者の関連性を把握し，メカニズムを解明するだけでなく，得られた知見をいかに実務に活用するのかに関しても議論が必要であろう。

5 犯罪情報の多様性

　"日本が安全という話は過去のものである"，あるいは"治安が悪化している"という言説は，いたるところで見られる。市民が犯罪に不安を感じ，治安悪化を懸念しているのは事実であると思われるし，そうした市民の心理に，マス・メディアがなんらかの影響を及ぼしていることも，事実であろう。現代の情報環境を踏まえると，その影響力はますます大きくなる可能性も有している。

　しかし，市民の心理を作りあげる原因は，必ずしもマス・メディアのみにあるのではない。おそらく，他者からの情報，警察をはじめとした公的機関の情報など，多様な情報が複雑に絡み合いながら，市民の心理を形づくっている。この意味では，たとえば，公的機関はどのように情報公開すべきであるのか，情報公開した場合に市民の間でどのように情報が流通するのか，このような問題を含めて検討しなくてはいけない時期に差し掛かっていると思われる。つまり，広報活動をする・しないの議論にとどまらず，どのような情報を伝えたらどのような反応が生じるのか，一つひとつ解き明かしていかなくてはならない。よかれと思って情報を提供することが，ともすれば，市民の犯罪不安を醸成する土壌になっている可能性すらある。善意からの行動であっても時には弊害をもたらす。こうした点を踏まえて，マス・メディアと市民の心理だけでなく，たとえば，他者からの情報，あるいは公的機関の広報活動など，その他の情報源についても，実証的な知見の蓄積が望まれる。

第3章 ライフスタイルと犯罪被害

> 犯罪被害の遭いやすさは、人によって異なる。私たちのなかには、まったく被害に遭わない人もいれば、何度も繰り返し犯罪被害に遭う人がいる。犯罪被害に遭うリスクの違いを理解するためには、ライフスタイルがカギになるとされてきた。さらに、近年の研究では、人々のライフスタイルに加えて、場所の特性や、過去の犯罪発生状況が相互に影響して被害リスクを形成していることが明らかになってきた。本章では、時間と場所という文脈のなかで人々のライフスタイルに着目することで、犯罪研究がいかに犯罪対策に貢献し得るかを考察する。

第1節 人,場所,時間によって異なる被害リスク

犯罪被害に遭う客観的リスクは、人によって異なる。もちろん罪種によって細かなパターンは異なるものの、一般的に、男性、若年層、独身、都市住民などは、女性、中高年齢層、既婚者、郊外・田舎住民よりも犯罪被害に遭うリスクは高いとされる。この客観的な被害リスクの差異は、個人属性そのものの影響というよりも、これらの人々のライフスタイルの差異に起因しているといわれる。一定の属性をもっている人は、犯罪被害に遭うリスクが高いライフスタイルをもち合わる傾向にあり、結果として犯罪被害の遭いやすさが異なってくるのである。

さらに、犯罪被害リスクは、個人のライフスタイルに加えて、環境要因によっても変化し得る。潜在的加害者が多く住んでいる地域に住んでいる人は、必然的に犯罪者に出会う頻度が高くなり、被害に遭う可能性が高くなる。一方で、防犯活動が活発な地域や、住民間のつながりが強い地域では、個人のライフスタイルいかんにかかわらず、犯罪被害リスクが下がり得る。

また、より細かい視点で考えてみると、犯罪被害リスクは、同一の個人のなかでも空間的にも時間的にも一定ではない。たとえば、繁華街に頻繁に飲みに行く人は、夜間の外出をほとんどしない人と比べて、犯罪被害に遭うリスクが高いであろう。しかしながら、頻繁に繁華街に出かける人であっても、1日をとおして

常に被害リスクが高いわけではない。職場や自宅など他の日常活動の拠点では，犯罪被害リスクが低いということも十分あり得る。また過去に犯罪が起こった場所の付近では，再び犯罪が起こるリスクが「一時的」に高まることが近年の研究で明らかになっている。たとえば，近隣で空き巣が発生した住居に住んでいる人は，空き巣の被害に遭う客観的リスクが一時的に高まるというのだ。

犯罪被害のリスクは，ランダムには分布していない。被害に遭いやすい人がいて，被害リスクを高めるライフスタイルがあり，被害リスクが高まるときと場所がある。ライフスタイルによっては，潜在的加害者と出会う頻度が変わり，また犯罪者に対して格好の犯行機会をつくり出す。被害リスクを高める要因を特定し，被害に遭いやすい状況を見いだすことは，犯罪被害リスクを低減することにつなげられると考えられる。

本章では，ライフスタイルと犯罪被害リスクとの関連を，理論的考察と実証的研究のレビューをとおして考える。まず次節では，ライフスタイルと被害リスクを考えることの実際的意義について述べる。そして，第3節では，ライフスタイルと犯罪被害に関連する犯罪学理論を概説する。そこでは，犯罪被害リスクを包括的に理解するためには，個人属性や個人の日常行動パターンをミクロの視点から考えるだけでは不十分であり，地域特性など環境要因も含めたマクロの視点から同時に考えることの必要性が議論される。第4節では，犯罪被害とライフスタイルに関する既存研究のアプローチを概観する。最後に，第5節では，理論的考察と実証的研究のレビューとを踏まえて，ライフスタイルと被害リスクとを考えるうえでの課題について述べる。

被害リスクは固定的なものではなく，個人の日常活動のなかでも時間と場所で変化する。また，特定のライフスタイルが被害リスクを高めるとしても，その効果は環境によって変化し得る。より正確に被害リスクを考えるためには，時空間的文脈に基づいて考察し，個人属性と地域特性との相互作用を考えることが必要になる。

なお，本章では，特段示している場合を除いて，客観的犯罪被害リスクについて述べる。犯罪被害リスクの認知については，第1章や第2章を参照されたい。

第2節　犯罪予防への応用

被害リスクを高めている要因やそのメカニズムをデータに基づいて実証的に明らかにすることは，犯罪予防の観点から重要な示唆が得られると考えられる。端的には，それらの要因を変化させることで，被害リスクを低減させることができ

るからである。たとえば，独身，若年男性，夜間の外出の頻度が高い住民，都市住民の被害リスクが高いのであれば，夜間はできるだけ自宅に滞在し，郊外に住み，公共の場をできるだけ避け，結婚して家庭内での時間を増やす，というようにライフスタイルに変えることで，被害リスクを低減することができる。

　もちろん，ライフスタイルは簡単に変えられるものばかりではなく，実際に犯罪予防につなげられるものは限られるかもしれない。しかしながら，特定の時空間的文脈のなかでライフスタイルを考えると，被害リスクの低減はより現実味を帯びる。たとえば，アメリカでの研究によると，同じように防犯設備を設置したとしても，社会階層の高い地区と低い地区とでは，被害リスクを低減する効果に違いがあるという（Miethe & Meier, 1994）。具体的には，社会階層が低く，住民同士のつながりが薄いような地域では，犯罪者を生む土壌ができているために，そもそも犯罪が多く，防犯設備の効果は限定的となってしまう。一方で，犯罪者が外部から来るような社会階層が高い地域では，魅力的な犯行対象とそうでないものが分かれやすく，防犯設備の有無が被害リスクに影響しやすくなる。このように，犯罪予防手段の効果が場所の特性に依存する場合には，場所と被害リスクとの関係性を実証的に検証することで，より具体的で効果的な被害予防策を提案することができるようになる。

　また，過去に犯罪が起こった場所やその付近においては，再び犯罪被害が起こる可能性が一時的に高まることが国内外の研究によって明らかにされている（Johnson et al., 2007；菊池ら, 2010）。したがって，過去の犯罪発生情報をもとに，再び被害が起こる確率が高くなる時間的・空間的範囲を特定できれば，犯罪被害にとくに気をつけるよう呼びかけることがより具体的になる。常日頃から防犯意識を高めておくことはもちろん重要かもしれないが，犯罪被害リスクを下げるためにライフスタイルを半永久的に変えることは限界もある。しかしながら，過去の犯罪発生地点付近で再び犯罪が起こる可能性が高まるのが一時的であれば，そのときにはライフスタイルを修正し，一時的に危ない場所を避けるというように，被害リスクを下げるということは現実的であろう。

　また，どういった被害対象を犯罪者が好んで狙うかを考えることも重要である。たとえば米国ボストン市の地下鉄における研究では，全体的に犯罪発生件数が減っているなかで，小型音楽プレーヤーを聴いている被害者を狙った強盗事件の増加が確認された（Roman & Chalfin, 2007）。犯罪者からすると，小型音楽プレーヤーは高価であるだけでなく，すでにメモリに入っている音楽を自分が楽しむことができ，強盗後にポケットに隠して逃げることができ，外から見えるイヤホン

により格好な被害者を簡単に特定でき，さらに被害者は音楽を聴いていて周囲に注意が及んでいないなど，さまざまな点で魅力的な犯行対象となる。犯罪者はランダムにターゲットを選んでいるわけではなく，犯罪者が好む犯行対象が存在し，犯罪者が好む犯行手口がある。犯罪者に狙われやすい物を持ち歩かない，または目につくようにしないというライフスタイルの変容も，犯行機会の創出を妨げて，被害リスクを下げることにつなげ得る。

犯罪が起こりやすい状況や被害に遭いやすいライフスタイル，狙われやすいターゲットの特性を実証的に分析することで，具体性・効果性を帯びた犯罪予防手段を提案できるようになる。したがって，ライフスタイルと被害リスクとの関連性を分析することは，犯罪予防実務への応用可能性が非常に高いといえる。

第3節　理論的発展

本節では，ライフスタイルと犯罪被害リスクとの関係について，ライフスタイル理論，日常活動理論，およびそれらを発展させた構造的選択モデルという3つの理論的枠組みを紹介する。これらの3つの考えに共通している前提は，犯罪はランダムに発生するのではないということである。犯罪を行なうのに適した機会が存在する。そして，犯罪機会は，加害者・被害者双方の日常的な活動やライフスタイルによってつくり出される。潜在的な被害者の犯罪被害リスクは，個々人のライフスタイルによって異なり，また状況によって変化し得る。本節では，3つの理論的考察をとおして，いかに特定のライフスタイルや状況が犯罪被害リスクと関係しているかを考える。

1　ライフスタイル理論

ライフスタイルと被害リスクについて，最初に体系的な理論として提唱されたのは，ヒンデラングら（Hindelang et al., 1978）のライフスタイル理論である。もともとライフスタイル理論は，性別や年齢などの個人属性によって犯罪の被害に遭う頻度が異なっていることを説明するために提唱された。ヒンデラングらは，個々人のライフスタイルによって潜在的犯罪者との接触機会やリスクにさらされている度合いが異なり，その結果，人によって犯罪被害リスクに差異が生まれると主張する。つまり，性別や年齢などの個人属性によって犯罪被害リスクが異なるのは，個人属性ごとに特徴的なライフスタイルが異なり，またライフスタイルによっては危ない場所や時間にさらされている度合いが異なるため，犯罪被害に

遭うリスクが異なるという。

　ヒンデラングらによると，ライフスタイルは人それぞれ多様であり得るものの，生まれもった属性（たとえば性別，人種）や社会内で獲得した自己の立場（たとえば所得，職業，教育水準）によって大きく影響を受ける。社会内にはそれぞれの属性や立場に応じて「こうであるべき」という一定の役割期待が存在し，人は，それぞれの属性や立場に応じた役割期待に適応することをとおして，自己のライフスタイルを確立させる。たとえば，有職者は，毎朝起きて通勤し，日中は職場で時間を過ごし，夜に家に帰るということが典型的なライフスタイルとなる。ヒンデラングらによると，適応するライフスタイルによっては，潜在的加害者と接触する機会が多くなり，結果として犯罪被害に遭うリスクが高まるというのだ。

　たとえば，犯罪被害リスクの性差について考えてみよう（Miethe & Meier, 1994）。男女間の教育や就職の機会の格差は以前と比べて格段に狭まってきた一方で，いまだに性役割期待に違いが残っている。男女それぞれに期待される行動態様は，男女の行動パターンや日常生活における自由時間，行ってはいけない場所などに違いを生み，公共の場で不特定多数の人と出会う頻度に差異を生み，結果的に潜在的加害者と接触する頻度に影響を与える。たとえば，男性と比べて，女性は私的な空間である家で過ごす時間が長いとされる。若年女性は，門限など親からの監督が男性より強い場合がよくあり，成人女性についても，結婚して家事に従事する場合が多い。男女間の教育や職業の格差，家事従事の期待という構造的な要因により，典型的に女性は私的空間で過ごす時間が長くなり，公共空間での時間が短くなる。つまり，社会からの役割期待への適応をとおして，典型的に女性は，公共空間で不特定多数の人と接する時間が少ないようなライフスタイルを確立させ，結果として，女性の被害リスクは低くなるのだ。一方，男性は，日々の生活における規制が比較的少なく，私的空間である家の外で過ごす時間が長くなる。伝統的な家族関係では，女性が家事従事することが多い一方で，男性は家庭外で働き，日中は公共空間で過ごす時間が長い。したがって，ライフスタイル理論によると，伝統的な性別の役割期待がライフスタイルの性差を生み，その結果，男性の犯罪被害リスクが女性のそれより高くなるという。

　ライフスタイル理論についてまとめると，個人のライフスタイルによって潜在的犯罪者と出会う頻度が異なり，結果的にそれが被害に遭うリスクを左右するということになる。また，ライフスタイルは，人それぞれ多様であるものの，個人の属性と強いつながりがあるために，性別や年齢など個人属性に応じて被害リスクが異なるという。

2 日常活動理論

コーエンとフェルソン（Cohen & Felson, 1979）によって提唱された日常活動理論も，ライフスタイル理論と同じように，人々の日常活動やライフスタイルと犯罪に適した機会との間に関連性があると考える。とくに，犯罪が起こりやすい状況について，ライフスタイル理論は，被害者の属性に基づくライフスタイルに重きを置くのに対して，日常活動理論は，被害者と加害者，守り手の3者の日常活動のパターンによってつくられる犯罪に適した機会に焦点を当てる。

日常活動理論によると，犯罪を行なおうとする者（motivated offender），ふさわしい犯行対象（suitable target），そして守り手の不在（absence of a capable guardian）が犯罪の発生に重要であるという。具体的には，守り手が欠けている状況において，犯意ある行為者とふさわしい犯行対象が時空間上で遭遇することで犯罪が起こる（もしくは犯罪が起こる可能性が高くなる）という。これら3要素は，犯罪発生における必要条件と考えられ，いずれかが欠けるだけでも犯罪は起こらないとされる。

コーエンとフェルソン（Cohen & Felson, 1979）は，1960年代のアメリカにおける犯罪率の急増を説明するなかで，日常活動理論を提唱した。この時代は，失業率が下がり，黒人の教育水準が上がり，経済格差が縮小するなどしていた。このように，むしろ犯罪を抑制するような環境での犯罪率の急増は，伝統的な犯罪原因論の立場からすると説明が困難であった。コーエンとフェルソンは，この時期の犯罪発生率の急増について，人々の日常活動の変化によって犯罪の機会が量と質の両面で変化し，犯罪が増加したと主張した。具体的には，青少年人口の増加，テレビなど持ち運びやすい小型家電製品の普及，女性の社会参加と共稼ぎ世帯の増加，自動車の普及，伝統的な近隣関係の希薄化などが犯罪の増加に寄与したという。小型で軽量ながら価値が高いものは，犯罪者にとって魅力的な犯行対象となる。また，共稼ぎ世帯の増加や自動車の普及は，家庭外での時間を増やし，家を無防備に空けている時間が長くなり，空き巣の機会を増加することにつながる。伝統的なコミュニティ概念の衰退も，隣人による留守中の自宅の見守りを期待できなくし，よそ者と住民との区別もつかなくするため，空き巣などの犯罪機会を増やすことになる。

日常活動理論の考え方で興味深いところは，社会内の犯罪の総量や個々人の犯罪被害リスクは，潜在的加害者の数だけで決まるわけではないという点である。つまり，犯罪傾向を醸成するような社会環境の悪化によって犯罪が増えると考えていた伝統的な犯罪原因論に対して，犯罪者の数が変わらなくても犯罪の量は変

わるというのだ。

　図3-1に日常活動理論が主張する3要素のかかわりの例を示す。a）は，典型的に日常活動理論から導かれる犯罪が起こりやすい状況である。犯罪を行なおうとする者とふさわしい犯行対象が時空間的に重なり合った部分で，守り手がいない場合に犯罪が起こるという。a）と比べて，犯罪が増えるような状況がb）である。もちろん犯罪者の数が増えることでふさわしい犯行対象との重なりが増えることもあるが，犯罪を行なおうとする者のライフスタイルが変化することでも，犯罪者と潜在的な被害対象との重なり合いは増え得る。たとえば，犯罪者の行動範囲が広がったり，犯罪者間の情報交換が広まったりするといったことが考えられる。c）は，犯罪を行なおうとする者とふさわしい犯行対象の双方のライフスタイルが変化することで，犯罪の機会が増え得ることを示している。たとえば，公共交通機関の経路が変わることで，今までに存在しなかった犯罪者と被害者との接触機会が生まれ得る。一方で，d）とe）は，犯罪が抑制されるような状況をモデルとして示している。守り手となる人の日常活動を変化させることで，ふさわしい犯行対象と守り手との重なりが生まれ，犯罪に適した機会を減らすことができる。また，非行少年たちも保護者などの守り手の監督下におかれることで，悪事を働きづらくなる。e）の場合は，ふさわしい犯行対象を守り手の監督下においたうえで，犯罪を行なおうとする者と時空間的に出会わないように離すことで，犯罪に適した機会をなくしている。

　日常活動理論は，被害リスクの低減や犯罪予防手段を考えるうえで示唆的である。とくに，潜在的な被害対象や守り手のライフスタイルを変えることで，犯罪に適した機会を減らすことができるという考え方は，実務に応用可能である。たとえば，イギリスのある隣接している2つの中学校では，生徒同士の仲が悪く，両学校の生徒たちが登下校に利用しているバス停付近でけんかなどが多発していた（Ratcliffe, 2010）。そこで，警察や学校の先生たちが，両校の下校時間を10分ずらしたところ，それぞれの生徒たちが出会う機会がなくなり，トラブルがなくなった。この事例の場合は，トラブルの内容がけんかであるため，両中学校の生徒たちがそれぞれ潜在的な加害者であり，また被害者であるが，重要なのは，下校時間というライフスタイルを10分ずらすだけで，トラブルが激減したということである。図3-1で示したさまざまなシナリオに見られるように，必ずしも犯罪者の動機を削減しなくても，発想の転換しだいで，犯罪は予防できることが日常活動理論からわかる。

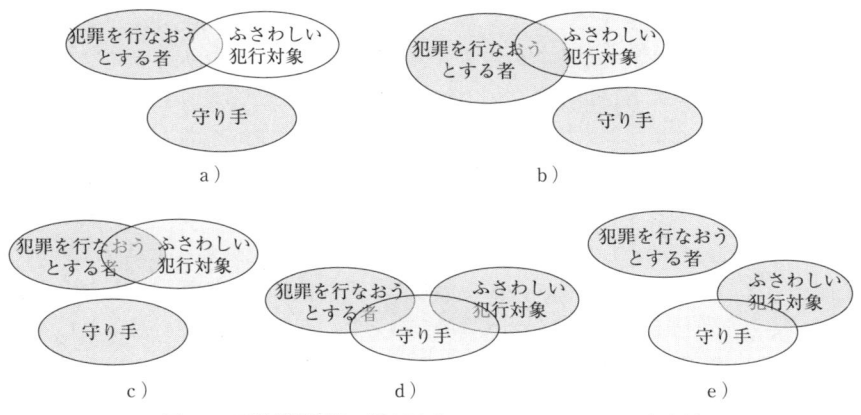

図3-1 日常活動理論の概念図（Wilcox et al., 2003 より一部改変）

3 構造的選択モデル

　日常活動理論とライフスタイル理論は，どちらも，人々のライフスタイルや日常活動のパターンによって，犯罪の機会は創出されると考える。ミースとマイヤー（Miethe & Meier, 1994）は，ライフスタイル理論と日常活動理論の考え方に基づきつつ，地域特性などの環境要因を考慮することで，犯罪被害リスクとライフスタイルとの関係性をより精緻に理解することができると主張する。たとえば，ライフスタイル理論も日常活動理論も，潜在的犯罪者との接触頻度によって犯罪被害リスクが変わると考えているにもかかわらず，社会内における犯罪者の分布については，特段考慮していない。潜在的犯罪者を醸成しやすい地域特性を考慮することで，犯罪者と被害者との接触の機会をより詳細に考察できるであろう。

　また，ライフスタイル理論は，性別や年齢など個人属性ごとに異なる犯罪被害リスクを説明するために提唱された理論であるがゆえに，ともすれば，被害リスクは個人属性ごとに固定的であるととらえられかねない。しかしながら，一般的に男性や独身者の犯罪被害リスクが高いとしても，彼らの犯罪被害リスクは日常生活中をとおして常に高いわけではなく，より被害に遭いやすい時間や場所，状況が存在し得る。

　さらに，日常活動理論は，加害者・被害者・守り手というミクロなレベルにおいて犯罪の機会を説明するが，被害者と加害者とを重なりあわせやすい環境要因も存在し，犯行を容易にするような環境も存在する。たとえば，人々のつながりが薄いような地域では，よそ者と住民との区別がつかず，犯罪者は容易に地区に

溶け込んで下見を行なうことができる。一方で，近隣住民の防犯意識が高いような地域では，そもそも外部からの犯罪者が入りにくくなり，個人のライフスタイルとは独立して犯罪者に対する防御力が強くなる。したがって，犯罪に適した機会を考えるためには，個人のライフスタイルに加えて，地域特性などの環境要因も考える必要がある。

　そこで，ミースとマイヤー（Miethe & Meier, 1994）は，日常活動理論とライフスタイル理論を統合したうえで，マクロとミクロの両視点から犯罪被害リスクを考えるという構造的選択モデルを提唱した。具体的には，犯罪に遭いやすい機会をつくり出す構造的な要因をマクロ的変数とし，犯罪者から犯行対象として狙われやすい要因をミクロ的要因としたうえで，同じライフスタイルや犯行対象であっても，状況や環境要因に応じて被害リスクが変わり得ることを検討する。

　日常活動理論とライフスタイル理論の考え方をもとに，ミースとマイヤーは，犯罪の必要条件として，潜在的犯罪者との近接性（proximity），犯罪被害リスクへの曝露（exposure），犯行対象の魅力（target attractiveness），守り手の不在（the absence of guardianship）をあげる。潜在的犯罪者が多く住む地域との物理的近さや，被害対象への近づきやすさなどの犯罪被害リスクにさらされている度合いは，全体的な犯罪機会を創出し，被害に遭いやすい状況に影響を与えるため，構造的な要因と考えられる。一方で，犯行対象の魅力や守り手の不在は，個別具体的にどの犯行対象が狙われるかを決定づけるため，選択要因と位置づけられる。

　ミースとマイヤーの構造的選択モデルは，地域特性などのマクロなレベルで形づくられる犯罪の機会と，個別具体的な犯行対象の狙われやすさというミクロなレベルの視点の両方をもちあわせる。そして，構造的な要因とミクロな選択要因は相互に影響しあい，ある状況においては被害リスクが高まるようなライフスタイルであっても，別の状況であれば被害リスクを必ずしも高めないなど，状況に応じた考察を可能にする。たとえば，犯行対象の魅力や守り手の不在は，犯罪者がそもそもいないような状況であればほとんど問題ないかもしれない。一方で，潜在的犯罪者が多数存在するような社会階層が低い地域の場合には，犯行対象の魅力や防御力いかんにかかわらず，犯罪者の利便性や単純に生活圏にあるという理由から，犯罪被害リスクが高くなるであろう。さらに，防犯対策は，セキュリティの設置や危険な場所を避けるなど個人単位で行なうものもあれば，地域ぐるみの防犯活動や街頭防犯カメラの設置など，個人のライフスタイルとは独立して，地域全体で被害リスクの低減という恩恵を受け得るものがある。

　多くの犯罪は，加害者と被害者が時空間上で出会うという「状況・場面」にお

いて発生する。したがって，犯罪被害リスクを考えるうえでは，状況要因も考慮すべきであろう。個人のライフスタイルとは独立して，地域間のつながりが犯罪者を寄せつけないという場合もあれば，劣悪な社会経済的環境であるゆえに，潜在的犯罪者が近くに多くいて犯罪被害リスクが高まるという場合もあり得る。ライフスタイルの変容や犯罪予防手段の効果も，地域によって変わり得る。犯罪被害リスクを考えるためには，個人的な要因に加えて，地域的な要因も包括的に考えるべきであることを構造的選択モデルは示している。

第4節　既存研究のアプローチ

　ライフスタイルと犯罪被害リスクとの関係を調べるときに用いられるおもな手法が，犯罪被害調査である（ピックアップ1参照）。公式統計を用いた場合には，被害者の個人属性と被害リスクとの全体的な傾向を把握することができる一方で，暗数の問題が付きまとう。また，性別や年齢などの個人属性は，ライフスタイルを間接的に推測させるにすぎず，ライフスタイル理論や日常活動理論から導かれる仮説を直接検討することができない。一方で，被害調査では，ライフスタイルや犯罪に対する脆弱性，犯行対象としての魅力度など，理論的に重要な変数を直接測ることができる。

　また，近年では，地理情報システム（GIS）やマルチレベル分析の発展により，個人レベルのライフスタイルに加えて，地域特性を分析の枠組みに含める研究も出てきている（Lening et al., 2007；Rountree et al., 1994；Sampson & Wooldredge, 1987）。それらの研究においては，地区別の犯罪発生件数や国勢調査の小地域集計と被害者調査とを組み合わせて分析が行なわれる（ピックアップ2参照）。

　本節では，ライフスタイルと被害リスクとの関係を考察するうえで，既存研究がどのような変数や分析手法に着目しているか概観する。

1　個人属性と被害リスク

　ヒンデラングら（Hindelang et al., 1978）の研究を筆頭に，多くの研究が被害リスクと個人属性との関係を分析している。そこでは，性別，年齢，人種，職の有無，婚姻関係，社会階層，住居の種類などが検討されている。大まかには，男性，若年層，黒人（米国の場合），有職者，独身者，低所得階層の人たちの犯罪被害リスクが高いとされる。

ただし，理論的検証という観点からすれば，これらの個人属性は，あくまでライフスタイルの間接的な指標にすぎない。したがって，ライフスタイルを直接測定してモデルに組み込むことで，犯罪被害リスクに対する個人属性の影響は弱まると考えられる（Jensen & Brownfield, 1986）。またライフスタイル理論が主張するように，被害リスクの差異の背景に個人属性別の役割期待があるのであれば，社会の風潮が変わることで，個人属性別の犯罪被害リスクの差は縮まると考えられる。たとえば，社会内における男女格差が狭まるにつれ，犯罪被害リスクの性差は小さくなると考えられる。

2 ライフスタイルと被害リスク

ライフスタイル理論は，当初，個人属性ごとの被害リスクの差を説明するために提唱されたが，この理論を直接検証するためには，ライフスタイルを測定する必要がある。既存研究において，潜在的犯罪者との接触の機会を増加させ，犯罪機会をつくりだすいわゆる「危険なライフスタイル」は，さまざまな質問項目でもって測定されている。これらは，夜間外出頻度，自宅にだれもいなかった日数，居酒屋やナイトクラブに出かけた頻度，若者がたむろしているような場所に出かけて行った頻度，公共交通機関を利用した頻度などを含む（Massey et al., 1989；Miethe & Meier, 1990；Sampson & Wooldredge, 1987）。たとえば，法務総合研究所による調査（2000）では，夜間の外出頻度と犯罪被害との間に有意な関係が報告されている。また小俣（2006）は，ゲームセンターへの出入りと犯罪被害リスクとの関係について分析を行なっている。

また，危険なライフスタイルとして，欧米でとくに注目されているのが，犯罪者の被害リスクである。一般に，被害者は犯罪者の自己中心的な行為の犠牲者ととらえられがちだが，実は多くの研究では，加害者と被害者は同質であるという研究結果が見いだされている（Lauritsen et al., 1992；Lauritsen et al., 1991；Sampson & Lauritsen, 1990；Singer, 1981）。そもそも犯罪傾向が高い人は，若年男性に多い。そして，一般に人は，自分と似通った人と時間を過ごすことが多いため，若年男性は犯罪傾向の高い人と出会う機会が多くなったり，一緒に過ごす時間が長くなったりするために，犯罪被害リスクが高まると考えられている。さらに，暴走族やギャングなどの集団にかかわっている場合には，他グループとの抗争など，暴力的なトラブルに巻き込まれやすくなる。さらに，犯罪者からすれば，すでに悪いことをしている人は警察に通報しづらいだろうという考え方から，魅力的な犯行対象になり得る。

3　場所特性と被害リスク

　個人の犯罪被害リスクとの関係で，いわゆる危険な場所の代表格とされるものが，居酒屋やバー，ナイトクラブ，夜間の繁華街である（Stark, 1987）。これらの場所では，犯罪傾向が高い人を含めて不特定多数の人が集まる場所であり，かつアルコール摂取がトラブル促進要因になり得る。犯罪発生データの地理的分析などにおいても，犯罪多発地域の多くは居酒屋やナイトクラブを含んでおり，これらの施設と犯罪との関係が見いだされている（Roncek & Maier, 1991；Sherman et al., 1989）。また，居酒屋のほかにも，コンビニ，ファーストフードレストラン，公園，ショッピングセンター，駅，学校など不特定多数の人が集まる施設が近所にあるかによって，犯罪被害リスクが異なるかを分析した研究もある（Miethe & Meier, 1994）。個人の被害リスクを考える際には，これらの場所に頻繁に出入りするライフスタイルをもちあわせているかもさることながら，これらの施設が近所にあるかも考慮することは有用である。

4　潜在的加害者との物理的距離と被害リスク

　潜在的犯罪者が多く居住している地域からの物理的距離と被害リスクについては，地区単位での犯罪率や前歴者の数が最も適した指標と考えられる（Miethe & Meier, 1990；Miethe & Meier, 1994；Sampson & Wooldredge, 1987）。しかしながら，小地域単位で警察統計が公開されていない場合も多い。欧米の既存研究では，居住地（都市・郊外・田舎）や地域の社会経済的特性（所得水準，人種構成，失業率），住民の犯罪不安やリスク認知，地域の秩序びん乱（たむろしている若者，街路のごみ，荒廃した住居，壊れた街灯，落書き）などで，潜在的犯罪者との距離を間接的に表現している（Cohen et al., 1981；Hough, 1987；Lynch, 1987；Miethe & Meier, 1990；Miethe & Meier, 1994；Sampson & Lauritsen, 1990；Sampson & Wooldredge, 1987）。総じて，これらの研究によると，個々人のライフスタイルや犯行対象としての魅力，個人属性などの影響を統制した後でも，潜在的犯罪者との距離は犯罪被害リスクと有意に関係しているとされる。

5　魅力的な犯行対象と被害リスク

　犯罪の機会は，潜在的犯罪者と被害者双方のライフスタイルによって形づくられるとしても，個別具体的に「誰が・何が」犯行対象として選択されるかは，その犯行対象が犯罪者にとっていかに魅力的であるかによると考えられる。犯行対象としての魅力の条件を考えるには，コーエンとフェルソン（Cohen & Felson,

1979) による VIVA（英語で「万歳」の意味）や，クラーク（Clarke, 1999）による CRAVED（英語で（窃盗犯が）「欲する」の意味）が役に立つ。コーエンとフェルソンによると，魅力的な犯行ターゲットは，価値があり（Value），簡単に持ち運ぶことができ（Inertia），外から見つけることができ（Visible），近づくことができる（Accessible）ものだという。同様に，クラークによると，盗んだ後に隠すことができ（Concealable），持ち運ぶことができ（Removable），簡単に見つけることができ（Available），価値があり（Valuable），楽しむことができ（Enjoyable），売買して換金できるもの（Disposable）は，窃盗犯にとっての人気商品になる。これらの条件から，前述の小型音楽プレーヤーは魅力的な犯行対象となる。

6 守り手と被害リスク

犯罪被害リスクを考えるうえで，重要な要素が守り手の存在である。犯行動機をもちあわせた潜在的犯罪者は，ふさわしい犯行対象に出あったとしても，守り手がいないような状況でなければ，犯行を達成することができない。

既存研究において，守り手や防御力は，社会的な意味での守り手と物理的な防御力とに分けて議論されている（第7章，8章参照）。社会的な，人による犯罪予防は，家族人員，地域内でつきあいのある人の数，留守中に世話を頼める人の数，自主防犯活動の運営などが考えられ，人がいることで犯罪者を寄せつけない，悪事をさせないという効果を想定する。一方，物理的な防御力は，鍵やセキュリティシステムによる犯行対象の強化，街灯の設置，住宅地のゲート設置などがある。守り手や防御力は，犯行を難しくさせることで，犯罪に適した機会を削減する。

守り手（防御力）と被害リスクとの関係を検証する際には，縦断的な調査法を用いるなど，因果関係を十分に考察する必要がある。被害を経験したことで，防犯意識が高まり，さまざまな防犯手段を講じるようになるということも十分にあり得るからである。

7 地域特性とライフスタイルの相互作用と被害リスク

犯罪被害リスクとライフスタイルとの関係を考察するうえで，非常に有望なアプローチが，地域特性とライフスタイルとを同時に分析モデルに組み込むマルチレベル分析である。ミースとマイヤー（Miethe & Meier, 1994）の構造的選択モデルにあるように，個人のライフスタイルと被害リスクとの関係は，地域特性に依存する場合もある。つまり，個人のライフスタイルと地域特性との相互作用が

考えられる。さらに，個人のライフスタイルいかんにかかわらず，地域特性そのものが個人の犯罪被害リスクに影響を与えることもある。防犯対策は，個人単位で行なうものもあれば，地域ぐるみで行なうものもあり，両者とも個人の犯罪被害リスクを左右し得る。

　欧米の既存研究では，個人のライフスタイルや個人属性に加えて，国勢調査に基づく地域特性（社会経済的水準，人口構成，住宅構成）や犯罪率，地域単位での防犯対策などを分析モデルに含んでいる（Lening et al., 2007；Miethe & McDowall, 1993；Rountree et al., 1994；Sampson & Wooldredge, 1987；Smith & Jarjoura, 1989；Tseloni, 2000；Wilcox et al., 2003）。これらの研究では，地域特性そのものの効果も見いだされているが，とくに興味深いのが地域特性と個人レベルの変数との相互作用である。たとえば，ミースとマクドーワル（Miethe & McDowall, 1993）の分析では，犯行対象としての高い魅力と低い防御力は，社会階層の高い地区では侵入盗被害リスクを高める一方で，社会階層の低い地域ではその効果に差がなかったことが報告されている。

8　過去の犯罪被害と被害リスク

　欧米の実証的研究を中心に，将来の被害リスクを予測する重要な変数として，過去の犯罪被害経験が指摘されている。つまり，過去に犯罪被害に遭った人は，再び犯罪被害に遭うリスクが有意に高いとされ，この現象は反復被害とよばれる（Polvi et al., 1991）。重要なのは，虐待やドメスティックバイオレンスなど，もともと犯罪がくり返し起こりやすい犯罪だけではなく，住宅侵入盗などの窃盗犯などについても反復被害が確認されているということである（Ratcliffe & McCullagh, 1998）。また，反復被害のリスクは，最初の犯罪被害後に高くなり，時間がたつとともに低くなるという。

　さらに，同一住所でのくり返しの被害である反復被害を地理的に一般化した，近接反復被害という現象も実証的分析によって明らかにされている（Johnson et al., 2007；菊池ら，2010）。つまり，犯罪がある場所で起こった場合に，再びその近辺で犯罪が発生するリスクが一時的に高まるという。また，いわゆる不審者情報と性犯罪被害との時空間的関係を分析した研究では（菊池ら，2009），不審者遭遇があった場所近辺において，性犯罪被害の発生リスクが一時的に高まることが報告されている。過去の犯罪発生によって被害リスクが高まる時間的・空間的範囲は，罪種や都市によって異なりうるものの，その範囲を特定し，情報共有することは，被害リスクの低減に有効であると考えられる。

第5節　まとめと今後の展望——犯罪被害リスクの削減のために

　本章では，犯罪被害リスクとライフスタイルとの関連について，理論的考察に加えて，実証的研究のアプローチを概観した。ライフスタイル理論や日常活動理論は，それぞれ用語に違いはあるものの，本質的には同様の主張をしている。それは要約すれば次のようになる。人々の日常活動やライフスタイルが犯罪に適した機会を創出し，犯罪機会の増加は，犯罪の増加につながる。犯罪はランダムに起こるわけではなく，犯罪を行なうのに適した機会が時空間的に存在し，また犯罪者が好む犯行ターゲットも存在する。個人のライフスタイルは，潜在的犯罪者との接触の機会などを左右し，結果的にその人の犯罪被害リスクに大きく影響を与える。

　ライフスタイル理論や日常活動理論は，危険なライフスタイルや犯行対象としての魅力，守り手の不在など，犯罪被害リスクを高めている要因を特定することで，犯罪被害リスクの低減につなげ得るという点で，実務への応用可能性が高いといわれる。そのためには，初期の研究のように個人属性でライフスタイルを推測するのは不十分であるのはいうまでもなく，個別具体的にライフスタイルなどを直接測定し，多変量的に分析を行なって，犯罪被害リスクを高めている要因を特定する必要がある。

　一方で，危険なライフスタイルを特定したとしても，犯罪被害リスク低減の「可能性」のために，ライフスタイルを変えることが難しい場合も多いであろう。たとえば，犯罪学の教科書によっては，田舎に移り住むことや結婚することが犯罪被害リスクの低減になると書いてあるが，あまり現実的ではない。また，仮に高度な統計的分析手法に基づいて，無施錠と侵入盗被害リスクとの間に統計的有意な関係が見られなかったとしても，一般の人は施錠を怠ることはないだろう。

　ライフスタイルと被害リスクの分析に基づいて，具体的かつ効果的で実現可能な被害低減策を実務に還元するためには，犯罪被害リスクを時空間的文脈に基づいて議論することが有効であると考えられる。この点に関して，有望なアプローチとして，マルチレベル分析と近接反復被害研究があげられる。日常活動理論やライフスタイル理論を拡張し，環境的要因を含めたうえで犯罪被害リスクを議論する構造的選択モデルは，犯罪被害リスクとライフスタイルとの関係を地域特性という文脈のなかで理解する。個人のライフスタイルに加えて，地域特性も，犯罪被害リスクに影響を与えると考えられる。また，犯罪対策は，個人で行なうも

のもあれば，地域を対象にして行なうものもある。地域特性と個人とを分析することは，犯罪被害リスクの差異を生み出しているメカニズムをより詳細に理解することにつながり得る。なお，犯罪者が好む魅力的なターゲットの特性は，日本と欧米とで似通うかもしれないが，犯罪者を醸成しやすい地域環境はまったく異なり得る。地域特性と個人特性とを同時にモデルに含むマルチレベル分析を日本でも行なうことで，地域に応じた具体的・効果的な犯罪予防対策を提案することができるようになる。

さらに，近接反復被害研究の知見も，ライフスタイルの変容と被害リスクの低減に関して，重要な示唆を含む。仕事や住居の都合を考えると，犯罪被害防止のためにライフスタイルを大きく変えることは難しい。しかしながら，犯罪被害リスクが高まるのは一時的で，場所もある程度限られるのであれば，そういった場所を少しの間避けるようにしたり，防犯意識を高めたりするなど，短期的にライフスタイルを変えて被害リスクを下げるということはより現実的であろう。過去の犯罪発生パターンをもとに，犯罪被害リスクが高まる地域や時間的範囲を特定することは，犯罪予防の現実的可能性を高められると考えられる。

多くの犯罪は，加害者と被害者（住居など固定的な犯行ターゲットも含む）が時空間的に交わる「状況・場所」において起こる。犯罪被害リスクを考えるためには，個人にのみ焦点を当てるのでは不十分であり，時空間的な枠組みでもって，包括的に犯罪被害リスクを考えることが重要である。

ピックアップ 2　小地域集計データの利用

　犯罪発生や犯罪事象を解明しようとするさまざまなアプローチのなかに，公的なデータを利用して研究を進めるマクロレベルの分析がある。マクロレベルの分析とは，一般に地域社会や組織や国などの集合体を単位とした分析である。たとえば，特定の犯罪発生率について複数の地域間で比較し，犯罪が多く発生する地域を特定したり，地域間の犯罪発生率の差異をそれぞれの地域特性から検討しようとするものである。地域特性はそれぞれの地域の特徴となるもので，世帯数や人口密度，人種構成，失業率などがあげられる。これらのデータと犯罪発生率との関係を統計的に分析し，さまざまな地域特性変数のうちどれが犯罪率の増減を説明するうえで重要なのかを明らかにすることが可能となる。マクロレベルの分析は，複数の国や都市などの地域間比較や，同一の地域を年次別で縦断的に比較することができる。

1 犯罪発生と地域特性

　犯罪データと地域特性データを使用することによって犯罪発生に影響する環境要因を検討することが可能となる。犯罪事象を地理的に分析する際には「どこで犯罪が多いか」を検討するだけでなく「その地区で犯罪が多いのは何故か」を分析しなければならない（島田，2003）。犯罪発生件数を集計し，さまざまな社会経済データと組み合わせて分析して関連性を調べることによって「特定の地域で犯罪が発生するのはなぜか」を検討することができる。

　海外の司法機関では，犯罪にかかわる資料も含め国や地域に関する詳細なデータをホームページなどによって入手することが容易に可能であり，犯罪のマクロな研究が古くから進められている。わが国ではこれまで詳細なデータの入手困難性や，地域特性指標となる社会経済データや空間特性データの網羅性の限界により，海外ほど多くの研究がなされていなかった。しかし近年，わが国でも情報公開制度により町丁目レベルでの犯罪データの入手が可能になったことや，国勢調査の町丁目集計データのような網羅的な地域特性データが整備されつつあることから，犯罪と地域特性の関連性を検討することが可能となってきた。

　これまで犯罪データと国勢調査を扱って，犯罪と地域特性の関連を明らかにしようとした研究に，樋野と小島（2007）の研究がある。この研究は地域特性指標として社会指標・空間指標を総合し，町丁目ごとの住宅侵入盗の発生リス

クを予測したものである。その結果，住宅侵入盗は持ち家・民営借家世帯のような住宅形態によって，物理的防御・所有意識・維持管理に差が生じ，被害リスクも変化することが示唆された。また地域特性を建物や土地の利用形態で設定し，窃盗犯罪発生との関連について研究を行なった長澤（2009）では，繁華街のような多数の小売店や，飲食店の存在する地域は昼夜間問わず人口の流動性が激しいため，匿名性が高くなることから，侵入盗や万引き・置き引きなどの窃盗犯罪が多い傾向があることが示された。建物や土地利用などの地域特性から地区をいくつかに分類すると，地域特性によって発生する犯罪の手口が異なることも示されている。また岩倉（2010a，2010b）は東京都23区の町丁目ごとの機会犯罪を対象に地域特性との関連を検討している。この研究では従来の犯罪発生の理論に基づいて，人口密度や人口の流動性，定住率などを国勢調査や東京都のデータから取得し，指標としている。ショーとマッケイ（Shaw & McKay, 1942）の社会解体理論では急激な都市化や産業化は近隣住民のインフォーマル・コントロールの欠如を招き，やがて犯罪発生につながるとした。インフォーマル・コントロールの欠如を高める要因としてショーとマッケイは①住民の流動率の高さ，②貧困・失業率の深刻さ，③民族・人種の混交率の高さをあげている。またサンプソンら（Sampson et al., 1997）の近隣と暴力犯罪の関連モデルでは，貧困や失業率などの不利の集中（concentrated disadvantage）と，移民の集中と住民の定住率の低さ（residential unstability）は近隣住民の集合的効力感を低め，やがて犯罪発生の高さに関連すると提唱している。これらの理論をもとに，岩倉は犯罪に関連すると考えられる住民の流動性や失業率，住民特性を国勢調査や東京都の統計データから抽出し，犯罪発生との関連を分析している。この結果から，定住率が低く人口の流動性の高い地域は匿名性が高く，侵入窃盗の対象として選択されやすい可能性があることを示唆している。

2 犯罪データ

犯罪の公式統計には司法統計書や警察統計などがあり，これを要約した資料が『犯罪白書』『警察白書』である。これらの資料には年次的な動向や罪種ごとの犯罪の基礎データが記録されているが，地区別のデータは都道府県レベルにとどまる。近年では各都道府県警察の情報公開窓口で市区町村または町丁目単位の犯罪の詳細データが閲覧，入手可能である。東京都では「市区町村別・罪種及び手口別認知件数」が2001年から警視庁情報公開センターにより公開されており，東京都の街頭犯罪件数が町丁目単位で集計されている。

表1　街頭犯罪発生状況の集計表

	凶悪犯計	殺人	強盗	その他	粗暴犯計	暴行	傷害	脅迫	その他	侵入窃盗計	空き巣	忍込み	その他
○町1丁目	0	0	0	0	4	2	2	0	0	7	3	2	2
○町2丁目	0	0	0	0	2	0	1	0	1	3	2	0	1
○町3丁目	1	0	1	0	0	0	0	0	0	0	0	0	0
○町4丁目	0	0	0	0	3	1	2	0	0	0	0	0	0
○町5丁目	0	0	0	0	3	1	0	0	2	6	2	3	1
〜	0	0	0	0	2	1	1	0	0	4	2	2	0
□町1丁目	1	1	0	0	0	0	0	0	0	3	2	1	0
□町2丁目	0	0	0	0	0	0	0	0	0	2	1	0	1
□町3丁目	2	0	0	2	1	1	0	0	0	0	0	0	0

　分析の際には，犯罪発生件数といったローデータではなく，犯罪の発生率を用いることが重要である。地域の犯罪を分析しようとする際には，犯罪の実数を比較するよりも人口や世帯数，面積などで割って発生率を算出した方が妥当である。なぜならば犯罪発生件数は発生した犯罪の件数を地域別にまとめたものであるが，地域によって人口規模が大きく異なるので，地域間で比較する際，一定の人口や世帯あたりの発生率で比較する必要がある。一般には人口1,000人あたりの認知件数が用いられる。

「犯罪発生率」＝認知件数／人口×1,000

　分母となる部分は犯罪の罪種に依存する。侵入盗など住宅などの世帯や建物を対象とする犯罪であれば

「住宅侵入窃盗発生率」＝認知件数／世帯数×1,000　となる。

3 地域特性データ

　地域特性データは以下のようなものがあげられる。

● 『国勢調査報告』（総務省統計局）

　日本の人口の状況を明らかにすることを目的として5年おきに実施される，日本に常住している人すべてを対象とした人口・世帯調査報告。区市町村別の主なデータとしては，男女・年齢別の人口，核家族・単独世帯数，産業別就業者数，職業別従業者数などがある。町丁目で集計されているデータも数多くあり，その地点に居住する住民を対象に調査を行なうため，国籍に関係なく日本に居住する外国人も調査対象となる。よって住民基本台帳への記載の有無を問わず，各地区に常住している住民の特徴が把握できる。

● 『事業所・企業統計調査報告』（総務省統計局）

事業所および企業の産業構造や，従業者規模等を明らかにすることを目的として，5年おきに実施されている。市区町村別の主なデータとしては，経営組織・従業者規模別の事業所数及び従業者数，産業別事業所数及び従業者数などがある。

国勢調査や事業所・企業統計調査報告は政府統計の総合窓口統計表一覧e-statからダウンロード可能である（図1）。

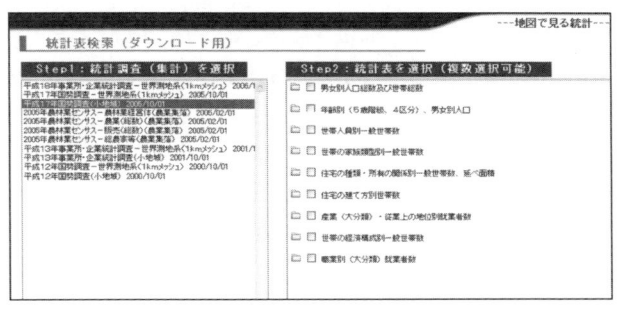

図1　政府統計の総合窓口統計表一覧 e-stat
http://www.e-stat.go.jp/SG1/estat/eStatTopPortal.do

●『工業統計表．市区町村編』（経済産業省経済産業政策局調査統計部）

製造業に属する事業所を対象とし，工業の実態を明らかにすることを目的とした調査報告。従業者4人以上の事業所について，主要な調査項目を市区町村別に集計したもので，事業所数，従業者数，現金給与総額，原材料使用額，製造品出荷額等，粗付加価値額及び有形固定資産年末現在高（従業者30人以上）などを調べることができる。

●『商業統計表』（経済産業省経済産業政策局調査統計部）

卸売・小売業に属する事業所を対象とした調査報告。「区市郡別，産業分類小分類別の事業所数，従業者数，年間商品販売額，商品手持額及び売場面積（小売業）」と「町村別，産業分類（卸売業計・小売業中分類）別の事業所数，従業者数，年間商品販売額及び売場面積（小売業）」がある。

上記のような統計データを使用することにより，犯罪と関連する地域特性を地域別で検討することが可能である。地域特性を扱って詳細な検討を行なうことを目的とするならば，集計単位として町丁目レベルでの分析が適切である。都道府県のような大きな単位での犯罪統計は，犯罪に関係する人口統計学的・地理学的に重要な情報を覆い隠してしまう可能性がある。島田・原田（1999）でも町丁目単位の広さは住民の環境認知を反映しており，集計規模として適正規模であることが指摘されている。

第4章 犯罪と援助行動

　犯罪被害者への援助は被害者と一般市民を結びつける重要なポイントのひとつと思われる。では援助を差し伸べる心理とはどのようなメカニズムによるのであろうか。また，援助行動をうながす条件とはどのようなものであろうか。伝統的心理学の援助行動研究は必ずしもこういった問いに答えられるものではなかった。本章では，援助行動に関する既存の研究を概観し，その心理的メカニズムについて，援助行動と犯罪行動の統一的理解の可能性という視点から検討する。また，そのためには生態学的心理学の立場が重要な意味をもつことを指摘する。

第1節　犯罪と援助行動──対立する概念か

　犯罪行動と援助行動は一般的には反社会的行動と向社会的行動とよばれ，正反対の行動とされる。援助行動が社会心理学者から一般的テーマとして扱われてきたのに対して，犯罪行動は犯罪心理学者や臨床心理学者によって心理学における特殊な分野として取り扱われ，その特異さゆえに行動を一般的に説明するモデルの構築などはほとんど行なわれていない。また犯罪行動と攻撃行動は似ているようでいて，似ていないところもある。攻撃行動のほとんどが犯罪行動ではないし，攻撃的でない犯罪行動も多々ある。

　最近になってミラー（Miller, 2004）が The social psychology of good and evil という本を出し，「善と悪」（Good and Evil）という概念で社会行動とりわけ援助行動と犯罪行動を説明しようとしている。心理学的には犯罪行動の背景には攻撃性が，援助行動の背景には思いやりのこころがあるとされる。心理学的に一元的に考えるのであれば犯罪行動のなかに思いやりが入る余地はないし，援助行動のなかに攻撃性が入る余地はない。しかし，実際はそう簡単ではない。ここでは正反対の行動をまったく別のものとして扱うのではなく，社会心理学的見方で，両者を社会的行動である対人行動と考え，援助行動の分析方法を犯罪行動の分析に応用する視点で見ていく。

第2節 アプローチにかかわる方法論

1 生態学的心理学

アフォーダンスは「アフォード」という動詞から得たギブソン（Gibson, 1979）の造語である。「提供する」と訳すことができるが「そのものが何かになる」といったのに近い。「環境のアフォーダンス」とは、環境が動物に提供するもの、よいものであれ悪いものであれ、用意したり備えたりするものである。

攻撃行動は社会関係に左右される。援助行動も犯罪行動もまず、環境や他者との関係が優先されるべきものである。つまり、犯罪行動や援助行動は個人の性格や特性を考える前に、その状況であるいはその環境で何が提供され、個体にとってはどのように受け取ったのかが重要なことなのである。

2 ジンバルドーの状況主義

社会心理学で有名であるジンバルドー（Zimbardo, P.）は車壊し実験（これが後に割れ窓理論の根拠となる）や没個性化の実験、さらに有名な刑務所実験という画期的な研究を行なってきた。彼は最近の著作（Zimbardo, 2004, 2007）のなかで以下のように結論づけている。なお、2007年の著作は刑務所実験をふり返ったものであり、題はLUCIFER EFFECT（悪魔の作用？）である。ジンバルドーは、人にはもともと善の性格も悪の性格も両者が備わっているが、それが状況によって引き出されると考えた。すなわちどのような善人であっても状況次第では悪人になるし、どんな悪人でも状況次第では善人になると主張する。たとえば、ジンバルドーの刑務所実験において看守役の学生が攻撃的な行動をとったのは彼が元々攻撃的な性格が強いわけではなく、また受刑者役の学生が卑屈な行動をとったのは彼がもともと服従性格が強いわけではなく、刑務所という状況によって行動傾向が引き出されたに過ぎないということである。つまりここで重要であるのはもともと人には思いやりや悪の心があるのではなく、状況によっていかにそれらが引き出されたのかを考える必要があるということである。

3 社会生物学

他者を助ける行動と攻撃行動をセットにして考えているのは、社会生物学である。たとえば、行動生物学者のローレンツ（Lorenz, 1985）は、攻撃は生得的に備わっているものであるとし、攻撃性は内側からの衝動であるとした。しかし、

最近の社会生物学では，たとえばヴァール（Waal, 1996）によれば，攻撃も個体ではなく，個体間の現象としてとらえなくてはならないとしている。すなわち攻撃行動も社会関係に左右されるし，社会関係のなかでその役割を果たしているのである。ヴァール（Waal, 2009）によれば，ドーキンズ（Dawkins, 1989）によって主張された「利己的な遺伝子」は，遺伝子と動機との区別が曖昧であり，人を助けるという動機を遺伝子によって説明するのは間違いであり，遺伝子が動機をもつはずがない，とされる。社会生物学の一番の間違いは，攻撃行動などの犯罪行動の動機を単一の遺伝子に帰属したり，援助行動を含む道徳的行動の動機を単一の遺伝子に帰属しようとしたことであると考えられる。

第3節 援助行動を研究するきっかけとなったとされる事件

キャサリン・ジェノベーゼ嬢殺害事件
ローゼンタール（Rosenthal, 2008）による
　午前3時過ぎ，1人の若い女性（キャサリン・ジェノベーゼ嬢）が深夜の仕事を終え，帰途についていた。車を止め，自分のアパートへと向かっていた。そこへナイフを持った暴漢が近づき，キャサリン嬢を刺した。キャサリン嬢は何回か助けを求めたが，3度目の襲撃の後絶命してしまう。その後の調査でわかったことは，キャサリン嬢が助けを求めたとき，近隣では38名の市民がそれに気づいており，部屋に明かりをともしたり，暴漢に「その女性を放せ」と言ったりはしていた。しかし，暴漢は皆が直接出てこないので襲撃を続けたということであった。事件から1時間半後，やっと警察に通報があり，2分後にパトカーがやってきたが，キャサリン嬢は絶命した後であった。この事件が報道された後，人々は現代人の冷淡さ，無関心などを中心として論議がされた。その7年後，社会心理学者のラタネとダーリィ（Latané & Darley, 1970）は，さまざまな実証研究に基づいて，先ほどの事件で人々が援助行動を起こそうとしなかったのは，無関心や冷淡であるからではなく，「他の人が助けるからであろう」という傍観者効果が生じていためであると主張した。

　ここで重要であることは，人々の行動を冷淡さなどの個人的属性として考えるのではなく，そこにいた人々の間に生じた（グループダイナミック）考えで説明しようとしたことである。彼らの研究を嚆矢として援助行動の研究は社会心理学で研究されるようになったのである。叫び声を聞いて放置したからといってそれが罪に問われることはないが，道義的責任は問われることとなる。
　従前は研究されることが少なかった援助行動が，キャサリン・ジェノベーゼ事件

をきっかけとして研究されるようになる。犯罪心理学的にも興味深く，犯人であるモーズレイは，同様の若い女性に対するレイプ殺人事件が2件ある。また，冬の寒い時期での性的犯行であるので，性的サディズムがうかがわれるなどの点が関心をひく。また，この事件は現在でもホームページがあるなど，米国民の強い関心をよんでいる。ナチの大量ユダヤ人殺害事件においてもシンドラーや杉原千畝などの援助行動も生じており，犯罪行動と援助行動は同居することがある。

第4節 援助行動と犯罪行動の事例

きわめてまれではあるが，個人に援助行動と犯罪行動の2つの行動が同時に生じることもある。

（事件の概要）1982年名古屋市で派出所の巡査が重傷を負わされ，拳銃が奪われた。その後，強盗事件があり，翌1983年，銀行の駐車場で男が強盗未遂，傷害などの罪で逮捕された。男は10年間に8人の連続殺人をしていたこと自供し，2000年刑が執行された。

（加害者K）殺人，強盗，強姦，銃刀法違反など13の罪に問われ，わかってるだけでも8人を殺したKは消防士という仕事をし，仕事外でも人命救助で表彰される一方で強盗殺人を重ねていった。最初の殺人はKが24歳のときで，金品目的で住居に侵入し，被害者（女性）に気づかれ，首を絞め殺したものである。その3年後金品目的で被害者のハンドバックをひったくろうとし，被害者に抵抗されたため殺害した。その後同様の手口の殺人が3件続く。その後犯行はエスカレートし，猟銃で脅したうえ金品を奪い殺害（被害者は男性），警官から拳銃を奪い，拳銃で脅したうえ殺害とさらに犯行はエスカレートしていった。犯行地域も広域に及び，警察庁広域重要指定事件113号となった。逮捕は昼間に会社社長に拳銃を突きつけ金品を要求したところ，この社長に取り押さえられたものであった。殺人は8件に上ったが，すべて本人の自供による。本人は自責の念に駆られたためとはいうものの，怨霊におびえ不眠に悩まされた結果という話もある。実際このような話は受刑者からよく聞く話である。連続殺人事件であるのもかかわらず，犯人逮捕が遅れたのは，被害者にそれぞれ縁故関係から容疑者がいたためであり，被害者と加害者には面識があるはずであるという警察の初動捜査のミスによるものである。容疑をかけられたひとりの弁護士は「流し」の犯行（加害者と被害者が面識がない）を指摘したが，警察には逮捕逃れの言い訳としかとってもらえなかった。犯行がくり返された理由についてKは，犯行当時は公務員で，顔を見られたし，くびにはなりたくなかったし，

その後は，自責の念にかられたが，酒浸りの生活を送ったり，華美な生活を送ったりするなかで金銭に困り，自暴自棄になって犯行を重ねたと裁判では述べている。
　Kは代々農家を営む家系で，姉の次に長男として生まれた。厳格な父親からは厳しく育てられ，反発することも多かった。高校進学後2年生になって不良仲間と交際するようになり，強盗で逮捕される。それは，夜間通行中の女性を背後から襲い，金品を強奪するというものであり，後の強盗事件の雛形となっているものであろう。この事件や余罪で中等少年院送致となる。Kは出院後父親の紹介で会社に就職はしたものの長続きせず，22歳のときにはトラック運転手として就職，結婚して子どももできる。そのころ父親から消防職員の採用試験を受けるように言われる。Kは先にも地元で少年院上がりであることをさんざん言われ，地元で知った人のなかで働くことを望まなかったが，父親の意向を汲んで受験，合格した。消防士は24歳から勤めているが，少年院上がりであることを言われ，またほかの冤罪にも巻き込まれそうになり，嫌気がさして，酒浸りの日々を送るようになった。その飲酒代や高級車などの支払いに充てるため，非番日などを利用して空き巣狙いや車上狙いをくり返し，同年本件最初の犯罪に手を染めている。消防署勤務中は全国消防救助技術大会で連続して入賞したり，仕事外でも自宅近くの川で溺れかけた人を救うなど人命救助を数回行なっている。しかし，33歳のとき一連の犯罪のなかの窃盗事件で逮捕され，消防署は免職になっている。その後警官から拳銃を奪い，犯行はエスカレートしていった。このように連続して広域で犯罪を行なった点に関して本人は「最初は借金返済のための盗みだったんです。それがやがて盗みという行為そのものが目的となってしまい，そのあげく，何としても盗まなければならないといった強迫観念みたいなものに変化していったのです。」と述べている（来栖，1996）。
　あまりにふしだらな生活をしていたため，次々と悪事を働いた当時はただ酒にただれる毎日で，理非善悪の判断がマヒしていた。
　盗みや殺人が，最初は金銭目的であったものが，だんだんと金銭ならばもっと多く，殺人ならばもっと自分の描いたとおりにと，行動そのものが目的となっていくケースは，犯罪の常習化の過程で存在する。それは犯罪そのものが目的となっていく「自己実現のための犯罪」とも言えよう。
　（事件の分析）この事件では少年時代に窃盗などで少年院に入り，そのことを成人になっても周囲から言われ続けたことが大きな影響を及ぼしている。これはラベリングといわれるが，Kはそのことによって自尊心が低下し，飲酒や遊興などに溺れ自堕落な生活をおくった。そのために金銭目的で侵入盗，さらには強盗などをくり返していた。侵入盗や強盗で殺人をくり返していたのは，証拠隠滅のためであると思われる。

罪を犯したから反社会性が強く，援助行動を行なったから思いやりの気持ちが強いと固定的に考えると，このような事例は解釈不可能か多重人格をもち出さなくてはならなくなる。

その人が置かれた状況によっていかに次のプロセスが生じるのかを考えることが必要である。

第5節　従来の行動説明モデル

1　ラタネとダーリィの意志決定モデルとその応用

ラタネとダーリィ（Latané & Darley, 1970）は，彼らのモデルを提示するに先立って，規範と感情の両者を，援助行動を説明する概念としては否定している。必要であるのは認知的要素であり，ある特定の場面で人が何をすべきかの決断に達する以前に，彼はその場面になんらかの解釈を加え，彼が直面する場面の重大さを評価し，まわりの人々の動機について推測し，その場面で自分のできることや自分の行為のもたらす結果についての考えをまとめることである。その意味で彼らのモデルは認知モデルといえよう。

(1) 援助行動の意志決定モデル

ラタネとダーリィは，緊急事態において，以下のような意志決定モデルを提案した。このモデルは認知的判断モデルとよばれており，行動の認知面が重視される。

①**緊急事態への注意**　人は何かが起こったことに気づかなくてはならない。しかし見ず知らずの人のなかにあっては，特定の人だけに注意を向けるのは失礼にあたるという意識も事態への注意を減少させる原因になる。

②**緊急事態発生という判断**　事件に注意が向けられると，次にはそれが緊急事態であるかどうかの決定が下されなくてはならない。この緊急事態であるという判断は，周囲の人々に左右されやすい。その事態はたいして深刻ではなく，したがって援助介入しないことが適当であると周囲の人々が考えているように見えれば，個人は事態を重大に解釈しないであろう（社会的影響）。

③**個人的責任の受容の決定**　事件の目撃者が緊急事態であると判断すると，行動を起こすのが自分の個人的責任であるかどうかの決定をしなくてはならない。とくに傍観者が多数いることによる責任の分散は，緊急事態への介入を阻止する重要な要因である（責任の分散）。

④**特定の介入様式の決定**　自分自身が介入しなければならないと決定したな

らば，さらにどのように対処すべきかを決定する必要が生じてくる。介入の様式には，直接自分自身が援助を行う直接介入と，医者や警官をよぶというような間接介入とがある。

⑤**介入の実行**　最後は，決められた行為を具体的に実行する段階である。スキルなども大きく影響する。

このモデルに対して，緊急事態に特有の強い情動反応の効果が組み込まれていない，規範が考慮されていない，などの批判がある。さらには，パーソナリティ，共感性など個人差を重視する心理学者からはこのモデルは重要視されていなかったように思われる。それは，たとえば緊急事態への注意が，個人差で説明しようとするのであれば，常に援助することを探求する人間が（映画のスーパーマンのように）前提で，その探求心が多いか少ないかで援助行動の生起が決定されるからである。しかし，状況を重視したこのモデルでは，個人のパーソナリティなどはほとんど考えられていない。むしろ状況を認知的にどうとらえるのかが重要であり，これが生態学的な見方にも通じているところがある。

(2) **犯罪の認知モデル**

犯罪行動はさまざまあり，たとえば殺人と自転車盗では行動のメカニズムがまったく異なる。それゆえ犯罪行動を網羅するモデルの構築はむずかしい。しかし，たとえば犯罪行動の認知モデルという一視点でモデルを構築することは可能かもしれない。これは先程のラタネらの援助行動の生起モデルを犯罪行動に当てはめようとした試みである。

①**犯罪場面への注意**　そもそも犯罪行動の場合の多くは選択的な行為であるので，犯罪場面への注意も意図的に行なわれていることが多い。安倍（1978）によれば犯罪の場面は全体で7つに分類される。場面形成・調整型……これは加害者の手口に合う相手，対象を積極的に見つけるものである。たとえば恐喝相手を自分よりも力が下と見なす，自分たちの方が人数が多いなどの理由で犯・非行を行なう場合である。粗暴犯や性犯罪に多く見られる。発見型……これは加害者の手口に合う場面の発見をめざす型で，窃盗などに多く見られる。この型は場面を加害者が自主的に支配，調整することから場面支配型とよばれ，以下は場面からの影響を受動的に受けることから，場面被支配型と分類される。誘発型……被害者に挑発される場合などである。忍耐型……忍耐の限界に達し，犯行にいたる場合である。誘因型……反社会的な態度が存在し，抑制者がいなかったり，力が弱くなっていたときに，その場の状況に負けて犯罪にいたる場合である。群衆型……これは群衆によって抑制力が低下する場合である。スキル欠如型……これは

非常事態に対応すべき技術をもたなかったために犯罪にいたるもので，たとえば交通事故の加害者となり動揺して逃げてしまったなどである。場面支配型の場合は，犯罪場面を能動的に選択しているが，場面被支配型は受動的であるように見える。しかし，選択は場面から引き起こされたとはいえ，注意は能動的になされる。これは場面から引き起こされる点で生態学的見地と一致している。以下でも場面認知の類型はさまざまな場面に影響を及ぼしている。

②**犯罪場面発生という判断**　犯罪行動の場合，場面支配型では犯罪場面発生という判断は瞬時になされることが多いが，場面被支配型では判断が遅れることがある。忍耐型や群衆型は犯罪発生場面であるということを意図的に遅れさせているとも考えられる。

③**個人的責任の受容の決定**　場面被支配型の場合は犯罪への責任を受容していないことすらある。たとえば群衆型などは最後まで周囲に責任転嫁をすることがある。

④**特定の介入様式の決定**　特定の介入様式は犯罪の種類によっても異なる。忍耐型の場合も反撃という意味をもたせれば攻撃という介入になるし，逃避では自己への薬物摂取という手段になるかもしれない。細江（2001）によれば犯罪の手口には3種類ある。暴力的手口：加害者が物理的，身体的な力を行使し，犯行を可能にする。窃盗型手口：被害者に犯行を気づかせない（密行，潜行）ことで対抗力を抑える。詐欺型手口：加害者を被害者の協力者と誤認させて対抗させない，である。

⑤**介入の実行**　介入の実行には過去経験に基づく犯罪のスキルが大きく影響している。また価値観の偏りも犯行への介入を容易にすることがある。

以上のように，ラタネたちの援助行動のモデルを犯罪行動のとくに認知モデルとして取り扱うことは可能である。しかしながら援助行動の反対は犯罪行動と言い切れないところにモデル構成のうえでも両者の行動の複雑さがはらんでいると考えられる。

2　発達と形成（道徳判断）

コールバーク（Kohlberg, 1978）は，道徳判断や道徳推論に関して6段階説を提唱している。①慣習的水準以前：第1段階は服従と罰への志向である。第2段階は素朴な利己主義の傾向である。②慣習的水準：第3段階はよい子への志向である。第4段階は既成の社会秩序と法維持への志向である。③慣習的水準以降：第5段階は社会契約と個人の権利への志向である。第6段階は普遍的な倫理的原

則への志向であるが，コールバーク自身はこの第6段階の存在を否定している。さて，道徳性と援助行動との関係は，クレブスとローゼンワールド（Krebs & Rosenwald, 1977）の研究によって肯定的な結果が示されている。すなわち，道徳的に高次の段階にいる人のほうが，援助行動により積極的な姿勢を示したのである。一方，道徳判断と非行との関係では，コールバーク（Kohlberg, 1978）が，非行少年の道徳判断は著しく未熟で,前慣習レベルにとどまることを示して以来，わが国においてもよく研究されている。小林（1994）は，非行少年に前慣習的レベルの割合が多いということを示す一方で，非行少年のなかにも第3段階以降の道徳判断を示すものもいる事実を指摘している。また薬物犯の多くは，薬物を道徳的問題とはとらえていないがゆえに，道徳判断が高い段階にあっても薬物を摂取する少年が存在することを示している。

3　学習理論

(1) 援助行動の場合

強化による習得に関しては，4歳児童を対象として，社会的強化（賞賛）か物質的強化（風船ガムを与える）によって分与行動が生じることが見いだされている。モデリングに関しては，バンデューラが提唱したモデリングの考えは，援助行動にも見られ，モデルが援助行動をすると児童も援助行動をすることが発見されている。誘導に関しては親や教師が行動の基準や社会的価値を教え，援助行動を習得させようとする。

(2) 犯罪行動の場合

条件づけ理論に関しては，犯罪は多くの場合，物質的な報酬への欲望により動機づけられているように見受けられる。しかしながら，それらの犯罪は，たとえば仲間の間での地位，自尊心，有能感を高めるような社会，心理的強化に対する欲求，あるいは単にスリルに対する欲求によっても駆り立てられるかもしれない。モデリングに関してはたとえば，テレビで銃の撃ち方を見た子どもは，直接銃の撃ち方を学ばなくても，学習できるかもしれない。この間接学習が成立するためには，観察者と被観察者に対して尊敬や同一視の感情が成立していることが必要である。これは代理強化といわれる。暴走族の少年たちは，とくに直接教えられなくても，バイクの盗み方を学習し，警察をからかう技術を習得し，無免許でもバイクの乗り方を学習する。それらを学習するなかで、反社会的な価値観も次第に身についていくのである。

(3) **分化的接触**

サザーランド（Sutherland, 1947, 1992）は，犯罪は学習によって成立するとした。後にグレーザー（Glaser）は犯罪者との直接接触よりも犯罪的役割との同一視を含んでいるとし，彼は自身の理論を分化的同一化理論とした。分化的接触理論では，集団と集団との直接的な学習が前提であるが，最近のインターネットを中心とするメディアの発展は，集団との接触でさえ，間接的な，そして同一視なしでも接触を可能にしている。

第6節 援助行動と犯罪に関連する要因

1 自己評価

自己価値観に関しては，援助行動も犯罪行動も自己評価を高める結果になっている点が興味深い。援助が必要である場面に遭遇すると，ストレスの処理過程で自尊心がおびやかされ，低下することがある。しかし，自尊心が低下した状況であっても援助を行なえば自尊心は維持，回復あるいは高揚することがある。

一方，犯罪の場合は，メカニズムは簡単なものではない。しかし，殺人や性犯罪の一部には低下した自尊心を回復しようとして起こされる場合がある。これは認知理論の分野で自己調整システムとよばれているものである。ブシュマンら（Bushman et al., 2001）によれば，低下した自尊心によるネガティブな感情は暴力や攻撃性と結びつきやすいが，皮肉なことに攻撃に訴えたり，敵意をもったとしても負の感情は増すばかりであるとしている。男性は女性に比べて他者へのコントロールや支配に及ぼす手段として攻撃をとらえる傾向が強く，その結果攻撃行動をより肯定的にとらえている。つまり，低下した自尊心を回復させて誤って攻撃行動をしている可能性があるのである。

2 感情

(1) **援助行動に関して**

感情と援助行動に関して最も研究されているものが共感性である。バトソン（Batson, 2004）は共感性が利他性を生じさせるとして終始共感性の重要性を主張している。しかしバトソンは共感性が導いた愛他性は悪いものではないが差別や偏見につながることもあり，バラ色でもないと結論づけている。

共感以外の感情では，過度の情動は援助を妨害するという研究がある。また，援助行動の提供は自己報酬を導く。その報酬としてよい気分を味わうことができ

る。また，シャルディーら（Cialdini et al., 1981）の否定的状態解消モデルでは，援助行動がよい気分を生み出すだけでなく，悪い気分を消し去る力をもっているとする。

さらに援助行動にかかわることによって，最初は見ず知らずであった人々の間に社会的統合や共同体意識が芽ばえてくるとされる（Clark, 1983）。

(2) 犯罪行動に関して

感情と犯罪との関係についての研究はまだ緒についたばかりである。自己評価の箇所でも述べたが，低下した自尊心を回復するために攻撃行動を選択した場合も，怒りが低下することは少ない。日常的な言い方をするならば，「むかつきがむかつきを呼んで」のような感覚であろう。しかし，ハーマン（Herman, 1992）の著書のなかでは被虐待などのPTSDが感情を正常に発達させることを阻害し，それが攻撃に結びつく可能性があることが指摘されている。この感情と非行・犯罪との関係は虐待やPTSDなどだけではなく，犯罪を説明するホットな話題として注目されている。

さて，バットソン（Batson, 2004）の指摘のように，共感性は攻撃性を低めるのであろうか。これについては出口（2008）の一連の研究から次のような結果が得られている。非行少年にも他人の優しさや親切などについて微妙に感じ取る能力は備わっている。非行少年の共感性は一様に低いわけではない。非行少年の自分指向型共感性という未分化なみずからへの関連づけ中心の共感性の高さがある。凶悪犯・粗暴犯の共感性については「他者の感情への巻き込まれやすさ」が顕著である。共感性尺度との関連を見ると，大学生群では，他者の内面に関心が高いほど緊急時の対処混乱は生じにくいが，非行群では他者の内面に関心が高くとも対処の混乱が発生しやすい。窮鼠猫をかむ行動の基礎となっているのではないか，などである。

3 状況要因——他者の存在

他者の存在は援助行動を促進するのであろうか，抑制するのであろうか。ラタネとダーリィの研究（Latane & Darley, 1970）では，援助行動の弱まりは傍観者の多さであるとされた。これは，責任の分散理論とよばれ，とくに傍観者同士が互いに非対面的な状況で，援助が抑制されるとする。したがって逆に援助責任が生じれば，援助行動は生じやすいと考えられる。それは，たとえば田舎の一本道でだれも通りがからないところで援助を求められれば，援助責任は生じやすいということになろう。

図4-1 トルネード仮説の図像化

　一方，逆に集団になると非行は生じやすいのであろうか。非行少年たちは，好んで集団を形成する傾向がある。そして，資質面のある程度の偏りをベースとして，反社会的価値観を骨組みに，集団のなかで反社会性をあたかも竜巻のようにエスカレートさせ反社会的行動に結びつけていく。このプロセスを水田（2002）はトルネード仮説（図4-1）と命名した。単独で非行性を深めていく少年を除いて，多くの少年たちは，互いに群れ集まる。それは互いに何かを感じるかのように集まる。自分の気持ちを理解してもらいたい，退屈をしのぎたい，何かいいことがあるかもしれないなどの気持ちからであろう。彼ら彼女らには，多く「否定的な自我同一性」や「刹那性」などが見られる。そして集団で行動するにつれて反社会的価値観を身につけていく。さらに，同調，内集団ひいき，没個性化などが働き，集団での抑制力が低下し，集団での非行をエスカレートしていったり，単独での非行へと移行していったりする。また，集団で非行を行なう場合には，みなで煽りたてることはするが，「やめようよ」という沈静化に向かう言動ができないことが最近の特徴である。このように，あたかも竜巻のように犯罪がエスカレートしていくのが「トルネード仮説」の骨子である。この場合は、少年が集団という状況にあることによって非行性を深めていくと考えるのが適当であろう。

第7節　インターネットのなかの援助と攻撃

　インターネット上で攻撃性が増すことはよく知られた事実である（Wallance, 1999）。とくに，言い争いが続くと，それはフレーミング（flaming）とよばれる。これは匿名性という状況や発信者の意図が理解しにくく，さらに意図を十分に伝えられないという状況に原因がある。ネットに参加する人が，特別に攻撃性が高いという事実はない。

　一方，インターネット上で炎上行動が生じやすいというのも事実のようである（Walles, p, 1999）。その一方で，ネット上では，多くの人がボランティアでサーバーの保守を行ない，フォーラムの運営をしたり，質問の受け答えをしている。インターネット上の援助行動で際立っているのが，情緒支援のフォーラムである。さまざまなフォーラムのなかで人々はともに笑い，泣き，励ましあっているそうである。

第8節　まとめと今後の展望──援助行動の新たなモデルと今後の可能性

　以上，援助行動と犯罪行動に影響を与える要因を認知，道徳判断，学習，自己評価，感情，状況に分けて述べてきたが，基本的には，状況によってどの要因が引き出されるのかを考えることが重要である。したがって，状況の解釈から次のプロセスは先に述べた要因を大きく分けると，判断，規範（道徳判断），感情のルートに分けることができると考えられる。さらに，松井（1988）のモデルを参考としながら，援助行動生起のモデルを図4-2のように考えている。松井のモデルも，状況対応モデルと示されているように，状況に対応して次のプロセスが導きだされるイメージである。まず，援助が必要であるとの事態に遭遇すると，場面の意味や行動の責任を判断する短時間の認知過程（1次的認知処理）が生じる。その結果，以下の3つのプロセスが生じる。1つは感情過程であり，とくに共感性を中心としたプロセスである。第2は規範の過程であり，個人的規範から社会的規範までさまざまな規範が導き出されたプロセスである。第3は判断過程であり，さまざまな判断材料が冷静に判断されるプロセスである。それらのいずれかの過程をとおり，場面を詳細に検討する認知過程（2次的認知分析，援助スキルや過去経験などとの照合）にいたる。その判断の結果，援助行動か非援助行動かが決定される。このモデルの特徴は2つある。1つはもともと個人に備わってい

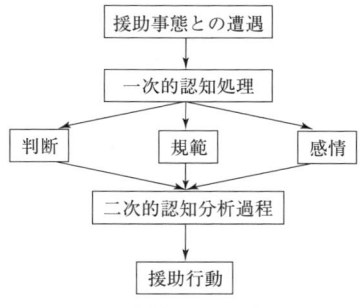

```
           ┌──────────────────┐
           │ 援助事態との遭遇 │
           └────────┬─────────┘
                    ↓
           ┌──────────────────┐
           │  一次的認知処理  │
           └───┬────┬────┬────┘
               ↓    ↓    ↓
           ┌────┐ ┌────┐ ┌────┐
           │判断│ │規範│ │感情│
           └──┬─┘ └─┬──┘ └─┬──┘
              ↓     ↓      ↓
           ┌──────────────────┐
           │  二次的認知分析過程  │
           └────────┬─────────┘
                    ↓
              ┌──────────┐
              │ 援助行動 │
              └──────────┘
```

図 4-2 援助行動の生起過程

る特性ではなくて、状況に応じて次のプロセスが導き出されるということである。もう1つは，3つのプロセスのいずれかを辿るということである。このモデルを，犯罪行動に当てはめることは可能であろうか。まず，犯罪事態と遭遇すると，事態の解釈や責任の判断など一次処理過程にいたる。次に，感情が激していたり，恨みの感情が強い場合には感情過程にいたる（感情過程）。もしくは，規範に対する考えがルーズであったり，所属集団における反規範性が強い場合には規範過程にいたる（規範過程）。さらに，冷静に判断した結果犯行にいたった方が自分にとって有利であると思ったり，相手のほうが自分よりも力が下と判断したときなどの判断過程（判断過程）をとおる。さらに次には，自己の過去経験や自己のスキルと照合して，犯罪にいたる場合もあれば，犯罪にいたらない場合もある。

　以上述べてきたように，犯罪の原因を考える場合には，個人の性格や精神障害をすぐに結びつけて考えるのではなく，状況をどのようにとらえ，どのように解釈をしたのかが最も重要なプロセスであり，それは生態学的アプローチに近いと考える。

ピックアップ 3 恥と犯罪

1 悪いことをすると恥ずかしい？

「恥だと感じることは何ですか？」，このような質問を日本人の大学生，中高年に聞くと，「道徳（モラル）に反する行為」，「人としていけないことしたとき」，「犯罪を犯したとき」などの内容が主要な回答として報告される（永房，2004a）。「恥ずかしいことは？」と聞くと，転ぶ，容姿がみっともない，大勢の前で話すといった"ハジ"だけでなく，"テレ"も含む広く「羞恥心」にかかわる回答が多く返ってくる。いずれにせよ，日本人にとって「恥」と「道徳（モラル）」とは密接な関係にあるらしい。『新明解国語辞典』（第二版）によれば，恥とは，「世間体を意識した時に，ばかにして笑われるのではないかと思われるような欠点・失敗・敗北・言動など（を自省する気持）。あるいは，自ら人間として（道徳的に）未熟な所が有るのを反省する・こと（気持）」である。つまり，恥とは，「他者評価」を意識する点と，自らを自省するという「自己評価」にかかわる点の両者が指摘されている。前者の「他者評価」についていえば，文化人類学者のベネディクト（Benedict, 1946）は，「文化の型（pattern）」として，日本は恥（shame）の文化であり，欧米は罪（guilt）の文化であると指摘し，人間の行動を律する制裁は，人の"内側"としての罪と"外側"としての恥に分けられると述べている。ベネディクト（1946）は，罪の文化である欧米は，内面的な罪の自覚に基づいて善行を行なう。他方で日本は，他者の批評に対する反応という恥の文化であり，人は人前で嘲笑され，拒否されるか，あるいは嘲笑されたと思いこむことによって恥を感じる，とベネディクトは道徳（moral）に関する日本人の行動パターンを指摘している。

2 恥と罪悪感

日本では道徳の遵守が恥という感情に強く結びつくようすがうかがえるが，欧米の場合には，恥（shame）よりも罪悪感（guilt）のほうがより有力な道徳的感情（moral affect）のようである（Tangney, 1991）。タングネー（Tangney, 2003）は，それまでの一連の実証的な研究結果から，恥と罪悪感は同じ道徳的感情ではなく，ネガティブな事態を引き起こす恥とは対照的に，罪悪感には社会生活における適応機能があるということを「恥（shame）vs罪悪感（guilt）」

という視点から5つにまとめている。タングネー（2003）は，罪悪感の適応的な機能とは対照的に，恥には5つの不適応的な機能があり，隠された恥の犠牲（cost）がみられると指摘している。5つの恥の不適応機能と罪悪感の適応機能とは，以下のとおりである。第1に，「失敗場面の対人行動」において，恥は隠蔽や回避行動，罪悪感は改善や対人修復行動に結びつきやすい。第2に，「共感」において恥は自己志向的であり，罪悪感は他者志向的である。第3に，「怒りと攻撃」において，恥は怒り・敵意と強い関連があり，罪悪感は怒り処理（anger management）と関連がみられる。第4に，「精神的症状」において，恥特性が高い者は，罪悪感特性が高い者よりも，抑うつや不安，低自尊心などとの関連が強い。第5は「逸脱の制止と社会に望ましくない行動」との結びつきである。「犯罪」は，典型的な逸脱，社会的に望ましくない行動であるが，タングネー（2003）は，道徳的スタイル（道徳的場面でどのような感情に帰属するかの傾向）の縦断研究を行ない，児童期（小学校5年生）の恥傾向の高さが，青少年になった時（18〜19歳）の逸脱や社会的に望ましくない行動を予測すると主張している。たとえば，恥傾向の高さは，麻薬や飲酒，危険な性行動（避妊をしない），自殺未遂，停学，自治体への就職の困難さにつながり，罪悪感傾向の高さはそれらの抑制につながると主張している。

しかしながら，犯罪学者のブレイスウェイト（Braithwaite, 1989）が日本の低犯罪発生率と恥を結びつけていることからも，恥が社会的に望ましくない行動に結びつくという知見が日本でもそのまま当てはまるかどうかにはまだ議論が必要である。社会的逸脱の制止については，日本の中高生の恥意識の高さが犯罪行為や虞犯行為の抑制的態度につながっていることが確認されている（永房，2004b）。また，日本国内だけでなくアメリカやトルコといった3か国の中高生を対象にした恥意識の国際比較調査では，3か国すべてにおいて恥意識が道徳意識と正の相関関係にあり，また3か国のなかでも恥意識と道徳意識との相関関係は日本が最も高かった（永房，2002）。また，恥（shame）には不快感をともなう行動の抑制機能がみられることから，恥意識における犯罪・非行の抑制モデルが提唱されている（永房，2008）。タングネー（1995, 2003）は，罪悪感と恥が明確に区別できると指摘しているが，日本では，恥意識と罪悪感との間に高い相関関係があることが示されている（永房，2008）。

「恥」は，日本における道徳と恥の文化，欧米における恥と罪悪感の対人機能の相違，あるいは面子を重視するといわれる中国における恥，といった側面から文化心理学でも興味深いトピックといえる。そのほか，非言語的コミュニケーションにおいては，「屈辱」としての恥の提示が怒りや攻撃に結びつき，

暴力犯罪につながることもあるし,「赤面」という恥の表出が, 譲歩機能や人の悪事の自認を伝達する意味役割になり, 謝罪による犯罪被害者との関係修復につながることも考えられる。また, 非言語的コミュニケーションとしての恥の表出がなくても, 犯罪はするべきでないという価値観や自己規範を内面化さえしていれば, "予期的恥（こんなことをしたら恥ずかしい）"という感情が生起することで, 犯罪抑制となるような"犯罪ブレーキ行動"につながるといえる。

3 心の犯罪ブレーキとしての恥

犯罪と市民に関する恥（shame）研究は, 心理学だけでなく, 犯罪社会学にも研究がみられる。たとえば再犯防止に恥が役立つという研究である。先述したように, 犯罪学者のブレイスウェイト (1989) は, 著書『犯罪, 恥と再統合』において, 伝統的な日本社会における恥に注目し, 司法を通じた犯罪者の烙印づけで地域社会から排除するのではなく, 逸脱行為を行なった犯罪者（加害者）が, 自分自身の反省と住民（被害者）への謝罪を行なうことによって, 地域社会に再び受け入れる（再統合する）という日本社会における再犯防止に役立つ市民における「恥」の有用性を説いている。しかしながら, インターネットメディアによる多様な人的ネットワーク構築が進むなか, 現代日本の地域社会のあり方も変容しつつあり, 地域という共同体をどう「恥」の再統合に結びつけるかは大きな課題であろう。この点は, 社会科学全般における「社会関係資本（ソーシャルキャピタル）」（ピックアップ8）と犯罪に関する研究知見が重要となってくると思われる。

そして, 心理学では, 恥はネガティブ感情として, 怒りに結びつきやすく, 攻撃行動や暴力犯罪に結びつきやすい, あるいは恥を感じすぎるあまりに, 他者を避ける社交不安障害や抑うつにつながりやすい（Tangey & Dearing, 2002）との欧米の研究がみられる。しかしながら, 日本における恥の感情は, 罪悪感とも中程度の相関関係にあり, 非行への抑制的態度とも関連が見られる（永房, 2008）。その「恥」が犯罪抑制に効果的に機能するには, 2つの要因が重要である。1つは,「恥への感受性」である。これはパーソナリティの神経質傾向との関連もあるかもしれない。しかし, 気質だけでなく, 環境との相互作用も大切である。恥は精神分析学者のエリクソン (Erikson, 1963) が幼児期の発達課題にあげているように, 幼児期に広く感性を育む教育が必要であろう。犯罪との関連でいえば, 家庭だけでなく, 幼稚園・保育所を核とした地域との絆（bond）が形成されれば, 犯罪学者のハーシ (Hirschi, 1970) が主張するようにその情緒的な絆が犯罪抑制につながるのではないだろうか。もう1つは,

「恥規範の学習」である。まずは逸脱行動を「恥」と結びつける古典条件づけ，そして「恥」という不快感情の生起が内的な罰となるオペラント条件づけに基づく学習が必要である。さらには，逸脱行動が「恥」と感じるには，観察学習の対象となるよりよい恥モデルの養育者が重要である。このように犯罪を行なうことが恥ずかしいというような良心（conscience）と密接にかかわる恥規範を学習することで，恥を内面化し，他者から見られているときだけでなく，他者が見ていなくても（犯罪をしないという）理想的自己に照らして恥ずかしいという"予期的恥"による犯罪行動の抑制，すなわち心の防犯機能がはたらくと考えられる。

しかしながら，恥の感情では気をつけるべき点がある。それは恥には，恥ずかしいからやらないという行動の抑制機能だけでなく，恥ずかしいからやろうとする行動の促進機能があるからである。とくにみんなと同じでないから恥ずかしいと感じる"同調的恥"の高さは，日本人で高いことが国際比較調査で示されている（永房, 2008）。たとえば，非行仲間で自分だけ万引きや薬物をやっていないのは恥ずかしいから非行をする，利益を上げるために法令違反を犯していないのは組織で自分だけだから恥ずかしいとホワイトカラー犯罪に加担してしまうなどのリスクもある。過度な同調的恥からそのような集団非行や組織犯罪への影響が懸念される。「みんながやっているからやらないと恥ずかしい」から「みんなでやるから怖くない」とつながる同調行動は集団犯罪において大変に危険である。

これまで見てきたように，恥は道徳（モラル）と結びつき，情緒に基づく動機づけの高さから犯罪を抑制する重要な心的要因である。他方で，恥は怒りから暴力犯罪に結びつく危険性，過度に同調的な恥が集団非行や組織犯罪を促進する場合も考えられる。恥が心の防犯機能としてはたらくためには，人的環境として心の拠り所となる準拠集団の犯罪性が低いこと，一見，当たり前のようであるが，乳幼児期（特に幼児期）から犯罪をしないことが「人として恥である」という規範教育を行ない，並行してそのような"反犯罪"の恥規範をもっていることを誇りに感じ，子ども自身が自分で恥行動を自己制御できるという自尊心や自己効力感を高めるような親・教師・地域・社会の働きかけが大切である。

第5章

性犯罪被害者への非難と責任帰属

　犯罪被害者とくに性犯罪被害者は，実際の被害に加えて第三者，警察，司法関係者などからのいわれない非難，すなわち2次被害にも苦しめられる。そしてそれが，被害者が被害を訴え出ることを躊躇することの原因となり，また被害実態の解明の妨げともなっている。私たち一般市民はなぜ，性犯罪被害者を責め，非難するのであろうか。本章では先行研究結果を，責任帰属や被害者非難に関する社会心理学的研究からの流れと被害者問題やフェミニズム研究からの流れに分けて整理し，その心理学的メカニズムについて考察する。また，今後の課題と性犯罪被害以外の分野での研究の可能性についても述べる。

第1節　なぜ被害者への非難を問題とするのか──研究の実際的意義

　自分の家族や知人，あるいは見知らぬ他人であったとしても，だれかが犯罪の被害に遭った場合，大抵の人は被害者や遺族を気の毒と思い，加害者を強く非難するであろう。その一方で，われわれは，被害者や遺族に対する非難，中傷，責任転嫁を日常しばしば目にしている。よく知られているのは埼玉県で起きたストーカー殺人事件での被害者へのマスコミによる中傷報道である。この例では，被害女性がお金やブランド物ほしさに風俗店で働くような女性であったとの報道がテレビのワイドショーや週刊誌で流され，こうした報道をもとに，被害に遭ったのは被害者側にも責任があるという認識を「いわゆる識者」に与えた。あるいは佐賀県旧東与賀町（現佐賀市東与賀町）の男性職員によるセクシャル・ハラスメント被害に遭った被害女性は，議会で，「女性に挑発的な発言はなかったか」「いつでも逃げられたのではないか」などという批判を受けた。こうした非難，中傷を受けるのは殺人事件や過失致死などでの被害者遺族でも同じである。遺族がマスメディアに出た途端に「なぜそんな危ない所に子どもを連れて行った」と匿名の非難が集中した例もある。

　こうした被害者や遺族に対する中傷や責任帰属がとくに問題とされているのが

性犯罪被害である。小西（2006）は，強盗被害とレイプ被害の例をあげながら，われわれがいかに性犯罪被害者を特別に扱い，容易に非難するかを示している。性犯罪は被害体験が被害者の心理的健康に大きな負の影響を及ぼすだけでなく（Ulman & Knight, 1995；Koss et al., 1987；小西，1996；Omata, 2002 など），その後の2次被害によっても被害者を苦しめ，被害者に被害を隠すことを強いる犯罪なのである。

では，性犯罪被害を隠すことが被害者や社会に何をもたらすであろうか。まず，被害者が被害を隠すことは，①彼女（彼）が他者からの援助を受ける機会を失うことにつながる可能性がある。これはカウンセリングなどの専門家からの支援のみならず，被害者にとってみずからを支えてくれる友人や恋人，夫（Popiel & Susskind, 1985）からの支援にも当てはまる。したがって，2次被害を恐れるために被害を隠すことは被害者自身の心理的回復にとって大きな障害となる。また，②被害を隠すことは性犯罪の暗数化をもたらし，被害の実態把握とそれに基づく対策の確立をも妨げることになる。さらに，実証はされてはいないものの，③最初の被害を隠すことは被害を受けた原因についていらぬ誤解を生み，他者に援助を躊躇させる可能性もある（Shneider, 1992）。したがって，性犯罪被害者が必要とする社会的援助を増大させるためにも，また性犯罪被害の実態に即した対策を立案，実施するうえでも，社会や身近な人による性犯罪被害者への非難，責任帰属を生み出す要因を明らかにすることは大きな意義があるといえよう。

さらにこの問題は，2009 年 5 月 21 日に施行された裁判員制度とも密接に関係してくる。裁判員制度はその対象に強姦致死，強盗強姦致死などのような性犯罪を含んでいる。したがって，被害者や遺族に対する市民の態度が判決に重要な影響を持つ可能性がある。裁判員から本章で問題とするような偏見を取り除くのは困難であるとしても，どういった要因が市民の「被害者に対する態度」に影響するかを明らかにすることは，公正な裁判の実現という意味で意義があろう。欧米では，こうした裁判での審判過程の研究という意味からも，被害者・加害者の責任帰属研究が積極的に行なわれている。

このほかにも，性犯罪被害者に対する非難や偏見を生み出す心理的メカニズムの知見に基づいて，被害者に対する誤った評価を改善する教育プログラムなどの開発にまで進むことができるならば，それもまた大きな意義があると考えられる。

第2節 性犯罪被害者への責任帰属や非難はどのように研究されているのか

1 被害場面の設定—シナリオ，ビネットの使用とその留意点

　性犯罪に限らず，犯罪被害者あるいは加害者に対する第三者の態度に関する研究でしばしば使われるのがシナリオないしはビネットといわれる，100字から数百字で書かれた被害（事件）の概要（表5-1参照）である（以下，本章ではシナリオの語を用いる）。アンケート調査やインタビュー調査で用いる一文の質問項目は，基本的に質問内容に関する状況は抽象的で曖昧なままに残されているが，シナリオではむしろ状況を具体的に記述する。状況を具体的に示すということは得られた知見の適用可能性を限定しないか，という疑問が生じるが，シナリオ手法の長所はどこにあるのであろうか。

表5-1　レイプ被害者への責任帰属研究で用いられるシナリオの一例
（Workman & Freeburg, 1999 より）

> マイクはクラスメイトのエイミーをパーティに誘った。車のなかでエイミーは財布を自分の席の隣に置いていた。パーティの音楽がゆっくりしたものになった時，彼女は疲れてきたので座りたいと思った。その後，エイミーは，翌朝することがたくさんあるので帰ろうと思った。エイミーの寮の部屋に戻った時，マイクはドアを閉じ，彼女にキスをし始めた。興奮したマイクはエイミーのブラウスを脱がせようとした。彼女は「だめ！最初のデートからそんなことはだめ」と言って抵抗したが，マイクは無視し，やっとのことエイミーの衣服をすべてはぎ取ることができた。そして，彼は彼女の意思に反してセックスをした。

　アレクサンダーとベッカー（Alexander & Becker, 1978）は，態度研究でシナリオを用いる利点として次の点をあげている。1つは，質問紙などの抽象的で曖昧な質問では想定場面などについて回答者が違った受け止め方をする可能性があるが，シナリオではこの被験者間の不一致を避けることができる，ということである。また，シナリオ内容を体系的に変化させることで，被験者の判断過程に関与する諸要因を明らかにすることができる。このほか，回答者が自分の回答を意識的にゆがめることを防ぐことができる点などもあげている。一方，ビーネック（Bieneck, 2009）は，シナリオが対象や行為に関する個人の内面に存在するシェマとしての知識を活性化すると指摘し，標準化された質問を提示することで，そのシェマを知ることが可能となると述べている。

　しかし短所もある。ビーネック（Bieneck, 2009）は，反応を標準化された質

表5-2　シナリオ作成時の留意点（Bieneck, 2009）

1. 現実的でありそうな記述
2. 簡潔で魅了な構造
3. 理解しやすい
4. プロットが多すぎない
5. 記述は興味を持たせ，想像を駆り立てるものであること

問紙で求めると被調査者の回答がゆがめられる可能性（強調化など）を指摘している。また，クラーエ（Krahé, 1991）は，シナリオが評定者が責任や非難の判断を行なうに十分な情報を提供しているかどうかを確認する必要がある，と指摘している。彼女は英独2つの調査で，シナリオから十分な情報を得ているかどうかを評定者に尋ねた。その結果，英国のデータでは40.8％，ドイツのデータでは60％もの評定者が，判断するには情報が不十分と回答していた。そして，このような情報に基づく評定者の判断の心理的意義に疑問を呈している。その克服方法として，評定者にとって必要な情報は何かを把握することや，情報量に関するチェック項目を質問項目に含めることを提案している。

　シナリオの長所・短所と関連してビーネック（Bieneck, 2009）は実施時の留意点をあげている（表5-2）。まず，シナリオの内容が「実際に起こり得る内容」であることである。同時に，それは簡潔な内容であることが望ましい。しかし，ある程度読み手の解釈の余地を残しておく程度の曖昧さも必要である。また，あまりに多くのプロットを含み，理想的な情報処理過程を妨げるようなものであってはならない。構造は単純であるのがよいとされる。なお，表には含まれていないが，シナリオの提示方法（視覚的か聴覚的かなど）による違いはないとし，画像的な提示は低年齢の子供や障害者にも使用できるという利点を述べている。実際，シナリオの使用は文書，録音（e.g., Walster, 1966），映像（e.g., Dexter et al., 1997）などさまざまな方法で提示されてきた。ただこの提示方法の問題はまだ検討する必要があろう。なぜなら，映像での提示では報告者の服装や口調など，映像に含まれた剰余変数が評定者の判断に影響する可能性が考えられるからである。あるいは，文章の場合には被験者が情報を繰り返し確認することが可能であるが，ビデオや録音テープではその確認が制約されるという違いもあろう。これは，情報の理解度の差という重要な問題を生じるかもしれない。

　このほか，シナリオ使用の重要な問題として，仮想場面をどのようにして作成するかという問題がある。これについては，できるだけ実際にあった事件に基づいて作成するのが望ましいという意見もあり（Neff, 1979），実際の事件を用いた

ものもある（Feldman et al., 1998；Anderson & Lyons, 2005）。しかし，実際に起きた事件を踏襲するとなれば，条件設定に制約がかかることは避けられない。したがって，表5-2にあげられている「現実的」「ありえそうな」という条件を満たしていれば，必ずしも必要ではないと思われる。ただ，次のアンダーソンとビーティ（Anderson & Beattie, 2001）の結果は研究者自身の陥りやすい陥穽を示唆している。彼らはポラード（Pollard, 1992）のレビューで取り上げられたレイプ研究で用いられたシナリオの内容が1993-1997年の英国の主要新聞11紙と地方3紙で報道された実際のレイプの内容とどの程度一致しているかを調べた。その結果，シナリオに描かれるレイプはいわゆる古くからのレイプ像（夜間，ひとり歩きしている時に見知らぬ他人から受けるレイプ被害）であり，新聞に報告されたレイプ像とは大きく異なるものであることを見いだした。この指摘には，知人によるレイプでの責任帰属研究もなされているという反論もあろう。とはいえ，これは，性犯罪被害を研究している研究者自身がシナリオの設定に際し，みずからレイプ神話にとらわれてしまっているということを示唆しており，重要であろう。

このように，シナリオを用いることには長所があり，その有効性は認められるものの，その作成と使用には注意が必要であることがわかる。同時に，シナリオを被験者に提示し，回答を求める質問項目自体にも注意すべきであろう。これについては最近アンダーソンら（Anderson et al., 2001）がふれている。

2 心理学研究における「責任」「非難」のとらえ方──概念の定義

性犯罪被害者への責任帰属研究では「過失・落ち度 negligence, fault」，「責任 responsibility」，「非難 blame」が従属変数となる。しかし，レイプ被害者に対して「あなたにも悪いところがあった」という場合，それは「過失」の指摘なのか「責任」の指摘なのか，それとも「非難」しているのかは，日常用語レベルではかなり曖昧であるように思われる。研究レベルでも研究者ごとに用いる概念が異なり，それが研究の評価を難しくしているという指摘もある（Krahé, 1991；Robbennolt, 2000）。一方，責任自体についてもシェーバーとシュッテ（Shaver & Schutte, 2001）のように，因果関係，法的責任，役割責任，道義的責任の4つの異なる意味があるという意見もある。とくに，心理学でいう責任と法律的な責任も必ずしも対応しないといわれている（この部分の議論については石村ら，1986；萩原，1986；諸井，1987；外山，2005に詳しい）。このように，概念の定義が必ずしも定まっていないのが現状であるため，まず，社会心理学，とくに帰

属研究におけるこれらの概念の定義について概観する。

(1) 概念の整理

犯罪のみならず，事故の被害者の責任に関する議論の代表的なものはシェーバーによる定義であろう。シェーバー（Shaver, 1985）は因果関係の判断，責任の判断，非難該当性の関係について，「因果関係の帰属→責任帰属→非難該当性の判断」という概念間の関係を提案している。このモデルをそれぞれの帰属判断に関与する基準についてまとめてみると次のようになろう（表5-3）。

表5-3 過失，責任，非難評価の基準 (Shaver, 1985 より作成)

評価基準＼評価次元	因果関係	過失	責任	非難
因果関係	あり			
結果の予見可能性		可能		
結果の知識		あり（あったはず）		
行為の意図			あり	
行為への強制			なし（「あり」＝最小の責任）	
行為の正当性の認識			あり	
行為の正当化				不可能
弁解可能性				なし

まず，因果関係の認識には連合関係の評価と因果関係の評価がある。連合とは，本人が関与していなくても仲間の行為がかかわっている場合である。この場合は責任や非難には結びつかない。一方，事象と自分の行為の間に因果性が認められると次に問題になるのが予見可能性の評価である。結果についての予見が不可能な場合には道義的責任は問われないが，それが可能であった（または可能だったはず）となると，どの程度知っていたかという「（結果に関する）知識のレベル」が問題となる。そこで結果について「知っていたはず」または「知っていた」と評価されると過失があったと判断される（帰属される）。ここまでは行為者に「意図」は認められない場合である。それに対して，行為が意図されたものと評価されると「責任」の帰属がかかわってくることとなる。その際問題となるのが，強制された行為か，自発的な行為かということである。もし，評価者（第三者）がその行為を強制されたものと判断した場合には，それは最小の責任を問われるだけですむ。一方，自発的な行為と判断された場合には，責任の最後の次元である当該行為の正当性，不当性の認識の有無が問題となる。これは心神喪失などのケースを考えれば容易に理解できよう。最後に，責任帰属から非難該当性に進む条件

としてあげられているのが正当化と弁解である。シェーバーのモデルでは，行為に対する正当化や弁解が評価者に受け入れられた場合にはその行為の道義的責任の帰属は行なわれるが，非難はされない，となる。また，どの程度赦すかということも決まってくる。

一方，ワイナー（Weiner, 2001a, b）は課題の失敗の責任というより広い文脈のなかから責任帰属と非難，あるいは罰との関係を議論し，「結果→因果の決定→責任→非難→罰」（Weiner, 2001a），あるいは「失敗→努力の欠如が原因→原因は統制可能→責任あり→怒り→非難」（Weiner, 2001b）といった一連の判断過程の図式を示している。ただし，後者の非難は，譴責，無視，報復などを含む行動のセットの1つとして位置づけられている。このモデルでは，責任から非難に向かう過程に「怒り」という感情を介しているのが特徴である。また，責任帰属の先行条件として状況の統制可能性を重視しているのも特徴である。たとえば，自動車事故の原因が運転手にあるとしても，彼が事故直前に心臓発作に遭っていれば事故の発生を統制できないため責任を問うことは難しい。逆に，不注意による事故であれば，運転手はほかの行為を選択可能であったという意味では事故の発生を統制できたはずである。また，過食による肥満であれば当人は別の行為を選択する自由があるはずである。したがって，責任は自由と選択に深く結びついており（Weiner, 2001b），行動の統制可能性がその重要な先行条件となる。

以上概観してきたように，責任と過失，非難は概念として相互に関連していることがいわれているが，実際，それらの関係はどうであろうか。これについてはそれらが相関を示すものの，別の指標とすべきであるという指摘がある。クリッチロウ（Critchlow, 1985）は責任と非難が相関を示しつつも評定者は別々に評価することを示している。あるいはハーベイとルール（Harvey & Rule, 1978）は，因子分析の結果，責任と非難は別の因子となることを報告している。したがって，これらの概念は強く関連するものの，その内容から区別するのが妥当かもしれない。

最後に，非難についてふれておくべきことがある。それはヤノフ-ブルマン（Janoff-Bullman, 1979）が自己非難の研究で行なった「行動非難」と「特性非難」の区別である。彼女によれば，前者は「制御可能，変更可能な資源（すなわち行動）であり，将来のネガティブなできごとを回避できるという信念と結びつく」が，後者は「制御不可能な資源（性格）であり，個人として過去のネガティブなできごとに値するという信念と結びつく」とされる。言い換えると，原因を行動レベルに求めるか，人格レベルに求めるかの違いである。したがって，そのいずれを非難するかによって関与する要因が異なる可能性はあるであろう（Thornton,

1984)。

(2) 性犯罪被害者研究への適用と留意点

こうした責任概念に関する議論は，第三者（裁判官や陪審員，一般市民）あるいは被害者が加害者に求める責任を想定しているが，本章で扱っている「性犯罪被害者」への責任帰属や非難は，本来批判される立場にない被害者に向けられたものである。そのため，加害者への責任帰属，非難の際の判断基準のいくつかは性犯罪被害者への責任帰属，非難にも該当するものの，被害者への態度には適用されない基準もある。

たとえば正当化可能性は，被害者としては被害を正当化する必要はないので，性犯罪被害のケースには無関係と思われる。また，ワイナーのモデルで非難の前提条件に置かれている怒りの感情も，一般的には被害者への責任帰属や非難とあまり関係ないと思われる。なぜなら怒りは，その個人が身体的，心理的脅威にさらされるか権利侵害など不利益を被る際に，その原因となる（と認知された）対象に向けられる感情だからである。責任を帰属する相手が加害者である場合には第三者もそういった感情を容易にいだくことはあるが，第三者が被害者に怒りをいだくケースはまれではないかと考えられる。とはいえ，次のようなケースでは評定者が被害者に対していだく怒りが重要となる可能性がある。それは被害者が被害を受けることが評定者（第三者）の名誉を傷つけたり，恥の感情をいだかせたりするような場合であろう。これは「レイプされるなど身内の恥」という意見が出される性犯罪や「そんな手口に引っかかるなんて……」と言われてしまう詐欺被害などの場合には十分起こり得ることである。わが国でもこういった「世間体」からくる被害者への怒りはしばしば耳にすることである。その意味では，性犯罪被害者の非難と怒りの関係は，「世間体」という要因と絡めて検討することは興味深い問題かもしれない。

ところで，性犯罪被害者（その他の被害者も含めて）を「責める」心理には，窓を開けて眠った被害女性の例のように，そこまで強くない「なぜそんなことをしてしまったのか」という感情も含まれることがある。したがって，予見可能性から生じる判断を，被害者を責めるニュアンスの強い「責任」という言葉で表わすことの妥当性については議論の余地があろう（白岩・宮本，2009）。そのような場合には「落ち度，過失」という語のほうが妥当であろう（石村ら，1986）。その意味ではシェーバーのモデルの責任帰属の一部になっている「過失」が，被害者非難研究では重要な位置を占めるかもしれない。

概念間の関係についても，最近，白岩と宮本（2009）が彼らのいう責任性と落

ち度・隙の判断が必ずしも対応しないことを報告した。また小俣（2008）も，両者の相関は高いものの，評定者が被害者の責任を認めずに「落ち度」を認める例を報告し，両者が対応しない可能性を示唆している。したがって被害者研究においても責任，落ち度，非難の各側面を把握するのが望ましいと思われる。

(3)「責任」，「非難」，「落ち度・過失」の測定

以上，責任概念を中心に諸概念の定義について考察してきたが，では，それらは実際にはどのように測定されているのであろうか。

まず，「因果性」「責任性」「非難」「過失」のいずれについても最も多く用いられているのが「女性の行動がどの程度犯罪の『原因』となっているか」（Howells et al., 1984），「被害者は起こったことに対してどの程度責任があるか」（e.g., Johnson, 1994），「どの程度被害者は非難されるべきと思うか」（Howard, 1984）のように，包括的な形で尋ね，程度を9段階ないしは11段階で評定させる方法である。ただし非難の場合には，先に述べた行動非難と特性非難の分類に倣って，被害者自身への非難だけでなく，その行動への非難も測定対象となることがある。一例としては「無責任な行為をした」「抵抗すべきだった」（Feldman et al., 1998），「夜間一人で歩いていた」（Luginbuhl & Mullin, 1981）などがある。

以上は直接的に責任や非難の大きさを評価させるものであるが，そのほかに被害者と加害者（場合によっては「運」も含めて）のそれぞれの責任の相対的な大きさを尋ねる質問（責任全体の何％か）で間接的に測定する場合もある（e.g., Howells et al., 1984；Stormo et al., 1997）。

このように包括的な測度が用いられてきた一方で，複数の項目から責任や非難の内容をとらえる研究もなされつつある（Deitz et al., 1984；Schneider, 1992；Feldman et al., 1998）。その意味では，非常に多様に責任や非難，過失をとらえているといえる。しかし多くの場合，被験者（評定者）が第2節で述べた責任性や過失，非難のどのレベルを指摘しているのかを明確にしたものは少ないように思われる。

第3節　性犯罪被害者への責任帰属，非難をもたらす要因

性犯罪被害者への責任帰属・非難の問題は1980年代になって急増してきたといわれる（Pollard, 1992）。その背景には社会心理学における責任帰属研究の展開と現実的問題解決への要請という2つの要因がかかわっていると思われる。前者としては，交通事故の被害の甚大さに依存して責任帰属のあり方が異なるこ

とを示したウォルスター（Walster, 1966）の研究と，それに対するシェーバー（Shaver, 1970）の批判から展開された自己防衛的帰属研究を受けた流れ（たとえばCalhoun et al., 1976）がある。後者としては，性犯罪被害の社会問題化や性犯罪被害者への非難，被害の暗数化との関連性への関心の高まりがある。また，陪審員制度を採用する米国では裁判心理学の一分野として陪審員の量刑判断の心理過程の解明が古くから行なわれていた。このような背景があるため，現在ではこの問題の研究は社会心理学から犯罪心理学，フェミニズム心理学，裁判心理学まで幅広い領域で行なわれている。

　両者が相互に関連しつつ展開してきたことはいうまでもないが，以下に，これまでの研究が扱ってきた性犯罪被害者への責任帰属，非難に関与する要因としてどのようなものが検討されてきたかを，それぞれの流れに分けて紹介する。なお，1990年以前の研究については萩原（1986），クラーエ（Krahé, 1991），ポラード（Pollard, 1992）が詳細なレヴューを既に行なっているので参考にされたい。

1　社会心理学の帰属研究を受けた研究

　ヒトの判断，認知が様々な要因によってゆがめられることは心理学的研究の示すところである。たとえば，認知的不協和理論やストレス研究が示すように，ヒトは認知的構造の安定性を求め，その構造が不安定になると不快やストレスを感じ，それを解消しようとして認知をゆがめることはよく知られている。こうした認知的安定性とその欠如から生じる心理的不快を回避する心理に着目した説明が「防衛的帰属」や「正当世界信念」である。

(1) 防衛的帰属の心理と個人的類似度（関連性），状況的類似度（関連性）

　ウォルスター（Walster, 1966）は，自動車事故の被害が大きくなるにしたがって，第三者である評定者は当事者（第1実験では被害者でもあり加害者でもある）に大きな責任を帰属することを見いだした。彼女はこれを「小さい被害の事故はしばしば起こるため個人とは関係なく起きるものだが，大きい被害の事故はまれであり，評定者はそのまれなことが自分にも起きると考えたくないがために，当事者に厳しい基準を適用し，当事者に問題があるとしたためである」と解釈した。その後，シェーバー（Shaver, 1970）は，必ずしもウォルスターの結果が確認できるものではないことを示し，この防衛的帰属を生じさせる要因として状況的類似性と個人的類似性の概念を提案した。状況的類似性とは「当事者と評定者（自分）の置かれている環境の類似度」であり，たとえば職業的立場，社会階層，生活習慣（車の使用度など）の類似度がその例となる。一方，個人的類似性は「当

事者と自分の間の特性上の類似度」であり,性別や性格特性の一致度がその例となる。彼によれば,どのような責任帰属がなされるかはこれら2つの類似性の組み合わせで異なる。たとえば,状況的類似性がない場合には評定者は合理的な判断を行なうが,状況的類似性がある場合には防衛的帰属でも個人的類似性のあり方によって判断が異なってくるとされる(Shaver, 1985)。すなわち,状況的類似性があるが個人的類似性がない場合には,評定者は「自分は事件・事故の当事者とは違う行動をする」と考え,「当事者に大きな責任を帰属させる」。一方,状況的類似性があり,個人的類似性もある場合には,評定者は自分も事件・事故に出会う可能性を除去できないと考えるため,当事者への非難を小さくする。すなわち事件・事故に巻き込まれたときの自分にも想定される非難を小さくするために,当事者への責任帰属は小さくなる,と解釈した(Shaver, 1970;1985)。前者は危険回避,後者は非難回避の心理ともいわれ,区別される(Shaw & McMartin, 1977)。

このように,防衛的帰属から帰結される責任帰属に関する予測はウォルスターの立場に立つかシェーバーの解釈に倣うかで異なる点に注意する必要がある。

では,この状況的類似性と個人的類似性が性犯罪被害者への責任帰属や非難にどのようにかかわるのであろうか。これについては,事故での責任帰属ほど十分検討されているとはいえないのが実情である。とはいえ,性犯罪被害者に対する第三者の態度では個人的類似性が高い場合には非難や責任帰属が抑えられるという非難回避による解釈を支持する結果が多い(Bell et al., 1994;Johnson, 1995;Johnson & Lee, 2000)。たとえばソーントン(Thornton, 1984)は,防衛的帰属の心理の背景に評定者自身の情動が存在することを示す実験のなかで,個人的類似性が高い女子学生は被害者非難が小さいことを報告している。また,評定者の性別,ジェンダーは性犯罪被害の被害者の多くが女性である(もちろん男性被害の場合もあり,近年の米国の研究ではこれを扱ったものが増えつつある)ことを考えると,個人的類似性と見做すこともできる。これについては女性の方が性犯罪被害者に厳しくない態度をとることはほぼ認められているので(Pollard, 1992),ここでも非難回避の心理を支持する結果が得られているといえるかもしれない。

一方,ゴールドら(Gold et al., 1977)は,女性評定者にレイプ被害に遭う確率を評価させ,被害に遭う確率を高く評価した群(高状況的関連性群)と低く評価した群(低状況的関連性群)に分け,レイプ被害の甚大さを「レイプ未遂」「レイプ被害」「殴られたうえでレイプ被害」に分けて,被害者への責任帰属を評定

させた。その結果，女性の低状況的関連性群と男性評定者は，被害が甚大になるほど責任帰属は小さくなるが，高状況的関連性群（女性）は被害が大きいほど被害者への責任帰属が大きいという，防衛的帰属に一致する結果を得た。

(2) 正当世界信念

事故の被害者への責任帰属研究でしばしば検討されてきたのがラーナーの正当世界信念である（Lerner, 1980；Rubin & Peplau, 1975）。これは，「その人に起きることは，良いことであろうと悪いことであろうと，その人に相応しいものである。換言すれば，人はその人が受けるに値することを受けるようになっている」という信念を人はもっているというものである。もし，正当世界信念に合致しないような不幸なできごとが生じた場合，人はこの信念を維持するために被害者を貶める。あるいは，そのような評価が難しい場合には，その人はその不幸なできごとが起きるようなことをしたと第三者は考える（Fulero & Delara, 1976）。したがって，正当世界信念からは性犯罪の場合でも被害者を悪く言う，あるいは責任を帰属するという結果が予測される。つまり，正当世界信念が強い人ほど性犯罪被害者に厳しい態度をとることが予測される。

たとえばジョーンズとアロンソン（Jones & Aronson, 1973）は，既婚者や未婚女性は離婚者よりも過失を大きく評価されると予測しそれを支持する結果を得た。そしてこれを正当世界信念（Rubin & Peplau, 1975；Lerner, 1980）から説明した。すなわち，社会的尊敬度が離婚女性よりも高い既婚女性や未婚の女性はレイプのような被害には遭いにくいはずであるのもかかわらず被害に遭ったということ，そしてそういった女性の人柄を貶めるのが難しいために，彼女は何かまずいことをしてしまったのではないかと考えることで正当世界を維持しようとする。その結果，より大きな責任を認めるというのである。しかし，フレロとデララ（Fulero & Delara, 1976）はそれを確認できず，女性の評定者では個人的類似性の方が重要であることを指摘している。このように，正当世界信念と被害者への態度の関係を検討した研究の多くは，正当世界信念が無関係であることを示してきた（Fulero & Delara, 1976；Gold et al., 1977；Johnson & Workman, 1994；Muller et al., 1994；小俣，2008）。

以上概観してきたように，性犯罪被害者に対する態度に関する従来の責任帰属研究の理論的枠組みについては防衛的帰属，とくに非難回避の心理が最も妥当な説明であるように思われる。しかし，先に述べたように，性犯罪被害者への第三者の非難の研究は，これら以外の新たな要因の重要性を議論し始めている。次に，それらのうちのおもな要因を概観する。

2 被害者問題，フェミニズム研究などの流れからの研究

(1) 被害者特性に関する要因

　被害者特性としてはまず，「既婚・未婚」あるいは「社会的尊敬度（respectability）」があるが，レイプ被害者の結婚歴についての研究を概観し，ポラード（Pollard, 1992）は結果が一貫しないと指摘している。たとえば先に述べたジョーンズとアロンソン（Jones & Aronson, 1973）は既婚者や未婚女性は離婚者よりも過失を大きく評価されるという結果を得ているが，既婚者は責任を小さく見積もられるという結果もある（Simonson & Subich, 1999）。尊敬度の高い職業としては修道女やソーシャルワーカー，低い職業としてはトップレスダンサーを設定することが多いが，尊敬される地位にある被害者ほど責任帰属や非難が小さいという結果が報告されている（Luginbuhl & Mullin, 1981）。いずれにしろ，既婚や離婚，あるいはダンサーといった地位から評定者が被害者のどのような情報を引き出すかが重要であり，評定者自身の価値観と切り離して理解できないと思われる。

　性犯罪被害の裁判などでは被害者のそれまでの性的経験が問題とされるが，被害者の性体験や性的活動性を扱った研究も多い。そして性体験がある（多い）被害者はそれをもたない被害者よりも強く非難されることが示されている。ジョンソン（Johnson, 1994）は，過去の性体験を考慮に入れた条件では被害者への責任帰属が大きく，かつ被害者も楽しんだという見方が強いことを示している。第三者の見方という点で興味深いのは，自らの性体験の証言を拒否した女性に対しては，そういった場面に出あいやすい女性であり責任がある，といった厳しい評価がなされるというカン（Cann et al., 1979）の結果である。ただ，性体験が必ずしも責任帰属と結びつかない場合もあることを考えると，この問題は後述する，第三者の性役割観，レイプ神話受容度などと絡めて検討する必要があると思われる。

　一方，被害者の抵抗の有無の影響も検討されてきた。素朴な意見では，抵抗する女性のほうが非難はされにくいと思われる。しかしこの関係は男性評定者では確認されているが，女性評定者では確認されていない（Krulewitz & Nash, 1979；Scroggs, 1979）。この男女差をポラード（Pollard, 1992）は無抵抗に対する男女の受け止め方の違いに帰している。すなわち，男性評定者は無抵抗を被害女性の気質や考え方の反映（抵抗しないことを選択する態度）と受け止めるが，女性評定者はそれを状況（強い脅しの存在のような抵抗できない事態）の反映と受け止める，という違いである。一方，性犯罪被害での抵抗については本来それ

がかなり難しいことであるにもかかわらず「可能である（抵抗するべきである）」という誤解がある（レイプ神話：ピックアップ4参照）。そしてそれは男性に強いことを考えると、抵抗の有無の評価には評定者のレイプ神話の受容度ないしはレイプ観という評価者の価値観がかかわる可能性もある。レイプ神話の影響については後述する。

このほか、被害者の身体的魅力度と責任帰属の関係も調べられているが、実際的により重要な問題と思われる要因に、被害者と社会的支援の関係がある。アンダーソンとライオンズ（Anderson & Lyons, 2005）によれば、社会的支援を受けていなかった被害者はより非難されることになるという。もしそうであれば、被害者への社会的支援を受けてこなかった被害者は負の連鎖に入り込むことになる。その意味で、社会的支援は今後さらに検討されるべき課題といえよう。

(2) 評定者要因

次に、責任や非難を帰属する評定者側の要因を見てみる。責任帰属、非難、あるいは過失のいずれにしても、重要なことは評定者の認知した「世界」で生じているということである（Shaver, 1985）。したがって、上に述べた被害者要因、状況要因で結果の一貫性が得られにくいことの一因は、評定者の当該要因に対する認知、あるいはそれから得られる被害者に関する情報が評定者間で異なることにある可能性も考えられる。同時に、性犯罪被害者への偏見を除去する方策ということを考えた場合、評定者へのはたらきかけ、教育は重要である。評定者要因の研究知見はその際にどのような側面に着目すべきかの情報を提供する。その意味では評定者の要因はこの分野の研究では重要な問題となる。

まず、評定者の性別、ジェンダーがある。これについては男性の方が性犯罪被害者に厳しい態度をとることはほぼ認められているといってよい。

次にしばしば検討されてきたのが性役割観である。すなわち、伝統的性役割観を持つ評定者は、派手・挑発的な行為や飲酒、複数の男性との性体験などといった、伝統的に女性に求められてきた行動から逸脱した行動をとるために被害に遭うと考えるし（Krahé, 1991）、男性優位な社会関係では、性においても男性が女性よりも優位に立つことを認めるため、女性を性的に征服することに対しては肯定的な態度をとる、と解釈される。あるいは、伝統的性役割観に立つ人は次に述べるレイプ神話を受容する傾向が高いために（たとえばLonsway & Fitzgerald, 1994；Suarez & Gadalla, 2010）、性犯罪被害者に厳しく、責任帰属も非難帰属も男女平等主義者に比べて大きいと考えられる。この性役割観と被害者非難の関係についてもかなりの研究が支持的データを報告している。

もうひとつの評定者の価値観としてレイプ神話受容（Burt, 1980；小西，2006）がある。いうまでもなくレイプ神話受容的態度の強い個人はレイプ発生において女性の役割を認める傾向が強いと考えられ，そういった人は女性被害者に対して責任や非難の帰属を容易に行なうと予測される。近年ストルモら（Stormo et al., 1997）はアルコール摂取や伝統的性役割観などとあわせてレイプ神話受容度（Burt, 1980）の影響を検討した。その結果，レイプ神話受容度は被害者への責任帰属においても非難においても有意に影響した。小俣（2008）も，性犯罪神話尺度（湯川・泊，1999）を用いて性犯罪被害者への責任と落ち度の帰属の関係を検討し，有意な相関を確認した。

　このように評定者の価値観が被害者非難にかかわる可能性が示されているが，注意すべきは，こうした価値観が性，ジェンダーと密接にかかわっていることである。したがって，最初にふれたジェンダー差も，性役割や性犯罪に対する態度の差の表われとして理解する必要があるのかもしれない（Pollard, 1992; Anderson & Lyons, 2005）。

　評定者要因として近年報告が増えつつあるのが文化差である。たとえばヤマワキとチャン（Yamawaki & Tschanz, 2005）はアメリカ人学生と日本人学生を比較し，日本人学生は加害者に許容的であるという結果を報告した。一方，シーガルら（Sigal et al., 2005）は大学でのセクシャル・ハラスメントに対する態度を米国，オランダ，エクアドル，パキスタン，台湾など9か国の学生で比較した。その結果，個人主義的な文化の国の学生は加害者（大学教授）に厳しい判断をするという結果が得られた。ただし，民族差は同じ米国居住の学生で比較すると不明確になるようである（Schneider et al., 2009）。これらはいずれも，文化差の背後に伝統的性役割観や個人主義志向の違いを考えるという点で，評定者の価値観の問題と同列に考えることもできよう。最近この文化の問題について，シェーバーとシュッテ（Shaver & Schutte, 2001）が日本文化に関して興味深い問題を提起している。彼らは，日本社会では教育の中で相互依存と集団協調が促進されているため，人間関係への配慮が強く，相互依存的な帰属スタイルが強められると指摘している。彼らの解釈の是非は別にして，性犯罪被害者への非難や責任帰属に「身内の恥」や「世間体」が介在する可能性を考えると，こうした人間関係のあり方が責任帰属や被害者非難にどのような影響をもつかは，検討する価値があろう。

(3) 加害者－被害者関係

　性犯罪被害者への責任帰属で以前から問題とされてきた要因に被害者と加害者の関係がある。すなわち，加害者が被害者にとってまったく面識のない人物

か，恋人，配偶者かが被害者への責任帰属に影響する可能性である。とくにデートレイプや恋人間暴力，配偶者間暴力などドメスティックバイオレンスが近年大きな関心をよんでいることから（e.g., Sugarman & Hotaling, 1989；日本DV防止・情報センター，2007），この分野でも研究が増えている。これについて，恋人や配偶者からの性暴力被害者に対する見方が厳しく，非難や責任を帰属する傾向が強いことが確認されている（e.g., Langhinrichsen-Rohling & Monson, 1998；Simonson & Subich, 1999；Krahé et al., 2007）。また，被害者が被害以前に「どこまでの行為を許したか」なども検討されているが，これは被害を「レイプ」と認めるかどうかともかかわってくる。

(4) 被害の甚大さ

最後に，被害者非難あるいは責任帰属研究のひとつの契機となった被害の甚大さについてふれる。この問題はすでに述べた防衛的帰属の問題でもある。したがって，性犯罪被害者の責任帰属や非難帰属でも研究がなされてよいはずであるが，この問題でメタ分析を行なったロベンノルト（Robbennolt, 2000）でも，対象となった1966年から1997年までの67研究のうち，レイプを扱った研究は3本，犯罪と分類されている研究でも3本しかあげられていないように，研究数は少なく，結果も一致していない。クルレウィッツとナッシュ（Krulewitz & Nash, 1979）では被害が大きいほど責任帰属も大きいという結果を得たものの，アレクサンダー（Alexander, 1980）ではそれを確認できなかった。ただ，被害の甚大さを既遂か未遂かで分ける場合が多いが，はたしてそれが妥当かは議論の余地があろう。未遂でもレイプはかなりの影響をもたらすと考えられるからである。その意味ではわが国で問題となる痴漢などと比較するのもひとつの方法かもしれない。

第4節　今後の展望―現実問題への応用可能性

本章では犯罪被害者に対する偏見のメカニズムをどのように研究するかという問題を，性犯罪被害者への責任，非難，過失の帰属を例に，検討した。最後に，今後の課題を指摘しておく。

まず最初にあげられる課題は結果の理論的な整理統合である。これまでにかなり多くの要因が被害者への責任，非難帰属，過失認識に影響することが示されてきたが，今後はそれらをなんらかの形で統合する必要があろう。その際，概念間の整理がなされるべきであることは言うまでもない。その枠組みを提供するもの

としてシェーバー（Shaver, 1985）やワイナー（Weiner, 2001a, b）のモデルが考えられる。個々の要因が予見可能性や意図性あるいは統制可能性とどのようにかかわり，最終的な帰属をもたらすのかを明らかにすることで，諸要因を有機的に結びつけた理解が可能となろう。そして，上で検討した個々の要因がそれらのモデルとどう関係するかを明らかにする必要がある。たとえば，性犯罪神話と責任帰属の間にはワイナーのモデルの統制可能性が介在するかもしれない。つまり，「レイプは抵抗できる」という信念が「制御できるのにしなかった」という評価をもたらし，責任帰属につながる可能性が考えられる。あるいは「服装」や「アルコール摂取」と責任帰属の間には，「そんな服で出かければ」「お酒を一緒に飲んだりすれば」「被害を受けると予測できるはず」という考えをもたらし（シェーバーのモデルの予測（予見）可能性），責任評価に影響を与える可能性もある。このように，従来はさまざまな要因を責任や非難に直接結びつけていたが，そこに第3節であげた評価基準を介在させることで，結果の不一致が説明可能になるかもしれない（図5-1）。

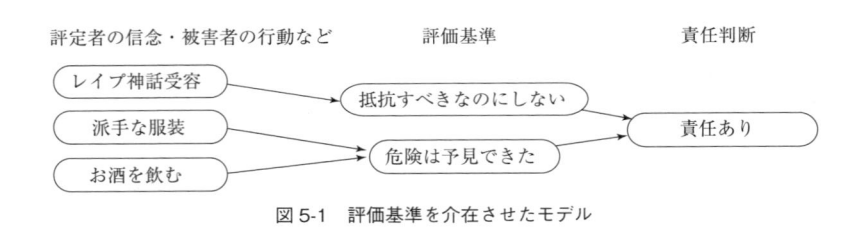

評定者の信念・被害者の行動など　　評価基準　　　　責任判断

レイプ神話受容 → 抵抗すべきなのにしない → 責任あり
派手な服装
お酒を飲む → 危険は予見できた

図5-1　評価基準を介在させたモデル

次に被害者のジェンダーの問題がある。性犯罪被害者の多くが女性であることは間違いない。しかし，欧米，とくに米国では最近，男性の性犯罪被害者への非難，責任帰属の研究も行なわれつつあり，レビューも出されている（Davies & Rogers, 2006）。わが国の場合，はたしてどのくらいの男性被害者が存在するかが明らかではないため，この課題の必要性がどの程度かは判断が難しいが，今後の課題であろう。

最後に評定者の一般性の問題がある（Pollard, 1992）。この分野の研究はほとんどが大学生を被験者として実験を行なっているが，シュナイダー（Schneider, 1992）が大学生と一般市民の反応を比較したところ，一般市民の方が被害者に厳しい見方をするなど，被験者属性で差が出る可能性を報告している。したがって，今後，大学生で確認されてきた知見がどの程度一般性があるかという検証も必要

となろう。とくに裁判員制度のように、一般市民が構成員となる制度への応用可能性を考えると、確認すべき重要な点であるといえよう。

　一方、この種の研究の実際的応用可能性としては以下の展開が考えられる。まず、犯罪被害者への偏見がさまざまな問題を引き起こすのであれば、この偏見をいかにして除去するかという方向に問題を展開する必要があろう。そのような研究はまだ少ないが、ピンゾーン−グローバーら（Pinzone-Glover et al. 1998）は、被害者への責任帰属などの基底にあるレイプ神話や女性観の変化をもたらす、あるいは共感を高める教育プログラムを開発する試みのなかで、被験者に性的暴行の正確な統計、レイプ神話と事実の比較、加害者の行動的特徴、被害者への援助機関などを教育することが被験者の価値観などに影響する可能性を検討した。その結果、とくに男性に効果があることを報告している。偏見の強い男性にとくに有効であるという結果は興味深いが、同時にこうしたプログラムは、それがうまく機能すれば、レイプそのものの抑止教育ともなり得るという点で意義があろう。裁判員選任の過程でレイプ神話受容度のスクリーニングテストをかけることも提案されているが（Stormo et al., 1997）、性犯罪裁判に先立って、レイプや強制わいせつなどの犯罪の正確な実態を裁判員に示すことで、ゆがんだ被害者観を弱めることができるかもしれない。もう1つの実際的問題への展開としては、被害者への「非難」というネガティヴな態度ではなく、「支援」というポジティヴな態度をもたらすメカニズムの検討がある。フェルドマンら（Feldman et al, 1998）はここで議論してきた被害者への非難が被害者への支援に抑制的に作用すること、自身の被害遭遇可能性と被害者への共感が社会的支援に促進的に作用することを明らかにした。このような方向は実際的な意味においても今後期待される。

　以上、性犯罪被害者への偏見、非難について紹介してきたが、同じような被害者への非難、偏見はほかの犯罪被害者あるいは犯罪的行為の被害者に対する見方にも認められる。たとえば詐欺被害者、とくに高齢者の詐欺被害者や霊感商法など悪質商法の被害者に対しては「なぜあんなことに引っかかるのか」「引っかかる方も思慮が足りないのでは……」といった声があがることは容易に推測できよう。もう1つは子どもの「いじめ」被害者である。いじめ被害者に対してはしばしば「あなたにも悪いところがあるのでは」といった対応が教師や保護者からなされる。これも、場合によっては被害者への非難、責任帰属となろう。そういった対応をもたらす原因を明らかにし、それを取り除くように教育現場や保護者に対する指導の場で研究成果を生かすことは十分意義があろう。あるいは初めに述べた例のように、被害者や遺族が当然のこととして求める事実確認や賠償に対し

て向けられる批判の問題などもあろう。これについては最近，わが国でもいくつか報告がなされつつある（安部，2005；2006）。しかし，問題の重要性に比して研究数はまだ少ない。

　その意味で，犯罪被害者に対する第三者の評価，偏見の問題は，性犯罪に限らず，今後の展開が理論面でも実践面でも期待される分野であるといえよう。

ピックアップ 4 性犯罪神話研究の現状と展望

1 強姦（性犯罪）神話の研究概観

　強姦（レイプ）をはじめとする性犯罪やその被害者を，社会がどのように理解しているか，また理解の仕方を規定する要因は何か，ということを明らかにするための心理学研究を，ここでは「強姦（性犯罪）神話研究」とよぶ。この研究領域は，女性解放運動の影響を色濃く受けながら発展してきた。

　ハーマン（Herman, 1992）は，精神科医として接してきた被害者の心情や，社会の反応に見られる強姦固有の特徴というものを描き出した。とくに，被害者を取り巻く社会のネガティブな反応の背後に，強姦に対する固定的なイメージが存在することを指摘したが，そのイメージとは具体的には，人々がもっている，「強姦とはどういうものか」「被害者はどのようにふるまうべきか」というステレオタイプを指している。ブラウンミラー（Brownmiller, 1975）はより直接的に，これを「強姦神話」と呼称した。ジャーナリストであるブラウンミラーは，旧約聖書から古典小説，近代映画，新聞記事にいたるさまざまな媒体物をあげ，それらに共通する固有のメッセージを抽出した。いわく「女性は皆，強姦されたがっている」「本当に嫌ならば抵抗できるはずだ」「強姦は，抑えがたい衝動的な欲望から生じる」……。これらのメッセージは，精神的苦痛といった 2 次被害だけでなく，強姦罪の定義や陪審員の判断にも反映され，刑事司法手続きにおける直接的な不利益を被害者にもたらすと考えられてきた。

　ブラウンミラーによる問題提起は，その後の米国内の社会的な関心の高まりとともに被害者処遇のあり方を見直す気運をもたらし，ハーマンの考察は，戦争や犯罪被害に起因する心的外傷のとらえ方に医学的な再考をうながした。そして心理学領域では，フェミニストたちがみずからの経験に基づいて言及してきた「強姦神話」の実証研究が数多く行なわれることとなった。

　これ以前にも，被害者に対するネガティブ認知の研究は複数行なわれている（Jones & Aronson, 1973；Seligman et al., 1977 など）が，これらの認知を尺度化して強姦神話と名づけたのはバート（Burt, 1980）であった。彼女はこの神話を，「強姦や被害者，加害者に対する偏った，ステレオタイプな，あるいは誤った信念」と定義した。そのうえで，予備調査をもとに 19 項目にわたる強姦神話尺度（rape myth acceptance scale：RMA）を作成したが，これは「注目を

集めたいがために女性は嘘の強姦被害を報告することがある」「多くの女性は無意識の被強姦願望を持っており，自ら襲われやすい状況を誘発している」などの項目から構成される。この尺度を用いた一般調査の結果，「異性に対する敵対的な信念」や「暴力の容認」「性役割ステレオタイプ」が強いほど，強姦神話も受容されやすいことが示された。日本では，大渕ら（1985）がRMAを参考に，①暴力的性の容認，②被強姦願望，③女性の隙，④ねつ造の4次元から成る神話尺度を作成している。大学生と受刑者（性犯罪群・それ以外の一般犯罪群）を対象に調査を行なったところ，②の被強姦願望を支持する傾向に有意差が確認され，その強い順に，性犯罪者，一般受刑者，男子大学生，女子大学生となっていた。また，「女性に対する敵意」が②の被強姦願望と有意に相関し，バートの研究を追証する結果となった。さらに，湯川と泊（1999）は，大渕ら（1985）の尺度のうち④を「女性の性的欲求に関する誤認」に改変し，男子大学生を対象とした調査を行なったところ，回答者特性（性的経験や協調性の欠如など）が，友人らとの性的情報交換の頻度という媒介変数を経て，これらの神話受容につながることを見いだした。

　バート（1980）が作成したRMAは，彼女自身の定義に反してすべての項目が被害者（とくに女性）に対する信念に限定されている。しかし，ブラウンミラーが例示した「強姦は抑えきれない衝動の結果である」という対加害者イメージや，ハーマンが指摘した「暗闇で知らない人から襲われる」という強姦の発生状況イメージを踏まえれば，強姦をめぐるステレオタイプの内容はより多岐にわたっていると考えられる。実際，より網羅性の高い尺度を作成する試みもいくつか行なわれており，たとえばジョンソンら（Johnson et al., 1997）は，「（被害者である）女性を非難する」という従来の次元に加え，「（加害者である）男性の立場を正当化する」「知人間強姦を正当化する」の2次元を想定し，合計3次元から成る神話尺度を作成した。これを用いた調査では，性役割イデオロギーや回答者の性別との関連が次元によって異なっていることが確認されている。

　また，これまで，「強姦」特有の信念とされてきた内容が，より広義の性犯罪に対する信念であることを示した研究もある。白岩・深澤（1998）は，「望まない性交渉」に加え，「身体への強制的な接触」「口頭での性的なからかい」を含めた3場面を比較検討し，女性の外見に対するステレオタイプ（「服装はセクシーである」「魅力的である」など）が，「身体への強制的な接触」「望まない性交渉」において有意差のないことを確認した（そのうえで，これらは「性犯罪神話」であると述べている）。湯川と泊（1999）が作成した尺度でも痴漢

やセクシャル・ハラスメントなどの性犯罪が想定され，やはり性犯罪神話尺度と呼称されている。

なお，日本では，強姦罪（2017年以降は後述の「強制性交等罪」）とその他の性犯罪（強制わいせつ罪，各自治体が規定する迷惑防止条例における痴漢行為など）が区別されているが，伝統的に強制わいせつ罪の規定をもたなかった米国では，1980年代の司法制度改革によって強姦罪の概念拡張が図られ（荻原，1990；齋藤，2006），現在では多くの州が，「rape」よりも包括的な「criminal sexual assault」「criminal sexual conduct」などの罪名を規定している（Campbell & Jonson, 1997）。さらに，わが国でも2017年の刑法改正により，それまでは「女性に対する性交」に限定されていた強姦罪が，性交に類する行為（性交等）を含む，より広義の「強制性交等罪」に変更された。これにより強姦の概念は事実上拡張され，また男性もその被害者として認められることになった。神話研究に接するうえでは，それぞれの国に固有の罪名・概念や，法改正による変化に一定の注意を払っておく必要がある。

2 先行研究にみられる諸課題と展望

ブラウンミラーやバートは「神話」を，「事実を正確に反映していない社会的信念」と位置づけたが，多くの心理学研究は，「これらの信念≠客観的事実」であることを立証しようとはしていない（その証明は事実上不可能でもある）。そもそも，神話の有害性としてこれまで指摘されてきたのは，「事実でないことがときに事実とみなされる」ことだけでなく，「その後の対人判断がそのような信念によって規定される」という認知の硬直性にある。つまり，「女性には被強姦願望がある」という信念（このような事実誤認はそれ自体が問題であるのは当然として）のために，目前にいる被害者の苦痛を現実のものとして受け止めることができないことこそ大きな問題であると考えられてきた。この点を明らかにするためには，神話受容の規定因のみならず，神話保持がその後の判断や行動に及ぼす効果もあわせて実証していく必要がある。したがって，加害者・被害者に対する責任判断や，陪審員による法的判断に関する研究（これまで，その多くは神話研究とは別々に行なわれてきた）の知見を参照し，これらと神話受容とを総合的に検討していくことが求められている（Frese et al., 2004；Krahe, 1988；小俣，2008などの研究はこの流れを汲んでいる。第5章参照）。ただし，それ以前の手続として，現行の神話尺度の内容は再検討される必要があるだろう。というのは，尺度項目のなかには，内在化された信念というよりは，明らかに個別的判断を求めている項目が含まれているからである

(例えば，RMA にある「もし少女が前戯に関与した挙句，事態が彼女の手に負えなくなったとすれば，相手が性交渉を強いてもそれは彼女の過失である」という項目は，信念と呼ぶにはあまりに個別具体的であり，むしろ，特定場面における被害者の責任（あるいはネガティブな評価）の強さを測定していると考えられる。これとは別に責任判断を求め，神話受容との間に強い関連がみられたとしても，それはある意味当然の結果であるといえるだろう）。したがって，内在化された抽象普遍的な信念，ステレオタイプから成る神話と，個別事例における判断との概念的な区別をはかり，神話固有の特徴を定めて尺度項目に反映させていくことは，神話研究における今後の重要な課題のひとつであるといえるだろう。

　この研究領域はまた，その応用可能性に対する社会的期待が大きい分野でもある。すなわち，神話がいかにして受容され，またその後の心的過程や行動に影響するかということに関する知見は，神話を低減・是正するための方策に活用されることが期待されている。すでにこの種の研究は行なわれており，特定の教育的な介入が，個人のもつ神話を軽減させるのに有効であるという結果も報告されている（Lonsway & Fitzgerald, 1994 など）。強姦に対する是認的な信念を低減するために設定された介入プログラムの効果検証をメタ分析したフローレスとハルトラウプ（Flores & Hartlaub, 1998）は，ワークショップ，ビデオとディスカッションといった特定の手法に軽減効果があることを明らかにしたが，その効果の持続期間はいずれも短いものであった。介入手法の改良は，このように目下の主要なテーマであると位置づけられよう。同時に，性犯罪をめぐる神話研究の知見は，陪審員・裁判員を選定するスクリーニング・テストの導入や，犯罪者に対する矯正・教育といった幅広い場面に展開していくことが可能であり，このような知見の応用を実現するためにも，社会的な要請を踏まえつつ，基礎研究を積み重ねて普遍性の高い理論やモデルを確立していくことが求められている。

第 2 部

市民と防犯対策

第6章 対処行動とコミュニケーション

> 犯罪の被害はふだんからの備えによって防ぐことができる。しかし現実にはその備えをしないことによる犯罪被害が後を絶たない。災害や疾病，交通事故といった生活のなかのさまざまな危害に対して，私たちがどのように備えるか（また，備えないか）について，心理学では多くの研究が存在する。また，行動を変容させるために，どのようなコミュニケーションをしたらよいかも，心理学の重要なテーマである。本章では，犯罪場面での対処行動とコミュニケーションについて，研究の現状を概観したうえで，心理学の適用可能性を述べる。

第1節 犯罪対処行動

1 犯罪への備えの重要性

　私たちは犯罪被害を，ともすれば突然降りかかってくる災難のように考えがちである。「運が悪かった」という言い方をすることも多い。しかし，実際には私たちが適切な対策をとることによって回避できる犯罪被害は多い。たとえば，犯罪統計書（警察庁，2010）によると，日本で年間約8万5千件報告されている住宅侵入盗のうち，無施錠のドアや窓からの侵入は全体の約41%を占める。また，年間約2万5千件報告されている自動車盗のうち，エンジンキーをつけた状態で車から離れたための被害は全体の約24%を占めている。これらの犯罪被害は，外出時に鍵をかける，車を離れる際にはエンジンを止めて鍵を抜く，といった行動で防ぐことができる。

　近年，防犯対策の現場でも被害データに基づく分析で，犯罪への備えが犯罪被害を防ぎ，その備えが欠如することが犯罪被害につながることが示唆されるようになった。たとえば，2010年中に大阪府下で自転車通行中にひったくりに遭った被害者のなかには，ひったくり防止カバーの使用者は含まれていなかった（大阪府警察本部，2010）。また，歩行中に音楽プレーヤーを使用していての性犯罪やひったくり被害は多いと指摘されている。

犯罪が起きてから事後的に対処することは，個人や社会にとって大きな負担となる（ピックアップ 5 参照）。このため，私たち一般市民が適切に犯罪に備え，犯罪を未然に防止することが重要である。

2 犯罪対処行動とは何か

犯罪対処行動とは，犯罪の危害に関して，自己や自己の属する集団がもつ脆弱性を削減する目的で個人が意図的に取る行動と定義される。このような危害に関して自己を守る行動は，地震や洪水などの自然災害，疾病，交通事故などさまざまな分野で議論されており，対処行動（coping behavior），自己防御行動（self-protective behavior），予防行動（prevention behavior），警戒行動（precautionary behavior），備え（preparedness），安全行動（safety behavior）などさまざまな呼び方をされている（Aspinwall & Taylor, 1997；Weinstein, 1987）。本章では社会心理学や健康心理学など心理学の各分野との親和性と考慮し，対処行動で統一する。

犯罪研究ではライフスタイル理論（Hindelang et al., 1978）や日常活動理論（Cohen & Felson, 1979）で，盛り場への外出頻度や，持ち運び可能な財産の所有数と犯罪被害との関連を議論している（第 3 章参照）。これらは，犯罪被害に関係する行動を扱ってはいるが，その行動が意図を含むかどうかは直接興味の対象とはしていない。

これに対し，犯罪対処行動では，「意図を持った個別の行動」に着目する。これには①個人の積極的な意図に着目することで，説得による行動変容を考えることができる，②各行動が犯罪被害に及ぼす影響を比較できる，③ライフスタイルや日常活動を変容させるのに比べ，個別の行動を変容させるのはより容易である，といったメリットがあると思われる。

また，犯罪対処行動に関連して，玄関ドアに錠があるのに施錠せずに外出する，駐車時に貴重品を持って行くことができるのに，その貴重品を放置するといった不安全行動の存在が指摘できる。犯罪対処行動と不安全行動とはひとつの行動の表裏と考えることができる。

3 犯罪対処行動の測定と分類

ひとことに犯罪といってもその中身は多種多様である。犯罪統計書には，強盗，窃盗などの罪種が約 100 種類，窃盗のなかで空き巣やひったくりなどの手口が約 40 種類掲載されている。さらに，ひとつの犯罪に対して複数の犯罪対処行動が

考えられる。たとえば全国の都道府県警察本部のホームページには，屋外での性犯罪被害防止について表6-1のような対処行動が掲げられている。これらからは，社会には実に多くの犯罪対処行動が存在することが想像できる。

社会安全研究財団（2008）は表6-2に示す12項目についてふだんの行動の有無を尋ねているが，現在，犯罪対処行動の程度を包括的に測る尺度は確立されていない。

一方，犯罪対処行動は次のようなさまざまな分類が可能である。犯罪対処行動を選択し，呼びかける場合にはこれらの性質の理解が重要である。

(1) 行動主体による分類

コンクリン（Conklin, 1975）は，犯罪対処行動を，施錠の励行など個人行動と，防犯パトロールへの参加など集団行動に分類した。これに関連して，シュナイダーとシュナイダー（Schneider & Schneider, 1978）は個人志向（Private-minded）と公共志向（Public-minded）の分類を提案している。

表6-1 屋外での性犯罪被害防止のための対処行動

場所の知識
緊急時の避難場所を把握する
危険な場所を把握する
場所の選択
明るい／人通りの多い道を選ぶ
暗い／人通りの少ない道を避ける
注意表示がされている場所を避ける
注意の充実
周囲を確認する
背後を確認する
緊張感をもつ
危険な行動の回避
携帯電話を操作しながら歩かない
携帯電話で話しながら歩かない
音楽を聴きながら歩かない
被害対象の改変
防犯ブザーを持って歩く
携帯電話を持って歩く
肌を露出しない
監視性の強化
送迎を要請する
ひとり歩きを避ける
脅威時の行動指示
大声を出す
防犯ブザーを鳴らす
反撃する
逃げる
毅然と受け答えする

表6-2 犯罪対処行動とその行動率（(財)社会安全研究財団, 2008）

項目	行動率（％）
危ないとされる場所に近づかない	64.1
鍵をかえるなど戸締りを厳重にする	63.7
夜遅く出歩かない	60.9
隣近所と声をかけあいお互いに注意する	24.8
ホームセキュリティを導入する	19.1
誰かに迎えにきてもらう	14.8
警察や自治体の広報紙で防犯に関する情報を集める	13.3
インターネットの性的な情報に注意する	8.0
防犯グッズなどで身を守る	7.2
警察に相談する	5.7
地域の防犯活動講演会等に参加する	5.6
インターネットでの買い物に注意する	5.0

(2) 行動内容による分類

フルステンブルグ（Furstenberg, 1972）は，犯罪対処行動を被害リスクが高い状況から自らを遠ざける回避（Avoidance）と，積極的な行動や支出によって，自らの被害リスクを低めようとする資源動員（Mobilization）とに分類した。

ノリス（Norris, 1997）は，一般市民対象の社会調査で21項目の犯罪対処行動の頻度を尋ね，因子分析によって，外出時の通り道を考慮するなど個人の防御，留守の際に隣人に声をかけるなど近隣の協力，専門家にアドバイスを求めるなど専門家のガイドといった因子を得た。また，本多と山入端（Honda & Yamanoha, 2010）は，日本の高校生と大学生に対して犯罪対処行動の頻度を尋ねる調査を行ない，監視性，危険な場所の回避，リスク管理，危険な道の回避，セルフ・モニタリング，夜間の外出の回避の各因子を得ている。

(3) 変化させようとするリスクの属性による分類

リスクは確率と結果の重大性の積として考えることができる。犯罪対処行動の多くは犯罪被害に遭う確率を減らそうとするが，防犯ブザーの携帯，貸金庫の利用，損害保険への加入など，犯罪被害に遭った場合にその結果の重大性を減らすものもある。

(4) 必要なコストの性質による分類

住宅の窓への強化ガラスの設置やイモビライザー（自動車の警報装置）など導入時に金銭的なコストはかかるが，導入後はコストがかからないものもある。一方，ドアや窓の2重錠や自転車のひったくり防止カバーのように，導入してからも毎回適切に利用しないと効果を発揮しないものもある。また，深夜の外出を控える，遠回りして明るい道を通る，など金銭的なコストはかからないが，労力を要するものがある。

4 犯罪対処行動は犯罪被害を抑制するか

第1節で述べたように，日本の犯罪被害データからは，施錠の励行，ひったくり防止カバーの着用といった犯罪対処行動が犯罪被害の削減に結びつく可能性が強く示唆される。それでは犯罪対処行動をとることによって本当に犯罪被害を免れることができるのであろうか。

ミースとマイヤー（Miethe & Meier, 1990）は，英国犯罪調査（BCS）の分析により，犯罪対処行動をとっている個人は，侵入盗や暴力犯罪の被害に遭いにくいことを示した。同様に，ラウントリーら（Rountree et al., 1994）は，米国・シアトルでの社会調査で，個人の犯罪対処行動は侵入盗被害と負の関係にあるこ

とを報告している。これらは5,000名以上の大標本に対する分析結果ではあるが、単一時点での横断研究であり、現在の犯罪対処行動が将来の犯罪被害を抑制するかどうかという因果関係は明確に示していない。

これに対し、個人に対し複数回調査を行なう縦断研究が米国・ケンタッキー州で行なわれたが、その結果は、ある個人の現時点での犯罪対処行動は、将来の犯罪被害を抑制しないというものだった（Norris & Johnson, 1988；Norris & Kaniasty, 1992）。また、中国と韓国とで実施された横断研究の追試でも、前者では両者に有意な関係は見いだせず、後者では、対処行動と犯罪被害との間に正の関係が見られた（Zhang et al., 2007；Roh et al., 2010）。

このように、現時点では、犯罪対処行動と犯罪被害との関係について統一的な知見は得られていない。しかし、横断研究、縦断研究ともに方法論での課題が多いため、犯罪対処行動は被害防止に意味がないと断ずるには早計である。

横断研究では、対処行動を取ったために犯罪被害に遭わないという負の関係と、犯罪被害を経験したため対処行動をとるという正の関係が打ち消しあうため、対処行動と犯罪被害との関係が希薄化される（Weinstein et al., 1998）。一方、縦断研究は横断研究に比べて追跡の困難のために観測数が小さくなるため、犯罪被害というまれな事象に対する検出力が不足しがちである。

加えて、犯罪対処行動と犯罪被害との間には、潜在的犯罪者の意思決定過程が介在するため、社会状況による文脈効果も大きい。日本での防犯対策での適用を考えた場合には、海外の知見をそのまま適用するのではなく、日本での社会調査による分析が望まれる。

第2節 リスクとしての犯罪の性質

犯罪は、仮に発生した場合になんらかの危害をもたらすが、いつ、どこで発生するのかは予測できない不確実性をともなう。このように、リスクとは「危害の大きさ」と「その発生確率」の積と考えられている。犯罪被害リスクに対して適切に対処する、また、犯罪対処行動を市民に呼びかけるためには、リスクとしての犯罪の性質と、その性質を市民がどうとらえるかの特徴を理解する必要がある。

防災、科学技術、食の安全、環境、疾病予防、健康増進といった他分野同様に、犯罪分野ではリスクという言葉が多く用いられている。しかし犯罪分野でのリスクは①ある成人や少年が犯罪や非行を冒すリスク（犯罪者リスク）、②犯行企図者が犯行を冒した場合に、その犯行が露見し逮捕されるリスク（逮捕リスク）、

③ある人間や犯行対象が犯罪被害に遭うリスク（被害リスク）という多義性をもっている。ここでは主に③の被害リスクについて考察する。

1 リスクは偏在する

　犯罪被害はランダムに発生するのではなく，特定の属性をもつ個人に被害が集中する（第3章第4節も参照）。たとえば，ひったくり被害は女性に，振り込め詐欺被害は高齢者に集中する。また，ひったくりや住宅対象侵入盗などの犯罪は特定の場所に集中する（原田・島田，2000，第8章第1節も参照）。このように，リスクが個人や場所によって偏在していることは，災害や環境など他の分野と同じだといえる。

　このことからは，防犯対策はその対象を絞る必要性が強く示唆される。年齢や性別も異なる対象者に対して，総花的な被害防止キャンペーンを行なうよりは，被害リスクが高い対象に重点的に実施する方がより効果的であろう。

2 発生確率・結果の重大性のばらつきが大きい

　ひとことに犯罪といってもその種類は多く，発生確率・結果の重大性ともに犯罪の種類によるばらつきが顕著である。日本で2009年の1年間に警察が認知した刑法犯約170万件のうち，殺人事件は約1,000件であるが，窃盗犯はその1,300倍の130万件である（警察庁，2010）。一方，結果の重大性に関しても，置かれた傘を持ち去って自分が使う，壁にスプレーで落書きをするといった軽微な犯罪から，複数の人が命を失う大量殺人までそのばらつきは大きい。

　このような犯罪の性質を一般市民が正しく知ることは困難である。リクテンシュタイン（Lichtenstein, 1978）は，アメリカ人の一般市民に対して洪水，竜巻，ボツリヌス菌による中毒，心臓病，胃がんなど合計40種類の事象を提示し，それぞれの年間死亡者数を推定させる課題を課したところ，一般市民は，洪水や竜巻，ボツリヌス菌といった低頻度事象を過大推定し，心臓病や胃がんなど高頻度事象を過小推定していることが明らかになった。このような傾向はリスク認知の1次バイアスとよばれる。

　中谷内と島田（2008）は，このパラダイムを用いて，大学生に対して，殺人，人質立てこもり，空き巣，自動車盗など18の罪種について1年間の警察の認知件数を推定させる課題を実施したところ，大学生は，殺人や人質立てこもりなど低頻度犯罪を過大評価し，空き巣や自動車盗など高頻度犯罪を過小評価することが明らかになった。また，同じ課題を熟練警察官に対して実施したところ，この

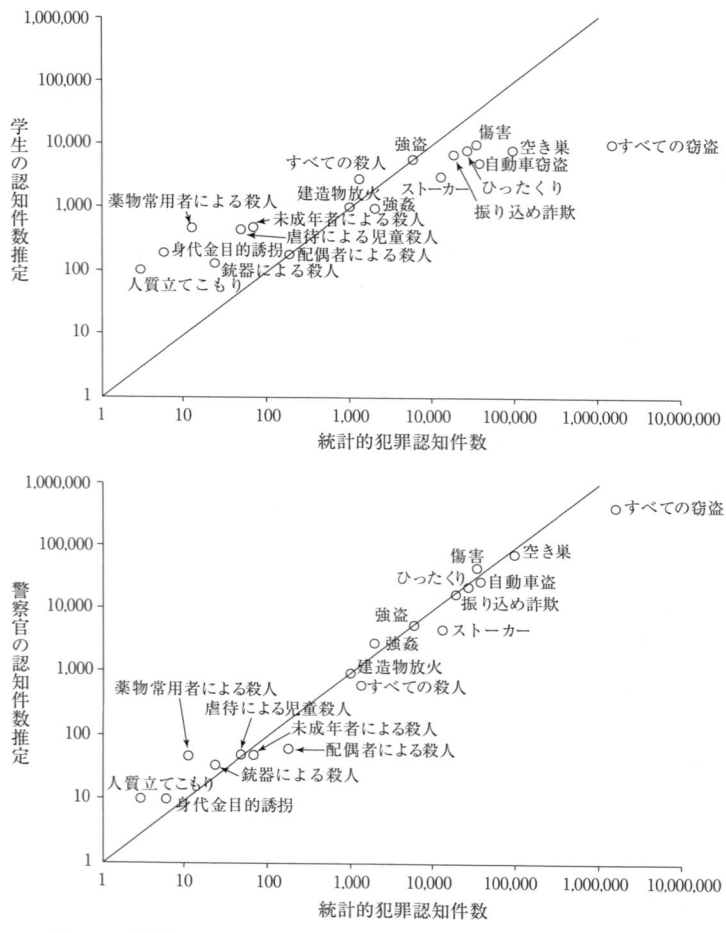

図6-1 大学生と熟練警察官の犯罪頻度推定（中谷内・島田，2008より引用）

傾向は見られなかった（図6-1）。

　このように，ひとことに犯罪といってもその性質は大きく異なっているため，犯罪を扱うコミュニケーションでは，そこでの犯罪が具体的に何をさしているのかを明確にする必要がある。自動車盗や空き巣といった高頻度の財産犯は，市民の主観的発生確率が実際よりも低いために，十分な対策が実施されない可能性がある。

3 事象の発生に人間が必ず関与する

　犯罪がほかのリスクと大きく異なる点は，事象の発生に人間の意図が「必ず」関与することである。犯罪発生には必ず，加害者という人間が関与している。賭博や薬物乱用のような「被害者なき犯罪」は存在するが，加害者がいない犯罪はそもそも存在しない。これに対し，地震や大雨，火山の噴火のような自然現象は，天災の名のとおり人間の意図にかかわらず発生し，人間にはその発生は制御できない（ただし，自然現象がもたらす災害の重大性は人間の努力で制御することができ（減災），人間の不作為によって結果の重大性が増大し，非難の対象になる場合はある（人災））。

　このため，犯罪対策では犯罪者リスクと被害リスクとの双方を制御することが可能だが，一般市民の注意や関心は犯罪者リスクに偏りがちで，自身の被害リスクに対しては向きにくい。しかし，実際には空き巣やひったくり，車上ねらいなど財産犯罪の予防には被害リスクからのアプローチが有効である。

　また，この特性が反映する犯罪現象として転移（displacement）がある。すなわち，犯罪対策を実施したとしても，犯罪者が犯行時間帯，手口，犯行場所を変えてしまうというものである（Reppetto, 1976）。

4 ゼロリスクの達成は不可能である

　犯罪や非行がまったく発生しない（ゼロリスク）社会は，一見理想的なように思える。しかし，その実現はほとんど不可能といってよい。これには2つの理由がある。

　ひとつ目の理由は，犯罪被害リスクを削減する試みは当初は容易であるが，リスクレベルが減少するにつれ，追加的にリスクを削減する費用や手間はどんどん増大することである。たとえば年間4,000件起きていたひったくり被害を2,000件に減らすのは，一般市民への広報のみで簡単に達成できるかもしれないが，次にそれを1,000件に減らすためにはパトロール強化や，自転車のひったくり防止カバーの配布など別の手段が必要となってくる。さらに犯罪をゼロにするためには，ひったくり防止カバー取りつけの義務化（さらに違反者への罰則）や，潜在的加害者の常時監視など現実的には困難な手段が必要であり，仮にその手段を取ったとしても，ひったくり被害がゼロになる代わりに，別の社会的コストを支払うことになる。

　ふたつ目の理由は，犯罪や非行は，人間が社会生活を送っていくうえで不可避の社会病理という側面を有していることにある。社会病理学では，犯罪や非行を，

自殺やアルコール中毒，差別，離婚のように，犯罪ではないが望ましくない社会行動と同列にしてとらえている。星野（1999）は「あらゆる逸脱を厳しく抑制し，過度の罰を加える社会も病理的な社会である」と述べている。このように，犯罪や非行を逸脱行動の極として考えると，犯罪や非行のみを取り出してそれをゼロにすることは現実的でないことが考察できる。

一般市民はゼロリスクに魅力を感じ，ゼロリスクに対する要求が大きい。中谷内（2004）は，乳幼児の疾病予防対策と中古車の品質保証対策を例に，対策によってゼロリスクが達成可能と教示した場合は，不可能だと教示した場合よりも，対策への支払い意思額が大きくなることを示している。

犯罪予防に携わる実務家にとって，一般市民のゼロリスク要求の強さを実感する機会は非常に多いであろう。これはたしかに重荷ではあるが，犯罪対策への協力を訴える方法として活用することはできる。自治体では特定の短い期間中での「犯罪ゼロ」をめざすキャンペーンを実施している。しかし，長期間の活動目標としてゼロリスクを掲げるような場合は，負担が大きくなるばかりか，目標が達成できなかった場合の失望や反動には留意する必要がある。

第3節　犯罪予防のためのコミュニケーション

1　日本での経緯

日本の犯罪予防実務ではこれまで，広報紙，巡回連絡（警察官による戸別訪問），防犯キャンペーンで犯罪対処行動を呼びかける活動は息長く行なわれてきたが，犯罪発生に関する情報は必ずしも十分に発信されてこなかった。しかし，1990年代後半から刑法犯認知件数が増加したことから，犯罪の未然防止が注目されるようになり，犯罪発生に関する情報や防犯情報がさかんに提供されるようになった（島田，2007）。

2003年12月に犯罪対策閣僚会議が策定した「犯罪に強い社会の実現のための行動計画」では，「犯罪情勢分析の結果を踏まえ，どこでどのような犯罪が発生しているか等の情報を，住民にとって身近な地域を単位とし，地理情報システム等の活用を図りながら，防犯対策上の留意点等に関する情報とともに，ホームページ，電子メール・携帯メール，CATV等のさまざまな媒体を活用して提供することにより，その自主防犯活動を促進する」とされた。

これらを受け，現状では各警察本部のホームページで犯罪発生に関する情報や防犯情報が閲覧できるようになっている。また，携帯電話のメール機能を用いた

情報発信もさかんに行なわれている。さらに，警視庁「犯罪発生マップ」のように犯罪地図を用いた情報発信もさかんに行なわれている。

2 犯罪予防のための広報の役割

バウワーズとジョンソン（Bowers & Johnson, 2005）は，犯罪予防のための広報の機能を4つあげている。

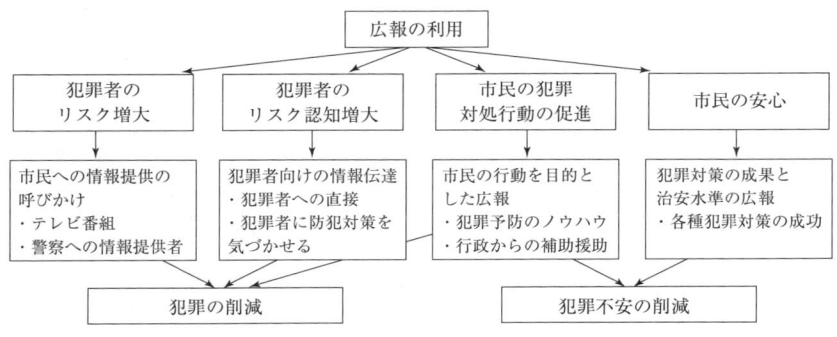

```
                        広報の利用
        ┌──────────┬──────────┼──────────┬──────────┐
   犯罪者の        犯罪者の        市民の犯罪        市民の安心
   リスク増大      リスク認知増大  対処行動の促進
        │              │              │              │
   市民への情報提供の  犯罪者向けの情報伝達  市民の行動を目的と  犯罪対策の成果と
   呼びかけ          ・犯罪者への直接      した広報          治安水準の広報
   ・テレビ番組      ・犯罪者に防犯対策を  ・犯罪予防のノウハウ  ・各種犯罪対策の成功
   ・警察への情報提供者 気づかせる        ・行政からの補助援助
        └──────────────┘              └──────────────┘
            犯罪の削減                    犯罪不安の削減
```

図6-2　犯罪における広報（Bowers & Johnson, 2005 より筆者作成）

(1) 市民からの情報提供を呼びかける。

図6-3のようなポスターを用いて，市民に対して犯罪の情報提供を求めることで，犯罪者の逮捕リスクを高めることができる。洋の東西を問わず，未解決重大事件をストーリー仕立てで紹介し，視聴者に対して，直通電話で事件や容疑者に関する情報提供を求める番組は人気を博している。懸賞金といった金銭的な報酬も，市民の情報提供をうながす有力な手段である。日本でも2007年に，被疑者が長期逃亡している重大事件で，犯人検挙に直接つながる情報提供に対して公的懸賞金をかける制度が創設され，2011年1月現在で17件が募集対象になっている。2007年に千葉県のマンションで外国人女性が他殺体で見つかった事件の被疑者が，複数の市民からの通報がきっかけになって2年7か月後に大阪府で逮捕され，懸賞金が支払われた事例は記憶に新しい。

図6-3　市民からの情報提供を呼びかける広報

(2) 潜在的加害者の犯行を抑止する

　書店やドラッグストアなどの小売店舗や，住宅の敷地内や店舗では「万引きは通報します」，「警備員巡回中」，「機械警備実施中」といったような標示を見ることは多い。潜在的な犯罪者に対して，ある行為が犯罪である旨や，防犯対策を実施している旨を伝えることで，犯罪者の逮捕リスク認知を高め，犯行を抑止することができる（図6-4）。このほかにも，近年，薬物乱用，列車内の痴漢や駅構内での暴力行為，飲酒運転などさまざまな場面で犯罪を思いとどまるよう訴える広報を見ることは多い。

(3) 市民の犯罪対処行動を促進する

　一般市民に対して，対処行動を取るように呼びかけることで，一般市民の被害リスクを削減することができる。行政や警察は，防犯教室，ビラやチラシ，ホームページという多種多様なチャンネルを用いて犯罪対処行動を取るように呼びかけている。また，振り込め詐欺が社会問題化して以降，テレビやラジオのほか，交通広告などさまざまな手段が活用されている。

図6-4　潜在的な加害者の犯行を抑止させるための広報

　また，近年のインターネットの普及にともない，一般市民が行政や警察のホームページから豊富な情報を得ることが可能になった。ただし，犯罪弱者ほど防犯情報の入手がより困難（たとえば，高齢者におけるデジタル・デバイドの問題や，外国人における言語の問題）なことと，犯罪対処行動を呼びかける必要がある個人ほど，情報を得る動機づけがそもそも低いことには留意せねばならない。

(4) 市民の犯罪不安を改善する

　一般市民に対して，防犯対策の成功を伝えることで市民の犯罪不安を改善し，刑事司法への信頼を獲得することができる（ピックアップ13参照）。治安水準は水質や騒音などと違って，五感で感じることができないために，その増減を実感することは困難であり，情報として伝達されることが重要であろう。

　犯罪の増加は，警察や行政など実務家にとっては対処行動を呼びかける必要性のため，報道機関にとってはニュース・バリューをもつためにさかんに伝えられる。しかし，犯罪の減少を伝えることは後手に回りがちである。東京都民を対象とした最近の調査では，近年犯罪が減少していることを知っている回答者は全体

の13.8%にとどまっていた（警視庁，2010）。

リスク認知は犯罪不安の有力な予測変数であるため（第1章参照），安全水準が向上したことを伝え，そのリスク認知を引き下げることで，犯罪不安を削減することは可能かもしれない。ただし，原子力や食品など多くの分野では，政府や電力事業者などリスク管理当局が安全水準の低下を伝えたとしても，一般市民を安心させ，信頼を獲得できるとは限らないことが知られている。

次節からは，ここまでにあげた犯罪予防でのコミュニケーションを，心理学における主要な研究分野である説得的コミュニケーションと，リスク・コミュニケーションの側面からそれぞれ見てゆこう。

第4節　説得的コミュニケーションとしての側面

1　説得と脅威アピール

説得（persuasion）とは，「受け手が自由意志を持てる状況において，コミュニケーションを通じて受け手の心理的状態に影響を与えようとする意図的な働きかけ」（O'Keefe, 2002）である。深田（2002）によれば，説得は非強制的な場面で行なわれ，受け手の納得が必要であり，メッセージのなかには受け手を納得させるための論拠が必要となる。

脅威アピール（threat appeal）または恐怖喚起コミュニケーション（fear-arousal communication）は，説得の下位概念のひとつであり，「対処行動の勧告を受け入れなかった場合に起きる不快な事象を叙述することによる説得的なメッセージ」（Witte, 1992），「送り手がある特定の話題について受け手を説得するときに，脅威の危険性を強調して受け手を脅すことによって，その脅威に対処するための特定の対処行動の勧告に対する受け手の受容を促進させようと意図された説得的コミュニケーション」（深田，2002）と定義されている。たとえば，日本人の死因の上位を生活習慣病が占めることを伝えて運動習慣を呼びかける，地球温暖化の影響で海水面が上昇し水浸しになった国を紹介して省エネルギーを呼びかける，といったものである。

犯罪は，被害者にとって望ましくない不快な結果をもたらす脅威である。このため，犯罪予防実務では，犯罪のもつ脅威を伝えることで，犯罪対処行動を呼びかける取り組みが広く行なわれている（図6-5）。

脅威アピールの効果は，健康行動（木村，1996；McMath & Prentice-Dunn, 2005；Rippetoe & Rogers, 1987），防災（Mulilis & Lippa, 1990），環境リスク

(Weinstein et al., 1990）など幅広い場面で検討されており，メタ分析によって脅威情報の提示は受け手の対処行動意図を高めることが示されている（Floyd et al., 2000；Witte & Allen, 2000）。

2 脅威アピールの背景理論

ウェインステイン（Weinstein,1993）は健康行動の理論モデルを4つ比較している。そのモデルとは防護動機理論（Protection motivation theory），健康信念モデル（Health belief model），主観的期待効用理論（Subjective expected utility theory），合理的行為理論（Theory of reasoned action）であるが，ここでは脅威アピールとの親和性が高い防護動機理論を小修正した修正防護動機理論を取りあげる。

図6-5 犯罪場面における脅威アピールの例

修正防護動機理論（Maddux & Rogers, 1983）では，情報源と行動との間に，脅威評価と対処評価という2つの認知媒介過程を仮定している（図6-6）。たとえば，「路上で歩きながら音楽を聴いていてのひったくり被害が多発しています。このため，歩く際には音楽用イヤホンをはずしましょう」という脅威アピールの場合，脅威評価は，イヤホンをつけて歩く場合の報酬（音楽を聴くと気持ちよい，格好がよい）から，犯罪の深刻度や生起確率を差し引いたものである。一方，対処評価は，反応効果性（イヤホンをはずした場合にどの程度安全になるか）と自己効力感（イヤホンをはずすという心がけをどの程度できるか）から，反応コス

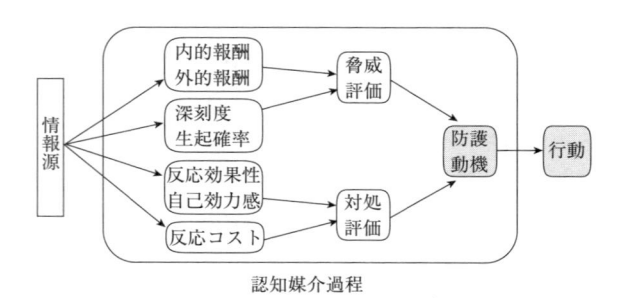

図6-6 修正防護動機理論（Maddux & Rogers, 1983より作成）

ト（イヤホンをはずす心がけを守ることがどの程度面倒か）を引いたものである。そして、脅威評価と対処評価があいまって、イヤホンをはずすことで自分を守りたいという防護動機が形成され、最終的にイヤホンをはずすという行動を取るか取らないかが決定される、というものである。

3 犯罪予防で脅威アピールを用いる際の留意点

(1) 対処行動の効果の高さを伝える

深田（2002）によれば、脅威アピールには必ず、脅威情報と対処行動情報の双方が含まれていなければならない。また、脅威アピールが依拠する防護動機理論でも、脅威情報で脅威評価を高め、対処行動情報で対処評価を高めることが防護動機につながると考えられている。

しかし、現状の犯罪予防のためのコミュニケーションでは、脅威情報は、犯罪発生件数や被害事例という形で明確に伝えられても、対処行動は「気をつけましょう」といったあいまいな勧告しかされない場合が多い。また、脅威情報のみを配信する場合も珍しくない（この場合は脅威アピールとすらいえない）。

このような現状の問題点を明らかにするため、島田と荒井（2010）は、女子大生を実験参加者として、脅威情報（屋外での性犯罪被害）と犯罪対処行動（歩行時にはイヤホンをはずす）の効果性とを操作して対処行動意図を測定する脅威アピール実験を行なった。その結果、脅威情報の提示によって対処行動意図が上昇するのは、対処行動に効果があると主張された場合のみであることが明らかになった。すなわち、犯罪予防における脅威アピールでは、犯罪被害を抑制する効果が高い対処行動を、その効果の高さを含めて明確に伝える必要がある。もちろん、実務家は受け手に対して根拠のない情報を伝えるわけにはいかないため、犯罪対処行動の効果性に関する知見の蓄積が前提として必要となる。

(2) 恐怖をあおり過ぎない

脅威情報を用いたコミュニケーションは、恐怖感情を重視するか、脅威認知を重視するかで若干の差異が存在する。健康場面や交通場面では、タバコのパッケージに黒ずんだ肺の写真を載せたり、交通事故の現場写真をサービス・エリアに掲示するなど、時に恐怖感情を重視した説得が行なわれる。

ジャニスとフィッシュバック（Janis & Feshbach, 1953）は、歯科衛生をテーマに恐怖喚起を操作して対処行動を勧告する実験を行ない、メッセージが受け手に引き起こす恐怖感情が強すぎるとかえって説得効果が減殺されることを見いだした。この説明には、受け手が恐怖感情を低減させようとして、かえって脅威を

過小評価する防衛的回避仮説が取られている。深田（2002）は，恐怖感情を操作した説得研究をレビューし，受け手と脅威への関連性が高い場合は強い恐怖喚起は逆効果になることを指摘している。これらからは，潜在的な被害者の犯罪不安や恐怖をあおりすぎることは必ずしも犯罪対処行動にはつながらないことが示唆される。

(3) 受け手の関心を引き起こす

第3節で，犯罪被害リスクは確率（発生件数）と結果の重大性（被害額や被害の心理的影響）の積であることを述べた。現在の犯罪予防のための脅威アピールでは，確率面の情報（犯罪発生件数）は多用されるが，結果の重大性に関する情報は自明なものとしてあまり使用されない。警察や行政が作成した広報資料には，時間帯別，場所別の発生件数という詳細な図表が多数並ぶ場合も珍しくないが，詳細な脅威情報は受け手を本当に動かすことはできるだろうか。

社会心理学や認知心理学では，説得メッセージといった情報を人間がどう処理するかということに注目した情報処理モデルが扱われている。そのなかでも有力な精緻化見込みモデルでは，数値を解釈するといった高負荷な情報処理が行なわれるのは，受け手の動機づけと能力がともに高い場合のみであることが知られている（図6-7）。個人の動機づけと能力のいずれかが劣る場合には，情報処理にかかる負荷を減らすために情報は直観的なイメージで処理されてしまい，せっかくの詳細な情報もきちんと伝わらないことになってしまう。これに関して，荒井と島田（2010）は，犯罪対処行動を勧告する脅威アピールが有効なのは，受け手の事前関心が高い時のみであることを示唆している。

情報の送り手である警察や行政の専門家は，ともすれば受け手の一般市民が自

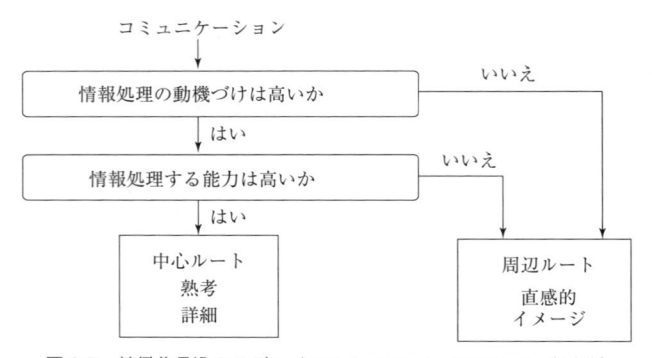

図 6-7　精緻化見込みモデル（Petty & Cappiopp, 1986 より一部改変）

分と同じだけの動機づけと能力をもっていると思いがちである。しかし実際には受け手の動機づけや能力はともにまちまちである。まず，身近な被害事例を伝えることで関心を集め，その後で詳細な被害リスクに関する理解を深めてもらい，最後に効果性のある犯罪対処行動を伝える，といったスタイルが考えられる。

4 犯罪予防での研究例

　犯罪予防場面では，説得的コミュニケーションに基づく犯罪対処行動の促進にする研究がいくつか存在する。

　ヒースとダビットソン（Heath & Davidson, 1988）は，犯罪の制御可能性を操作した脅威アピール実験を行なった。彼女らの研究では，"性犯罪は安易な誘いに応じないなど個人の行動で防ぐことができる"と教示された実験参加者は，"性犯罪は個人の注意にかかわらず発生するため被害の制御は困難だ"と教示された実験参加者に比べて，より強い対処行動意図を表明した。

　デービスとスミス（Davis & Smith, 1994）は，アメリカ・ニューヨークで反復被害予防プログラムの効果に関する実験を行なった。実験参加者は強盗，侵入盗，粗暴犯の被害者であり，その半数は実験群として通常のカウンセリングに加え，被害防止の知識や対処行動の有効性が伝えられた。一方，半数は対照群として通常のカウンセリングのみが実施された。講座の1か月後，実験群の参加者は対照群の参加者よりも，犯罪予防に関する知識が多く，被害回避に関する信念がより強く，より多くの犯罪対処行動を取っていることが示された。

　欧米では大学生に対する性犯罪被害防止プログラムがさかんであり，多くの評価研究が見られる。その典型例であるブレイテンベッカーとスカース（Breitenbecher & Scarce, 1999）では，実験参加者を実験群と対照群に分け，実験群の実験参加者に対し，被害実態やレイプ神話の存在，被害予防の知識などを伝える1時間の教育プログラムを実施した。7か月後，実験群の参加者は，対照群の参加者に比べて性犯罪に対する知識が有意に多く保持されており，教育プログラムの有効性が示された。

　これらの研究からは，適切な説得的コミュニケーションによって，犯罪対処行動を促進できることが示唆される。

第5節 リスク・コミュニケーションとしての側面

1 リスク・コミュニケーション

　第2節でふれたように，犯罪はリスクとしての性質を有しているため，その情報を伝える際にはさまざまな障壁が存在する。その障壁とはたとえば，①不用意に脅威を伝えることで恐怖のみが喚起される，②警察官など専門家と一般市民との間で認識のギャップが起きやすい，③受け手は「自分だけは犯罪被害に遭わない」といった現実的でない楽観主義に陥りがちである，④ゼロリスクに対する要求が強い，⑤警察や矯正保護などリスク管理機関に対する市民の信頼は脆弱であるといった点である。

　このようなリスクのもつ性質を踏まえたうえで，当事者間でよりよい理解にいたろうとするのがリスク・コミュニケーションである。

　リスク・コミュニケーションとは「個人，機関，集団間でのリスクについての情報や意見のやりとりの相互作用過程」と定義される（National Research Council, 1989）。リスク・コミュニケーションの考え方が当初さかんになったのは米国であるが，世界各国で広まり，日本でも科学技術，防災，化学物質，健康・医療，食の安全など多くの分野で普及し始めている。

　吉川（2000；2007）はこの定義から，リスク・コミュニケーションの特質として次の2つをあげている。それぞれを犯罪予防の現状に照らして考察する。

　(1) **リスク・コミュニケーションは，受け手と送り手の相互作用である**

　リスク・コミュニケーションでは，リスクに関する情報が送り手から受け手に一方的に伝えるだけではなく，受け手から送り手に対しても意見や要望といった形で情報が送られると考える。

　犯罪予防に限らず，公的機関と一般市民との間での情報のやり取りは，ともすれば，公的機関が一般市民に対して情報を伝える，という片方向の情報伝達に陥りがちであるが，これはリスク・コミュニケーションとは言いがたい。

　一方的な情報発信で，犯罪対処行動を勧告したり，犯罪対策への協力を依頼したとしても，その対処行動が生活実態に合わない，犯罪対策の必要性が十分理解されない，といった理由で失敗に終わる場合も少なくない。警察や行政と一般市民とが同じ立場で犯罪問題やその対策について考えることで，実行がより容易な対処行動を選んだり，犯罪対策への協力を得ることができよう。なお，木下（1997）は，リスク・コミュニケーションに関して「共考」という言葉をあてている。

(2) リスク・コミュニケーションでは，リスクにさらされている人に対し十分な情報を提供し，問題への理解を深めてもらう。

　原子力などの科学技術，環境問題，医療など多くのリスク分野では，リスクを管理する機関と一般市民との間とで入手できる情報の量や質や，問題の理解に割くことができる時間や能力に多大なギャップがある。そのなかで，情報公開，自己決定権，インフォームド・コンセント（説明と合意）といった文脈で，リスク・コミュニケーションの考え方が普及してきた。犯罪分野でも，犯罪対策は社会にとってベネフィットとリスクをもたらすこと，犯罪対処行動は個人の自由意志に基づき強制は不可能である，といった理由によりこの考え方は重視されるべきだと思われる。

　第3節で述べたように近年，犯罪被害の発生日時や被害態様について多くの情報が提供されるようになった。被害が通報されしだい，電子メールで即時に情報提供される仕組みも見られる。これらは犯罪問題を理解するための素材としては十分かもしれないが，だからといって市民が犯罪問題を理解し，自己の被害リスクを低減する対処行動を取ることは必ずしも保証されない。

　もちろん，犯罪発生を市民に過小に伝えたり，まったく伝えない事態はあってはならない。一方で，市民の犯罪に対する理解を深め，適切な対処行動を取ってもらうには，一定期間の被害情報を蓄積したうえで，被害多発地点・多発時間帯を分析し，さらには犯罪を発生させる問題を特定したうえで，問題への対処を呼びかけるといった工夫が必要であろう。欧米ではこのような警察活動は問題解決型警察活動として広く定着している。

2　リスク・コミュニケーションのテーマ

　吉川（2000；2007）によると，リスク・コミュニケーションが対象とするテーマは，個人的選択の領域と社会的論争の領域とに大別できる。これらを犯罪場面に適用すると以下のようになるであろう。

(1) **個人的選択の領域**

　個人的選択の領域には，日常生活でどの製品を選ぶか，災害場面で避難勧告が出た場合に従うかどうか，医療場面で手術を受けるか経過観察を選ぶか，といった個人が主体となって選択する事態がかかわる。犯罪予防場面でも，住宅への防犯設備を導入する／しない，ゴミ捨てなど短時間の外出時に施錠する／しない，駐車時に車内へ荷物を残す／残さない，など個人の選択にかかわるものは実に多い。また，犯罪の脅威に関する警告や，犯罪対処行動が勧告されていても，一般

市民がそれに従わないこともけっして珍しくない。

　この背景には，同じ属性の他者に比べて自己のリスクを低く見積もる楽観バイアス（Weinstein, 1989）や第2節で述べた1次バイアスのような，リスク認知のバイアスの存在があげられる。また，スロビック（Slovic, 1986）は，一般市民がリスクを理解する際の特徴として，①一般市民のリスク認知はしばしば不正確である，②リスク情報は一般市民を不安に陥れ，いらだたせる，③強固な信念を変容させるのはむずかしい，④しかし，一般市民は素朴な見方をするためリスクの提示の仕方によって簡単に操作されやすい，と述べている。これらも犯罪現象にそのままあてはめることができるであろう。

(2) 社会的論争の領域

　社会的論争の領域には，原子力発電所の立地の是非，遺伝子操作技術の解禁，環境問題を解決するための規制の導入といった，その是非が社会的な論争になるものが属する。犯罪・非行対策のなかにも，街頭防犯カメラの設置，店舗による万引被害の全件通報，性犯罪前歴者に対する監視，漫画での性描写の規制，更生保護施設の受け入れなど社会的論争のさなかにあるものは多い。

　個人と社会との中間に属するものとして，防犯対策の実施に関する決めごとがある。たとえば下校時の通学路での子どもの見守りといった活動では，活動水準の設定，参加者間での負担の配分（共働き世帯と専業主婦世帯），受益と負担の不一致（高齢者が負担をし，保護者が受益をする）といった問題により，どの程度の対策を誰が負担して行なうかの決めごとがむずかしい場合が多い。

3　犯罪予防での研究例

　本来，専門家と一般市民との間のリスク・コミュニケーションは双方向であることが望ましいが，犯罪予防場面では双方向の枠組みによる研究例は現在のところ見られないため，ここでは警察機関から一般市民に対する片方向のコミュニケーションに関する研究を取りあげる。これらはいずれも，警察機関が扱う情報発信を取りあげて，受け手の認知に及ぼす影響を見たものである。

　米国では1980年代に警察の情報発信に関する大規模な研究が行なわれている。ラフラカスら（Lavrakas et al., 1983）は，米国の各都市で警察が犯罪ニュースレターを一般市民に送付する実験を行なった。ニュースレターを受け取った世帯は，犯罪問題に対する知識が増えた一方，犯罪不安には変化が見られなかった。また，オランダの研究では，警察のキャンペーン活動（対話集会，自動車による広報）によって，市民は刑事司法システムに対してより肯定的な態度を取るよう

になったものの,犯罪に対する知識や犯罪不安,対処行動の程度などといった主要な結果には有意な変化は生じなかった (Kuttsschreuter & Wiegman, 1998)。

島田ら (2010) は,日本の首都圏のある市で社会調査を行ない,回答者が市内の掲示板に掲載された犯罪発生マップを見た経験と,治安評価や居住満足感との関連を調べた。回答者の社会経済要因を統制した場合,犯罪発生マップの内容を確認したことのある回答者は,犯罪発生マップがあることを知らない回答者よりも地区の治安評価がよく,居住満足感が高かった。

また,犯罪情報の形式に関する実験的研究も見られる。グロフら (Groff et al., 2005) は,犯罪情報を地図形式と,表形式とで提示する実験を行ない,地図形式の情報は表形式の情報よりも犯罪不安の喚起が小さいと報告している。

警察から市民に対する情報発信は多く行なわれているものの,実証的な知見が乏しい状況にあり,今後の研究の蓄積が望まれる。なお,コベッロら (Covello et al., 1989) は,リスク情報を伝える際のガイドラインを以下のように示している (表6-3)。

表6-3 リスクメッセージについてのガイドライン (Covello et al., 1989)

1.	情報の提示方法を少し変化させるだけで,受け手への伝わり方が大きく変わることがある。このテクニックを使う際には,倫理に反さないよう責任をもって行う
2.	市民の価値観,好み,関心を認識し,尊重する
3.	単純な表現を用い,専門用語は避ける
4.	技術的なリスクが伝わるように,鮮明ではっきりとした図表や事例,逸話を用いる
5.	死傷や疾病に関しては感情をこめ表現し,迂遠で抽象的な表現を避ける
6.	ねらいとする受け手の注意をひきつけるように,グラフィックスや視覚面で斬新な方法を使う
7.	さまざまな形式で繰り返し表現することで,伝えたいメッセージを強化する
8.	恐怖や心配を引き起こすメッセージは避ける
9.	可能な限り,人々が取ることができる行動について明確に伝える—「詳しい情報は〜〜まで問い合わせ下さい」といったことでも構わない
10.	追加の情報を人々が入手しやすいよう配慮する
11.	リスクのテーマや論争については,長所と短所など両面にわたって公正でバランスの取れた情報を提供する
12.	人々はリスクについて不安を感じたり感情的になったり,また,懸念を抱くことを考慮してメッセージを組み立てる
13.	リスクの比較は,注意深く,思慮を持って行う

第6節　今後の展望——犯罪に備えるために

1　犯罪対処行動の効果に関する根拠の確立

　個人や世帯が取ることができる犯罪対処行動の種類は実に多い。しかし，現状では，単一の犯罪被害に対して複数の対処行動が総花的に勧告されており，受け手の立場では「何からやったらよいのか」がわからない状態である。

　また，第1節でふれたように，防犯対策の現場では被害データに基づいて被害者の犯罪対処行動（または不安全行動）の実態は明らかになってきた。しかし，被害に遭っていない一般市民の行動実態が明らかになっていないため，どの犯罪対処行動（または不安全行動）がどの程度犯罪被害と関連するのか明確になっていない。

　これらの疑問に答える方法には，前向き（prospective）の社会調査がある。すなわち，ランダムに抽出された個人に対して複数回の調査を実施することで，ある時点での犯罪対処行動の程度が，将来の被害にどの程度影響するかを示すことができる。

　犯罪対処行動の効果に関する科学的な根拠は健康，交通事故，災害など他分野に比べとりわけ乏しいと指摘されている（Greenberg, 1987）。しかし，これらの知見を確立することによって，①複数の犯罪対処行動をその効果によって順位づけする，②犯罪対処行動を呼びかける際にたとえば，「この行動を取ると，あなたが被害に遭う確率は半分に減少します」と伝えることによって，受け手の行動や態度をより効果的に変容させる，といったことが可能になる。

2　犯罪場面でのコミュニケーション研究

　犯罪に関連する場面では，たとえば次のようなコミュニケーションが必要となるが，社会心理学の側面から厳密な検討は加えられておらず，今後の発展が期待される。

(1) 犯罪対処行動の促進

　日本でも防犯教室やキャンペーンなど，さまざまな対人場面で犯罪対処行動が呼びかけられている。また，インターネットや電子メールでの犯罪情報発信も広く行なわれるようになった。本章で述べたとおり，説得的コミュニケーションの観点から，これらのはたらきかけを効果的に行なうための研究が求められる。

(2) 適切なリスク受容と持続可能な防犯活動

　防犯パトロールなどの防犯ボランティア活動では，地元での犯罪発生を受けて活動を始めたものの，活動が負担になって長続きしないという事例がみられる。リスク・コミュニケーションの考え方に則って，関係者が犯罪被害リスクについて共に考えることで，適切なリスク受容と防犯活動を持続的に継続させることが求められる（第7章第6節参照）。

(3) 犯罪不安の削減と刑事司法への信頼

　2004年以降刑法犯認知件数は減少を続け，治安は1990年代の水準にまで回復したが，犯罪不安の水準は高い（第1章第1節参照）。客観的なリスク水準は下がったが，主観的な犯罪不安が高止まりしている現状は，リスク・コミュニケーションでいわれる How safe is safe enough（どれだけ安全なら十分安全なのか）の問題だといえる。このため，犯罪不安を緩和するためのコミュニケーションのあり方を刑事司法への信頼と関係づけて検討するのは有用であろう。

(4) 非常時のコミュニケーションと意思決定

　犯罪場面では，通り魔や集団殺傷，テロのように，発生後のきわめて短い間に対応を迫られる場面がある。このような場合には情報が錯綜し，現場が混乱に陥ることが多い。このような場合のコミュニケーションの方法について考察することも有用であろう。

3　おわりに

　本章では，犯罪対処行動とそれを促進するためのコミュニケーションの役割について述べた。防犯ボランティアの増加など犯罪予防に対する一般市民の関心は高まっているが，犯罪予防実務を支える科学的な知見は不足しており，今後の研究の充実が強く望まれる。

　犯罪は，自然災害や疾病，交通事故，環境問題と同じように，人間にとって望ましくない事象である。これらの事象の発生頻度や，事象がもたらす災厄を社会の取り組みによって削減しようという試みは，防災，健康教育，交通安全，環境配慮行動など随所で見られ，そこでは心理学が大きく貢献している。個人や集団が適切に備えることによって被害リスクが低減できる点は犯罪も他分野も共通である。犯罪に関する心理学が従来の犯罪者研究の枠を越えて，被害リスクの理解とその削減に取り組むことの貢献は大きいといえる。

ピックアップ5 犯罪予防

1 犯罪予防とは

犯罪といえば，華麗な刑事ドラマや厳粛な刑事裁判，刑務所や少年院といった行刑施設を思い起こす人は多いだろう。これらは，犯罪を起こしたら逮捕され，裁判を経て，罪を償なうという「犯罪に対する社会からの反作用」の仕組みだといえる。これに対し，被害を起こさない，犯罪者を生み出さないための犯罪予防 crime prevention の取り組みは一見目立たないが，社会を安定させるための基盤となっている。犯罪予防とは「実際の犯罪水準と知覚された犯罪不安を引き下げるために企図された全ての方策」（Lab, 2007）と定義される。

2 犯罪予防の分類

犯罪予防は，行動科学，法学，医学，工学などさまざまな分野で扱われており，次のように分類されている。

一般予防・特別予防　刑罰によって期待される効果による分類である。おもに刑法や刑事政策で用いられる。一般予防は，不特定多数の個人を念頭におき，刑罰により犯行を思いとどまらせる威嚇効果や法秩序への信頼をさす。これに対し，特別予防は，犯罪者・非行少年を念頭におき，刑務所や少年院での矯正教育による効果や，施設に収容することによって物理的に犯罪を起こさせなくする効果（無力化）をさす。（ピックアップ13参照）

発達的犯罪予防と状況的犯罪予防　犯罪が起きる原因に着目した分類である。発達的犯罪予防は個人の成育過程における非行化リスクに着目するアプローチであり，状況的犯罪予防は現実場面での犯罪発生機会に着目し，犯罪発生機会を削減するアプローチである（Tonry & Farrington, 1995；原田, 2006）。前者は犯罪の「遠い原因」を，後者は「近い原因」を除去するといえる。環境設計による犯罪予防や場所に基づく犯罪予防（第8章参照）は状況的犯罪予防との関連が深い。

1次予防・2次予防・3次予防　犯罪予防施策の対象となる人口の広さと，犯罪化／被害化の程度からの分類である。公衆衛生で発達した「予防」アプローチを犯罪予防にあてはめたものであるため（Brantingham & Faust, 1976；Lab, 2007），両者を比較するとわかりやすい。ここでは少し掘り下げて見てゆ

こう（表1）。

① 1次予防

1次予防は，幅広い一般市民を対象に，疾病や犯罪のリスクを低減させようとする対策である。医療では運動習慣や食生活の改善など，犯罪予防では，犯罪被害防止のための啓発キャンペーンのほか，青色防犯パトロールなどのコミュニティでの防犯活動（第7章），環境設計による犯罪予防（第8章）などが1次予防に含まれる。また，欧米では雇用対策や職業教育，貧困対策も広い意味での1次予防と考えられている。

② 2次予防

2次予防は，リスクの高い個人や状況の早期発見および早期介入である。疾病予防では，乳幼児検診や，女性の乳がん検診など，対象者を絞って各種の定期検診が行なわれている。この背景には，疾病になるリスクが高い個人を早期に見つけ，疾病が発現したり症状が重くなる前に介入することで，トータルの医療費を減らすことができるという考えがある。一方，犯罪予防では，街頭での少年補導活動や相談活動などが2次予防に該当する。これは若者の深夜外出や保護者との葛藤など，問題行動を早期に見つけ，非行につながる前に対処しようとするものである。また，犯罪多発地区での集中パトロールも2次予防といえる。

③ 3次予防

3次予防は，疾病や犯罪など望ましくない事象が発現した後の回復や再適応の促進である。疾病予防では，重い症状を経た患者の社会復帰を促進するために，予後管理や身体機能のリハビリテーションが行なわれる。一方，犯罪予防

表1 医療と犯罪における1次予防・2次予防・3次予防

	概要	医療	犯罪
1次予防	幅広い一般市民を対象にしたリスクの低減	運動習慣 食生活の改善 予防接種	啓発キャンペーン 環境設計による犯罪予防 コミュニティでの防犯活動 教育・雇用・福祉
2次予防	リスクの高い個人や状況の早期発見／早期介入	健康診断 検診	街頭での少年補導活動や相談活動 犯罪多発地区での集中パトロール
3次予防	望ましくない事象が発現した後の回復や再適応の促進	予後管理 リハビリテーション	再被害予防 再犯防止

では，刑務所や少年院に収容された犯罪者や非行少年に対して，その犯罪性を低減させ，社会に適応させるための処遇や教育訓練が行なわれる。また，刑務所や少年院を出た者や，裁判で執行猶予判決を受けた者に対しては，一定期間，保護観察官や保護司と定期的に面会し，生活態度を守らせる保護観察の仕組みがある。一方，犯罪被害者の再被害防止も3次予防だといえる。

このようにみてゆくと，1次予防，2次予防，3次予防と段階が進むにつれ，その対象者は絞られる代わりに，より深い対策が行なわれる。医療や犯罪予防に対して社会がかけられる資源は有限であることに則った合理的なアプローチであるといえよう。

3 犯罪予防の重要性

犯罪は一般市民からは一見遠い存在であるため，「検挙に勝る防犯なし」の言葉に代表されるように，犯罪が起きてから確実に刑事司法が対応すればよい，という考え方も根強い。しかし，その弊害は大きい。

その弊害とは，すなわち，被害者やその周辺に，被害に遭わなければ発生しなかったはずの悪影響が発生することである。日本では2009年の1年間に，犯罪による死傷者数は約3万3千人，傷害をともなわない被害者数（主に財産犯）は約140万人，物的な被害総額は1,824億円に達する（警察庁，2010）。被害者は保険の処理や警察の届け出に時間を費やす必要がある。また，トラウマや悲嘆など心理的な悪影響も大きい（第11章2節参照）。また，犯罪の伝聞情報も犯罪不安を喚起させ，生活の質を低下させる。

次に，犯罪被害が社会に与える影響も大きい。まず，捜査を行ない犯人を逮捕し，裁判にかけさせる，という一連の刑事手続きにコストが発生する。加えて，犯罪者を刑務所などに収容するためにもコストが発生する。日本では2009年末現在で7万5千人が刑務所などに収容されているが（法務省，2010），受刑者1人を1日収容する費用は1,500円弱であり，刑務所や少年院の年間予算は年間約500億円に及ぶ（法務省矯正局総務課，2010）。また，いったん施設に収容された犯罪者・非行少年にとって社会復帰には常に困難がつきまとう。

このように，犯罪被害は被害者や家族のみならず，社会にとって大きなコストとなりうる。このため，個人や社会が適切に対応することによって，犯罪を未然に防ぐことが重要である。

4 犯罪予防では何が必要か

シュナイダー（Schneider, 2010）は，犯罪予防の特徴を，犯罪者を逮捕し裁

判にかけ刑務所に送るといった従来の刑事司法システムと比較して，①犯罪に対して受動的ではなく能動的に対処する，②型にはまらず，分析的・問題志向的立場で個別の事情に応じた柔軟な解法を追求する，③既遂の加害者だけではなく，潜在的加害者や潜在的被害者を取りあげる，④犯罪だけではなく，個人の犯罪性や犯罪不安や秩序違反行為を取りあげる，⑤地域社会などインフォーマルな社会統制機能を重視するとしている（表2）。またシャーマン（Sherman et al., 2002）は，犯罪予防は結果を重視すべきであり，結果的に犯罪件数や犯罪者数が削減できる方策は，おしなべて犯罪予防だといえると述べている。

犯罪捜査，裁判，行刑といった刑事司法システムは専門家によって定式的に運用されるのに対し，犯罪予防では多くの選択肢が存在する。また，犯罪予防対策に参画する主体も公的機関，企業・団体，学校や地域，個人などさまざまである。さらに，犯罪予防対策の専門家の所属分野も，警察などの刑事司法のみならず教育，雇用，建築，都市計画，社会福祉，医療など多種多様である。このため，犯罪予防の恩恵を最大化するためには，分野や立場の垣根を越えた各主体の協調が必須である。そのためには各主体がお互いの立場の相違を尊重しながら，犯罪の性質や犯罪対策のベネフィットとリスクについて共通理解をもって問題に取り組むという，主体間の円滑なコミュニケーションがとくに望まれる。

表2　犯罪予防と伝統的な刑事司法システムの特徴の比較（Schneider, 2010より）

	犯罪予防	伝統的な刑事司法システム
タイミング	能動的	受動的
アプローチ	予測・評価・介入	介入
対応の仕方	問題志向で幅広い	統一的
対象	潜在的被害者／加害者	既遂の加害者
焦点	犯罪行為，犯罪性，秩序違反，犯罪不安	犯罪行為

第7章 コミュニティと防犯

　犯罪の増加，とくに子どもを対象とした犯罪の増加がいわれ，さまざまな防犯対策が行なわれるようになった。本章と8章では防犯対策について研究を紹介するが，本章ではそのうち地域住民による防犯活動について検討する。まず，コミュニティとは何かを明らかにし，犯罪予防研究の流れから犯罪の1次予防とくに地域住民による人的，社会的次元での犯罪抑止策が重視されるにいたった過程を説明する。そして防犯活動の理論を紹介するなかで近隣環境のコミュニティ特性が強化されることが防犯にとって重要であることを指摘し，最後に今後の研究課題についてふれる。

第1節　コミュニティと防犯をめぐる社会の動き

　わが国の犯罪状況は，警察庁の一般刑法犯の認知件数で見る限り，平成8年から増加傾向に移り，平成14年のピークを境に減少傾向に転じているが，依然高い水準にある（法務省平成21年版犯罪白書）。一方，わが国の犯罪リスク認知は，欧米よりも低い犯罪発生率にもかかわらず，高い水準にある（岡田・浜井，2001）。これに拍車をかけたのが，奈良や広島，栃木などで子どもを狙った性犯罪事件や失踪事件の発生である。実際，調査では4人にひとりが，子どもが犯罪被害に遭う不安を感じることが「よくある」と回答していた（内閣府，2006）。

　このような犯罪状況と犯罪不安・リスク認知の高まりを受け，地域住民による防犯活動は急増し，警察庁の統計によれば，平成19年段階で防犯ボランティア団体として把握されている団体は37,774に上っている（渡辺，2009）。一方，このような犯罪状況を生みだす背景のひとつに地域住民の人間関係の希薄化，すなわちコミュニティの弱体化がいわれ（たとえば平成16年版警察白書），防犯活動を現代社会におけるコミュニティづくりと密接に結びつける議論がなされるようになった。

　わが国における防犯研究は環境犯罪学や状況的犯罪予防あるいは環境設計による犯罪予防（CPTED；crime prevention through environmental design）など，

どちらかといえばハードウェアに重点を置いたものが多かった。それに対して前述のコミュニティ，なかでも近隣地域住民による自主防犯活動の研究はまだ少ない。近年根拠に基づく実務／政策（ピックアップ6参照）ということがさかんにいわれているが，シャーマンらは犯罪予防の実証的研究の少なさを次のように嘆いている。「犯罪政策の課題の多くは，事例を根拠にしたものや当代の人気プログラム，政治的イデオロギーによって推進されているように思われる。結果的に，犯罪予防の可能性が不明なプログラムの寄せ集めになっている。それは……有害な結果を招いたり，犯罪を誘発する可能性さえある」(Sherman et al., 2002)。この評価は米国よりもわが国でより強く当てはまると思われる。したがって，防犯活動の実証的研究が増加し，具体的な提言に結びつけてゆくことができるならば，その意義は大きいと思われる。

そのような意図も込めて，本章では防犯対策における近隣地域防犯活動の位置づけと現状，そしてその研究の視点について考察する。

第2節　本章におけるコミュニティの定義

本章ではコミュニティが重要な概念となるが，コミュニティ概念は近年多様化しているため，まず本章における定義を述べておく。

1　従来のコミュニティの意味

植村（2006）によれば，コミュニティの語源はラテン語のコミュニターテム（comunitatem）であり，その意味は「一緒に」「共同して」(com)「貢献」「任務」(munus)，すなわち「共同の貢献」「一緒に任務を遂行する」という意味にあるという。その後，一定の地理的範囲（領域）をもち，そのなかの住民（構成メンバー）間に共通の特徴（風習，伝統，言葉づかいなど）があり，なんらかの社会的交流が存在する集団成員のネットワーク，すなわち地域性と共同体意識を基盤とする存在がコミュニティとされた（MacIver, 1924）。そのようなコミュニティの例としては村，町，あるいは地方，国家といった広い範囲の共同生活のいずれかの領域があげられる（MacIver, 1924）。一方，ヒラリー（Hillery, 1955）は，社会的相互作用，領域（地理的範囲），メンバー間の共通の絆の存在をコミュニティの主たる構成要素とした。このコミュニティの代表的な例がかつての村落共同体であり，今でいうところの地域社会である。このように，初期のコミュニティ概念には地理的領域性というものが重要な役割を果たしているものの，コミュニ

ティの本質をなすのはヒラリーの「社会的相互作用の存在」と「共通の絆」であり，地理的次元は，それが共通意識や成員間の交流を可能にする「場」を提供するという役割を果たすと考えることもできる。その意味では，中（1975）も指摘するように，初期のコミュニティ概念は，ゲマインシャフトにその成立基盤である地理的領域を加えた概念といえるかもしれない。

2　コミュニティ心理学におけるコミュニティ概念の変化と本章におけるコミュニティの意味

しかし，交通手段の多様化と移動の迅速化，人的流動性の増大，情報社会化（インターネットの普及など）の促進によって，先述した社会的相互作用や共通の絆が必ずしも地理的領域を必要としない社会となった。そのためコミュニティを地理的範囲で限定することが難しくなり，コミュニティ概念も変貌を余儀なくされた（植村，2007）。そして，ヒラリーの3要素のいずれかを強調したコミュニティの概念が提起されるようになった。たとえば社会的相互作用を強調した相互作用的アプローチ，目的と対象に対するアイデンティティの共有を強調し，複数のコミュニティが生活のシステムを構築しているとする機能的アプローチなどである（植村，2006）。これらは地理的範囲がコミュニティの構成要素からはずれている点に特徴をもつ。

このように，コミュニティの概念はコミュニティ心理学のなかでも大きく変化しつつあるが，本章ではとくにふれない限り旧来の概念，すなわち，地理的範囲によって限定されるコミュニティを中心に論を進めることとする。それは，現時点での防犯活動の主たる場，担い手が地域住民，自治体（行政）という地理的範囲でとらえられるものであること，NPOなども特定の地域に深くかかわる活動が中心であることによる。それ以上に，現時点で防犯が問題としている犯罪が地理的空間上でとらえられるものであることによる（たしかにインターネット上の犯罪も防犯の対象となる可能性はあるが，現時点ではそれはまだ防犯活動で大きな位置を占めるにいたってはいないと思われる）。したがって，コミュニティ防犯という場合，近隣地域内での犯罪抑止を目的とした活動としておく。

第3節　防犯研究における犯罪へのアプローチの変化

ではなぜ，防犯において近隣地域が重視されるようになったのであろうか。この問いに答えるには1970年代以降顕著になってきた犯罪理解の枠組みの変化を

理解する必要がある。その変化のひとつは重視する犯罪構成要素の変化であり，犯罪予防の水準といわれる側面での変化である。もうひとつは，物理的・構築学的対策重視から社会・心理的対策の導入という，防犯の方法の変化である。

1 「犯罪者」の理解から「犯罪現象」の理解へ

犯罪予防に限らず，伝統的な犯罪研究では，多くの場合，考察の対象は「犯罪者」であった。たしかに，家庭「環境」や生活「環境」の役割も議論されてきたが，それはあくまで「犯罪者を理解する」ためのものであった。こうした研究パラダイムを強く批判したのがクラーク（Clarke, 1980）である。彼は，それまでの犯罪理論が犯罪発生の「状況要因」をほとんど考慮せずに，「犯罪傾向 disposition」が獲得される（あるいはもって生まれる）過程に目を向けてきたことを批判し，犯罪の多く（バンダリズム，自動車関連犯罪，万引きなど）は，普段は犯罪と無関係な人によって行なわれるのであり，それらは目前の選択と決定の結果であることを指摘した（ただし，これは選択と決定が常に合理的であることを意味するものではない：Felson, 2002）。とはいえ，クラークの指摘で重要なことは，犯罪者のみに着目して犯罪発生のメカニズムを考えるのではなく，犯罪の行なわれる状況にも目を向けるべきであるという点である。類似の指摘はブランティンガム夫妻（Brantingham & Brantingham, 1991）によっても提起されている。彼らによれば，犯罪は4つの要素から構成される。1つは法律であり，2つめは加害者，3つ目は被害者と犯行対象であり，4つ目が環境（場所）である。したがって，犯罪の全体像の分析はこれら4次元でなされなければならないとされる。これらの新しい流れは，犯罪を「そこで生じている犯罪現象」ととらえ，犯罪者は犯罪現象を構成する一要素であると考える点に特徴がある。

こうした考え方をまとめたのが図7-1である。犯罪は犯罪行為へ動機づけられた「潜在的犯罪者」だけでは成立しない。潜在的犯罪者が狙った成果を得る「潜在的被害者ないしは標的」と出合わなければならない。これは，欲しいゲーム機を狙って万引きしようと考えている少年がいたとしても，目の前にそのゲーム機が存在しなければ万引きは起きないことを考えれば容易に理解できる。しかし，この両者が出合ったとしても，常に犯罪行為が実行されるものでもないことも容易に推測できよう。店員の目があるときには少年は万引きの実行を控えるはずである。したがって，場面的環境が犯罪を抑止または促進するように働く。このように，現在の犯罪予防の議論では，犯罪者以外の要素が犯罪者と同等の重要性をもつ構成要素と位置を占める，という立場に立つ（第3, 8章参照）。

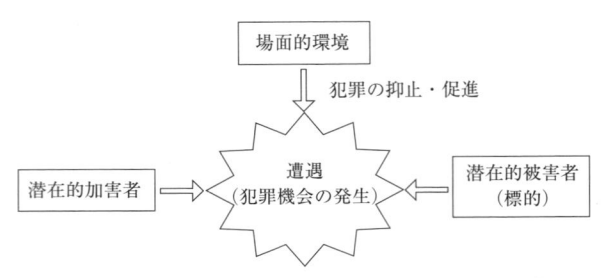

図 7-1 犯罪現象の構成要素とそれらと犯罪のかかわり方

2 犯罪予防の水準

　前述の犯罪理解の枠組みに立つと従来の犯罪者に対する対策を主眼とする犯罪予防だけではあまり意味がないことになる。そこで犯罪予防のあり方を再検討する際の枠組みとしてブランティンガムとファウスト（Brantingham & Faust, 1976）によって提案されたのが犯罪予防の3水準である（ピックアップ5参照）。
　ブランティンガムとファウストは公衆衛生学分野での予防モデルに倣って、犯罪予防を1次予防、2次予防、3次予防に分類し、それまでの犯罪予防策の中心となってきた2次予防、3次予防の効果や内容にはさまざまな問題があると批判した。たとえば、すでに罪を犯した者への処罰を中心とする3次予防は施設の維持や人件費、受刑者の生活費などの経費と矯正効果という費用対効果で疑問があり、かつ死刑制度や子ども対象の性犯罪の累犯者への行動統制などのように、制度そのものに対する是非の議論が分かれるなど、問題がある。また、2次予防にしても、貧困対策、教育水準の向上などが効果をあげるには時間もかかり、効果の実証も難しいという問題がある。2次予防についてはまた、潜在的犯罪者や非行予備軍を特定する方法が確立されていないという問題もある。それに対して1次予防は犯罪が行なわれる環境をコントロールするのであるから、より効果が期待できるというのがブランティンガムらの主張である。1次予防には、ある行動傾向に対する教育、犯罪行動を発生・促進させる物理的環境や場の条件の解明と改善、処罰や矯正施設の存在による犯罪行動の制止があるが、なかでも期待できるのが物理的環境の改善、環境設計による防犯対策だという。そして提唱したのが環境犯罪学（Environmental Criminology）である。同じような着眼から提起されたのがクラーク（Clarke, 1995；Cornish & Clarke, 2003）の「状況的犯罪予防（Situational Crime Prevention）」であり、クロウ（Crowe, 1991）の「環境設計による犯罪予防（CPTED）」である。また、これらよりも早く、共有する

居住空間の制御による犯罪抑止を提案したのがニューマン（Newman, 1972）の「守りやすい空間（Defensible Space）」である（この分野については8章，伊藤，1982；湯川，1987などを参照されたい）。

第4節　犯罪の1次予防における地域住民の自主防犯活動への関心の高まり

このように，犯罪の1次予防のなかでまず取り組まれたのが物理的・構築学的次元での場面的環境設計による犯罪抑止であった。しかしその方法だけでは犯罪抑止には不十分であり，次第に地域住民による社会的，心理的な方法による防犯活動が行なわれるようになった。

1　物理的環境設計による犯罪抑止から社会的関係による犯罪抑止へ

ここでの議論は本書第8章でも雨宮が詳しく議論しているので，ここではさらに別の視点からの問題を指摘しておく。

表7-1はラブがさまざまな物理的・構築学的犯罪防止策について，その実効性を評価したものであるが，そこに示されているように，その効果はまだ必ずしも十分確立されていない（Lab, 2004）。

また，別の批判も指摘されるようになった。まず，こうした物理的環境設計の

表7-1　場所ごとに見た各種犯罪に対するさまざまな物理的環境設計の抑止効果のまとめ
(Lab, 2004)

方法	住宅	公営住宅	事業所	学校	職場	地域
照明	$B^+,T^+,V^?,F^+$	$B^?,R^?,T^?,V^?,F^+$	$B^?,R^?,T^?,V^?,F^-$			$B^+,R^?,T^+,V^?,F^+$
CCTV	$B^?,T^?,F^+$	$B^?,R^?,T^?,F^+$	$B^?,R^?,T^+,F^+,FR^+$			$B^+,R^?,T^+,F^+,V^?,GC^?$
交通パターン／街路の配置	B^+,T^-,F^+					B^+,R^-,T^-,V^+,F^+,GC^+
警報装置	B^+		B^+,R^-			
所有物確認	$B^?,T^?$					
インフォーマルな監視	$B^+,T^+,V^?$	$B^+,R^+,T^+,D^?$	$R^?$	B^+,R^+,T^+,F^+		$B^+,R^+,T^+,V^?,F^+,D^?$
建物デザイン	$B^?,F^?$	$B^?,R^?,T^?,F^?$	$B^?,R^?,T^?$			$B^?,R^?,T^?,F^?$
持ち物検査			R^+		V^+	
割れないガラス			R^+			
地域の改善	$B^?,T^?,F^+$	$B^?,R^?,T^?,F^+$	$B^?,R^?,F^+$			$B^?,R^?,D^?,F^+$
金庫			B^+,R^+			

犯罪：B：侵入盗　R：強盗　T：窃盗　V：暴力・攻撃　FR：詐欺　F：不安　GC：犯罪全体
＋は，当該方法により問題の犯罪が減少したことが立証されたことを示す
－は，当該方法により犯罪に何の効果もなかったことが立証されたことを示す
？は，当該方法の効果はプロジェクトや状況により異なることを示す

効果がどの程度持続するか疑問があるということである。すなわち犯罪者も学習するということがある。ピッキングに続いてサムターン回しが手口として用いられるようになったように，新たな防犯対策も犯罪者の側で対抗策を考え，新しい手口で犯行を行なわれれば抑止効果は低下する。次いで，監視カメラのような機器の効果も，その使い方によるということがある。いくら監視カメラを設置しても，それを四六時中監視している職員がいなければ抑止にはならない（ただし，犯罪発生後に容疑者を絞る点では意義があることはいうまでもない）。第3に，犯罪抑止効果が期待できてもほかの問題との兼ね合いが問題となる場合がある。たとえば公園の植栽を監視性確保のために伐採した場合，公園の美的景観や子どもの遊び場としての魅力の低下が生じる可能性がある。あるいは隠れ場，秘密基地のような「見えにくい」空間は犯罪を生みだす可能性もあるが，子どもの自立や社会的交友の促進にも肯定的な影響を与える可能性がある。こういった犯罪以外の領域との兼ね合いが難しいことは行政の現場でしばしば聞くことである（この部分の議論は本書第9章や樋野と雨宮，2006なども参照されたい）。そして最後に，クリーブランドとサビル（Cleveland & Saville, 2003a, b）が指摘しているように，物理的・構築学的防犯をつきつめてゆくと，米国で問題とされているような街の要塞化（gated-community）に行き着く危険性がある。要塞化は特定地域を周囲から画定し，監視者による非住民の侵入のコントロールや監視カメラによる監視などで地域内の安全性を確保しようというもので，サビルによれば現在約800万人の米国人がそこに居住しているという。

　こうした指摘から，物理的環境設計というハード部分に着目した犯罪抑止策だけでなく，近隣地域住民などの人的，社会的資源というソフト部分に着目した抑止策が注目されるようになってきたのである。換言すれば，ハード部分の不都合をソフト部分が補うなど，両者が連携しあって防犯機能を向上させるのが望ましいということがいわれるようになった（小出，2003）。

2　地域住民による自主防犯活動にはどのようなものがあるか

　では地域の自主防犯活動としてはどのようなものがあるであろうか。ただし，自主防犯活動といってもその担い手は住民だけでなく自治体・警察（とその関連機関）のような行政や企業など多様であり，どこまでを含めるかによって内容が異なる可能性がある。とはいえ，これら多様な活動参加者は相互に協力しあっており，厳密には区別しにくい。したがってここでは一応，地域住民が主体的に活動を運営している活動に主眼をおくこととする。

図7-2は小俣らが1都3県の防犯団体525団体から得られた防犯活動の種類とそれぞれの活動の実施率を示したものである（小俣ら，2009）。これを見るとまず徒歩によるパトロールや通学路パトロール，ワンワンパトロール（犬の散歩時におこなうパトロール），自転車や車への『パトロール実施中』のようなステッカー貼付などの「住民パトロール」，通学時の立哨（見守り）に代表される「拠点監視活動」，防犯ブザー配布や情報提供あるいは図にはないが各種防犯対策講座開設のような「啓発，情報提供活動」，公園・道路の清掃美化や違法広告物の撤去，環境チェックなどの「環境整備活動」にまとめられよう（なお，防犯カメラなどは物理的環境設計にも含まれるのでここでは除いておく）。地域住民による防犯活動が主としてこれらの活動からなることはほかの調査や活動報告でも確認できる（たとえば伊藤，2005；財団法人ハウジングアンドコミュニティ財団，2006；埼玉県防犯のまちづくり実践事例集，2006）。CPTEDとの関係では，パトロールや拠点監視は「監視性の強化」や「接近制御」に，環境整備は「領域性の強化」に対応するといえるかもしれない。

一方，米国の近隣防犯活動はより多様である。ラブ（Lab, 2004）は近隣防犯活動の主要な活動として近隣監視活動（neighborhood watch）をあげているが，それだけでも住民パトロール，ホイッスル・ストップ・プログラム（参加者は

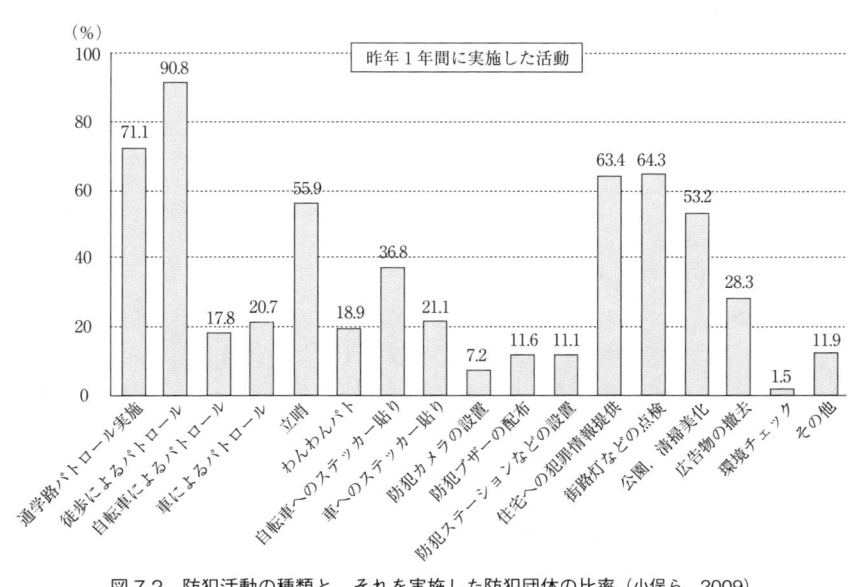

図7-2 防犯活動の種類と，それを実施した防犯団体の比率（小俣ら，2009）

買い物中でも仕事中でもいつもと異なる様子に気づいたらホイッスルを鳴らす)，教育プログラム，市民参加活動，地域清掃，環境改善，所有物確認（所有物に標章をつける運動），薬物防止プログラム，地域ぐるみの少年育成，被害者・目撃者支援などが含まれる。また，ウェルシュ（Welsh, 2003）は地域の非行防止プログラムの評価研究のなかで，有効な方法としてギャングメンバーへの介入（gang member intervention），近隣地域でのメンター制度（community-based mentoring），放課後リクリエーション（after-school recreation）の3つの非行防止策を紹介している。ギャングメンバーへの介入は派遣されたソーシャルワーカーなどが路上でギャングやそのメンバーに働きかけるものである。近隣地域でのメンター制度はボランティアが問題児と一緒に過ごし，よい意味での役割モデルを果たすものである。そして放課後リクリエーションは，共働きの両親の家庭では監視が不十分となり子どもが非行に走る可能性があるという考えから，放課後にスポーツやダンス，ボーイ（ガール）スカウティング，その他スポーツ以外の活動に参加するというものである。これらのなかには対象者によっては2次予防に該当すると思えるものもあるが，いずれにしろ，わが国に比べるとはるかに専門性が求められる，深く犯罪問題に関与する活動といえるかもしれない。

第5節　近隣地域住民による自主防犯活動の背景理論

　前項で見たように，わが国においても多様な防犯活動が行なわれるようになったが，その背景にはいくつかの理論や概念がある。次にそれらを概観する（この部分は第8章も参考にされたい）。

1　背景理論と概念
(1) 監視性ないし監視者の存在
　これはCPTEDでも重要な構成要素となっているが，近年の主たる防犯理論のひとつである日常活動理論（ルーティンアクティビティ理論；第8章参照）では先の図7-1の場所的環境の部分が「監視者の存在」となっているように，ここでいう監視性とは機器によらない「人の目」あるいは「人の存在」をいう。監視性が犯罪抑止要因となっていることは受刑者の調査でも示されている。(社) 日本防犯設備協会(2000)によれば，受刑者が犯行をあきらめた理由で最も多いのは「近所の人にジロジロ見られた」(62.9％)であった。樋村と渡邉(2002)の調査でも「声をかけられた」ために犯行をあきらめたという理由が最も多かった（39.6％）。

監視性に対応した防犯活動にはパトロールと拠点監視が該当するが，図7-2 からもわかるようにわが国の場合，監視活動が防犯活動の中心的な位置を占めている。

(2) 領域性，場所への愛着，地域住民の凝集性・集合的効力感

近隣地域空間の領域性強化は地域の防犯性を高める要因としてしばしば指摘されている。領域性は通常，空間の排他性の強化として防犯性と結びつけられるが，ここではそれを仲介する要因として「自然監視の向上」「凝集性の向上」による防犯性能の向上について説明する。図7-3は小林（1992）が住戸の開放性がもたらす好循環を示したものであるが，そこでは領有（領域）意識の強化が地域集団の凝集性を高め，その結果住民間の交流が増し，自然監視が高まり防犯性が上がることが示されている。そして，地域の安心感が高まることでさらに空間の開放性が高まり，上記の監視性も向上する。このように，小林の提起したサイクルのなかでは領域性は自然監視の向上をとおして防犯と結びつけられている。一方，表出と近隣集団の凝集性については近年，別の側面からも防犯に深くかかわっていることが示されてきた。

まず表出は「住み手の個性を他人に伝え，住戸に豊かな表情を与えている」物，すなわち領域行動のひとつである自己表出性（パーソナライゼーション）であり，空間による自己表現と定義される。この自己表出行為は領域の占有の表明であると同時に，社会的地位や好み，趣味など領域所有者のさまざまな個性を表わし，住民間の交流を媒介することがいわれている（詳しくは小俣，1997を参照）。さらにそれは場所への愛着（place-attachment；小俣，2007）を強めることがいわれているが（Brown, 1987），この場所への愛着が住民の犯罪不安と強く関係するという知見が得られている。ブラウンら（Brown et al., 2003）は，住まいや地域

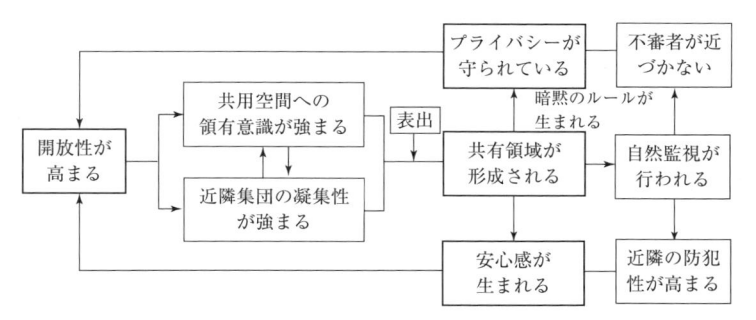

図7-3 空間の領域性と防犯性の関係（小林，1992）

への愛着，誇りといった感情が高いと犯罪不安が低いという負の相関を報告している。このように，地域の領域性の向上は住民の場所への愛着を介することによっても防犯に結びついているのである。

　一方，近隣集団の凝集性は住民の集合的効力感を構成する概念でもある（Sampson et al., 1997）。この住民の集合的効力感が低ければ子どもの問題行動に対して地域住民は無関心となり，地域内の秩序維持にも関心を払わなくなると推測される。このようなプロセスからも，集合的効力感や凝集性は犯罪抑止とかかわってくると考えられる。ソーシャルキャピタルもまた地域社会での信頼感や相互援助を示す概念であり，凝集性や集合的効力感に類似した防犯機能が期待されているが，それについては本書ピックアップ8を参照されたい。

　重要なことは，これらの領域性や自己表出性，場所への愛着，あるいは地域の凝集性や集合的効力感が相互に関連しあって地域の防犯性にかかわっていることがこれまでの議論から示唆される点であろう。

　わが国の防犯活動のうち，地域の歴史・文化，地域特性を反映した街づくりを行なったり，幹線道路沿いや公園などに花壇などを整備したりする環境整備活動はこうした考え方に対応するものといえよう。

(3) 割れ窓理論

　わが国の防犯活動の関係者に最もよく知られている防犯理論の1つが割れ窓理論である。これについては既に類書，論文がかなり出版されているのでここでは主要な点にのみふれることとする（Kelling & Coles, 1996；大塚，2001；小宮，2005）。この理論はウィルソンとケリングが提唱したものであり，それによれば，家や公共物への落書きや破壊，放置された乗り物，手入れされない公園や空き地，管理されない廃屋のような物理的な「荒れ」や，酔っ払い，夜間コンビニなどにたむろする若者，売春婦，薬物の売人のような社会的な「荒れ」に示される地域内での秩序びん乱行為（incivility）が犯罪を地域内に呼び込むという（Wilson & Kelling, 1982）。すなわち，こうした行為が放置，黙認されているということは住民による地域の管理が不十分であり，住民が地域内の問題に無関心であることを暗示していることになる。そうなると，潜在的犯罪者などが，そこは犯罪行為を行ないやすい場所ととらえるようになり，そこに集まるようになる。その結果，そこは犯罪が増えることになり，そうなれば住民の犯罪不安も高まり，結果的に良質な市民はその地域から脱出することとなる。そしてそこではさらに荒廃が進むという悪循環が生まれる。すなわち，地域の軽微な違反行為を放置することが回り回って犯罪の増加をもたらすことになる。逆にいえば，地域の軽微な問題で

も住民が関心をもち，対処してゆくならば，その地域は安全で安心な地域となるというのである。ただし，ウィルソンとケリングは住民の管理のみを訴えるのではなく，住民と警察の共同の重要性も述べている。とくに警察活動も車でのパトロールでよしとするのではなく，路上の問題などにも迅速に対応できる徒歩のパトロールがよいとするなど，きめ細かい対応を求めている点は見逃してはならないであろう。とはいえ，地域の荒廃が犯罪や犯罪不安を高めるという主張はかつてのシカゴ学派が提唱した地域解体理論と通じるところがあるともいえよう。

　これもまた，防犯活動のうちの環境整備活動や住民パトロール，拠点監視活動の理論的根拠となっている。

(4) CPTED 第二世代

　すでに述べたようにCPTEDは当初，物理的，構築学的環境のデザインを工夫することで犯罪抑止を実現するというものであった。それに対してサビルとジャンル（Saville & Genre, 2003）は社会環境を対象とした新しいCPTEDの概念を提案し，物理的環境デザインによるCPTEDをCPTED第一世代，社会的関係によるCPTEDをCPTED第二世代とよんだ（第8章参照）。クリーブランドとサビル（Cleveland & Saville, 2003a；b）によれば，CPTED第一世代がめざしたものも，元々は地域住民の社会的結びつきの形成であったという。しかしそれが要塞化した街（gated-community）を生み出したように，第一世代の方法だけでは住民の社会的関係の構築には不十分であった。そこで第二世代のCPTEDが必要となったのである。ただし，両者は排他的関係にあるのではなく，ともに生かされてこそ有効な防犯手段となるのである。

　CPTED第二世代の方略としては4つの方法があげられている。ひとつは「コミュニティカルチャーの強化」である。これは住民がその地域を自分たちのコミュニティと考えられるような，地域への帰属意識の形成をうながすイベントや文化的活動を行なったり，地域の歴史や文化を共有できるようなことを行なうことである。2つめは「外部集団との結びつき」である。これは地域内のグループ間で関係性を作りだすことである。たとえば，ある高齢者の俳句同好会が同地域内の子育てサークルと交流をもつようなものである。しかしこの「結びつき」は他の近隣地域の同好会と交流をもつような場合も含んでおり，地域を越えた集団間の結びつきをも含んでいる。このようにさまざまなグループが交流をもちあうことで，時には地域に対する制御感が強まる場合もあれば，行政にはたらきかけて地域整備を実現したりすることが可能となる。3つ目は「地域の閾値」である。これは，近隣地域はさまざまな欲求や考え方をもった住民の集まりであるが，基本

的にそれらは均衡がとれていることが望ましい，という考え方に基づくものである．もし住民の活動や土地利用などのバランスが崩れた場合，そこが犯罪を実行するに好都合な場所となり，犯罪者を呼び込むことになる．サビルはその例として，居酒屋の集中や廃墟が多く取り残された場所が犯罪発生場所となるケースをあげている．犯罪者や反社会的人物が集中すると彼らはそこを自分たちの場所とみなすが，その集中度がある「閾値」を越えると住民のコントロールが及ばなくなるというのである（Saville & Genre, 2003）．最後が「地域の結束力」である．これは住民がさまざまな問題について話し合いをもったり，合意を形成したりすることで，相互の結びつきを強化することである．また，そのための社会的スキルを教育することである．

このように CPTED 第二世代は地域の社会的関係，人間関係を確立することを通じて犯罪予防を実現しようとするものであるが，その構成要素はすでに述べた犯罪抑止の理論や概念と密接にかかわりあっていることがわかる．まず「コミュニティの文化」は地域の自己表出機能の強化に対応し，場所への愛着の形成に該当するといえよう．また「閾値」は割れ窓理論や秩序違反行為と重複する部分がある．そして「外部集団との結びつき」と「地域の結束力」は地域住民間の凝集性や集合的効力感を高めることにほかならない．

以上，地域住民の防犯活動に関する理論や概念について紹介したが，これと関連して注意すべき点がある．それは，これらの理論，概念が念頭においている罪種である．どのような犯罪までを対処とするかは理論によって異なるが，少なくともわが国の防犯活動がさかんになるきっかけとなった連続少女誘拐殺人事件，大阪池田小学校事件，その後の幼児，小学生を対象とした凶悪事件などは念頭においていないということである．多くは侵入窃盗，バンダリズム，窃盗，ひったくり，路上強盗や傷害などの抑止を目的としたものであることを念頭においておく必要がある．

2　防犯活動の犯罪抑止効果の実証的検討

以上，防犯活動の内容とその背景にある理論，概念について見てきたが，それらに基づいた防犯活動は実際的にどの程度効果があるのであろうか．米国での結果を見ると，住民パトロールの犯罪全体への抑止効果は，例外もあるが，かなり認められるようである．しかし，個別の罪種（侵入窃盗，窃盗，強盗など）では効果が確認されていない．その一方で，犯罪不安を低下させる効果はあるようである（Lab, 2004）．すでに述べたように，米国の結果は，わが国で行なわれてい

るレベルの防犯活動よりも，ギャングへの介入やメンタリング，放課後のリクリエーションのような，より積極的な介入プログラムに効果を認めている（Welsh, 2003；Welsh & Hoshi, 2002）。一般に防犯活動の効果を調べるには防犯活動の実施前後の比較，厳密な統制地域の設定など，クリアしなければならない方法論的基準があり，米国の調査でもその点が常に議論の的となっている。しかしわが国の場合，実証的な研究自体がまだ十分行なわれていない段階にある。したがって，ここではある程度の方向性を指し示す研究を紹介するにとどめる。

　時系列的な変化を追った数少ない研究としては仙台市内での落書きの消去実験を実施し，その後の落書きの変化を調べた大橋の報告がある（大橋，2009）。それによれば，一斉に落書きを消した場所では，消さなかった場所に比べて，その後の落書き増加箇所の比率が明らかに低かった（増加箇所の比率；14% vs 56%）。その意味では，根気強い環境美化活動がバンダリズム（落書き，乗り物損壊，器物損壊など，若者が主に行なう私有財産や公共物を破壊したり盗んだりする行為で，多くは無目的に行なわれるといわれている）の一部に抑止的効果をもつ可能性がある。

　一方，地域の状況と犯罪発生の関係を調べた研究では犯罪発生や非行行為の発生との関連性を調べたものがある。

　ひとつは地域住民の集合的効力感と犯罪発生率の関係を調べた島田らの一連の研究（島田，2009；島田ら，2009）である。これは米国でのサンプソンらによるシカゴでの研究（Sampson et al., 1997）をわが国で検討したものである。サンプソンらはシカゴを対象地域に，近隣地域レベルの集合的効力感が，最近6か月間での近隣地域内での暴力行為（武器を使用した争い，住民間の激しい言い争い，性的暴行，レイプ，強盗，強奪など）の認知，居住している間の暴力行為の被害経験，地域内での殺人事件（1995年の認知件数）にどのように関係するかを，他の人口統計学的，社会，経済的指標などとあわせて検討した。その結果，集合的効力感は上記の地域内暴力行為の指標と負の関係にあることが示された。島田らの研究では，千葉県市川市の住民を対象に，町丁目単位の集合的効力感と住宅対象侵入窃盗の発生率との関係を調べた。ここでも集合的効力感は，ほかの社会経済的指標（地域の安定性，経済状況，低層集合住宅など）を統制した後でも，侵入窃盗の発生率と負の関係をもつことが報告されている。興味深いことは，島田らの研究では社会的交流を表わす社会的絆も侵入窃盗に抑制的に作用する傾向がうかがえたが，集合的効力感の方がはるかに強い効果を示した点である。これは，単に「知り合い」であるだけでは不十分で，地域の問題解決能力への信頼や

住民相互の信頼，地域の催しへの積極的参加のような，より深いレベルでの住民間のつながりが重要であることを示唆している。

一方，小林と鈴木（2000）は東京都内の78町丁目の住民を対象に，地域のまとまりと犯罪抑止の関係を調査した。その結果，住民の凝集性（まとまり）が高い地域では居住環境の整備が頻繁に行なわれること，そしてその居住環境の整備は，侵入盗の発生に直接的には関連しないものの，軽微な秩序違反の評価と関係し，それが侵入盗の発生と関連していた。これは，住民間の凝集性が環境整備という防犯活動の促進を介して間接的に防犯性の向上をもたらす可能性を示しているといえよう。

もうひとつは，非行との関係を調べた小林の研究である（小林，2003）。小林（2007）は少年非行の防止活動を，少年の内的非行因子に働きかける活動と非行を行なう機会を減少させる活動に分け，地域の祭り，スポーツ大会，清掃活動，パトロールなどの地域の防犯活動が少年の内的非行因子に抑制的に作用し，非行を抑止すると考えた。そしてそれらの活動への保護者の参加が高い地域ほどひったくりや非行行為，万引きを行なう男女中学生の比率が低いという関係を見いだしている。とくに保護者の清掃活動や環境美化活動への参加においてその効果が顕著であった。その反面，補導活動やパトロールへの参加との関係はあまり顕著ではなかった。小林の結果（2003）のうち地域のあり方との関連で興味深いことは，子どもへの地域のサポートが，子どもと親の絆を補完する形で非行を抑制するという点である。すなわち，親子の絆が強く保たれている子どもにとっては地域のサポートの差による非行の違いはほとんどないが，親子間の絆が弱い子どもの場合には地域からのサポートが非行の頻度に強く影響を与えていた（図7-4）。

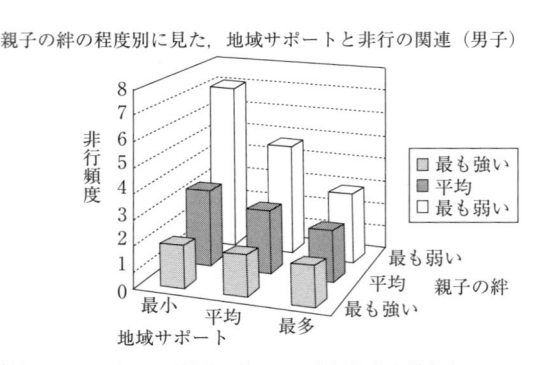

図7-4　地域からのサポートが親子の絆による非行抑止を補完する（小林，2003）

いずれにしろ，わが国の地域防犯活動の場合，学術的な検証による裏づけが不十分なままパターン化された防犯活動が行なわれているというのが実情であろう。

3 コミュニティと防犯－地域社会がコミュニティとしての性格を持つことが重要

以上，地域住民による防犯活動のバックグラウンドとなる理論や概念について述べてきたが，本節3で述べたように，それらは相互に関連しあい，「監視性」「地域への住民の心理的結びつきの強化」「地域住民間の相互交流」などにまとめられるように思われる。そうであるならば，それらは第2節で述べたコミュニティ概念の「成員間の社会的相互作用」，「領域（地理的範囲）」，「メンバー間の共通の絆」の存在とかなりの部分一致するようにも思われる。「成員間の社会的相互作用」はまさに凝集性に該当し，「共通の絆」も自己表出性において地域の個性や地域の歴史・文化を重視し，愛着を形成するという意味で地域への心理的結びつきの共有と関連しているといえよう。そしてこれらが相まって住民による自然監視の強化につながると思われる。その意味では，近隣空間のコミュニティ性の確立が犯罪抑止や犯罪不安の低減に大きくかかわることを，これらの理論，概念は示しているといえる（図7-5）。これは，地域のコミュニティ機能に基づく防犯活動といえる環境整備・美化活動や集合的効力感が犯罪抑止機能をもつことを示している前述の研究によって実証的に裏づけられている。

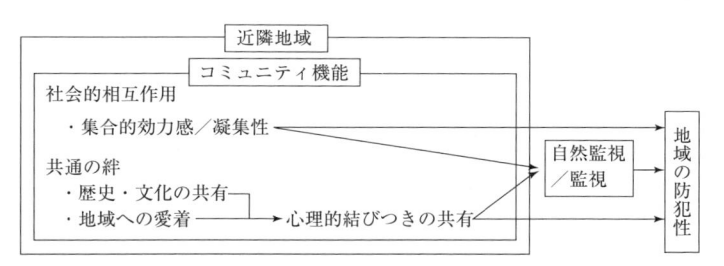

図7-5　近隣地域のコミュニティ機能に関する概念と地域住民による防犯にかかわる概念の関係

第6節　今後の展望―持続可能な防犯活動に向けて

以上，地域社会，コミュニティと防犯の関係について検討してきたが，自主的防犯活動を実施するなかではさまざまな課題が生じていることもよく知られている。なかでも，子どもの防犯活動を行なってきた住民が1年後には負担感などか

ら活動への疑問を感じるようになったという奈良市での例（瀬渡，2009）のように，活動の継続性は最もしばしばいわれる課題のひとつである。小俣ら（2009）の防犯団体に対する調査でも1割が活動の中断を経験していると回答したが，停滞なども含めればその数はさらに増えると思われる。この活動の継続を阻害すると考えられる要因には①「活動への意欲の低下，マンネリ化」②「活動の負担感」③「リーダーシップの問題」などさまざまなものがあるが，ここでは，そのうち「活動の負担感」を中心に持続可能な防犯活動をもたらす条件を検討し，今後の防犯活動のあり方と研究課題についても考察する。

　小俣らの調査（2009）でも，中断した団体では「人手不足」「平均参加者数が少ない」「活動経費を持ち出しで負担している」など，「負担感」につながる要因があった団体の比率が中断のなかった団体よりも高かったように，活動参加者の負担感は大きな問題となっている。上記の瀬渡（2009）による調査でも，子どもの防犯活動への参加率が最も高い小学校区の住民で，活動の負担感による防犯への負の評価を示唆する結果が得られている。守山（2009）の指摘するように，地域住民は活動の負担からの解放と安全確保の間の葛藤にあるとすれば，負担感の軽減を実現することが活動の継続性に有効な解決策であることは明らかである。負担感の軽減方法として「無理のない」「できる範囲の」活動がしばしばいわれるが（ワンワンパトロールなどはその一例であろう），ここでは①参加者の拡がり，②活動の副次効果，③地域の実情に合った活動の3側面から活動の持続可能性について考察する。

　まず①「参加者の広がり」であるが，すでに述べたように中断の理由の大きな要因として「住民の協力がない」ことがあげられていることからも，それが負担感の一因となっていることは理解できよう。また，しばしば指摘される，参加者の高齢化もこれと無関係ではない。したがって，住民が防犯活動に参加する条件を明らかにすることは持続可能な防犯活動の重要な課題であるといえる。

　小林（2002）は防犯活動への参加意欲と参加頻度にかかわる要因を明らかにするために，自主防犯活動に参加している住民を対象に調査を実施したが，それによれば，最も直接的に影響を与えるのは「地域に対する自己効力感」であった。すなわち，自分が地域の問題（の解決）に影響を及ぼすことができるという感覚を住民が持つことが防犯活動への参加をうながすというのである。これは社会心理学の態度変容の分野で従来指摘されてきたことと関連しているという意味で興味深い。たとえば喫煙習慣の態度変容などで従来主張されてきた防護動機理論（Rogers, 1975；1983）では，態度変容に関与する要因は，反応の効果性や自

己効力感，あるいは問題の深刻さと生起確率であるといわれている。防犯活動への参加もひとつの態度変容の問題であると考えるならば，小林の知見はこの理論の示唆する自己効力感の重要性を支持するものといえる。防護動機理論は，その成立の経緯からすれば，そのまま防犯活動に応用することは難しいと思われるが，反応の効果性は防犯活動の有効性に対応し，問題の深刻さと生起確率は犯罪リスクに対応すると考えると，住民の参加をうながす条件を検討する際のひとつのモデルになり得るかもしれない。もしそうであれば，活動への参加をうながす条件として自己効力感とそれ以外の要因の関連性を検討することは有効な知見をもたらすものと期待できる。

次に②「活動の副次効果」であるが，それは本来の犯罪抑止の目的から離れた報酬を得ることを意味する（坂本, 2006）。坂本は，防犯活動本来の目的である「治安の向上」は参加者にとって確認しにくいものであるが，そのような場合でも活動の継続をもたらすのが「人や地域のためではなく自分や家族の安心のため」，「隊員同士の交流が楽しい」，「活動するおかげで健康でいられる」などの活動の副次効果であると指摘している。同様の指摘が渡辺（2009）や環境保護活動のボランティアに関する調査でも指摘されている（安藤, 2002）。ただし，小俣ら（2009）の調査では「メンバー相互の交流をはかる」ことと活動の中断とは明確な関係を確認できなかった。とはいえ，副次効果には多様な内容が含まれると思われるため，この点は今後さらに検討するに値するといえよう。

最後に③「地域の実情に合った活動」について述べる。わが国の防犯活動はすでに述べたように大きく4種類に分けられるが，必ずしも地域の実情を考慮した形で実施されてきたとはいえないのが実態であった。一方，個々の地域はその住民構成，産業構造，土地利用，地理的，地形的特性など多様である。犯罪発生状況もまた異なるはずである。もし，こうした地域の実情を考慮することなく，たとえば働き盛りで仕事の忙しい世代が多い地域で防犯パトロールなど類型化された防犯活動を実施するとなれば，住民の負担感は増すことになるのは明らかであろう。あるいは，侵入窃盗などがほとんど見聞されない住民に，夜間のパトロールを求めても，その意味が理解されずに負担感だけが残ることもあろう。したがって，地域の実情に合った活動を行なうことが負担感の軽減につながる可能性は十分ある。そしてその際，以下の点に留意する必要があろう。

地域の犯罪発生（認知）状況を知ることの必要性。地域の抱えている防犯上の課題を分析し，それに応じた活動を実施する必要がある。侵入窃盗が犯罪の主要部分を占める地域と若者のバンダリズムが主要部分を占める地域では，念頭に置

く加害者像も被害者像も異なり，結果的に対策も異なるはずである。

　活動主体の多様性を考慮に入れた分析の必要性。いうまでもなく地域の防犯活動を担う主体は町内会，自治会，PTA，地域ボランティア団体，NPO など多様である。同じように，防犯活動が行なわれる地域も地域特性の違いやそこに居住する住民特性の違いなど多様である。こうした違いを考慮に入れた防犯活動を行なうことで，無理のない活動が実現されることが期待されるが，そのためには地域特性に応じた防犯活動のあり方を解明する研究が必要となる（小俣ら，2011）。

　防犯の対象を考慮に入れた分析の必要性。従来の防犯活動の議論は活動の主体に関する議論が主であった。しかし，日常活動理論を見るまでもなく，潜在的犯罪者と潜在的被害者・標的の「遭遇」が犯罪発生の条件であるとすれば，どのような防犯活動を，いつ，どこで行なうかを検討する際には潜在的被害者・標的の行動も考慮に入れる必要がある。島田（2008）は小学生の行動を検討し，危険性が高いと思われる単独での外出は下校時よりも帰宅後のほうが多いことを指摘し，下校時に偏った子どもの安全見守り対策について注意をうながしている。こうした被害者の行動の重要性はゴットフレッドソンらのライフスタイル理論（増本，1998，本書第3章）でも指摘されているが，より効果的な防犯活動のあり方を考える際には重要となろう。

　以上，地域住民による防犯活動について考察するなかで，地域のコミュニティ機能の強化が防犯につながるということが明らかとなった。その意味ではコミュニティづくりの一環として防犯を位置づけることこそ，問題解決の有効な方法である，というのが防犯研究の現時点での結論といえるかもしれない。いずれにしろ，わが国の場合，防犯活動の心理学的研究がまだ量的にも質的にも不十分なまま，活動が先行している状態といわざるを得ない。今後更に実証的な研究が進むことが期待される。

ピックアップ6 根拠（エビデンス）に基づく実務
― 防犯対策を賢く選ぶために

1 防犯対策がうまくいかない原因―因果関係の見誤り―

　防犯対策の担当者はだれしも，効果がある対策を実施したいという動機をもっているだろう。しかし，たとえ効果があると信じられている対策であっても，実際は効果がない場合や，たとえ効果はあっても副作用が生じる場合，悪い場合には逆効果にはたらくことがある。

　刑事司法分野では，少年非行防止のためのスケアード・ストレイト（scared straight）やブートキャンプ（boot camp，もともとは軍隊の新兵訓練を意味する）の失敗例が知られている。前者は，少年を刑務所に連れてゆき，所内を見学し受刑者の経験談を聞くというプログラムであり，後者は身体面・精神面両面での激しい訓練プログラムである。両者はともに米国で大変人気があり，その有効性が信じられていた。しかし，実験研究の結果，ともに少年非行防止には効果がなく，場合によればプログラム受講によってかえって非行率が高まるという事実が判明した（Farrington et al., 2002；Petrosino et al., 2003）。

　グラボスキー（Grabosky, 1996）は，それら防犯対策の失敗例を分析し，その最たる原因は「因果関係の分析が不十分」であるとしている。スケアード・ストレイトで刑務所の実態にふれることが非行を抑止するだろう，ブートキャンプで心身を鍛えることが健全な生活態度につながるだろう，という因果分析は一見正しそうに見えるが，実際はそうではなかったのである。

　このように，当初はうまくいくだろうと企画した防犯対策が，いざ実行してみると当初の意図どおりに運ばない例はけっして少なくない。近年の例では，深夜の公園での少年のたむろ防止のために高周波発生装置を設置したものの，かえって好奇心で少年を集めてしまった例が指摘できる。防犯対策も人間を対象としているだけに，一筋縄ではいかない面がある。

2 根拠（エビデンス）に基づく実務

　実務や政策では，ある目的を達成するために，取りうる複数の選択肢のなかからひとつを選択したり，選択肢間の優先づけを迫られることがある。たとえば，病状を改善するために，手術をするか投薬治療をするか医師は選択を迫られる。防犯対策でも，地区の問題を解決する際に，複数の選択肢（たとえば防

犯カメラを設置する，パトロールを強化する）を選ぶ必要がある。

このような場合に，その効果が科学的に裏づけられている実務や政策を選択し，実行しようとするのが「根拠（エビデンス）に基づく実務／政策」evidence-based practice/policy である。

津富（2000, 2008）によると，「根拠（エビデンス）」とは，因果関係にかかる命題の真偽についての，効果研究による吟味を経た「判断結果」である。犯罪対策で因果関係にかかる命題では，たとえば，防犯対策では「防犯カメラは犯罪を抑止する」が考えられる。

このような因果関係に関する命題はさまざまな形で主張される。しかし，「根拠に基づく実務」の根拠となり得るのは，実証的検討を経たものに限られる。この根拠に何が含まれるのかには幅があり，最狭義にはランダム化比較試験で得られた知見，通常ではなんらかの実験的デザインの研究で得られた知見，最広義には科学的研究で得られた知見だといえる。他方，「私の経験では防犯カメラは犯罪を抑止する」，「常識的に考えると防犯カメラは犯罪を抑止する」など，研究者や実務家の経験談や，市民の意見は根拠にはなり得ない。

3 評価研究の方法論的質の見分け方

防犯対策の評価方法といえば，たとえば対策前後の犯罪発生件数の比較があるが，それらの方法論にも質的な優劣がある。ファーリントンら（Farrington et al., 2002）は，研究の内的妥当性に着目して評価研究の質を判定するための簡易的な尺度を示している（表1）。ここでは，先ほどの「防犯カメラは犯罪を抑止する」の例で見てみよう。

レベル1（介入強度と犯罪発生の相関）の知見は，たとえば「防犯カメラ設置地区は未設置地区よりも犯罪が少ない」というものである。この結果で因果関係を主張するにはいかにも根拠は脆弱である。なぜなら，もともと安全な地区に防犯カメラを設置した場合には防犯カメラの効果の有無にかかわらず，この知見が得られてしまうからである（実際，行政が地区の申し出によって防犯カメラ設置に補助金を出す制度では，住民意識が高く犯罪水準が低い地区に防犯カメラが設置されることになる）。

レベル2（比較可能な統制条件を用いない前後比較）は「ある地区に防犯カメラを設置すると犯罪が減った」という知見である。この知見はたしかに防犯カメラを設置した後の犯罪減少を示しているが，日本全体で犯罪が減っている社会情勢では，この知見で防犯カメラの犯罪抑止効果を主張するにはまだ根拠が薄弱である。

これに対し，レベル3（比較可能な統制条件を用いた前後比較）は「防犯カメラを設置したA地区では犯罪が減ったが，未設置のB地区では犯罪は減らなかった」という知見である。また，レベル4（複数の実験・統制地区での前後比較）では「防犯カメラ設置事業に応募した6地区にカメラを設置し，それと同じ人口規模のカメラ未設置6地区とを比較したところ，カメラ設置地区では未設置地区よりも犯罪の減少が著しかった」という知見である。これらは，設置地区と未設置地区双方で前後比較をしており，防犯カメラの設置効果について一定の因果を示しているといえよう。ファーリントンら (Farrington et al., 2002) の犯罪予防対策に関する包括的なレビューでもレベル3以上を推奨している。

表1　メリーランド科学的方法尺度
(Farrington et al., 2002)

レベル	研究内容
レベル1	介入強度と犯罪発生の相関
レベル2	比較可能な統制条件を用いない前後比較
レベル3	比較可能な統制条件を用いた前後比較
レベル4	複数の実験・統制地区での前後比較
レベル5	ランダム化比較試験

レベル5（ランダム化比較試験，ramdonized controlled trial）の研究で得られるのは，たとえば，「12地区を，防犯カメラを設置する実験群と，防犯カメラを設置しない統制群に半数ずつランダムに割り付けたところ，実験群では犯罪が減少したが，統制群では犯罪に変化がなかった」という知見である。複数地区での前後比較（レベル4）とランダム化比較試験（レベル5）は一見同じに見えるが，評価の質はレベル5（ランダム化比較試験）がはるかに優れている。なぜなら，前者では，実験条件以外の設置地区と未設置地区との差（たとえば住民によるインフォーマルな社会統制）を完全に排除できないのに対し，後者ではランダム割りつけによって，実験群と統制群との間に「防犯カメラを設置した」以外の差異が生じないことが原理的に保証されるからである。ランダム化比較試験は，最も強力に因果関係を主張できる。このため，科学研究ではランダム化比較試験は「ゴールド・スタンダード」といわれている。

4 系統的レビュー

前節では個別の評価研究を格づけする基準を示したが，ある防犯対策に関して複数の評価研究が実施されている場合，「A県での結果はどう，B市での結果はこう」ではなく，複数の結果を1つに統合して，その防犯対策は効果があるのかどうか白黒をつけたくなるのが人情であろう。このようなニーズのために，あるテーマに関する評価研究を系統的に収集し，その結果を統合して1つ

の根拠を得るのが「系統的レビュー（systematic review）」である。

通常の学術研究で行なうレビューでは，あるテーマに関する研究論文を著者が恣意的に収集・整理して記述するため，結果には著者の主観が反映する。これに対し，系統的レビューでは，所定の方法（プロトコル）にしたがって，研究文献を収集・整理して結果を記述するため，「誰がやっても同じ結果になる」客観性が担保される。

系統的レビューは，①研究文献（1次研究）の収集→②1次研究の記述と選択→③メタ分析という流れで実施する。

①研究文献の収集　オンライン検索，手で探す（ハンドサーチ），既存文献の引用文献の検索など複数の方法を使って，あるテーマ（防犯対策）について取りあげた研究を探索する。近年は研究のオンライン検索が充実し，大量の研究文献のなかから目的に沿った文献を迅速に抽出できるようになったが，検索条件によって結果は大きく変動する。このため，レビュー・プロトコルには検索条件が記される。また，有意な結果が出ない研究は原著論文の形では出版されにくい（出版バイアス）ため，原著論文だけを分析すると，犯罪対策の効果を過大評価しがちになる。このため出版バイアスを防ぐために，実験を実施する際には，事前に専用データベースに登録しようという動きも見られる。

②1次研究の記述と選択　収集された研究論文（メタ分析による結果と区別するためにこれを1次研究と呼ぶ）の著者，年次，実験場所，実験条件，結果の測度などを記録し，レビューの目的に沿った研究を採択する。この際，介入内容がレビューの目的に適合しない研究，測度がレビュー目的に適合しない研究，実験デザインが基準に達さない研究は除外する。

③メタ分析の実施　採択された1次研究群に対しメタ分析（分析の分析）を実施する。メタ分析では各個別評価研究の結果が，実験参加者数や地区数で重みづけして統合され，1つの指標として得ることができる。この結果から，その犯罪予防対策が効果をもつかどうかを判定できる。

5　刑事司法での系統的レビュー

豊富な実験研究があり，科学的方法に対する要求が強い医学では他分野に先行して，根拠に基づく医療（Evidence-based Medicine, EBM）が志向されるようになった。1992年には各種医療に関する系統的レビューを蓄積し，根拠を関係者に普及させるために，コクラン共同計画が開始された。

一方，社会政策に関しても2000年に教育，刑事司法，福祉の各分野で系統的レビューを実施し，「何が効果があるか」を普及させるためにキャンベル共

図1　キャンベル共同計画日本語ホームページ

表2　キャンベル共同計画でのシステマティック・レビューの例

防犯カメラの監視：犯罪抑止効果
電子監視の再犯に対する効果
犯罪多発地域における集中的警察活動：犯罪に対する効果
街路照明の改善：犯罪に対する効果
犯罪被害者支援のために用意された介入：心理的アウトカム
近隣監視
銃の不法所持と携帯に対する警察の対策
街頭レベルでの薬物関係法の執行

同計画がスタートした。なお，キャンベル共同計画の名前は科学研究の各種方法論で足跡を残した科学者ドナルド・キャンベルの名前にちなんでいる。

キャンベル共同計画には日本語ホームページ http://fuji.u-shizuoka-ken.ac.jp/~campbell/index.html（図1）があり，多くの系統的レビューの結果を日本語で読めるようになっている。本書の内容に関連しても。表2に示すテーマに関する系統的レビューを日本語で読むことができる。

6 おわりに

近年，日本では防犯パトロールや街頭防犯カメラなど多くの防犯対策が実施され，その効果も断片的に報告されるようになってきた。また，「事業仕分け」に代表されるように，防犯対策の主体になる公的機関に対して，その効果に対する説明責任が求められるようになるのも珍しくなくなった。

種々ある社会政策のなかでも，防犯対策はその効果を明確に示すのはとりわけむずかしい。その理由として，①もともとの犯罪発生水準が低いために，対策によって「犯罪が減少した」という明確な結果を得にくい，②犯罪発生には多くの要因が影響するため，対策の効果だけを取りだすのは困難，③防犯対策の主体は警察，自治体，民間などさまざまであり，防犯対策の実施事例を収集するのが困難，といったことがあげられる。

しかし，たとえ個別の事例で明確な結果が出なかったとしても，メタ分析で複数の事例を統合することで，対策の効果が見えてくる可能性がある。また，防犯対策を行なう主体が垣根を越えて交流し，対策事例を蓄積することで，ここで取り上げた数量的な「根拠」に限らず，隠れたノウハウや経験を交換し，さらなる優れた対策を立案することができるだろう。

英語圏では各種防犯対策の根拠が蓄積されているが，社会・文化的背景が異なる日本では異なる動作原理が働くことは安易に想像できる。因果関係を見誤らず，賢く防犯対策を選択するためにも，日本での評価研究の蓄積が強く望まれる。

ピックアップ 7 青色防犯パトロールは有効か

1 青色防犯パトロールとは

青色防犯パトロールは，防犯団体や自治体など，警察以外の主体が，自動車に青色回転灯を装着して行なうパトロール活動である。青色防犯パトロールは，2003年に三重県の住宅地で始まったといわれている。当初は，防犯パトロール目的で自動車に回転灯を装着することは法令で認められていなかったが，2004年に法令が改正されたことにより，防犯団体の申請によって青色回転灯を自動車に装着することが可能になった。2006年にはその手続きが緩和されたこともあり，2010年末現在で日本では8,041団体の35,018台が青色防犯パトロールを実施している（警察庁，2011）。

2 海外での評価研究

警察以外の主体によるパトロールは海外でも市民パトロール（citizen patrol）として知られており，犯罪と犯罪不安に与える効果が検討されている。

インらは，市民パトロールの効果として①犯罪の削減，②市民の安心感の向上，③警察とコミュニティとの関係の向上，④警察活動のカバー率の向上，⑤自警主義の削減，⑥市民参加の促進をあげている（Yin et al., 1976）。

市民パトロールは，その参加者に対しては，犯罪対策への市民参加の必要性の認知や犯罪不安の低減など好ましい影響を与えている（Troyer & Wright, 1985）。しかし，警察が実施するパトロールを含めて，パトロールを実施することは住民にどのような影響を与えるだろうか。

英国の2都市でのパトロール実験では，市民の地区の満足感やコミュニティ意識はパトロールによって改善したが，犯罪不安には変化はなかった（Bennett, 1991）。デンマークで街頭に警察官を投入する実験でも，市民が警察官を見た頻度と治安評価との間に因果関係を示すことはできなかった（Holmberg, 2004）。また，コミュニティ指向警察活動（COP）を実施した米国・ノースカロライナ州の5地方都市でも，警察活動が行なわれているという認識は市民の犯罪不安を低減させ，コミュニティの一体感を向上させていたが，街頭でパトロール警察官を見た頻度はそれらに有意な影響を与えていなかった（Adams, 2005）。

パトロールに利用する交通手段が自動車か徒歩かによって犯罪の認識に対する影響が異なるという興味深い報告がある。フィンランドでの研究では，徒歩による警察活動への接触頻度が多ければ，警察に対する「友好的で親近感のある」イメージが強くなるのに対し，自動車による警察活動への接触頻度が多ければ，反対にその好感度が失われるという結果が得られている（Salmi et al., 2000）。この知見に従うと，市民の安心感のために始めたはずの自動車による防犯パトロールが，かえって犯罪不安をもたらすことがあり得る。

3 日本での評価研究

日本での青色防犯パトロールが犯罪発生に与える影響は，学術的には厳密に検討されていないが，東京都（2008）は，青色防犯パトロールを実施した市区と隣接地区とで10罪種の発生件数の変化を比較したところ，実施地区での犯罪の減少率が高かったという結果を報告している。

一方，島田ら（2010）は，首都圏のある市で，住民基本台帳から無作為抽出された成人に対してアンケート調査を行ない，青色防犯パトロールの認知度が，市民の犯罪の認識にどう影響しているかを検討した。年齢，性別，被害見聞といった回答者の背景要因を統制した階層的重回帰分析の結果，防犯パトロール車を見たことのある回答者は，防犯パトロールの存在を知らない回答者に比べて，被害リスク認知が有意に高く，地区の満足感が有意に低いことが明らかになった。なお，犯罪不安への有意な影響は見られなかった。

すなわち，青色防犯パトロールは，市民に犯罪が起きていることを伝え防犯意識を喚起する効果はあるが，安心感や地域への満足感を高めるといった効果まではいえないことが示唆される。

防犯活動を立ち上げた際には熱心な活動になりがちであるが，その活動が行き過ぎれば，住民の生活の質を下げる事態を招く可能性がある。その副作用を防ぐため，活動成果の広報などが求められる。

ピックアップ 8　ソーシャルキャピタルの防犯への役割

1　ソーシャルキャピタルとは

　現在，社会科学の多くの分野において，ソーシャルキャピタル（social capital）という概念が注目されている。ソーシャルキャピタルとは，米国の政治学者パットナム（Putnam, 1993, 2000）の定義によれば，「人々の協調行動を活発にすることによって社会の効率性を高めることのできる，信頼，(互酬性)規範，ネットワークといった社会組織の特徴」である。

　緊密な社会的ネットワークを通じた集合的コミュニケーションは他者に対する高い信頼感と互酬性の規範の形成をうながし，さらに社会的信頼と互酬性の規範は他者との協力行動を促進するため，コミュニティあるいは社会レベルでのポジティブな効果を生みだすと考えられている。たとえば，ソーシャルキャピタルが蓄積されることによって，集合的ジレンマの解決，教育の向上，犯罪の減少，経済発展，民主主義社会システムの維持・発展といったポジティブな帰結が社会にもたらされることがこれまでに指摘されている（Hagan et al., 1995；Healy & Cote, 2001；内閣府国民生活局，2003；Putnam, 2000）。もう少しだけた言い方をすれば，地域コミュニティにおけるソーシャルキャピタルとは，社会科学の理論的枠組みや地域特徴の数値化による測定を通じて—やや正確さを欠く表現ではあるが—「ご近所の力」を定式化したものととらえることもできる。

　ソーシャルキャピタルの各要素は，具体的には以下のような項目によって測定される。まず信頼に関しては，「たいていの人は信頼できると思いますか，それとも，常に用心した方がよいと思いますか。」という意見への同意の程度（e.g.「信頼できる」〜「用心した方がよい」）といった測度が一般的によく用いられている。互酬性の規範は，「誰かに助けてもらったら，自分もまたほかの誰かを助ける。」や「人から親切にしてもらった場合，自分も誰かに親切にする。」といった設問への同意の程度（e.g.「そう思う」〜「そう思わない」）などによって測定される。ネットワークに関しては，フォーマル，インフォーマルな社会的ネットワークの有無やその数，地域ボランティアや選挙の投票といった各種の社会参加の有無などの，さまざまな測定手法が存在する。しかしながら，これらの測定手法は，研究間での尋ね方のばらつきや，文化的背景

が異なる国々の間での比較のむずかしさといった問題から，いまだソーシャルキャピタル論の発展にとっての課題となっている。

2 ソーシャルキャピタルと犯罪抑制に関する先行研究

犯罪研究の分野においては，1990年代後半ごろから，ソーシャルキャピタルによる犯罪抑制効果が多くの実証研究によって示されてきた。たとえば，ケネディら（Kennedy et al., 1998）やレダーマンら（Lederman et al., 2002）は，ソーシャルキャピタルの要素である信頼や市民参加が，殺人や銃器犯罪などの凶悪犯罪を抑制することを見いだしている。また，いくつかの変数を組み合わせてソーシャルキャピタルの指標を作成したパットナム（Putnam, 2000），ローゼンフェルドら（Rosenfeld et al., 2001），ガッティら（Gatti et al., 2003）においても，ソーシャルキャピタルが豊かな地域では殺人率が低いことが報告されている。

一方，わが国におけるソーシャルキャピタルと犯罪に関する研究としては，高木ら（2010）による研究があげられる。高木ら（2010）では，都市部を対象に郵送調査を行ない，得られたソーシャルキャピタル指標と回答者の犯罪被害件数の関係について集計・分析が行なわれた。この調査では，ソーシャルキャピタルによる他者との協力関係を形成する効果や柔軟なソーシャル・サポートを提供する機能に着目し，ソーシャルキャピタルが地域住民間の協力行動（自治会での話し合いへの参加や地域の清掃活動への参加）を促進し，そのような活動の増加がひいては犯罪被害件数の減少に寄与する，という仮説が検証された。分析の際には，ソーシャルキャピタルや協力行動の指標は，街区単位で集積されたものが使用された。分析の結果，ソーシャルキャピタルが豊富な街区では住民の協力行動がさかんに行なわれており，また，そのように協力行動がさかんな街区では空き巣と車上ねらいの被害が少ないことが示された。このように，ソーシャルキャピタルによる犯罪抑制の研究はこれまでおもに海外においてさかんに行なわれてきたものであるが，日本においても当てはまることが確認されている。

3 地理情報システムを用いた新たな研究手法

ソーシャルキャピタル研究では，従来から，地域コミュニティ単位（都道府県，市区町村，町丁目など）で犯罪件数やソーシャルキャピタル指標を集計し分析を行なうことが一般的である。地域コミュニティにおけるソーシャルキャピタル論では，ある地理的範囲内の社会的特徴によって，その地域にもたらされる

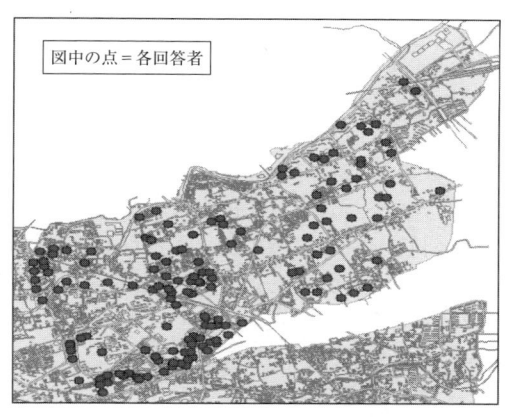

図1 空間データ上にプロットされた郵送調査回答者
GISを用いて，回答者の住所の位置座標と郵送調査で得られたソーシャルキャピタル指標とを紐付けすることで，ソーシャルキャピタル指標の空間関係を分析することができる。

社会的帰結を説明することを志向しているため，ある程度のマクロな集計単位で測定値を集計し，それを分析に用いることは妥当である。しかしながら，近隣住民間のつながりや相互作用は，都道府県・市区町村・町丁目といった行政区界によって明確に線引きされているわけではない。従来の方法では，たとえば，道路を挟んで住居が隣り合っておりお互いに交流のある住民同士でも，ともすれば集計後には別々の地域に住んでいるものとして見做されてしまう可能性がある。そのため，地域のソーシャルキャピタルを詳細に測定するためには，行政区界に依存しない集計単位を利用する必要がある。その際に有用なツールとなるものが，近年，社会科学のさまざまな領域で注目されている地理情報システム（Geographic Information System：以下，GIS）である。GISを用いた犯罪研究においては，行政区界にとらわれずに，住民間の距離の近さなどによって，集計単位を柔軟に設定することができる。またGISでは，空間データ（電子地図）と各種のデータベースを結合することによって，犯罪が地図上のどのような場所で多発しているのかについて図示したり，それがソーシャルキャピタルの乏しい場所とどの程度地理的に重なり合っているのかを分析したりすることが可能になる。

ここでは，GISを用いたわが国のソーシャルキャピタル研究の例として，著者が東京都内で行なった調査研究について紹介する。まず，東京都内の一市から抽出した20～69歳までの男女1,000名に対し，郵送法による質問紙調査を

行なった（回収率は 32.2％）。測定したおもな指標は，「一般的信頼」，「互酬性の規範」，そして「犯罪不安」であった。犯罪不安は「強盗」，「暴行・傷害」，「性犯罪（痴漢なども含む）」，「空き巣」，「ひったくり」，「乗り物盗」その他の窃盗のそれぞれの犯罪種について「不安はない（1点）」〜「不安（4点）」で測定し，その点数を足し合わせたものを犯罪不安の指標として用いた。

次に，郵送調査への回答者の住所を座標情報に変換しポイント（点）データとし，GIS を用いて空間データ（電子地図）上にプロットした（図1）。調査データに座標情報を付与することにより，郵送調査への回答で得られた各回答者のソーシャルキャピタル指標と，各回答者間の空間的な距離などを，同時に分析に用いることが可能となるのである。

本研究では，各回答者の周囲 200 メートル以内のほかの回答者のソーシャルキャピタル指標によって，回答者の犯罪不安を予測できるかどうかが検証された。分析の結果，回答者自身の一般的信頼と周囲 200 メートル以内のほかの回答者の互酬性の規範が高いほど，犯罪不安は低くなることが示されている。

4 結語

従来から，「"ご近所の力"による防犯」という謳い文句は声高に叫ばれてきたが，実証研究によるエビデンスを欠いたままそれが主張される場合も少なくなかった。しかしながら，これまで述べてきたように，社会科学ではそれをソーシャルキャピタルという学術的概念で定式化し，測定し，そして統計学的分析によって実証してきた。また，新たな分析ツールとして，GIS による分析手法も当該研究分野において緒に就いてきた。だがそれでも，ソーシャルキャピタルと犯罪の関係に関する国内における研究は海外と比べ，圧倒的に少ないのが現状である。今後は，わが国においてもソーシャルキャピタルと犯罪に関する実証研究を蓄積することによって，日本の文化に合った地域の防犯を考える際の指針となる知見を獲得していくことが求められている。

第8章 場所に基づく犯罪予防

　第7章に続き，防犯対策を，犯罪および犯罪不安場所の地理的集中に焦点をあて，「犯罪・犯罪不安のホットスポット」「日常活動理論」などにふれながら，犯罪や犯罪不安が場所と深いかかわりがあることを示す。そして「場所」をベースにした犯罪予防の考え方について，基本的考え方とその後の理論的展開について解説する。また，日本における実証的研究の展開として，犯罪の地理的集中，犯罪不安研究などを紹介する。そして，近年さかんになってきた「防犯まちづくり」の内容とそれへの批判についてふれ，将来に向けた展望を述べる。

第1節　犯罪と場所とのかかわり

　私たちが生活する都市では，日々多くの犯罪が発生している。しかし，犯罪が起こった場所を地図上に配置していくと，犯罪は，どこでも同じように起こるのではなく，比較的，地理的に狭い場所で集中して起きていることがわかる（図8-1）。

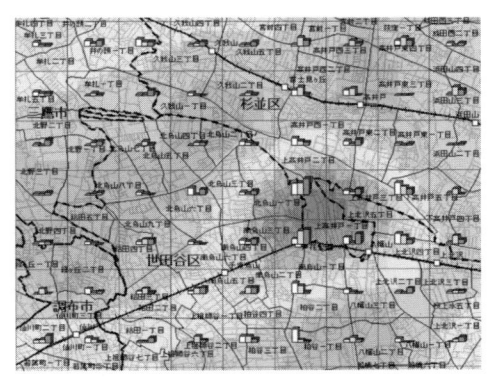

図8-1　警視庁が公開している「犯罪発生マップ」の住居対象侵入盗の例
　色が濃いほど多くの犯罪が発生していることを示している。犯罪が面積的には狭い範囲に偏って発生していることが読み取れる。

犯罪の集中する特定の場所や地区は、「ホットスポット」(Hot spot)とよばれる。ホットスポットとは、「犯罪の発生が非常に頻繁で、少なくとも今後1年間についてかなり予測可能な狭い場所」(Sherman, 1995)あるいは「犯罪および秩序びん乱行為が平均的な水準よりも多く発生し、被害に遭遇する可能性がより高い場所」(Eck et al., 2005)などと定義される、いわゆる犯罪多発地区のことである。

犯罪のホットスポットは、これまで多くの実証研究によって確認されてきた。代表的なものとして、シャーマンらは、米国ミネアポリス市での警察への通報件数の50％以上が、面積的にはわずか3％の場所から寄せられていることを明らかにしている（Sherman et al., 1989）。同様に、ある種の特徴をもった場所（店舗やバーなど）に犯罪の発生が集中することを指摘する研究は多数ある（Eck, 2002）。

それでは、こうした犯罪のホットスポットはなぜ形成されてしまうのであろうか。犯罪のホットスポットは、場所、街路、街区、近隣、都市など、複数の空間スケールで確認される事象であるが（Eck et al., 2005）、ここでは、場所のスケールにおけるホットスポット形成を説明できる理論として、「日常活動理論(Routine activity theory)」を取りあげる。

日常活動理論は、1979年に、米国の犯罪学者コーエンとフェルソンによって発表されたものであり、犯罪の発生を以下の3要素の時間的、空間的な収束によって説明するものである（Cohen & Felson, 1979；図8-2：第3，7章参照）。

①犯罪を行なおうとする者の存在
②ふさわしい犯行対象（人・物）の存在
③有能な守り手の不在（ここでの「守り手」は、警察や警備員よりもむしろ一般的な人の目が想定されている（Felson, 2008））

日常活動理論によれば、これら3要素が揃わない状況では犯罪は起こりにくいことになる。つまり、犯罪を行なおうとする者が、守り手がいない状況にいても、ふさわしい犯行対象を見つけられなければ犯罪は起こらない（図8-2中のA）。また、犯罪を行なおうとする者とふさわしい犯行対象が揃っていても、有能な守り手がいれば犯罪は起こらない

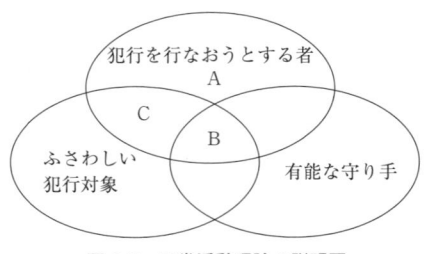

図8-2 日常活動理論の説明図
犯罪は、犯罪を構成する3要素が時間的空間的にそろったとき（図中のC）に高い確率で発生する。

(図8-2中のB)。逆に，これら3要素が揃った状況では犯罪発生の可能性が高くなる（図8-2中のC：第7章参照）。

クラークとエック（Clarke & Eck, 2003）は，ブランティンガムとブランティンガム（Brantingham & Brantingham, 1995）の用語をもとに，犯罪のホットスポットを以下の3つに整理している。

①「犯罪を生みだす場所（Crime generator）」：ショッピングセンターやターミナル駅，お祭り会場など，多くの人の集まる場所であり，犯罪を行なおうとする者と犯行対象が空間的に収束しやすい性格をもつ場所

②「犯罪にとって魅力的な場所（Crime attractor）」：売春や薬物売買の場所，繁華街の特定の場所など，犯罪を行なおうとする者が好んで集まる性格をもつ場所

③「犯罪を阻止できない場所（Crime enabler）」：管理者が不在となった駐車場など，犯罪の抑止力になりうる人の目や設備のない性格をもつ場所

これらはそれぞれ，ある場所における，日常活動理論の想定する3要素の多寡に対応したホットスポットの解釈である。すなわち，日常活動理論の文脈からは，犯罪のホットスポットは，その場所が，犯罪発生の3要素が時間的，空間的に揃いやすいなんらかの特性をもっているために生じるのだと解釈できる。

犯罪と犯罪予防における「場所」の重要性をさらに明確に示したものとして，クラークとエック（Clarke & Eck, 2003）による，日常活動理論の枠組みを拡張した「犯罪の三角形」モデルがある（図8-3）。「犯罪の三角形」の内側の三角形

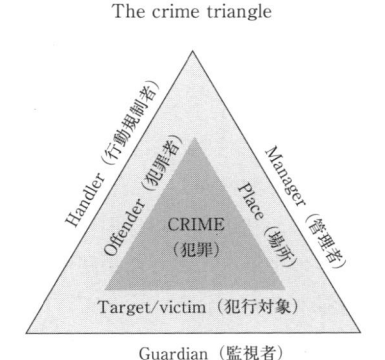

図8-3　「犯罪の三角形」モデル（Clarke & Eck, 2003より作成）
犯罪と犯罪予防における「場所」の重要性が明示されている。

は，犯罪が起きる要件を示しており，外側の三角形には，それらを制御し，犯罪予防を実現するうえでの重要な役割をもった主体が描かれている。ここでも「場所」は犯罪発生の重要な要件であること，また，犯罪を予防するうえで場所の「管理者」の役割が大きいことが示唆されている。

第2節　場所に基づく犯罪予防の諸理論

1　基本的発想

　犯罪発生の一因が場所にあるのならば，場所に対して意図的な介入を行ない，犯罪を構成する3要素を時間的・空間的に揃いにくくすれば，その場所での犯罪発生の可能性を低くすることができるはずである。こうした考え方のもとで，都市計画や環境デザインなどの手法を用いて，場所の設計・管理・利用に介入することにより，その場所での犯罪予防を実現しようとするのが，「場所に基づく犯罪予防（place based crime prevention）」（Schneider & Kitchen, 2002）の基本的な発想である。

　場所に基づく犯罪予防の考え方は，1960年代に米国で始まり，1980年代に一時下火になりつつも，基礎となる理論の拡張・発展をともないながら今日まで継続してきた。その内容は，大きく，物理的環境の改善に主眼を置いた「第1世代」と，コミュニティづくりをも内容に含む「第2世代」に分けることができる。

2　場所に基づく犯罪予防の「第1世代」

(1) ジェーン・ジェイコブズ

　場所に基づく犯罪予防の考え方に先鞭をつけたのは，米国の都市批評家（ジャーナリスト）であったジェーン・ジェイコブズである。彼女は1961年，著書『アメリカ大都市の死と生』（Jacobs, 1961）のなかで，近代都市計画への徹底的な批判を行ない，その論点のひとつに犯罪を取りあげた。彼女は，米国のダウンタウンであるグリニッジ・ビレッジの観察から，賑わいがあり安全で快適な街路には「自然な監視」，すなわち，街路の利用者の多様性に起因する継続的な利用，多様な属性を持つ沿道の住民からの生活をとおした街路への目，公私領域の明確な区分に起因する住民の領域意識があるとした。そして，用途純化，高層化，大街区化に象徴される近代都市計画がつくりだす空間を，そうした秩序維持機構をもつ旧来の都市を破壊するものであると批判し，都市の生活者の多様性を重視した環境づくりの必要性を主張した。ジェイコブズの主張は実証的な研究とよべるもの

ではなかったが，彼女の主張した，都市の生活者による「自然な監視」は，その後，今日まで続く場所に基づく犯罪予防の中核的な概念となった。

(2) レイ・ジェフリー

米国の犯罪学者ジェフリーは，1970年代初頭，当時の米国で主流であった懲罰的な犯罪統制策への疑念から，犯罪発生場面の環境に着目し，環境を操作することによってその予防を図ることができるという，CPTED（Crime prevention through environmental design；セプテッドと読む）の概念を提唱した。CPTEDは，「人間によってつくられた環境の適切なデザインと効果的な使用によって，犯罪の不安感と犯罪の発生の減少，そして生活の質の向上を導くことができる」（Crowe, 1991；2000）とする考え方であり，場所～近隣スケールで適用される犯罪予防の理論・手段である。ジェフリーの著書の第1版（Jeffery, 1971）は，犯罪学の分野に初めて，犯罪現象が，犯罪者，犯行対象，犯罪発生場面の環境の3者から成る関数であるとの理解をもたらした。ジェフリーは，犯罪を阻止する「環境」は，（犯罪行為の）「促進要因の除去」と（犯罪行為が露見する）「リスクの増加」によってもたらされるとし，そうした状況を導くための実行手段のひとつとして，物理的・社会的環境を操作する「都市計画とデザイン（urban planning and design）」をあげた。そして，続く著書の第2版（Jeffery, 1977）では，犯罪者の脳の働きを内容に含む犯行メカニズムを示したうえで，「犯罪予防の技術（crime prevention techniques）」として，都市計画を含む，広範な環境の改善の考え方を提示した。

(3) オスカー・ニューマン

ジェフリーが，犯罪学の分野から犯罪予防のための場所の改善を主張したのに対し，建築学の分野から，ほぼ同時期に，より具体的な形で同様の主張を行なったのが，米国のオスカー・ニューマンである。

ニューマンの研究は，米国セントルイス市に建設された集合住宅，プルイット・アイゴー（Pruitt-Igoe）団地が「失敗」の憂き目にあったことに端を発している（図8-4）。

プルイット・アイゴー団地とは，米国セントルイス市郊外に1954年に建設された，低所得者層向けの公共集合住宅である。この団地は，約23haの敷地に建設された，11階建て33棟，2870戸から構成される大規模なものであった。大街区・高層・広大な緑地に特徴づけられる，当時としては意欲的で革新的なデザインは，米国の建築関係の賞（American Institute of Architects Award 1951）を受けるほど高く評価されていた。

| 1954年にセントルイスに完成，11階建て33棟2870戸 | しかし現実には落書き，バンダリズムの巣窟に | 2008年11月の景観（筆者撮影） |

| 近代都市計画の理想像の実現 | 1972年ついに解体「近代建築の敗北」 |

プルイット・アイゴー団地は，「近代建築の敗北」のエピソードとともに，場所に基づく犯罪予防の発想が生まれた団地として知られている。
跡地には幾度か再開発計画が立ち上がるも，爆破解体後の基盤の除去に費用がかかる，セントルイス市自体の衰退から新規の宅地需要が見込めないなどの理由で，立ち消えになった。現在は，団地内の道路や水道など，崩れかけた基盤のみが残る，樹木の生い茂る放棄地となっている。

図8-4 「守りやすい空間」の発端となったプルイット・アイゴー団地の盛衰
（左側4枚はオスカー・ニューマンのwebサイト http://www.defensiblespace.com より引用）

　しかし，プルイット・アイゴー団地は，入居開始から数年で荒廃してしまう。当時の状況をニューマンは次のように記している。「屋外の共有スペースは草やゴミで覆われ，1階のメールボックスはバンダリズムの餌食になっていた。廊下，ロビー，エレベーター，階段は歩くのに危険な場所であり，ゴミや人の汚物で覆われていた。エレベーター，ランドリー，コミュニティルームもバンダリズムの被害に遭い，すでに動いていないダストシュートにはゴミが高く積まれていた。(Newman, 1996)」こうした状況から，居住者は次々と退去してしまい，団地の空き家率は最終的には70％に達した。結局，団地は，建設からわずか18年後の1972年に，住宅公社自身の手によって爆破解体されてしまった。この一連のエピソードは「近代建築の敗北」としてよく知られている（図8-4）。

　当時ワシントン大学セントルイス校に所属していたニューマンは，この団地の「失敗」の要因を，人間の行動からスケールアウトした生活感のない環境デザインから，住民がうまく所有者意識と愛着を持てなかったためであると考えた。そして，彼は，後にニューヨーク市で行なった調査結果も踏まえつつ，1972年に「守りやすい空間（defensible space）」の理論を発表した（Newman, 1972）。

　「守りやすい空間」において，ニューマンは，以下の4つの条件をあげ，これらの条件を有する団地では，①住民が自衛的な行動を取ることが容易になる，②

潜在的な犯罪者に対しみずからが捕縛されるリスクを感じさせることができる，の2点が成り立つことから，結果的に犯罪が抑制されるとした。
- 領域性（territoriality）の強化：物理的，象徴的な障壁を用いて団地内空間の領域画定（territorial definition）を行なうことによって，住民が居住地に対して所有意識と愛着をもてるようにすること。
- 自然な監視（natural surveillance）の確保：住民が日常生活を行なうなかで自然に公共空間を見渡すことができるよう，住戸の窓や出入口を公共空間に向けて配するなどの設計上の工夫を行なうこと。
- イメージ（image）の向上：住宅団地に対して貧困と関連づけられた烙印（スティグマ）が押されることのないよう，周辺から浮き立つようなデザインを避けること。
- 周辺環境（milieu）の考慮：住宅団地を犯罪の少ない安全な場所に隣接させて配置すること。

このように，「守りやすい空間」とは，環境の物理的改変を契機として，住民の自衛行動を喚起させる環境デザインの方法論であったといえる。

守りやすい空間の4つの条件のうち，とりわけこの理論を特徴づけているのが「領域性」の概念である（第7章参照）。ここでいう領域性とは，住民による，いわゆる縄張り意識や所有意識を意味する。領域性は，塀や鍵などの設備による「物理的な障壁」と，デザインの変化や簡単な門，パーソナライズされた物（住民が作った花壇など）といった，外部の人の心理にその場所の所有者の存在を示唆する「象徴的な障壁」の存在によって強化される（図8-5）。物理的・象徴的障壁によって領域性の強化された空間は，住民にとって身近な場所になり，愛着の対象となるとともに，外部の人間に対する排他性を帯びる。そのことが，住民に自衛的な行動を起こしやすくさせ，結果的に犯罪予防へと結びつくとするのが，

図8-5 「物理的な障壁」（ゲート）と「象徴的な障壁」（表出のみどり）の例

守りやすい空間の想定するプロセスである。

　ニューマンの理論は，導かれる解決策の具体性や，当時きわめてセンシティブな問題であった人種や格差といった問題から人々の目をそらすことができたことなどから，当時の建築・都市計画，刑事司法の学術分野や実践に大きな影響を与え，その流れは他国にも波及した。「守りやすい空間」の4条件は，場所に基づく犯罪予防における基本的な原則として，今日まで受け継がれている。同理論は，場所に基づく犯罪予防の基礎的枠組みを示した点で重要なものであった。

(4) ウィルソンとケリング

　1980年代に入ると，場所に基づく犯罪予防は「環境の管理」の視点を加える。そのきっかけのひとつとなったのが，1982年にウィルソンとケリングが発表した「割れ窓理論」である（Wilson & Kelling, 1982）。同理論の主張の基本内容は，以下のようなものである。「ひとつの割れた窓が放置されると，それを見た者は，その建物が誰の管理下にもないと判断し，他の窓を割るようになる。やがて建物の窓はすべて割られてしまう」。ここで，「割れた窓」と「建物」は，「犯罪に至らないような小さな秩序違反行為」と「地域」の比喩であると理解されている（第7章参照）。つまり，割れ窓理論の主張は，環境の管理がずさんで軽微な秩序違反行為が放置される状況が恒常化すると，その状況は一方では，犯罪者に対して，犯行時に見とがめられるリスクを低く見積もらせることにつながり，他方では，住民に対して，犯罪不安を高め，公共空間での自衛的な行動を起こそうとする意欲をなくさせる。そして，そのことがさらなる犯罪を呼び込むことにつながってしまい，ついには，その地域は犯罪の多発する危険な地域となってしまうとするものである。割れ窓理論が主張するのは，地域の荒廃から犯罪へとつながるプロセスであり，それを防ぐための，荒廃の初期段階での「環境の管理」の重要性であった（Wagers et al., 2008）。

3　「第1世代」の限界

　こうした「第1世代」の場所に基づく犯罪予防の考え方は，当時の英米の建築・都市計画部門においてきわめて好意的に受け止められ，知識として一定程度普及した（Schneider & Kitchen, 2002）。しかし，その一方で，1990年代以降，その限界も指摘されはじめる（第7章も参照）。

(1) 効果の限界性

　第1には，効果の限界性である。場所に基づく犯罪予防の考え方が提唱された1970年代，社会がこの理論に寄せる期待はきわめて大きいものであった

(Schneider & Kitchen, 2002；Cozens, 2008)。しかし，「場所の改変→場所への人々のかかわりの変化→犯罪予防，犯罪不安の軽減」という連鎖が実際に成立するか否かは，適用される地域の社会，文化，経済的状況に依存し，当初想定されていたほどには決定的なものではないことが，実証研究を通じて明らかになってきた（Mawby, 1977；Mayhew, 1979；Merry, 1981)。実際に, 米国や英国で場所に基づく犯罪予防の考え方を適用した大規模な社会実験も行なわれたが, 環境決定論に基づくこれらの取り組みは，期待されたような成果をあげることができなかった。

近年行なわれた評価研究によると，場所に基づく犯罪予防の効果は「有望である」(Eck, 2002) との見解が出されている。しかし，同時に，犯罪分析に基づく対策や，場所の文脈を考慮した対策が必要だとも述べられている (Welsh & Farrington, 2009；Taylor, 2002；Cozens, 2008)。すなわち，場所の存在する社会的，経済的，文化的条件を無視したかたちでの単独の介入は効果に乏しく，介入がより効果をあげるためには，犯罪の分析とともに，場所の背後に存在する諸条件を考慮した対策が必要であると，近年では考えられている。

(2) 対象空間の限界性

第2には，対象空間の限界性である。「第1世代」の基本的枠組みを確立したニューマンの守りやすい空間は，公共住宅という私有地を前提として構築された理論であった。すなわち，守りやすい空間の基本原則である「領域性の強化」は，領域内に対する部外者の利用を制限し，特定の主体の支配力を強めることによって防犯性を強化しようとするものであるため，利用者がある程度特定される私有地への適用に限定される概念であった。そのため，「第1世代」の考え方は, 公開性・複数性を前提とした公共空間には馴染まなかった (Pain & Townshend, 2002)。場所に基づく犯罪予防は，その適用場所を住宅地から都市一般へと拡大することに対し，公開性を制限して内部の防犯性を高めるという基本的発想に限界を抱えることとなった。

(3) 実践の困難さ

第3には，実践の困難さである。1970年代以降，場所に基づく犯罪予防が実践された事例は多く報告されているが，いずれも例外的なものであり，この考え方が普遍的に都市計画やまちづくりに反映されたとはいえない (Schneider & Kitchen, 2002)。その一因は，知識・経験・技術の欠如から，場所に基づく犯罪予防を実践できる者が，建築・都市計画の世界に少数であったことにある (Zahm, 2005)。ニューマンや英国のコールマン (Coleman, 1985) のように, 建築・都市計画家として，政策にきわめて近い位置で理論を実践した例もあったが，これは

稀有なものであった。実践の場にいる多くの建築・都市計画家にとって，場所に基づく犯罪予防の提示する「監視性」や「領域性」といった基本原則は抽象的過ぎたため，概念は実践可能な手段に翻訳されなくてはならなかった（Ekblom, 2006；Wilson & Wileman, 2005）。

(4)「副作用」への懸念

　第4には，場所に基づく犯罪予防の実践にともなう「副作用」への懸念である。場所に基づく犯罪予防の起源となったジェイコブズの主張は，複合的な土地利用とそれに起因する人々の多様性が，場所への「自然な監視」を形成し，そのことが，警察などの公権力の介入が最小限の状況下でも犯罪予防が実現されることにつながることを指摘するものであった。したがって，公権力の都市への関与の拡大や，設備への安易な依存，人々の関係を分断し特定層の社会的排除につながる政策などは，本来，場所に基づく犯罪予防にとって最も問題視すべき点であるはずであった。しかし，現実的には1970年代以降の取り組みは警察主導で行なわれ，対策は，時に過剰な設備の設置や警察による統制の強化，公共領域からの特定層の排除を導くものとなることもあった（酒井・高祖，2005；Saville & Cleveland, 1997）。こうしたことから，場所に基づく犯罪予防は，人々の関係を分断する「要塞都市」や，監視を通して特定の主体を排除しうる「監視社会」を招くとの意見が現われた（Oc & Tiesdell, 1999；Tiesdell & Oc, 1998；Forrest & Kennett, 1997）。

　こうした「第1世代」に提起された課題に対処するため，1990年代以降，新たな方法論が模索される。そして，それは，都市計画やまちづくりの思潮の影響を受けながら，「第2世代」として結実することとなる。

4　場所に基づく犯罪予防の「第2世代」

(1) ウェカールとホイッツマン

　カナダ・トロント市の「安全都市ガイドライン」（Toronto Safer city guideline）づくりを主導した社会学者ウェカールと都市計画家ホイッツマンは，その経験と，「第1世代」の場所に基づく犯罪予防の考え方に基づく対策への疑念から，1995年，「安全な都市 (Safe cities)」を発表した（Wekerle & Whitzman, 1995）。そこでは，安全な都市の創造に寄与する基本原則が示されるとともに，原則の具体的な実践方法が示された。具体的には，原則の実践は地域住民を交えるなかで地域ごとに行なわれるべきであるとの基本認識のもと，地域の防犯診断（Safety Audit）から場所の改善，管理の実施にいたるまでの取り組み手順が提示された。これは，従来のCPTEDが，警察やセキュリティコンサルタントなど特定の人々によって，

「即決でトップダウン的な,判で押したような手法で」(Wekerle & Whitzman, 1995)行なわれがちであったのに対し,「住民を専門家とみなす」(Wekerle & Whitzman, 1995)ことによって地域の文脈に応じた多様な解決策を見いだし,さらに,その後の住民自身による継続的な維持管理にもつなげようとする方法論であった。

(2) クリーブランドとサビル

クリーブランドとサビルは,既存のCPTEDは環境決定論的傾向が強すぎ,また,それを推し進めることは,ある場所から特定階層を社会的に排除することにつながりうると批判した。彼らはこのことを,場所に基づく犯罪予防の起源であったジェイコブズの理想とむしろ逆行するものであると考えた(Cleveland & Saville, 2003a)。そして,本来の目標を達するためには,単なる物理的な環境設計にとどまらず,住民の多様性を尊重し,帰属意識を喚起させ,住民間の積極的な交流を生む社会設計の併用が必要であるとし,その実現手法を「第2世代のCPTED(2nd generation CPTED)」とよんだ(Saville & Cleveland, 1997:第7章も参照)。彼らは「第2世代のCPTED」を以下の4原則にまとめ,これらを第1世代のCPTEDと併用することが必要であるとした(Cleveland & Saville, 2003a;2003b;Saville & Cleveland, 2008)。

● コミュニティ・カルチャー(Community culture)の強化:コミュニティの構成員が,これぞ自分たちのコミュニティだと思えるような催し(たとえば,スポーツ,音楽,祭りや歴史・人物の記念式典など)を積極的に行なうこと。
● 地域の結束力(Social cohesion)の強化:地域の防犯診断やミーティングなどを通じて,コミュニティ構成員同士の相互交流を生みだし,社会的紐帯を強化すること。
● 外部集団との結びつき(Connectivity)の強化:住民が所属するコミュニティと他のコミュニティとの連携を強化すること。
● 地域の閾値(Threshold)への配慮:土地利用の偏り,住民の属性の偏りがある閾値を超えないよう,多様性を保つこと。また,近隣住民が回復をあきらめる程度の閾値にまで違法行為が増加しないように,早めに問題に対処すること。

これらの原則の意図するところは,場所というより,その背後にある社会にはたらきかけることによって,場所に基づく犯罪予防が本来目的とする,人と場所の間,人と人の間の信頼やつながりを生みだすことである。これは,「第1世代」から発想される対策が物理的環境の改変に偏り,結局ハイテク機器の導入による「要塞(fortress)」を築いてしまった(Cleveland & Saville, 2003a)ことに対す

る対案であった。近年，サビルは，持続可能な都市成長のモデルである「スマートグロース」の考え方をベースに，「第1世代」と「第2世代」の考え方を組み込んで，「安全な成長」(Safe Growth) というコミュニティづくり，都市デザインの方法論を提唱している (Saville, 2009；Saville & Mangat, 2009)。この動きは，場所に基づく犯罪予防の「第2世代」の発想を含む，新しい都市計画・まちづくりのモデルを提示したものとして注目される。

(3) 英国副首相府および内務省

　場所に基づく犯罪予防において，現在，法的に明確な位置づけをもち，また，包括的・実践的な枠組みを提供していると考えられるのが，2004年に英国副首相府 (Office of the Deputy Prime Minister) と内務省 (Home Office) の連名によって公表された英国のまちづくりの指針「セーファー・プレイス (Safer Places；SP)」である (ODPM & Home Office, 2004)。SPは，実践を想定して作成された自治体向けのデザインガイドラインであり，英国の都市農村計画に関する基本方針 (Sustainable Development) のひとつとして，地方計画庁が都市計画等に際して参照を義務づけられるものとされている (樋野・雨宮，2005)。その基本原則 (sustainability attributes) は，以下の7点から構成されている (樋野・雨宮，2005；2006a；2006b；2006c；2006d)。

- 動線 (Access and Movement) の管理：場所が，明確に規定された道路，空間，エントランスを備え，犯罪者を近寄らせないこと。また，動線計画がなされることによって，安全性を損なうことなく，移動利便性が高いこと。
- 構成 (Structure)：住居形態，用途，土地利用の配置が犯罪予防を考慮して選択，設計されていること。用途間の衝突がないよう用途が配置され，適度な利用が行われていること。
- 監視性 (Surveillance) の確保：建物のデザイン，設備の設置や適度な利用の創出により，居住者や遵法的な場所の利用者が，不特定多数の人の近づくことのできる場所を見通すことができること。
- 所有意識 (Ownership) の向上：物理的，心理的な領域の画定と場所のアイデンティティの創出によって，住民が，場所に対する所有意識，愛着，責任感，コミュニティ意識を感じられること。
- 物理的防御 (Physical protection) の強化：場所が，必要かつデザインにも優れた，犯罪予防のための特徴を備えていること。
- 活動 (Activity) の促進：魅力的な公共空間の創出，適切な土地用途の複合化などによって，場所に適度な人間活動があること。

●適切な維持管理（Management and maintenance）：適切な体制の構築，居住者の維持管理活動への参加の促進などによって，公共空間の適切な維持管理がなされていること。

SP の 7 原則は，場所に基づく犯罪予防の「第 1 世代」と「第 2 世代」の主要な主張をほぼ網羅したものといえ，現時点において最も包括的な内容となっている。また，その記述内容に多くの実践例

図 8-6　英国の防犯まちづくりのガイドライン，Safer Places
都市計画における犯罪予防への配慮の理論と方法が，豊富な事例ともにわかりやすくまとめられている。

が交えられるなど，基本原則を示した理論であると同時に，実践に配慮したガイドブックともなっている（図 8-6）。

5　「第 2 世代」の特徴

以上のように，1990 年代後半以降，場所に基づく犯罪予防に新たな流れが現われた。「第 2 世代」の，「第 1 世代」との比較における特徴は，以下の 4 点に集約される。これらは，3 で述べた「第 1 世代」の 4 つの限界点に対応している。

(1) 概念の拡大

第 1 の特徴は，介入対象となる「場所」の概念が拡大され，社会設計をも内容に含むものになったことである。すなわち，「第 2 世代」では，「第 1 世代」の想定する，場所の改善から犯罪予防にいたる因果の連鎖をよりつながりやすくさせるために，環境の物理的側面だけでなく，コミュニティのあり方にも言及したものとなっている。

(2) 対象空間の拡大

第 2 の特徴は，公共空間への適用を想定した，まちづくりの方法論になったことである。「第 1 世代」は，守るべき領域を定め，その領域から他者を除くことを基本的な発想としていた。しかし，そのことが公共空間の要求する公開性と両立しないという問題を招いた。この点に対し，「第 2 世代」では，公共空間を含む都市一般の場所改善の考え方が提示されており，適用範囲が大幅に拡大されている。

(3) 実践への配慮

 第3の特徴は,「第1世代」の理論を実践論として示したことである。「第1世代」の限界のひとつは,理論が抽象的過ぎ,実践する際に翻訳作業が必要だったことにあった。「第2世代」に含まれる諸理論は,こうした理論と実践との乖離を埋めるべく,実践の具体例をガイドラインや設計指針という形で示し,状況に応じて使い分けられるような配慮がなされている。また,実践に際して,住民参加を前提としたプロセスを具体的に提示したことも特徴的である。これによって,チェックリストを適用するだけの画一的な対策ではなく,地域特性に配慮したきめの細かい実践が可能となった。

(4) 上位概念の存在

 第4の特徴は,「犯罪予防」を住環境の価値に関するより上位の概念のもとに位置づけ,「より高次の目標の達成手段としての犯罪予防」という考え方を明確に示したことである。つまり,「第1世代」の実践が犯罪予防のみに特化したものになりがちであり,そのことが「要塞都市」や「監視社会」を招く危険性があると指摘されたのに対し,「第2世代」では,社会が進むべき大きな方向性が明示され,その下に犯罪予防が位置づけられた。これによって,たとえば,監視の実現方途について,カメラによる直接的なものではなく,活動の増加を通じた間接的なものが推奨されるなど,犯罪予防のための手段に対して望ましい方向が,上位概念を価値基準とするなかで示された。「第2世代」では,(警備員や防犯カメラなどによる)公的な監視と自然な監視,クルドサック(行き止まり道路の多い街路構成)とパーミアビリティ(通りぬけしやすい街路構成),土地の用途純化と複合利用など,防犯性能をめぐって賛否がある考え方についても,上位概念との関係から望ましい方向が示されている (ODPM & Home Office, 2004 ; Zelinka & Brennan, 2001)。

 犯罪予防の上位にくる概念には,「持続可能なコミュニティの育成」(ODPM & Home Office, 2004),「環境に優しく,持続可能な開発」(Saville & Cleveland, 1997),「持続可能性」(Cozens, 2007),「生きられるコミュニティ」(Zelinka & Brennan, 2001) などさまざまなものが示されているが,ここには,ニューアーバニズムやアーバンビレッジ,コンパクトシティ,スマートグロースといった,持続可能な環境づくりを念頭においた,現在のまちづくり・都市計画の思潮との共通性が見て取れる。ニューアーバニズムなどの思潮がジェーン・ジェイコブズに参照点を置いていることが多いことを考慮するならば,このことは,場所に基づく犯罪予防の原点回帰であるともいえる。つまり,現在の場所に基づく犯罪予防は,

たんなる犯罪予防の手段にとどまらず、まちづくりや都市計画の思潮と融合するなかで、初期の提唱者たちの理想に向かって発展しつつあるのだと考えられる。

第3節 日本における「場所と犯罪」研究

こうした場所に基づく犯罪予防の考え方は、1970年代に日本に紹介された。それ以降、場所を直接の操作対象とする都市計画・まちづくりの分野では、実践と連動しながら、研究が蓄積されてきた。以下では、「場所と犯罪」に関する日本における実証研究を「犯罪の地理的分布」、「犯罪と場所との関連」、「場所への介入実施後の評価」の3点から紹介する。

1 犯罪の地理的分布

本章冒頭で犯罪のホットスポットについてふれたが、日本においても、科学警察研究所を中心に犯罪のホットスポット研究が進められている。これまでの研究によると、諸外国と同様に、わが国においても地理的な犯罪の集積性がかなり見られることが明らかとなっている（原田・島田, 2000; 原田ら, 2001）。たとえば、原田と島田（2000）では、東京都内のある区においては、面積的には1.8％を占めるにすぎない領域に侵入盗の件数の12.1％が集中し、4.5％の領域には21.3％が集中することが明らかにされている。近年のものでは、中谷と矢野（2008）が、空間に加えて時間軸を導入し、ひったくり等の罪種の時空間的な集中を明らかにしている。

犯罪の地理的・時間的集中を扱った研究の例として、雨宮ら（2008）を紹介する。雨宮ら（2008）は、神戸市内の5つの小学校で行なわれた子どもの犯罪被害調査と日常活動調査（動線調査）をもとに、子どもの被る犯罪被害の地理的・時間的な集中を、子どもの日常生活と関連づけて調べた。その結果、時間帯ごとの子どもの活動量を調整すると、被害のピークは学校から帰宅後の、子どもがひとりで外出している時間帯にあること（図8-7）、また、複数での子どもの歩行が多い場所と単独での子どもの歩行が多い場所とを比較すると、後者により被害が集中する傾向があることなどを明らかにした。この結果は、本章冒頭で述べた日常活動理論と関連づけて解釈できる。つまり、「犯行対象」である子どもが、ほかの子どもや保護者などの「有能な守り手」が少ない状況で、より多く存在する場所や時間帯に被害確率が高くなるのだと考えられる。

犯罪の地理的・時間的な集中を明らかにすることは、犯罪現象の性質を知るう

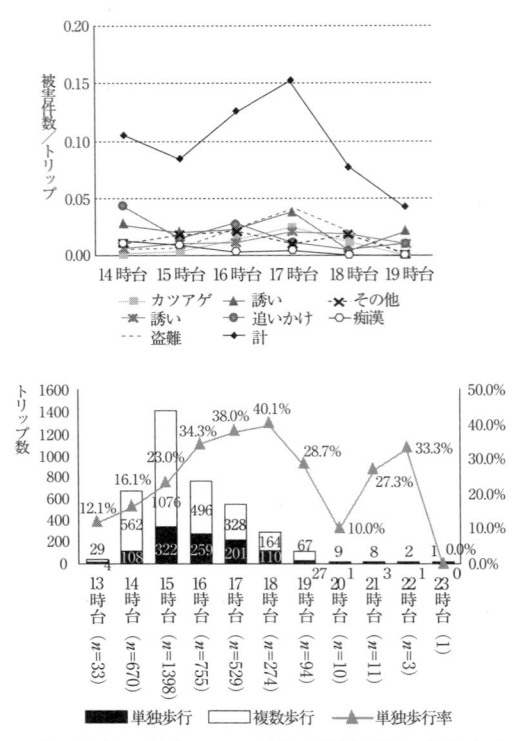

図 8-7　時間帯ごとに見た子どもの被害リスク（上）と単独歩行率（下）（雨宮ら，2008 より作成）
子どもの単独歩行率の高い時間帯で，被害リスクも高い傾向にあることが読み取れる。

えで大切であると同時に，効率的な警察活動や，防犯対策を集中して行なう場所の選定などに役立てることができる。たとえば，上記の雨宮ら（2008）の研究からは，地域で子どもたちの見守り活動を行なう大人に対して，いつ，どこを見守るべきかの具体的な示唆を与えることができる。諸外国と比べて犯罪がきわめて少ないとされるわが国にとっても，警察や自治体等が行なう犯罪対策を効率的に行なうことは，限られた資源の有効活用という点で重要である。分析ツールとして GIS が普及し，犯罪データはかつてよりも小規模で公開されるようになり，研究を進める環境は徐々に整いつつある（ピックアップ 2 参照）。より効果的・効率的な犯罪予防のためにも，今後の研究の展開が期待される。

2 犯罪と場所との関連

　都市計画などの空間の創出にかかわる学術分野は，場所の設計・利用・管理に直接関係する分野であり，場所の特徴と犯罪との関係を明らかにすることは，有効な対策を導くうえで重要な課題である。

　さまざまな犯罪のうち，住宅侵入盗に着目したものには，土地利用などの地区レベルの変数に着目した樋野と小島（2007）や，住宅レベルの視点で，侵入口の位置や隣接敷地の土地利用との関連を明らかにした山本らの一連の研究（山本ら，2006；2007；2009）がある。これらでは，住民の生活を通じた「自然な監視」が，住宅侵入盗に対して一定の抑止効果をもつことが示されている。

　ひったくりについては，地理情報システム（GIS）のデータを用いて，ひったくりが発生しやすい場所の物理的環境の特性を明らかにしたもの（石川・鈴木，2008；石川ら，2009）道路ネットワーク形状に起因するアクセシビリティの影響を指摘したもの（佐藤・岡部，2006；2007）がある。また，ひったくり犯人への調査から犯行に寄与／抑制する要因を指摘したもの（岡本，2007）もあり，そこでは，犯人の視点から見たときのガードレール設置の有効性や，街灯の設置はそれほど効果的でない可能性などが指摘されている。

　場所と犯罪との関連を検討した研究では，CPTEDや守りやすい空間などの既存の理論をもとに複数の変数が設定され，理論の当てはまりを検証したり，都市計画的な見地から具体的に操作可能な変数を見つけだそうとされることが多い。たとえば，雨宮・横張（2006）は，都市公園での逸脱行為を対象とした研究において，日常活動理論をもとに変数を設定し，公園内で発生するバンダリズムや落書きなどとの関連を検討している。そして，とくに公園愛護会などを通じた地域住民による公園管理活動や，公園との敷地隣接部に建つ住宅の存在による，公園への「自然な監視」が，バンダリズム等の逸脱行為を減らし得ることを明らかにしている。公園においては，近年，防犯対策として，自治体職員等によるパトロールや，CPTEDを参照しつつ行なわれる見通しの確保（樹木の剪定や明るさの確保）が行なわれることが多いが，パトロールの強化で公園の自由な雰囲気が損なわれたり，見通し確保のための樹木の剪定が，景観や熱環境の悪化を招いたりといった新たなひずみを生んでしまっている例もある。この研究は，そうした特別な対策ではなく，地域住民による日常的な公園への関与もまた，公園の秩序を保つうえで重要な役割を担っていることを示唆している。

　海外において「場所と犯罪」研究が，犯罪学や地理学研究の一類型を占めているのに比較し，日本での実証的な研究の蓄積は少ない。そのため，用いられる概

念が不一致であったり，仮説自体が海外での研究の追試にすぎない，単純な環境決定論に依っているといったように，研究としては解決すべき課題も多い。豊富な蓄積のある海外での研究に学びつつ，日本でも今後，理論化をめざした実証研究の展開が望まれる。

3 場所への介入実施後の評価

　犯罪予防を意図した場所への介入は，比較的新しい試みであったため，従来はともすれば実践すること自体に重きが置かれることも多かった。しかし，近年，行政等が行なう事業に対する評価の気運が高まってきており，新規の犯罪予防のための取り組みに対しても，評価研究が徐々になされるようになっている。

　場所におけるさまざまな介入のうち，防犯ボランティアによるパトロール活動（見守り活動）は，近年，最も活発に取り組まれているもののひとつである。これに関連して雨宮ら（2009）は，千葉県流山市の小学校において，防犯ボランティアによるパトロール活動の調査を行ない，日常活動理論の枠組みからの評価を試みている。具体的には，小学校において，2週間にわたり，GPS（全地球測位システム）を用いた子どもと見守りボランティア活動の行動計測を行ない，現状の見守り活動がどの程度の子どもの行動範囲をカバーできているかを，時間と空間の両面から明らかにした（図8-8）。その結果，子どもの下校時の通学路が，防犯ボランティアの見守り活動の存在によって十分にカバーできている一方で，子ど

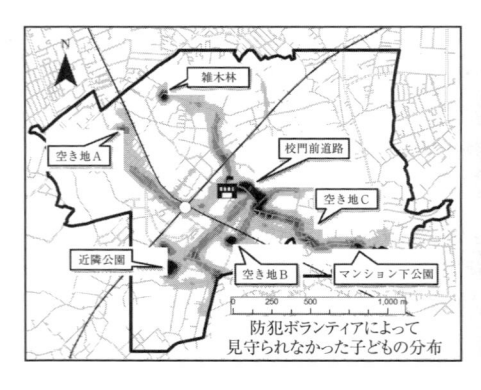

図8-8　見守りボランティアに見守られない状況下で活動している子どもの分布と集中箇所の例
（雨宮ら，2009より作成）

色が濃いほど，見守られていない子どもが多く分布している。色が濃いところには，公園などの子どもの遊び場のほか，雑木林や空き地などが含まれている。

もが学校から帰宅したあとの時間帯における地域の屋外のオープンスペースに対しては，見守りの目が十分行き届いていないことなどが明らかにされている。子どもの屋外活動を大人の監視下に置くことは，子どもの自由と競合する面もあるため，この研究結果のみから，ただちに子どもの見守りを現状より強化すべきだとはいえない。しかし，現状の見守り活動に対するこうした客観的な評価結果は，今後の子どもの見守りのあり方（場所や時間帯）を，具体的に議論していくために有用といえる。

　近年増加が著しい防犯カメラの効果検証は，場所への介入後評価研究としても重要な課題であるが，日本ではほとんど実証的な研究例が存在しない。数少ない例として，駐車場における研究例（樋野，2008）が，カメラ設置による犯罪や犯罪不安への効果を明らかにしている。防犯カメラについては，諸外国での評価研究においても，出入口が制限された駐車場における自動車関連犯罪などの特定の場合を除いて，その犯罪抑止効果は限定的であるとされるのが一般的である（Ratcliffe, 2006；Welsh & Farrington, 2002；2009；Gill & Spriggs, 2005）。とくに，一般の人々が想定しがちな粗暴犯に対しては，効果はほとんど見られないことが知られている。また，防犯カメラ非設置地区への犯罪の「転移」を招いたり，地域のイメージを悪化させることがあるなど，その弊害も一方では指摘されている（Ratcliffe, 2006）。日本においても防犯カメラの設置事例が増えてきたが，それに対する科学的な裏づけは十分とはいえない。当面は，功罪含めて，事例ごとの評価研究を確実に蓄積していくことが重要と考えられる。

　海外では，場所への介入後の評価は，「根拠に基づく犯罪予防」を提唱する米国の犯罪学者，シャーマンらのグループによって大規模に行なわれている（Sherman et al., 2002）（ピックアップ6参照）。そこでは，防犯カメラや街灯の設置，近隣の街路閉鎖などの対策が取り上げられ，犯罪予防への効果について検証されている。日本でも近年，さまざまな新しい防犯対策が行なわれているが，そのなかには本当に効果が見込めるのか不明確なものも多い。科学的に厳密に場所への介入の評価を行なうためには，統制地区を設けたうえでの介入実施前後の一定期間の観察が必要であり，通常，研究者が取り組む課題としてはかなりハードルが高い。しかし，新規の意欲的な試みを積極的に評価するためにも，また，既存の防犯対策の費用対効果を高めるためにも，日本においても，今後は，海外同様に評価研究の蓄積が望まれるところである。

第4節　今後の展望──防犯環境設計論の枠組みを超えて

　日本では2000年に警察庁から「安全・安心まちづくり推進要綱」が示され（その後2006年に改正），「防犯環境設計」のよび名で場所に基づく犯罪予防の考え方が国レベルの政策面で初めて導入された。その後，「防犯まちづくり」として，国土交通省を中心に各種のマニュアル類が公表されるなど，近年，都市計画・まちづくりの分野での，場所に基づく犯罪予防の実践は，少しずつ行なわれるようになってきている。しかし，実際に行なわれている取り組みは，防犯パトロールなど，従来も行なわれてきた住民による地域防犯活動の強化にすぎなかったり，防犯カメラなどのセキュリティ機器や設備の普及でしかないという指摘も多い。こうした偏った手段での「防犯まちづくり」の推進に対しては，犯罪問題に対する対症療法でしかない，あるいは，行きすぎると社会を窮屈にしてしまうといった批判もある（雨宮ら，2007）。

　本章で見てきたように，場所に基づく犯罪予防の考え方は，本来，環境の設計・管理・利用に包括的にアプローチするものであり，決して住民による防犯活動の強化や防犯カメラの設置，個別の建物の堅牢化だけを求めるものではない。さらに，都市計画・まちづくりの思潮と融合した「第2世代」の考え方が示唆するように，それがめざすところは，犯罪予防のさらに先にある，持続可能なコミュニティの形成にある。海外における場所に基づく犯罪予防は，「第1世代」に対するさまざまな限界や批判のなかで，都市計画，まちづくりの理論と融合した「第2世代」の考え方を生みだした。わが国における「防犯まちづくり」の考え方においても，これまでの防犯環境設計論の枠組みを超えて，持続可能なコミュニティの形成とより高い生活の質をめざした，まちづくりの理論として発展していくことが望まれる（第7章参照）。

ピックアップ 9　青色防犯灯の現状と青色 LED による新たな防犯灯開発

　青色防犯灯が最初に設置されたのは，イギリスのグラスゴー市である。2000年にブキャナン通りに約40基の青色防犯灯が設置され，防犯効果を高めるために防犯カメラが併設された。2007年7月6日，筆者の共同研究者たちが，青色防犯灯設置の真相を探るために，グラスゴー市の「光の街プロジェクト」チームを訪問した（平，2010）。

　グラスゴー市は，かつては炭鉱都市として栄えたが，その炭鉱も廃山になり失業者が増大した。それとともに犯罪が多発し，非常に治安が悪く，地域のコミュニケーションも薄くなっていた。このような情勢下，グラスゴー市は，①住民の安全性確保，②住民のための環境改善，③光の芸術的利用，④市の国際化，⑤民間との共同施策の推進，というプランを立ち上げた。そして，このプランの柱として「光のフェスティバル」を2005年に実施して世界的に注目された。そのなかでとくに重点を置いたことは，歴史的建築物や公共施設等へのライトアップであった。青色防犯灯もこのプランの一環として設置されたもので，青色による犯罪抑止の根拠やデータに基づいたものではなく，ブキャナン通りの歩道を整備し，青色でライトアップすることでほかの通りとの差別化を図ることが目的であった（平，2010）。

　その一方，わが国では，2005年5月にグラスゴー市ブキャナン通りの青色防犯灯を紹介したテレビ番組が放映され，「街灯をオレンジから青色に替えたら，副次効果で年間約1万件も犯罪が減った」と報道され，この報道が「青色防犯灯に犯罪抑止効果がある」と視聴者に印象づけた（須谷，2008）。その翌月の6月23日，奈良県警察本部の要請に対し，秋篠住宅自治会が7基の防犯灯を青色に切り替えたのが日本最初の青色防犯灯の設置例である（二滝，2006）。そして，この地域での犯罪がゼロになったと報道されたことから（須谷，2008），広島県，静岡県，沖縄県などから全国各地に青色防犯灯の設置が始まり，2009年5月時点ではすべての都道府県で青色防犯灯の設置を確認できるまで普及した。筆者は広島県警察本部生活安全部の協力の下，2005年8月に広島市中区本川町に設置された12基の青色防犯灯の防犯効果を調べた。その結果，青色防犯灯12基の設置前の2004年9月から2005年7月までの11か月間の犯罪認知件数が87件であったのに対し，2005年9月から2006年7月までの11か月間の犯罪認知件数は43件であり，青色防犯灯の設置で犯罪が半減してい

ることが明確となった。

　それではなぜ，青色防犯灯の設置で犯罪抑止効果が報告されているのであろうか？　筆者は，環境設計による犯罪予防（Crime Prevention Through Environmental Design）のなかの監視性の確保と領域性の強化が，青色防犯灯設置による犯罪減少をよく説明できると考えている。監視性の確保は，ボランティアによる見守り活動，植栽の剪定やフェンスの使用による見通しの確保，暗がりをなくすための防犯灯設置，監視カメラの設置など，多くの人の目を確保することである（第7,8章参照）。そして，領域性の強化は，空き地の整備，ゴミのポイ捨てや落書き（秩序びん乱）の禁止，公園や沿道へ花を植えるといった活動をとおして，環境を魅力的に利用して，その地域の住民の防犯活動やさまざまなイベントを推進することである。近年，監視性の確保と領域性の強化による防犯の考え方が浸透して刑法犯の減少に結びついているが，青色防犯灯設置による犯罪減少でも同様のメカニズムが働いていると考えられる。

　このように従来の青色防犯灯は，一定の防犯効果をあげている。その理由として，①これまでに街灯として存在しなかった青色という特異性からくる監視性の向上，②青色防犯灯を自主的に設置したことにともなう住民の領域性の強化，③色相青への普遍的嗜好性，④プルキンエ現象による遠方からの視認性の向上，⑤青が防犯を表わす色（青色回転灯車が防犯パトロール車として定着）としての代表性を持ったことがあげられる（平，2010）。

　しかしながら，青色防犯灯を設置した地域の住民に対する調査結果のなかには，「通りの明るさは以前よりも暗くなり，服装などの色も以前よりわかりにくく，以前よりさみしくなった」旨の回答もしばしば見受けられる（須谷，2008）。つまり，青色防犯灯の短所として，①蛍光灯に青いフィルムを貼り付けるため照度が低下する，②防犯カメラの映像精度が低下する，③自然光と異なる波長であり「違和感がある」「気味が悪い」など，住民の生活の質（quality of life: QOL）が低下することがあげられる。また，小山（2008）は，青色波長成分を多く含む光環境（460nm-470nm付近の反応がピークとされる）に夜間暴露されると，覚醒水準の増大や，体温下降の妨げ，メラトニン分泌の抑制が認められ，自然の睡眠と比較してその質が低下する危険性を指摘している。そして，青色防犯灯の設置場所に短時間滞在する程度の受光量では影響は出現しにくいとしながら，住宅窓の至近距離から青色光が入射して受光時間が長くなると非視覚的生理作用が生じる可能性も否定できないと警鐘を鳴らしている。

　これに対し，筆者は大阪府茨木土木事務所と広島化成株式会社と共同で，従

来の青色防犯灯の短所を克服するために，青色・白色複合 LED 防犯灯を開発した。この青色・白色複合 LED 防犯灯の特徴は，青一色であった従来の防犯灯に対し，中心部を 32 個の白色 LED，周辺部を 16 個（外側左右に 8 個ずつ）の青色 LED で構成していることである。その結果，遠目には青色防犯灯と認知されて防犯効果を保ち，直下は白く高い照度で自然光に近い演色性 70（太陽光が演色性 100）を保持できるものが完成した。また，光源として LED を使用したことから，21 世紀の課題である環境面に関してもさまざまなメリットが生まれた。たとえば，LED 光源は約 40,000 時間の長寿命で約 10 年間交換作業の必要がなく，消費電力は約 10W で一般蛍光灯の 20W よりも消費電力を約 55% 削減できる。消費電力の削減は CO_2 削減にもつながり，試算では現行の水銀灯・ナトリウム灯に比較して約 40% の CO_2 削減が期待されている。さらに，LED は水銀などの有害物質を含んでおらず環境に優しい光源であること，ガラス管を使用していないため割れることによる危険性を回避できること，虫が好む波長領域 350nm 付近の波長をほとんど出さないため，虫が寄りつきにくいなどのメリットももっている。この青色・白色複合 LED 防犯灯は，大阪府茨木土木事務所によって 2007 年 7 月，都市計画道路富田目垣線に設置され，社団法人照明学会の平成 19 年度照明普及賞を受賞している（照明学会普及部，2007）。

　筆者は，都市計画道路富田目垣線に設置した青色・白色複合 LED 防犯灯が，生体にどのような影響を及ぼしているかを検証した。この研究では，富田目垣線にある歩道用の青色・白色複合 LED 照明と従来のナトリウム灯照明を実験参加者に対し 5 分間暴露し，脳波（O1，O2），心拍，呼吸，瞬目を測定した。また，両照明の印象評定も実施し，青色・白色複合 LED 照明の心理生理的効果について検討した。脳波，呼吸，瞬目の結果については有意差が認められなかったが，5 分間の平均心拍数は，ナトリウム照明の暴露下（71.1 拍）と比較して，青色・白色複合 LED 防犯灯の暴露下（70.2 拍）で減速する傾向が見られた。そして，心拍の R-R 間隔の変動性に関しては，副交感神経系の機能を反映する HF 値が，青色・白色複合 LED 防犯灯で有意に高くなり，ナトリウム灯に比較して穏やかな気持ちで景色を見ていることが示唆された。そのことは質問紙による印象評定からも推察され，青色・白色複合 LED 防犯灯の得点が「軽い」「好き」「柔らかい」「澄んだ」「あっさりとした」「はっきりとした」「美しい」「安定」「静的」「鎮静」「新しい」「鮮やかな」の項目で有意にポジティブであり，歩道用照明として好まれていることがわかった。さらに，筆者は，シールドルーム内に直列型 LED 防犯灯を設置し，青色・白色複合（青白条件），青色単一（青

条件），白色単一（白条件）の 3 条件でも実験を行なった。この 3 種類の照明の特徴は，青色条件が日常生活では体験しない真っ青な環境になったのに対し，普段見慣れている白色をベースとした青白条件と白条件は室内照明としても違和感のないものであった。そして，印象評定の結果は，青条件が最もストレスが強くネガティブな評定，白条件はストレスが少なく，青白条件は最もポジティブな評定で好まれていた。5 分間暴露後の唾液アミラーゼ活性値は，青色条件がほかの条件と比較して最も高い値であり，よりストレスフルな状態になる可能性を示唆した（平，2010）。

　以上のことから，青色・白色複合 LED 防犯灯は，副交感神経系の機能促進で鎮静効果をもたらすとともに，青 1 色の不自然さが軽減されて歩行者や周辺住民に好まれやすく，QOL を維持したうえでの犯罪抑止効果が期待できると考えられる。ただし，青色が瞬時に犯罪企図者の犯行意欲を鎮静させ，犯罪抑止に結びつくと考えるのではなく，防犯環境設計と割れ窓理論に代表されるように，地域住民による監視性の確保と領域性の強化が向上した結果，犯罪抑止効果に結びつくことが期待される。また，青 1 色の照明は，住民や通行者の QOL の低下とストレスの増大，さらには，メラトニン分泌の抑制（戸田，2007）による睡眠の質の低下にもつながる可能性をもっている。したがって，従来の青 1 色の青色防犯灯から，遠目には青く，直下では白色で住民に好まれる青色・白色複合 LED 防犯灯への切り替えが望まれる。

第9章

子どもの遊びと防犯

　子どもの防犯がいわれるようになって、逆に、それが本当に子どもの防犯能力を高めるのかという疑問が出されるようになった。本章では、防犯ブザーや防犯カメラなどの防犯機器に依存するのではなく、子ども自身の危機管理能力を育てることの重要性を指摘する。まず子どもの遊びと保護者の意識に関する実態調査の結果を紹介し、子どもにとっての遊びの大切さを明らかにする。そして子どもの「冒険遊び場づくり」をとおした地域住民の意識の向上、子どもの自尊感情の向上が地域の犯罪予防にどのように貢献するかを考察し、社会や地域が子どもを育てるという視点の防犯上の意義について考察する。

第1節　子どもにとって遊びの大切さ

　子どもにとって「遊び」は、生活に不可欠なものである。すなわち生活そのものであり、それ自体が目的であるといえる。また、遊びは、身体的・精神的・社会的そして情緒的な発達のための大きな力となるものであり、大変重要な役割を担っている。子どもにとっての遊びのはじまりは、「やりたい！」という気持ちである。しかし、近年、子どもを取り巻く状況は大きく変化し、「遊び時間」「遊び仲間」「遊び空間」といういわゆる『遊びの3間』が減少しているといわれて久しく、子どもが自由に遊ぶことが困難な状況となっている。とくに「外遊び」をすること自体が難しくなっているのが現状だ（仙田，1992）。急速な都市化の進行により、かつての子どもの遊び場であった身近な山林や田畑、空地を奪われ、モータリゼーションの進展により、自動車交通量は増大し、道路は危険な空間へと変わっていった。また、子どもたちの大切な遊び場所である公園は、禁止事項にあふれ、自由に遊べない空間になっただけではなく、子どもたちが犯罪に巻き込まれる可能性が高い「危険な空間」へと変容していった。

　犯罪に巻き込まれることを心配する大人により、子どもの行動は制限される。一方、メディア社会の肥大化により、子どもたちは「子ども社会」で成長するよ

りも「メディア社会」で成長するといっても過言ではない状況となってきている。そして，大人は，とくに親たちは，自分たちの都合のよいように子どもをコントロールするために，過剰なまでに習い事や塾に通わせたり，早期教育に走ったり，幼い頃から携帯電話を持たせることにより子どもを管理しようとしたり，安易にゲーム機器やDVD／ビデオを与え子守りをさせたりといった，子どもたちが受身の遊びにならざるを得ない状況をつくりだしてしまっている。これは子ども自身が育とうとする力さえも奪ってしまう危険性がある。

　子どもが巻き込まれる悲惨な事件が報道されるたびに，家庭・学校・地域ではさまざまな対策が取られてきた。「地域で子どもを守る」というスローガンのもと，登下校時（とくに登校時）を中心とした地域における子どもの見守り活動は，日本各地で実施されるようになった。しかし，この見守り活動は，島田（2009）が明らかにした「子どもが最も犯罪に遭う時間帯」に必ずしも実施されているわけではない。島田の研究結果により，むしろ見守りの空白時間をどのようにするのかということが課題になったといえる。残念なことには，凶悪な犯罪が発生したときには見守り活動も熱心に行なわれるが，その活動も長期的にモチベーションを保つことは難しく，当番制の活動に対する負担感も課題となっているのが現状だ（第7章参照）。

　イギリスでは，治安を守るために市民が1日300回監視カメラに撮影されているといわれている。子どもが被害者になるだけでなく加害者にもなる可能性があるという問題や，子どもの肥満増大という社会問題を抱えたイギリスでは，その対策として「子どもの外遊びの推進」が有効であるとし，これを国の施策として位置づけるようになった。この施策を推進する団体のひとつに「London Play」があり，「プレーワーカー」とよばれる大人が常駐する遊び場の運営等を行なっている。

　今，大人たちが本気で子どもを犯罪から守ろうとするのであれば，子どもが犯罪に遭遇してしまったとき，遭遇しそうになったとき，自分で自分自身をしっかりと守ることのできる危機回避能力をつけることが重要となる。この危機回避能力は，犯罪からだけではなく，事故，災害，いじめ，病気等，子どもを取り巻く多様な危機から自分の身を守ることに有効であるはずだ（図9-1）。いまや，防犯ブザーは小学生の必携品であり，GPS付きのランドセルを背負い，常に親から居場所をサーチされている子どももいる。また，まちのあちらこちらに，防犯カメラも設置されるようになり，日々新たに開発される多様な防犯機器により子どもの安全を確保しようとする動きは活発である。しかし，機器に頼る安全確保だ

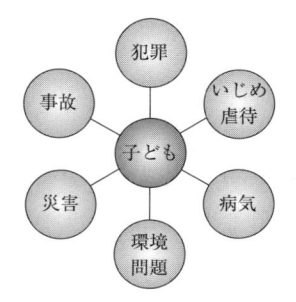

図9-1　子どもを取り巻くさまざまな危機　　　図9-2　子どもに必要な力

けではむしろ危険である。防犯ブザーは，本当に危険が間近に迫ったときには鳴らすのが難しかったり，いざ鳴らそうと思ったら「電池切れ」ということも少なくない。そのような時に頼れるのは，やはり，子ども自身が大声を出せることであったり，とっさに判断して逃げることであったり，大人にきちんと事態を報告できることなどである。つまり，子ども自身が危機管理能力を身につけておくことが，実は大変重要なことなのだ（図9-2）。この能力は，子どもが子ども時代に「子ども社会」のなかでしっかりと遊びを積み重ね，遊び込んでいくことで培われるものだ。とくに自然のなかで，子どもの主体的で自発的な外遊び力を高めることが子ども自身の危機回避能力向上に役立つ。そしてこの力は，子どもが自己肯定感や自信をもって生きていくことのできる力につながっていくのである。

　日本においても，子どもの安全を守る施策として，これまでの機器に頼りすぎる手法の見直しや地域における見守り活動の限界を考慮して，防犯活動という要素を前面に打ち出すだけではなく，大人も子どもも「楽しめる」仕組み・活動を広げていく施策を創出し，新たな市民社会の構築をめざす時期にきているのではないだろうか。

　本章では，「子どもの外遊び」に着目し，これをキーワードとした「子ども自身の育つ力」と「地域の防犯力」の向上について論じていきたい。

第2節　子どもの遊びを阻害するもの—外で遊べない・遊ばない子どもたち

　「子どもが外で遊んでいる姿なんて見ないわよ」「遊ぶ場所がないからね」「ゲームばかりしているわ」等々，子どもの遊びに関する大人たちの話からは，子どもたちが外で遊ぶことがめっきり少ない状況になっていることがうかがえる。子ど

もの外遊びを阻害しているものは何であるのか，筆者が神戸市内の小学校で実施したアンケート調査結果をもとに考えていきたい。

調査は2008年10月に実施し，調査対象は，神戸市内の都市部にあるS小学校の全児童とその保護者である（児童数：990人：2008年10月現在）。このS小学校は昭和初期に創立され，1995年に発生した阪神・淡路大震災では甚大な被害を受けた。震災後，再開発により多くの集合住宅・防災公園が整備され，周辺のまちのようすは大きく変わった地域である。

1 子どもの外遊びの実態

まず，今の子どもたちは，外で遊ぶことが「好きなのか，きらいなのか？」まず，それを聞いてみた（図9-3）。

「外で遊ぶのが好き」と答えたのは，低学年71.2%，高学年63.8%であった。「ふつう」と答えた子どもも合わせると100%近くになる。しかしながら「きらい」と答えた子どもが少数ではあるが存在するのも事実である。「きらい」と答えた子どもにその理由を聞くと，「夏は暑いし，冬は寒い」「身体を動かすのがきらい」「外に行くのが面倒くさい」というものがあった。

では，実際に子どもはどのくらい外で遊んでいるのであろうか（図9-4）。「よく遊ぶ」と答えたのは，低学年62.0%，高学年52.5%である。また，図9-3，図9-4を比較してみると，外遊びが「好き」なのに外でよく遊べていない子どもが存在することがわかる。

そこで，外遊びが好きかどうかということ（外遊び志向）と実際にどのくらい外で遊んでいるかということ（外遊び頻度）の関係を見てみると（図9-5），外で遊ぶのが好きな子どもほどよく外で遊んでいることがわかる。しかし，外で遊ぶことが好きであっても何かの要因によりあまり外で遊べていない子どもがいるこ

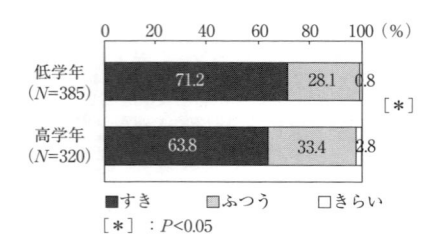

図9-3　外で遊ぶのが好きですか？

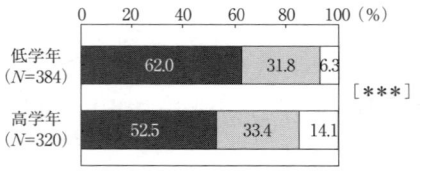

低学年 (N=385): すき 71.2, ふつう 28.1, きらい 0.8
高学年 (N=320): すき 63.8, ふつう 33.4, きらい 2.8
[*] : P<0.05

図9-4　外でよく遊びますか？

低学年 (N=384): よく遊ぶ 62.0, 時々遊ぶ 31.8, あまり遊ばない 6.3
高学年 (N=320): よく遊ぶ 52.5, 時々遊ぶ 33.4, あまり遊ばない 14.1
[***] : P<0.001

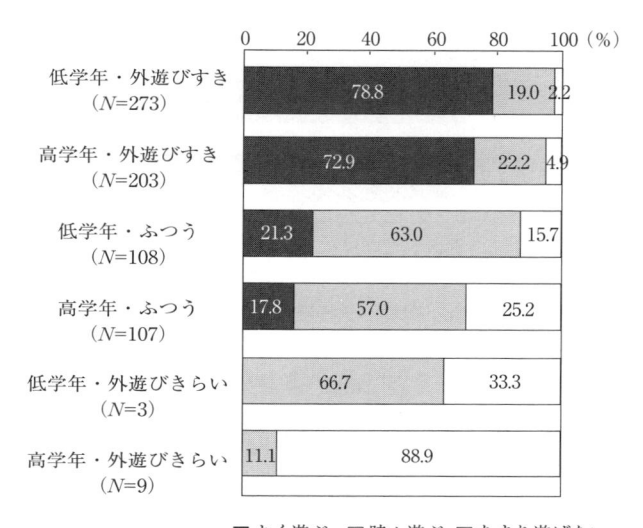

図 9-5　外遊び志向別にみた外遊び頻度

（低学年・外遊びすき $N=273$）よく遊ぶ 78.8／時々遊ぶ 19.0／あまり遊ばない 2.2
（高学年・外遊びすき $N=203$）よく遊ぶ 72.9／時々遊ぶ 22.2／あまり遊ばない 4.9
（低学年・ふつう $N=108$）よく遊ぶ 21.3／時々遊ぶ 63.0／あまり遊ばない 15.7
（高学年・ふつう $N=107$）よく遊ぶ 17.8／時々遊ぶ 57.0／あまり遊ばない 25.2
（低学年・外遊びきらい $N=3$）時々遊ぶ 66.7／あまり遊ばない 33.3
（高学年・外遊びきらい $N=9$）時々遊ぶ 11.1／あまり遊ばない 88.9

■よく遊ぶ　□時々遊ぶ　□あまり遊ばない

ともわかる。

　では，本当に子どもたちは外で遊びたくても遊べないことがあるのかどうか聞いてみた（図 9-6）。「ある」と答えたのは低学年が 72.3％，高学年が 63.2％であり，低学年のほうが外遊びに制限がかかっていることが多いことがわかる。

　子どもたちはどのような要因のために外で遊べないことがあると感じているのだろうか。図 9-6 で「外で遊びたくても遊べないことがある」と答えた子どもたちにその理由をたずねた（図 9-7）。「塾や習い事があるから」「時間がないから」という理由が上位をしめ，子どもたちにとって外遊びを阻害する大きな要因として「遊び時間」の不足を感じていることがわかり，とくに高学年のほうが強く感じていた。一方，低学年では「叱られるから」「禁止されているから」「おかあさんが一緒に行ってくれないから」などの回答も見られ，大人（親）による制限によって，子どもは外遊びができないと感じていることがわかる。

　子どもたち自身は，どのようにすればもっと外で遊べるようになると考えているのだろうか。「今よりもっと外で遊ぶためにどうしたらよいか」聞いてみたところ，多かった回答としては，「宿題を早く終わらせる」「早く学校から帰る」などがあり，時間をつくることが外遊びを増やすことにつながると考えている子どもが多い。これらのほかに低学年では，「友だちと仲よくする」「元気な身体になる」

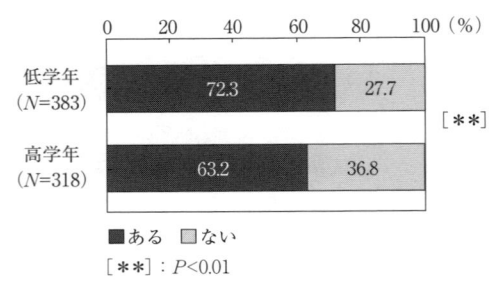

図9-6　外で遊びたくても遊べないことがあるか？

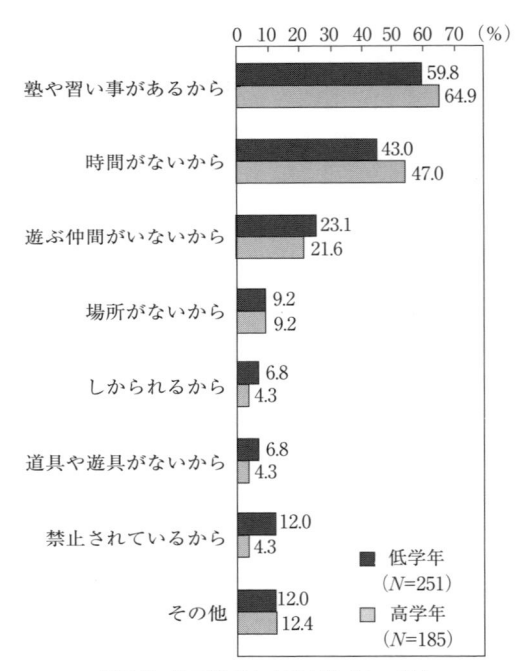

低学年 (N=383): ある 72.3 / ない 27.7
高学年 (N=318): ある 63.2 / ない 36.8
[**] : P<0.01

図9-7　外で遊びたくても遊べない理由

理由	低学年 (N=251)	高学年 (N=185)
塾や習い事があるから	59.8	64.9
時間がないから	43.0	47.0
遊ぶ仲間がいないから	23.1	21.6
場所がないから	9.2	9.2
しかられるから	6.8	4.3
道具や遊具がないから	6.8	4.3
禁止されているから	12.0	4.3
その他	12.0	12.4

という回答があった一方で,「かしこくする」「外が安全になればよい」という意見も見られた。「かしこくする」と答えた子どもは,親からの許可が出ないと外に遊びに行けず,親の顔色をうかがっているようすが見られる。高学年では,「友だちを増やす・つくる」「ゲームの時間を減らし外に出る」「おけいこごとや塾をやめる・減らす」という意見があり,遊び場所をつくるよりも,時間や仲間をつ

くることが外遊びを促進するためには重要であると考えているのだろう。

2 親は子どもの外遊びの現状をどう思っているのか

　子どもたちの外遊び実態から，子どもたちの外遊びに対し，親が一定の制限を加えていたり，コントロールしているようすが垣間見え，子どもの外遊びには親の意向が関与していることがわかった。マスコミ等の報道による子どもが巻き込まれる痛ましい事故や事件のニュースの影響により，親は子どもを自由に外で遊ばせることに不安を感じているのだろう。では，実際に親たちは子どもたちの外遊びに対してどんな不安を感じ，どのような制限を加えているのかを見てみたい。

　子どもたちを外で遊ばせるときに，安心して遊ばせることができる場所があるのかどうか，不安を感じる場所や遊ぶことを禁止している場所があるかどうかを聞いた（図9-8〜図9-10）。「禁止している場所」がある親は約5割，「不安を感じる場所」がある親は6割強であった。これらに共通する具体的な場所としては，「人気が少なく，樹木がうっそうとしている公園」「交通量の多い幹線道路近く」であり，その理由としては，「人の目が少ないから」「死角があるから」「大人の目がないから」など，自然監視性が少ないことがあげられていた。一方，安心して遊ばせる場所が「ある」と答えた親は，低学年・高学年ともに8割を超えていた。具体的な場所としては，学校公園として利用されている校庭，児童館，震災後に整備された防災公園であり，その理由としては「同年代の子どもが遊んでいるから」「友だちがたくさん遊んでいるから」「人通りが多く，大人の目がある」など，常に誰かに見守られているという自然監視性があることが大きな理由となっていた。

　親たちは子どもの安全を確保するために日常的にどのような行動をしているのか「自分の子どもを守るためにしていること」を聞いた。低学年と高学年ではその行動に差異がみられた。低学年では「防犯用ブザーや笛を子どもに持たせる（59.6％）」「塾や習い事の送り迎えをする（49.5％）」が多く，高学年では「携帯電話を持たせる」という回答が低学年に比べると多い。一方，近年活発に行なわれるようになった地域での自主防犯活動に関しては，「地域の見守り活動に参加する」や「子どもの被害防止のために地域のボランティア活動に参加する」などと答えた親は少なく，地域の活動への参加は消極的であることがわかる。共働き家庭も多いため，日常的な地域活動への参加はむずかしいのが現状であるのかもしれない。

　親たちの子どもの遊びや地域の遊び場に対する意見を紹介してみよう。

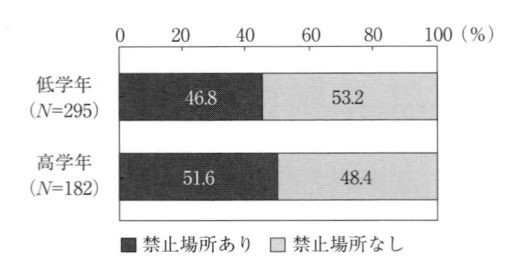

図9-8 外で遊ぶことを禁止している場所があるか？

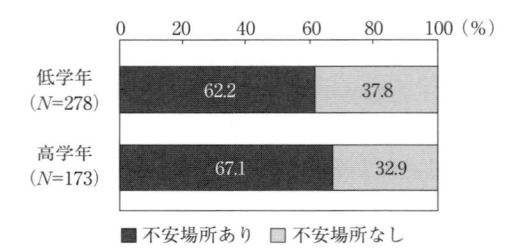

低学年 (N=295): 禁止場所あり 46.8／禁止場所なし 53.2
高学年 (N=182): 禁止場所あり 51.6／禁止場所なし 48.4

図9-9 外で遊ばせることに不安を感じる場所があるか？

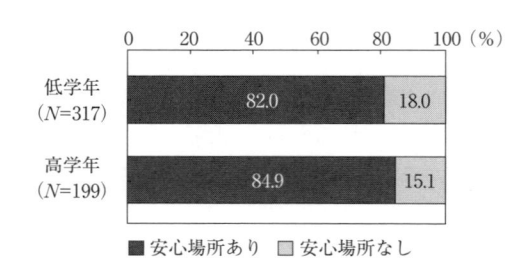

低学年 (N=278): 不安場所あり 62.2／不安場所なし 37.8
高学年 (N=173): 不安場所あり 67.1／不安場所なし 32.9

図9-10 外で安心して遊ばせることができる場所があるか？

低学年 (N=317): 安心場所あり 82.0／安心場所なし 18.0
高学年 (N=199): 安心場所あり 84.9／安心場所なし 15.1

(2年生保護者)「仕事をしているため，学童保育に入れています。学童保育の場所が小学校に近く，毎日校庭で遊んでいるのか，ドロドロになって帰って来ます。もし，家に毎日帰って来て遊びに出て行くとなると，車が多いし中高生が公園でたむろしているので，安心して外へ遊びに出すことができないと思います。だから，学童保育で毎日遊んでいるのは，よいことだと思います。安心して預けることができるし，仕事もできます。また，ひとりっ子に近いので，学童保育で異年齢の子どもとケンカしながら育つ環境にも満足しています」

(3年生保護者)「公園などで遊ぶとき，常に見てくれる大人がいればよいと思いま

図9-11 校庭を利用した学校公園：安心して遊ばせることのできる場所の具体例

すが，今，その大人も不確かかな？と思う時代です。自分の子は自分で守らないといけないのでしょうが，共働きが多いため，むずかしいです。常に子どもにひとりでは行動しないように言っています。安心して遊べる時代はもうないのかもしれません」

(4年生保護者)「共働きのわが家では，やはり子どもの放課後が心配です。毎日いろいろな事件が起こるので人ごととは思えません。ひとりっ子など多いため，親が過剰に心配するあまり，なかなか外で遊ばせない，遊んでも母親が一緒ということが多く，のびのび遊べないのが現状です。うちは，男の子で，ケンカもすればたたきあったり口ゲンカなどトラブルもたくさんあります。しかしその度に親が出てしまっていては子どもたちが自分たちで話しあったりするということができなくなり，結果として親がいないと何もできない子がつくられるのではと思います。ケンカもありトラブルもありでOKと思っています。過保護な親が多すぎると思います」

このように，子どもが外で遊ぶことは大切であると感じている親は多いものの，安心して自由に遊ばせることができる環境を確保できないことに，子育てのむずかしさを感じているようだ。

第3節　地域で支える子どもの遊びと育ち―冒険遊び場づくりの活動

1 子どもの外遊びを推進する冒険遊び場

犯罪現象を，加害者，被害者，目撃者となり得る一般市民，加害者と被害者が出会う機会として考えてみると（第3, 7, 8章参照），加害者と被害者が出会う機会を減らすために，子どもの外での遊びを規制したり，保護者の監督のもとに遊ばせることは合理的ではある。しかし，過度の行動規制は子どもの心身の健全

| 194 | 第2部　市民と防犯対策

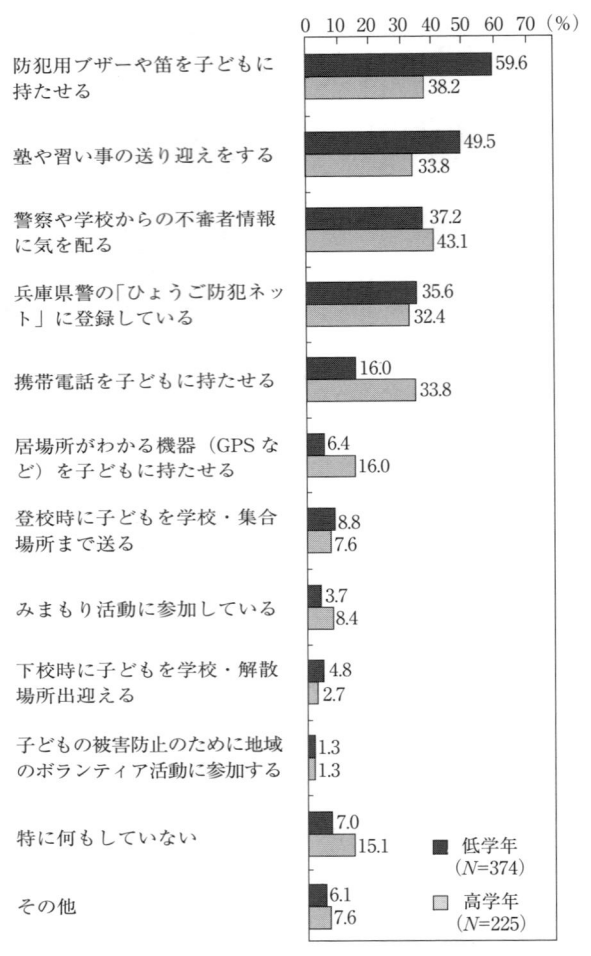

項目	低学年(N=374)	高学年(N=225)
防犯用ブザーや笛を子どもに持たせる	59.6	38.2
塾や習い事の送り迎えをする	49.5	33.8
警察や学校からの不審者情報に気を配る	37.2	43.1
兵庫県警の「ひょうご防犯ネット」に登録している	35.6	32.4
携帯電話を子どもに持たせる	16.0	33.8
居場所がわかる機器（GPSなど）を子どもに持たせる	6.4	16.0
登校時に子どもを学校・集合場所まで送る	8.8	7.6
みまもり活動に参加している	3.7	8.4
下校時に子どもを学校・解散場所出迎える	4.8	2.7
子どもの被害防止のために地域のボランティア活動に参加する	1.3	1.3
特に何もしていない	7.0	15.1
その他	6.1	7.6

図9-12　子どもの安全を守るためにしていること

発達に支障をきたしかねない。子どもは成長し，いずれひとりで生きていかねばならない。いつまでも親が面倒をみることはできないのだから，子ども自身が力を備えていくことが大切だ。子ども期にその生きる力を身につけるためには，「遊び」は非常に大切な要素である。とくに外で遊ぶことはさまざまな力をつけることに欠かせない。第2節のアンケート調査の結果からも，もっと外で自由に遊びたいという子どもと，外で遊ばせたいが不安を感じる親という構図が明らかに

なった。

　このような現状を打破するまちづくりの手法のひとつとして，「冒険遊び場づくり活動」をとらえることができる。冒険遊び場とは，「『自分の責任で自由に遊ぶ』というモットーを掲げ，禁止事項をなくし，子どもの『やりたい』という気持ちを可能な限り実現できるようにした遊び場」である。そして，その活動を支えるために「プレーワーカー，プレーリーダー」とよばれる大人が配されているところに特徴があり，だからこそ，子どもたちはのびのびと自分のしたい遊びをすることができるのだ。

2　冒険遊び場の遊びとプレーリーダー（プレーワーカー）

　冒険遊び場では，土・水・木という自然の素材や，シャベル・ノコギリなどの道具類を自由に使って，水遊びや工作，地面を掘ったり，木に登ったり，あるいはたき火でヤキイモを焼いたり，かまどで料理をしたりすることができ，従来の都市公園では禁止されている遊びも可能である。子どもがのびのびと思い切り遊べるように遊びの素材，道具，きっかけ，事故やケガへの備え等，さまざまな工夫がある。作ったり，壊したり，おしゃべりをしたり，歌を歌ったり，何かに変身してみたり，自分のやりたいことに挑戦することができる。そして，何もしないで，ボーっとすることもできる遊び場である。子どもたちは，行きたいときに，いつでも遊びに行くことができる。ひとりで遊びに行くこともできれば，友だちと行くこともできる。同年齢の子どもだけでなく，年上の子どもとも，年下の子どもとも遊べる。多少のケガをすることはあっても大きなケガは意外に少ないといわれている。子どもの「やってみたい！」という気持ちを，子どもの自主的な挑戦により「やった！　できた！」という自信につなげていくことができるのもこの遊び場の大きな特徴である（図9-13～図9-17）。

　このような遊びを可能にしているのが，「プレーリーダー（プレーワーカー）」とよばれる大人の存在である。プレーリーダーとは，最も子どもの目線に近い立場で遊び場にかかわる大人である。プレーリーダーは，子どもの興味や関心を引きだすような遊び環境づくりに取り組み，子どもと一緒に遊び，子どもから信頼を受ける存在でもあり，ときには子どもの相談相手になったり，大人からの理不尽な干渉をさえぎることもある。プレーリーダーが子どもの遊びのさまざまな局面においてフォローする体制があるというのは，子どもの自由な遊びを支える非常に大きな力となっている。また，プレーリーダーには，常に変化する遊び場の状況に応じて注意を払い，子どもに声をかけ，ケガや思わぬトラブルにも対応で

図9-13　掘った穴に水をためて泥遊び

図9-14　かまどを作って火起こし

図9-15　手作りのウォータースライダー

図9-16　手作りのハンモックで遊ぶ

図9-17　落ち葉で遊ぶ

きることが求められている。このようにプレーリーダーの役割は多岐にわたっており，冒険遊び場にとっては大変重要な存在である。

3　冒険遊び場づくり活動を支える地域住民

　冒険遊び場は，第2次世界大戦中の1943年，ドイツ占領下のコペンハーゲン市郊外にある「エンドラップ廃材遊び場」として始まった（Lady Allen of

図9-18 エンドラップ廃材遊び場

Hurtwood,1961)（図9-18）。その後ヨーロッパ・アメリカの各地に波及し，日本では1979年に東京都世田谷の羽根木プレーパークがはじめての常設の冒険遊び場として開設され，30年以上の活動を続けている。そして，この活動は全国に広まり，日本各地で（都市・農村を問わず），子どもの遊び環境の現状に危機感を抱いた大人たちにより，自分たちのまちに自由で豊かな遊びや体験のできる子どもの遊び場を確保しようと活動が実施されている（2010年12月現在，全国各地で約270か所）。地域の実情に応じて運営方法や活動には違いがみられるが，地域の大人たちが当事者として子どもの遊ぶ環境に危機感をいだき，子どもが主体となっていきいきと遊ぶことのできる場を実現しようとする思いは共通である（梶木，2005）。

　冒険遊び場の約8割は公共施設（都市公園や児童館等）で活動しており，大人（プレーリーダーや世話人）が常駐している。冒険遊び場づくり活動は，地域コミュニティと非常に密接にかかわる活動である。そこには，子どもやプレーリーダー，保護者，地域住民，地域で働く人々など，多くの地域の人がかかわることとなるため，顔見知りの関係を築くことができる。このように，冒険遊び場づくりの活動は，防犯面からも自然監視性を高め，子どもが被害に遭う可能性を格段に減らすことができるといえる。

　30年以上も前にスタートした地域住民による自主的な活動は，これからの時代の地域や公園の安全を確保していくためのモデルとなり，非常に大きな役割を果たしていくことが期待されているといえる。

第4節　今後の展望—もっともっと外遊びを

　大人が子どもの遊びを考えるとき，あれこれと考えてしまいがちだが，まず「子どもにとって遊びとは？」という根本的なことを考えてみることから始めなくてはならない。自分が子どもだったころを思い出してみれば，楽しかったこと，嬉しかったこと，ドキドキしたこと，ワクワクしたこと，悔しかったことなどなど，さまざまなシーンが浮かんでくるはずだ。きっとそのときの自分は，夢中で遊んでいたに違いない。

　日本もこれからの時代には，社会が子どもを育てる，地域が子どもを育てるという視点が求められる。そして，子ども自身が五感を鋭く磨き，危機察知・回避・予防能力を身につけるためには，地域において，子どもが自発的・主体的に外遊びをすることのできる遊び場を整備していくことが大変重要になってくるに違いない。しかし，遊び場の整備というハードの視点にとらわれた整備方針だけでは失敗に終わることは自明である。つまり，プレーリーダーをはじめ地域の大人たちといった人的資源とそのマネージメントシステムの整備をすることがなによりも重要である。子どもの外遊びを推進する冒険遊び場づくり活動のような取り組みは，人と人との繋がりによって成り立ち，子どもたちに自分の住んでいる地域を愛する気持ちをいだかせることや，自分が必要とされていること（自分の居場所があること）に気づくことができ，子どもの育ちに大きく寄与するといえる。

　子どもたちがドキドキ・ワクワクしながら外遊びをすることのできる安全で安心な環境を，保護者や地域の大人，行政等がともに整備・運営していくことにより，子どもの危機回避能力と地域の防犯力が向上し，新たな市民社会における子育てとまち育てのトータルシステム構築できるといえる。子どもたちの外遊びを推進する力によって，誰もが安心して暮らすことのできる社会へと変えていくことができるのだ。

ピックアップ 10 地域安全マップによる防犯教育の効用

　地域安全マップは，犯罪被害防止能力の向上を目的とした活動で，子どもから高齢者までだれもが参加できるよう開発された教育プログラムである（小宮，2005）。この活動は，環境設計による防犯予防（Crime Prevention Through Environmental Design: CPTED）と割れ窓理論（broken windows theory）に基づき，犯罪が起こりやすい場所や犯罪が起こりにくい場所を地図に書き出すものである。その主たる目的は，犯罪者から選ばれやすい「（だれもが）入りやすく，（だれからも）見えにくい場所」と犯罪者から選ばれにくい「（だれもが）入りにくく，（だれからも）見えやすい場所」を見きわめることによって，将来の犯罪を予防しようというものである。

　近年では，「安全マップ」と呼ばれる活動が多く行なわれるようになり，91.1％の小学校で地域安全マップが作製されている（文部科学省スポーツ・青少年局学校健康教育課，2009）。しかし，全国で作製されている地域安全マップの約7割は「不審者マップ」や「犯罪発生マップ」であり，過去の犯罪関連情報を収集するタイプの学習であり，子どもみずからが体験しながら考える能動的学習ではないため，防犯効果が期待できないという指摘もある（小宮，2009）。つまり，犯罪を未然に防止するという視点から作製された地域安全マップの普及は，依然として低いという現状にある。

1 地域安全マップによる新たな防犯教育の試み

　広島県では，「地域安全マップ」を正しく普及させるため，マップ作製の指導者を養成するセミナーが行なわれており，このセミナーには，地域の人や学校の先生，大学生などが参加し，講義やフィールドワークをとおして「地域安全マップ作製」についての知識を獲得している（濱本・平，2008）。このセミナーを行なう際，県内の大学生を指導者として起用し，フィールドワークやマップ作製などのグループ活動時にグループリーダーとしてサポートするようにしている。2006年には，学生ボランティアとしてセミナーに参加していた学生が中心となり，大学生による地域安全マップ作製支援のためのネットワーク組織「PACE（ペース）」も発足し，筆者が初代の会長を務めた。

　地域安全マップの具体的な活動は，事前学習，フィールドワーク，マップ作り，発表会の順序で行なう。たとえば，筆者が所属していたPACE福山支部

に小学校から授業での指導要請があった場合，学生メンバーがすべての進行を行ない，学校関係者や保護者には安全確認や写真の印刷作業などを主に担当してもらう。事前学習では，学生が子どもたちに対して地域安全マップとは何か，犯罪が起こりやすい場所や起こりにくい場所はどのような場所なのか，についてわかりやすく説明し，最後に確認のクイズを行なう。フィールドワークでは，6人程度の班に学生リーダーが1名以上つき，子どもたち全員が何らかの係をすることができるよう役割分担をさせる。その後，班ごとに決められた地域を歩き，犯罪が起こりやすい場所，起こりにくい場所を探す。この時，子どもたち自身が発見できるよう，学生はヒントをだしたり，クイズ形式にしたりなど工夫をして子どもの意見を引きだすようにする。また，当日の活動だけでは判断できない情報を集めるため，地域の人にインタビューを行なう。フィールドワークのあとに給食がある場合には，学生リーダーは子どもたちと一緒に給食を食べ，地域安全マップのことや普段の学校のことなどを話し，さらなる信頼関係の構築を行なう。マップ作りでは，学生リーダーは，作業手順やマップ作りのポイントに関する助言を主に行ない，子どもが作製しているマップにできる限り手をださないようにする。つまり，作製の主導権を学ぶ主体である子どもに委譲するのである。発表会では，子どもたちがマップ作りを行なってどのように感じたのかについて発表する。発表がむずかしい子どもに対しては，事前に発表内容を一緒に考え紙に書かせたり，発表会の際に隣について声かけを行なったりする。発表会が終わったら，代表がまとめの話を行ない，地域安全マップ作製が終了する。

　このように，地域安全マップ作製指導を行なう学生は，子ども自身が体験をとおして考え，気づいたことを周りに伝えるという活動を行なうことができるようサポートしている（濱本・平，2008）。

2 地域安全マップ作製の効果測定

　このように「地域安全マップ」は犯罪が起こりやすい場所や犯罪が起こりにくい場所を子どもたち自身に考えさせている活動であるが，実際に子どもたちはきちんと判断し，地域安全マップを作製することができているのだろうか。平（2007）は，子どもたちが地域安全マップ作製活動で選んだ場所がきちんと理論に基づいて判断されているかを検討するため，子どもが撮影した写真を大学生に配布し，その写真を見ながら犯罪不安喚起に関する質問紙に回答させた。その結果，子どもたちの目線で判断された安全な場所は，大学生の視点からも安全な場所であり，危険な場所は大学生の視点からも危険な場所として判断さ

れていることが明らかになった。さらに，大学生に対して子どもたちが撮影した写真をスライドで呈示し，その間の生理反応を計測した。その結果，安全な場所の写真よりも危険な場所の写真に対して拡張期血圧は増加しており，子どもたちが犯罪不安を喚起する，危険な場所を判断していた。つまり，この活動において子どもたちが，犯罪が起こりやすい場所や犯罪が起こりにくい場所を正しく判断できていることがわかった。

また，地域安全マップによって被害防止能力，コミュニケーション能力，コミュニティへの愛着，非行防止能力の4つの能力の向上が期待できるといわれている（小宮，2006）。濱本と平（2008）は，地域安全マップの4つの効果が実際に向上しているのかどうかを調べるため，大学生が小学生に地域安全マップ作製指導を行ない，作製前，作製後，作製から1か月後に3回の質問紙調査（$n=44$）を行った。その結果，被害防止能力とコミュニケーション能力は，地域安全マップ作製により向上し，1か月経過後であってもその効果は継続することが明らかになった。コミュニティへの愛着心は，1か月後まで持続するわけではないが，地域安全マップ作製によって一時的に向上することが示された。非行防止能力では，作製前の段階から非常に高い得点であったため，地域安全マップ作製による効果を検討することができなかったが，作製前よりも作製後において若干得点は増加していた。つまり，小宮（2006）による推測の通り，4つの効果が実際に向上していることが教育現場で実証された。

さらに，この地域安全マップ作製指導を行なっていくことで，参加者への効果だけでなく，指導を行なっている大学生にも変化がみられた。そこで，三阪ら（2009）は，地域安全マップ作製指導を行なう指導員への効果を検討するため，「高校生を指導者とした地域安全マップ作製セミナー」を実施し，指導者として参加した高校生には自尊感情と自己効力感について指導前，指導後の変化を検討した。その結果，どちらも指導前よりも指導後のほうが得点は高いことが示された。つまり，地域安全マップ作製指導を行なった高校生は，小学生に指導をするという体験をとおして，自分自身が価値あるものであり，状況に応じた効果的な行動を遂行できると感じたと考えられる。

3 地域安全マップ作製の今後の展開

以上のように，この活動は地域安全マップという物をつくる「物づくり」の活動ではなく，犯罪被害に遭わない力と犯罪を抑止する力を高める「人づくり」なのである。この活動に参加した子どもは被害防止能力の向上により被害者になりにくくなるだけでなく，コミュニケーション能力やコミュニティへの愛着

心の向上により，犯罪へと走らせる危険因子である疎外感を減少させることで加害者にもなりにくくなると考えられる（小宮，2009）。

そして，指導者である大学生に対して親近感をもち，自分たちも大学生のように指導者になりたいという憧れをもつ子どももおり，子どもたちにとって大学生は「意味ある他者（significant others）」となりうる。「意味ある他者」とは，「こころの形成過程において，自分のお手本となるような考え方をもち，それを行動で示す身近な大人」と定義されている（平，2007）。子どもたちが規範意識を形成する際には，善悪の規準を教わるだけでなく，それを行動で実践できる存在が必要であり，この大学生の存在には非常に意味があると考えられる。さらに，大学生は普段かかわることの少ない子どもたちとの活動において，子どもたちから頼られ，自分の行動が子どもたちによい影響を及ぼしているということを自覚したと考えられる。このように，「地域安全マップ」によって参加者と指導者の両者にとって有益な効果が得られることが明らかになっている。

多くの地域において，「地域安全マップ」にかかわっているのは小学生や地域の高齢者，そして指導者の大学生である。中高生や子どもたちの保護者の世代などは，防犯活動を行なう機会が非常に少ない。そこで，「地域安全マップ」を一過性の活動として終わらせるのではなく，継続して取り組んでいくことで，地域住民が地域とかかわり，地域を愛し，地域の安全のために貢献するという意識を芽ばえさせることにつながると考えられる。そのような教育環境を提供し，連帯感の強い地域をつくっていくことが，子どもの安全を守るために最も有効なのではないだろうか。

ピックアップ 11 子どもの防犯のための2つの「ものさし」

1 子どもの防犯対策の難しさ

　近年，小学生や未就学児童などの子どもが，屋外で非面識者に連れ去られる，殺傷されるなどの事件が発生し，大きな社会問題となっている。その結果，家庭，学校，地域で子どもの防犯対策としてさまざまな取り組みが行なわれるようになった。

　しかし，子どもの防犯対策は，大人の防犯対策に比べてよりむずかしい。その理由は次の3点にまとめることができる。①対策を立案・実施する主体（大人）と客体（子ども）が異なる。子ども自身が防犯に割ける能力や資源は大人に比べて少なく，脅威に遭遇した場合の対処も困難である。②大人では，自分自身が犯罪の被害に遭う不安よりも，子どもなど家族内の弱者が犯罪に遭う不安が高い。このことは防犯対策の原動力にはなるが，大人が，子どもの被害リスクの低減（安全）ではなく，自分自身の不安の低減（安心）のために，防犯対策を選んでしまっては本末転倒である。③防犯対策の基盤になるべき被害リスクの正しい判断が困難である。子どもの屋外での犯罪被害は，種類によってその発生件数も深刻さもさまざまであるにもかかわらず，殺人など衝撃的な事件のみに大人の関心が集まる可能性が高い。また，子どもの防犯対策は，大人にとって典型性が高く，学校が責任を負うとされる登下校時のみに集中しがちだが，実際には下校してからの被害も多く発生している（島田ら，2009）。

　大人の情緒や信念に基づく防犯対策では，実効性も持続可能性も担保されない。思い込みの陥穽に陥らないために，子どもの被害実態や日常行動に応じた対策を選択する必要がある。

　これらの問題を解決するために，社会技術研究開発プロジェクト「子どもの被害の測定と防犯活動の実証的基盤の確立」（研究代表者原田豊）では，子どもの安全のための2つの「ものさし」を開発中である。

　このプロジェクトは，(独)科学技術振興機構・社会技術研究開発センター「犯罪からの子どもの安全」領域傘下で，科学警察研究所が中心とする11機関が2007年10月から2011年9月までの予定で実施している。

2 被害を測る―カルテ方式の被害調査票

ひとことに屋外での子どもの被害といっても,殺人のような致死的事件から,声をかけられた,誘われたといったような事案までさまざまである。一般に重篤な事案ほど,その発生件数は少なくなるといってよい。このような事案の発生件数と深刻度との関係はハインリッヒの法則と呼ばれ,さまざまな分野で一般的に見られる。たとえば,製造業,建設業,運輸業といった産業安全場面では,重い傷害をともなう重大事故,軽い傷害をともなう軽微事故,傷害をともなわない軽微な事案(インシデント)の比率は1:29:300といわれている。ここでいう軽微な事案とは,たとえば階段で転びそうになった,操作手順を間違えたが事故にはならなかった,など「ヒヤリ・ハット」といわれるものである。

産業安全場面では重大事故を防止するため,ハインリッヒの法則にしたがった対策が広く行なわれている。すなわち,軽微な事故やインシデントの事例を簡便な調査票によって広く収集し,原因を分析し,対策を行なう。重大事故のみを防ぐのは困難であるため,軽微事故やインシデントの総数を削減することで,重大事故を防ごうとするものである。同様な考えが子どもの安全確保にも

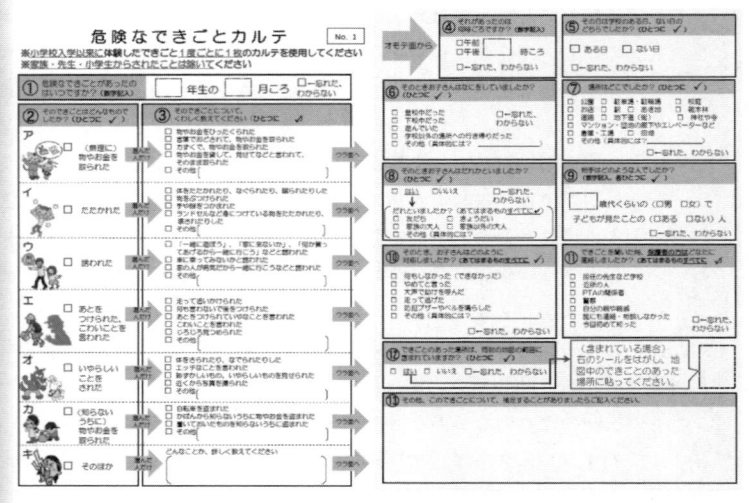

図1 カルテ方式の被害調査票

表面(図左)で被害類型と時期を尋ね裏面(図右)で,は発生月と時間帯,被害場所の種類,同伴者の有無,被害時の対応,保護者からの通報の有無などを選択式で尋ねている。カルテのシールをはがして,地図に貼ることで,被害場所とリンクさせることも可能である。

適用できると考えられる。1件の重大犯罪の背景に，犯罪となる事件や，誘われた，つきまとわれたなど犯罪としては処理されない軽微な事案が一定割合で存在すると考え，軽微な事案を含めて，広く収集・蓄積し，対策を実施することで被害リスクを削減できることが考えられる。

犯罪研究では，一般市民に過去の犯罪被害経験の有無を尋ねる犯罪被害調査（または暗数調査）が広く行なわれ，欧米では未成年者の被害を検討した研究が存在する。一方，日本では東京都区部での小学校高学年児童を対象にした調査での被害率は約4割に達すると報告されている（中村，2000）。

これまでの学校での被害調査では，回答者に内容を自由記入してもらい，研究者がアフターコードする方式が広く行なわれてきた。しかし，この方法では，被害の内容が十分に記入されていない場合に，被害を正確に分類することが不可能であり，結果として分類の信頼性・妥当性に疑問が生じる。また，ひとりの児童が複数回の被害に遭った場合に，その被害を尋ねる方法は不十分であった。

このため，「危険なできごとカルテ」を使った被害調査方法を開発した。この被害調査では，1枚のスクリーニング票と，5枚程度の被害カルテを配布し，①被害報告がない児童は1枚のスクリーニング票のみ記入し，②被害報告がある児童は，スクリーニング票に加え被害数のカルテに記入することになる。カルテの一部がシールになっており，そのシールを剥がして地図に貼ることで，被害場所を報告することが可能になっている（図1）。

カルテ方式は，1事案が1枚に対応するため直観的に理解可能であり，反復被害を扱うことが可能である。カルテはあらかじめ共通のものを大量に印刷・ストックしておき，各学校では調査実施時に自校の地図のみを印刷することで，標準化した調査を低コストで実施することが可能になる。

3 日常行動を測る ── GPSと日記帳を利用した調査

現状の子どもの被害防止対策では，犯罪機会論に基づき，犯罪が発生しやすいとされる空間構造を子どもに教える教育がよく行なわれている。一方，登下校時に保護者や地域住民が通学路に立って見守る活動や，子どもをひとりにしないといった心がけがよく行なわれている。

犯罪機会論のうち，日常活動理論（Cohen & Felson, 1979）では，①犯罪を行なおうとする者，②ふさわしい犯行対象，③有能な守り手の不在という3条件が，同じ時間，同じ空間に収束した場合に犯罪が発生すると考える（図2，第3章第3節も参照）。同様に，犯罪パターン理論（Brantingham & Brantingham, 1981）でも，犯罪者の意識空間と，犯罪機会とが重なった場所

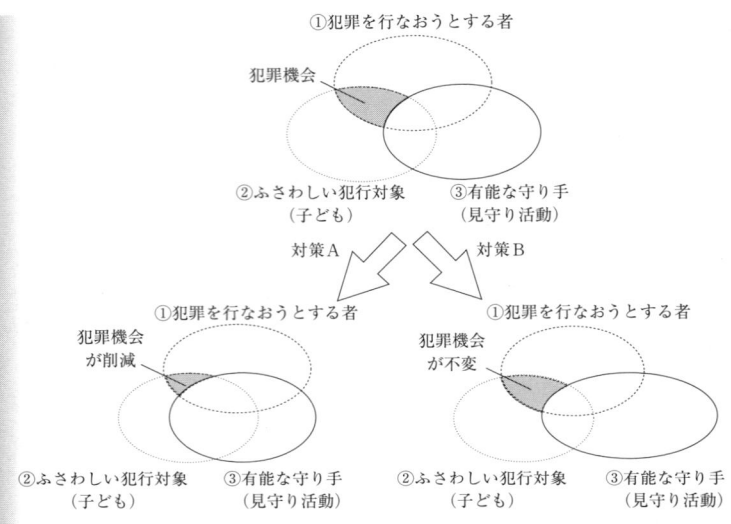

図2 日常活動理論に基づく子どもの被害防止の考え方

日常活動理論では，①犯罪を行なおうとする者，②ふさわしい犯行対象，③有能な守り手の不在の3条件が同一時空間で収束すると犯罪が発生すると考える（図中斜線部分）。

で被害が発生すると考える。

　日常活動理論で興味深いのは「同じ時間」「同じ空間」で揃った場合という但し書きがついていることである。あたりまえのようだが，実際の防犯対策を選択するうえではヒントになり得る。すなわち，犯行対象となる子どもは，自由に屋外を移動しており，ひとりになる場面は少なからず存在する。かといって，守り手をすべての時間帯にすべての場所に配するのは不可能である。また，いくら犯罪が発生しやすい環境があったとしても，そこに子どもが行かなければ被害は起こりえない。

　このため，子どもがどこでどのように行動しているかを把握できれば，より適格な防犯活動を実施することができる。すなわち，図2の対策Aのように，子どもの居場所に防犯活動をシフトすることで，防犯活動の水準を変えなくてもより多くの犯罪機会を削減できることが期待される。一方，図2の対策Bのようにいたずらに活動を増やしても，それが子どもの居場所と一致しなければ犯罪機会は減少しない。

　このように，子どもの防犯対策を考えるためには，固定的な環境の空間構造だけではなく，いつ，どこに子どもがいるのか，という変動要因を考える必要

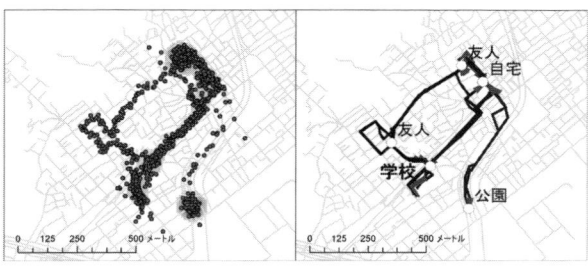

図3 GPSによる児童の日常活動の測位（島田，2010）
図左は測位点（ローデータ），右は判読結果を示す．

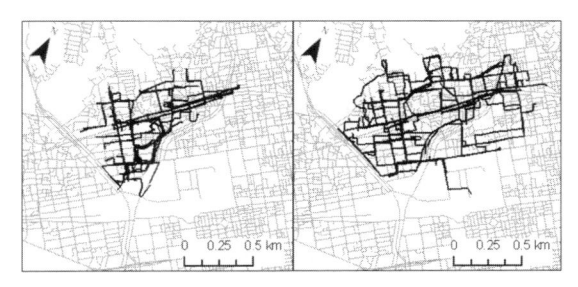

図4 低学年（2年生）と高学年（5年生）の単独行動範囲（島田ら，2010より一部改変）
高学年の単独行動範囲は低学年に比べて広がっている．

がある．このため，子どもの日常活動を簡便に測定する手段が望まれた．

そこで，GPS（全地球測位システム）と日記帳を併用した日常活動調査を開発し，これまで神戸市（島田ら，2010），千葉県流山市（雨宮ら，2009），茨城県つくば市（雨宮ら，2010）の3つの小学校で実施した．

1回あたりの調査期間は2週間であり，調査参加世帯の児童には日中に小型のGPSを所持してもらい位置を記録するとともに，保護者に対しては，毎晩，その日の行き先や移動の際の同伴者を児童から聞き取って，シール式の日記帳に記入するよう求めた．

ある児童の2週間の行動記録を図3に示す．児童の日常行動は，自宅や学校，公園，友人宅などの拠点（ノード）とそれをつなぐ経路（パス）からなり，反復的に移動していることが見て取れる．また，図4のように，低学年よりは高学年で単独移動の行動範囲が広がっていることも明らかになった．

また，図5のように，GPSの測位記録を学校単位で分析することで，ある時間帯に，校区内のどこにどのくらいの児童がいるのかを把握することができ

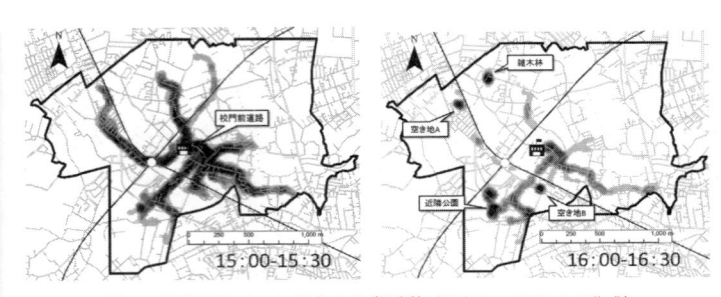

図5　学校単位でみた児童の日常活動（雨宮ら，2009より作成）
GPSの測位点をカーネル密度推定法で処理したもの。左側（15:00-15:30）の地図からは下校時間帯に多数の児童が通学路に集中しているようすを，右側（16:00-16:30）の地図からは，児童が帰宅後に校区内の近隣公園や空き地で遊んでいるようすが見て取れる。

る。これらのデータを用いると，これまでは下校時間帯の通学路に特化していた防犯活動を，真に必要な時間帯の，必要な場所に誘導することが可能になる。

また，子どもと保護者，防犯ボランティアに同時にGPSを所持してもらい，相互の位置を重ね合わせることで，保護者の自然監視や，防犯ボランティアの組織監視がどの程度子どもの行動をカバーしているか検討することが可能になる。ある小学校で分析したところ，保護者の自然監視は自宅周辺で，防犯ボランティアの組織監視は下校時の学校周辺でそれぞれ機能しているが，保護者，防犯ボランティア双方の目から抜け落ちた児童の行動場面が少なからず存在することが示されている。

さらに，児童が地図上に指摘した遊び場のデータをもとに，道路ネットワーク上に校区内の児童の日常の空間行動を再現するシミュレーション技術も開発中である。シミュレーション結果は，GPSを用いて実測した空間行動を良好に再現しており（菊池ら，2010），長期間にわたる日常行動調査が実施できない場合に，簡便な遊び場調査で代用する可能性が示された。

児童の日常活動や，児童の守り手になるべき大人や防犯ボランティアの行動は，学区によってさまざまであり，一般化することは困難だろう。それだけに，本稿で提案したような被害調査や日常活動調査によって，学区ごとにオーダーメイドの防犯対策を立案することの意義は大きいと考えられる。

ピックアップ 12 育児環境

1 「決断」としての育児

　育児は日常的に「決断」の連続である。「今お昼寝させようか，後にしようか」「そろそろ離乳食を始めても大丈夫だろうか」「どの幼稚園に通わせようか」など，日々考えることが多い。時には，予防接種を受けるかどうかのような命にかかわり得る大きな決断もある。予防接種には，まれに重篤な副作用があることや，予防接種法に定められていない任意の予防接種の場合には金銭的な負担も加わることから，親（注記：子どものおもな養育者は「親」とは限らないが，ここでは「親」と総称する）は，予防接種を受けた場合のプラス面・マイナス面，予防接種を受けない場合のプラス面・マイナス面を考慮して，予防接種を受ける・受けないの決断を下すことになる。

　川野と根ヶ山（2001）は，日本の子どもの死因として最も多いのが不慮の事故であることをあげ，事故につながる可能性のあるモノ（ハサミ，つめ切り，箸など）に関しては，そのモノのプラス面とマイナス面のバランスを見極めながら，子どもがモノと接触するのを調整しなければならないと述べている。つまり，子どもとモノの接触については，親がその都度「決断」し，規制していることになる。川野と根ヶ山（2001）では，図1のつめ切りのように，子どもの年齢が発達するとともに徐々に親による子どもの行動規制が解除されていくようすが報告されている。

　南（1995）は子どもの寝る，座る，ハイハイをする，つかまり立ちをするという発達過程において，子どもにとっての環境がより高く広がることを示して

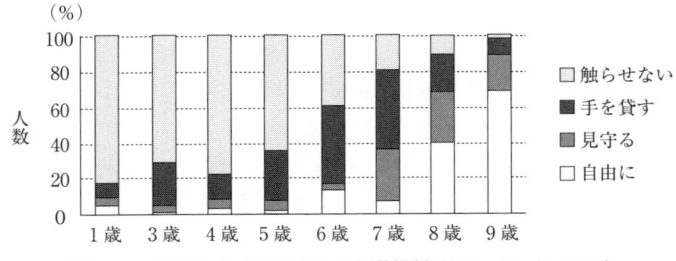

図1　つめ切りにおける子どもの行動規制（川野・根ヶ山，2001）

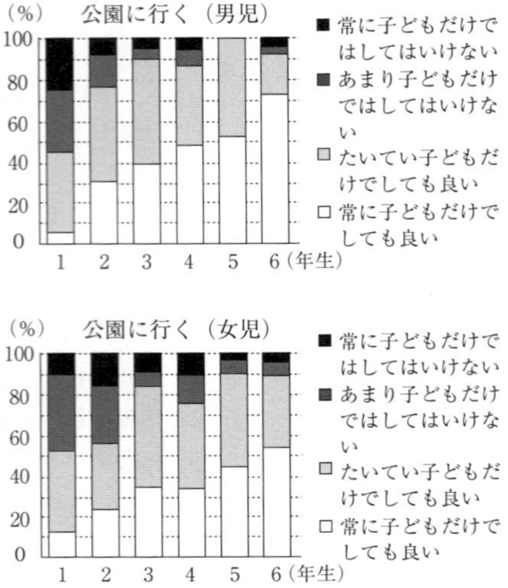

図2 「公園へ行く」に関する行動規制

いる。そして子どもに触らせたくないモノは高いところに置くことによって、子どもの環境には「存在しないもの」としているようすについて語っている。しかし、子どもが成長するにつれて、自宅内の環境を整えることで子どもの行動を規制することよりも、子どもの外出を規制することで子どもの行動を規制することの重要性が増してくる。とくに日本の小学校では、それまでの保育園・幼稚園での親による送り迎えとは違い、子どもたちがひとりあるいは子どもたちだけで通学することが多く、子どもだけで行動する時間ができる。防犯に関する親から子どもへのはたらきかけは、とくに子どもが子どもだけで行動する時間ができた際の、親による育児に関する決断のひとつであると考えることができるだろう。親は、子どもが犯罪に遭う危険性があるからと、子どもに公園や友達の家に子どもだけで行くことを規制したり、「知らない人とは話さないように」と言ったりすることで、子どもの行動を規制している。

筆者らがある小学校の全校生を対象として行なった調査（調査方法については畑ら、2010）によると、学年が上がるにつれ、公園へ子どもだけで行っても良いと回答する親の割合が増えている（図2）。つめ切りなどのモノと同様に、年齢（学年）が上がるとともに徐々に親による子どもの行動規制が解除されていくようすが示されている。

2 防犯に関する親から子どもへのはたらきかけ

こうした防犯に関する親から子どもへのはたらきかけのプラス面は，犯罪に遭う危険性を減らす（かもしれない）ことであろう。一方，直接的なマイナス面としては，犯罪の危険性があるからと「知らない人」は不審者と思えと教えることは，人を信じるなと教えていることでもあることをあげることができる。また，プレッツァら（Prezza et al., 2001）では，規制の多い子どもは規制の少ない子どもに比べて，屋内でも屋外でも友達と遊ぶことが少なかった。子どもにとって「遊び」は，社会性の発達にとって重要である（田中, 2006）。とくに，親や先生から隠れて作った秘密基地（アジトスペース；仙田, 1995）での遊びは子どもの独立心や計画性の発達をうながすという（加藤, 2003）。つまり，防犯に関するはたらきかけとして子どもの行動を規制しすぎると，子どもの「遊び」を制限し，間接的に子どもの心理的な発達を遅らせてしまう危険性がある。

たとえば，リゾットとトヌッチ（Rissotto & Tonucci, 2002）の認知地図を使ったイタリアでの調査では，行動に自由がない子ども（学校まで徒歩あるいは車で親に付き添われて通学している子ども）よりも，行動に自由がある子ども（学校まで徒歩で自分で通学している子ども）の方が，環境に関する知識が多いことが示されている。また，先述した筆者らの小学生の調査ではとくに男児で，親による「公園へ行く」に関する行動規制が強くなるにつれて，子どもが「知らない場所を探検したり，秘密基地をつくる遊び（探検遊び）」を行なう確率が減少していた。ただし，この分析からは，遊びが異なることが子どもの心理的発達にどのような影響を与えているのかまではわからない。子どもへの行動規制が，子どもの発達に永続的な影響を及ぼすのか，それとも一過的なものなのかを長期的な視点から考慮した研究は少ないが，プレッツァとパチーリ（Prezza & Pacilli, 2007）では，8歳から10歳ごろの親による外出に関する行動規制が少ないと，青年期の犯罪不安が低く，コミュニティ意識が高く，それゆえ，孤独感が低いことが示されている。

子どもの心理的な発達への悪影響を防犯に関するはたらきかけのマイナス面と考えると，あまり心配せず，過干渉にならないよう，子どもどうしで遊ばせる方がよいと考えることもできる。しかし，現在の日本の合計特殊出生率（ひとりの女性が一生のうちに出産すると推定される子どもの数）は1.37である（厚生労働省, 2010）。親にとってはたったひとりか2人の自分の子であり，多少心理的発達に影響があっても被害に遭わず，死なない方がよいと考えても不思

議ではない。また,「うちの子は自由に」とはたらきかけを意図的に行なわなかった場合でも,たとえば,子どもに付き添って公園に来ている別の親が公園にいたおかげで犯罪に遭わずにすんでいるのかもしれないなど,はたらきかけを行なっている別の親の「恩恵」を受けている可能性もある。

さらに,図2でも見てとれるように,性役割期待によって,女児は男児よりも強い行動規制を受けている。現在の日本では,男女共同参画社会の実現に向け,「男の子だから」「女の子だから」にかかわらない子どもの育て方が求められている(中野,2005)が,防犯に関しては,男児と女児で異なる程度の規制を受けているのが現実である。これは,女児の親の方が男児の親よりも犯罪の危険を感じるからであろうが,実際に女児の方が男児よりも犯罪の被害に遭う可能性が高いのかについてはわかっていない。

3 今後に向けて

結局,他の育児に関する決断同様,どの程度防犯を考慮し,どの程度子どもの行動を規制するかは,それぞれの親のその時その時の判断にゆだねられている。今後の研究は,親がそうした決断を下しやすくするために,①防犯によるはたらきかけの程度と実際に犯罪の被害に遭う程度との関係,②防犯によるはたらきかけとしての行動規制と子どもの遊びの種類との関係,③子どもの遊び方と心理的発達との関係を一連の流れとして,そして,④子どもへの行動規制が,子どもの発達に永続的な影響を及ぼすのか,それとも一過的なものなのかを丁寧に吟味する必要があるだろう。

第3部

市民と刑事司法

第10章 裁判員制度と心理学

　2009年5月にスタートした裁判員制度は，一般市民が裁判官とともに裁判に参加し，有罪無罪だけでなく量刑も判断する制度であるが，さまざまな問題も抱えている。ひとつは一般市民の参加意向があまり高くないことである。もうひとつは，一般市民である裁判員の判断になんらかのバイアスがかかったり，その判断が裁判官などの専門家や他の裁判員の意見の影響を受けたりする可能性があることである。本章ではまず，裁判員制度への参加意向に影響を及ぼす要因について意思決定論的な立場から概観し，次いで裁判員の判断に生じる上記の問題や裁判員が感じるストレス・不安感などついて心理学的な視点から検討する。

第1節　裁判員制度研究の意義

　裁判員制度とは，20歳から70歳までの一般市民から選ばれた裁判員が，裁判官とともに刑事裁判に参加する制度のことである。この裁判員制度による初めての裁判は2009年8月3日に東京地裁で行なわれ，世間の注目を集めた（朝日新聞，2009）。米国や英国で採用されている陪審制度では，陪審員は裁判官とは独立に有罪無罪の判断は行なうが，刑罰の量刑判断に関しては裁判官が行なう。それに対し裁判員制度では，裁判員は，裁判官とともに裁判に参加し，事実認定をし，有罪無罪だけでなく，刑罰の量刑判断もする。この制度が制定された背景には，凶悪事件（殺人，放火，強盗，強姦など）などの刑事事件に対する裁判所の判決とそれら判決に対する市民感情（および被害者感情）との乖離があったためである。その一例として，1999年4月に起きた光市母子殺人事件の地裁，高裁での判決内容と，それらに対する被害者遺族の感情との乖離があげられる（この殺人事件は2004年に成立した犯罪被害者等基本法ができるきっかけにもなった）。また刑事事件に関して，実際に司法によって下された量刑と一般の人々の量刑判断には差異があり，一般の人々は司法よりも刑をより重く判断する傾向もある（伊田・谷田部，2005）。このような司法判断と市民感情や認識との乖離をなくし，

刑事裁判に市民の意見や価値観などを取り入れ，さらには司法に対する信頼をより強くするために裁判員制度は制定されたのである。

私たちにとって，この裁判員制度は，非常に身近な問題である。なぜならば，現在20歳の人が70歳になるまでに裁判員として裁判員裁判に実際に参加する確率は約100人に1人で，その確率は思いのほか高いと考えられるからである（裁判員候補者となる確率は，全国で1年当たり352人に1人である（読売新聞，2008）。裁判員または補充裁判員として実際に裁判員裁判に参加する確率は，全国で1年当たり約5,000人に1人であるので（最高裁判所，2008a），単純計算すると，50年の間に少なくとも1回は裁判員裁判に参加する可能性のある人は，約100人に1人となる）。裁判員制度の趣旨や理念自体には大きな問題はないかもしれない。しかしながら，一般市民が参加する裁判員制度を実際に運用するにあたっていくつかの問題がある。

まずあげられる問題は，一般市民の裁判員制度に対する参加意識の低さである。最高裁判所（2008b）の調査によると，2008年1月の時点で，裁判員制度がもうじき始まることを知っている人は90.1%と非常に高いものであった。しかしながら，裁判員裁判に対する参加意向は16%弱と非常に低く，加えて裁判員になることへの不安も感じている（最高裁判所，2008b；上市・楠見，2010）。つまり一般市民は裁判員制度自体については知ってはいるが，それが自分自身の問題として考えたときに大きな不安を感じ，そのため参加したくないと考えていると思われる。このような状態が続くと，裁判員制度自体が機能しなくなる可能性が生じてくる。よってこのような不安を取り除き，そして参加意向を高めるためには，どのようにすればよいかが問題となる。

次に，一般市民が裁判員裁判に参加した場合の問題がある。裁判員は一般市民のなかから無作為に選ばれるため，裁判に関する専門的なトレーニングを受けていない。そのため裁判官とは異なり，専門用語の理解，専門知識や方法論に基づく論理的な思考や判断などが不足していると考えられる。たとえば，法律用語に対する理解は十分なのか，さまざまな証拠を公平な視点からみることができるのか，論理的な思考に基づいて客観的な判断ができるのか，裁判官やほかの裁判員の意見に左右されず自分の考えを述べることができるのか，マスコミなどの外部情報からの影響を取り除くことができるのかなどさまざまなことが考えられる。さらには裁判員として裁判に参加することには相当のストレスがかかるものと推察される。たとえば，判決を下すことへのストレス（自分の判断が正しかったのかという思いや，きわめて厳しい判決を下した場合の後悔や罪悪感），裁判で被

害者や事件現場の写真を見たときのショック，事件に関する守秘義務などがあると考えられる。

次節以降では，裁判員裁判に関する問題を，裁判員裁判への参加意向に対する問題と，一般市民が裁判員裁判に実際に参加した場合の問題とに分けて議論する。

第2節 裁判員裁判への参加意向に関する問題

意思決定論的な観点からみると，人の意思決定には，一般的傾向性（例：Five Factor Model）(McCrae & Costa, 1991；和田，1996)，意思決定スタイル（Janis & Mann, 1977；楠見・上市，2008；ラドフォード・中根，1991)，クリティカル・シンキング（Zechmeister & Johnson, 1992)，認知要因（リスク認知，コスト・ベネフィット認知）（上市，2003；上市・楠見，2006；Ueichi & Kusumi, 2008)，情報接触（Yamagishi et al., 1999；Weitzer & Kubrin, 2004)，感情要因（後悔）（Gilovich & Medvec, 1994, 1995；Gilovich et al., 1998；Kahneman & Miller, 1986；Kahneman & Tversky, 1982；上市・楠見，2000, 2004；Zeelenberg & Pieters, 2004；Zeelenberg et al., 1998)，満足，失望（楠見ら，2008)，罪悪感（Ueichi & Oishi, 2008))などの内的要因が相互作用しながら，行動に影響を及ぼし，そしてその行動が内的要因にフィードバックするという関連性があることが，実験・調査・シミュレーションなどによって明らかにされている（Mischel & Shoda, 1995；寺井ら，2002；寺井ら，2003a；寺井ら，2003b；Trimpop, 1994；Ueichi & Kusumi, 1999)。さらに意思決定プロセスには，認知的なプロセスと感情的なプロセスが存在することもまた示唆されている（上市・楠見，2006)。

裁判員裁判への参加意向に関する研究において，上記のような意思決定研究で用いられたさまざまな要因を用い，それら要因間全体の関連性を検討した研究として上市と楠見（2010）がある。彼らは，首都圏在住の裁判員として選ばれる可能性のある20～70歳の成人321名（男性138名，女性183名）を分析対象に質問紙調査を行なった。用いた質問項目は，一般的傾向性としてファイブ・ファクター・モデル（Five Factor Model，項目例：情緒不安定性，誠実性，開放性など），認知要因として，マスコミ情報接触量（ニュース，新聞などを見る1日あたりの時間数)，裁判員制度情報接触量（裁判員制度に関する記事やパンフレットを見る)，裁判員制度知識量（法律の知識がなくてもできることを知っている)，生活リスク認知（裁判員になると自分の仕事に支障をきたす可能性がある)，裁判員リスク認知（裁判員としての自分の判断があとで非難される可能性がある)，裁

判員ベネフィット認知（判決に市民の意見が反映される），感情・ストレス要因として，不安感（裁判官等の意見に自分の意見が左右されるかもしれない），ストレス（人の人生を左右する判断をすることにストレスを感じる），後悔予期（誤った判断をしたとしたら裁判員になったことを後悔する），および裁判員制度参加意向（裁判員をやりたい），裁判員制度に対する要望（自分が裁判員に選ばれたことを秘密にして欲しい），裁判員制度適用に対する要望（自分が被害者になった場合裁判員制度で裁判してほしい）である（表10-1）。

　その結果，調査対象者たちの裁判員制度への参加意向に関しては，最高裁判所（2008b）の結果と同様，低いものであった。裁判員制度に対する認識に関しては，裁判員になることに対して強いストレス（人の人生を左右する判断をすること，重大事件の判決を下すこと），不安感（間違った判断をするかもしれない，法律を知らないので正しい判断ができないなど），後悔予期（誤った判断をしたら裁判員になったことを後悔する，守秘義務に問われたら後悔する）だけでなく，自分の生活に対するリスク（短期間であっても職場に迷惑がかかる，自分の生活に支障をきたす）も強く感じていることがわかった。また，裁判員制度に関する情報への接触はあまり高くないこと，そして，裁判員制度に関する知識もあまりもっていないことがわかった。

　加えて，共分散構造分析法を用いて分析されたこれら要因間の関連性を見ると，定職あり群（168名）定職なし群（153名）両方に共通して，不安感→ストレス→後悔予期→裁判員制度参加意向・要望という感情的プロセス（裁判員の仕事に不安を感じる人ほど，ストレスを感じ，何かあった場合に裁判員になったことを後悔する可能性が高いため，裁判員になりたくないと考える）と，生活リスク認知→裁判員リスク認知→裁判員ベネフィット認知→裁判員制度参加意向・要望という認知的プロセス（自分の生活に支障をきたすと思う人ほど，自分の判断があとで非難される可能性があると感じ，裁判員制度に対してメリットを感じないため，参加意向が低い）という意思決定プロセスがあること，さらにこれら2つのプロセスは情報量や知識の影響を受けていることが明らかとなった（図10-1，図10-2）。

　これらのことから，裁判員制度への参加意識を高めるためには，裁判員としての仕事を果たすことができるのかという不安や，裁判員になった場合に生じる日常的な問題を取り除くことが必要と考えられる。そのためには，裁判員になることにネガティブな印象をもっている人たちに対して，適切な情報を提示し，裁判員制度に関する十分な知識を与えることが有効と考えられる。なぜならば，なん

表 10-1 意向・要望，認知要因，感情要因，情報接触量の各項目の平均評定値(SD)と t 検定の結果
(上市・楠見，2010 より引用)

	定職なし群	定職あり群	t 値
裁判員制度参加意向			
裁判員をやりたい	2.11 (1.16)	2.35 (1.28)	-1.71
裁判員制度に対する要望			
秘密厳守にしてほしい	4.26 (1.00)	4.01 (1.15)	2.13*
身辺警護をしてほしい	4.16 (.93)	3.93 (1.02)	2.25*
辞退理由を緩和してほしい	3.93 (.99)	3.72 (1.07)	1.76
守秘義務を緩和してほしい	2.21 (1.19)	2.23 (1.23)	-0.16
裁判員制度適用に対する要望			
自分が冤罪の場合，制度を適用してほしい	3.03 (1.08)	2.84 (1.03)	1.64
被害者になった場合，制度を適用してほしい	2.93 (1.07)	2.90 (1.02)	0.26
加害者になった場合，制度を適用してほしい	2.85 (1.02)	2.79 (.94)	0.59
不安感			
間違った判断をするかもしれない	3.95 (1.00)	3.81 (1.01)	1.25
法律をしらないので正しい判断ができない	3.93 (1.10)	3.79 (1.08)	1.18
裁判員としての仕事を果たせない	3.80 (1.03)	3.87 (.93)	-0.64
裁判官等の意見に自分が左右される	3.71 (1.13)	3.38 (1.18)	2.57*
裁判官等に自分の意見を聞けない	3.59 (1.24)	3.26 (1.22)	2.42*
ストレス			
人の人生を左右する判断をすることにストレスを感じる	4.15 (.97)	3.87 (.97)	2.78**
重大事件の判決を下すことにストレスを感じる	4.10 (.98)	3.83 (1.01)	2.39*
守秘義務を守ることにストレスを感じる	3.73 (1.33)	3.81 (1.28)	-0.58
裁判員として周りから見られることにストレスを感じる	3.65 (1.13)	3.32 (1.05)	2.72**
後悔予期			
誤った判断をしてしまったら後悔する	4.11 (1.00)	3.90 (1.02)	1.82
守秘義務違反に問われたら後悔する	3.97 (1.15)	3.90 (1.21)	0.59
裁判員ベネフィット認知			
裁判官だけよりも重い判決が下せる	3.44 (.88)	3.76 (.85)	-3.36***
一般市民の意見が裁判に反映される	3.25 (.89)	3.25 (.98)	0.03
裁判官だけより正しい判決が下せる	3.04 (.72)	2.96 (.76)	0.91
裁判員リスク認知			
後になって自分の判断が非難される	3.72 (.99)	3.51 (.98)	1.86
守秘義務を守ることができる（反転項目）	3.70 (1.19)	3.77 (1.14)	-0.57
事件の関係者から脅される可能性がある	3.58 (1.02)	3.52 (1.01)	0.50
生活リスク認知			
短期間でも職場の人たちに迷惑がかかる	3.84 (1.07)	4.16 (.93)	-2.80**
自分の仕事に支障をきたす	3.78 (1.03)	4.07 (.95)	-2.56*
自分のやりたいことができなくなる	3.54 (1.03)	3.50 (1.09)	0.38
裁判員コスト認知			
裁判員になるといろいろな制約うける	3.41 (1.07)	3.40 (1.12)	0.14
裁判員として審理することがめんどう	3.04 (.72)	2.96 (.76)	0.29
審理のための時間を確保できる（反転項目）	2.52 (1.29)	2.35 (1.29)	1.18
情報接触量（一日あたりの時間：単位は分）			
ニュースを見る時間	77.61 (62.13)	69.14 (47.95)	1.38
情報番組を見る時間	66.65 (63.40)	42.20 (66.71)	3.36***
インターネットをする時間	41.03 (67.01)	53.15 (61.39)	-1.69
新聞を読む時間	29.44 (28.22)	32.57 (29.94)	-0.96
裁判員制度情報接触量			
裁判員制度の記事やニュースをみる	2.92 (1.08)	2.98 (1.18)	-0.48
政府公報（パンフレットなど）を見る	2.07 (.96)	2.04 (1.07)	0.21
裁判員制度知識量			
裁判員制度のことを知っている	3.72 (1.14)	3.93 (1.14)	-1.65
法律の知識がなくてもできること	2.49 (1.39)	2.73 (1.45)	-1.53
辞退することはできないこと	2.44 (1.48)	2.68 (1.61)	-1.14
日当や旅費がでること	2.10 (1.38)	2.56 (1.60)	-2.70**

註：*$p<.05$, **$p<.01$, ***$p<.001$. $df=316 \sim 319$. 反転項目の数値は反転させていない。

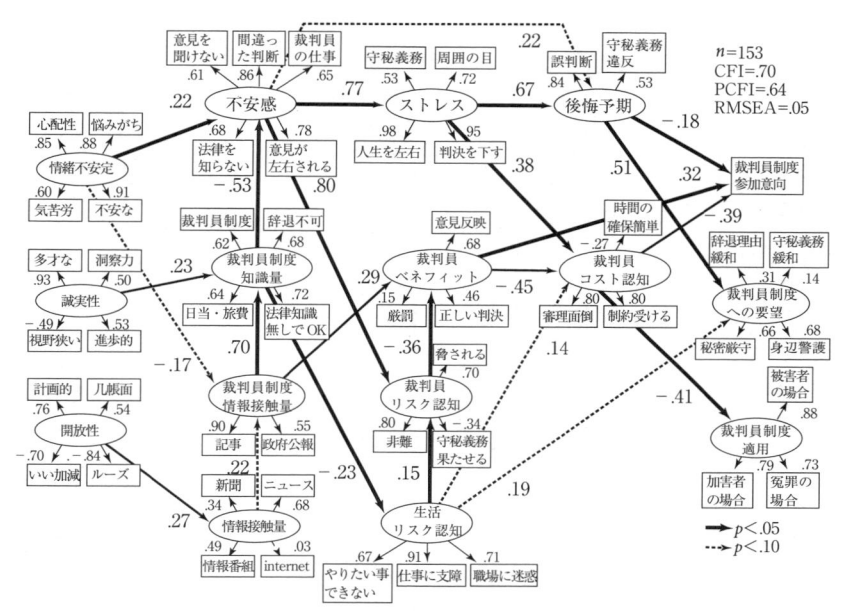

図 10-1　裁判員制度の参加意向に影響を及ぼす各要因間の関連性（定職なし群）
(上市・楠見，2010 より引用)

註：変数間の実線の矢印は 5％水準，破線は 10％水準で有意な関連性を示す（ただし情報接触量が Internet に及ぼす影響に関しては有意ではない）。
太線矢印は定職なし群と定職あり群に共通する関連性。

らかの政策に市民に参加してもらうためには，十分な情報提供が必要であるからである（織，2003）。加えて，裁判員制度や裁判員裁判についての理解を促進させ，参加意欲を高めるためには，よい面だけではなく悪い面の情報も提示する両面提示コミュニケーション（Hovland et al., 1949；松本ら，2005）も重要と考えられる。これらにより，多くの一般市民がもっている，裁判員になることに対する不安感やストレス，仕事への支障や日程調整のむずかしさなどについての認識をよりよい方向へ変えることができるかもしれない。もちろんたんに悪い情報やよい情報を提示するのではなく，裁判員になるとどの程度のデメリット（たとえば裁判の時期や拘束される日数，ストレスなど）があり，またどのようなメリット（裁判で民意が反映される，社会貢献になるなど）があるのかについて，具体的に提示する必要があるだろう。とくに実際に裁判員裁判に参加した人たちの体験談（模擬裁判員裁判の参加者たちも含む）は，裁判員となる一般市民だけでなく，

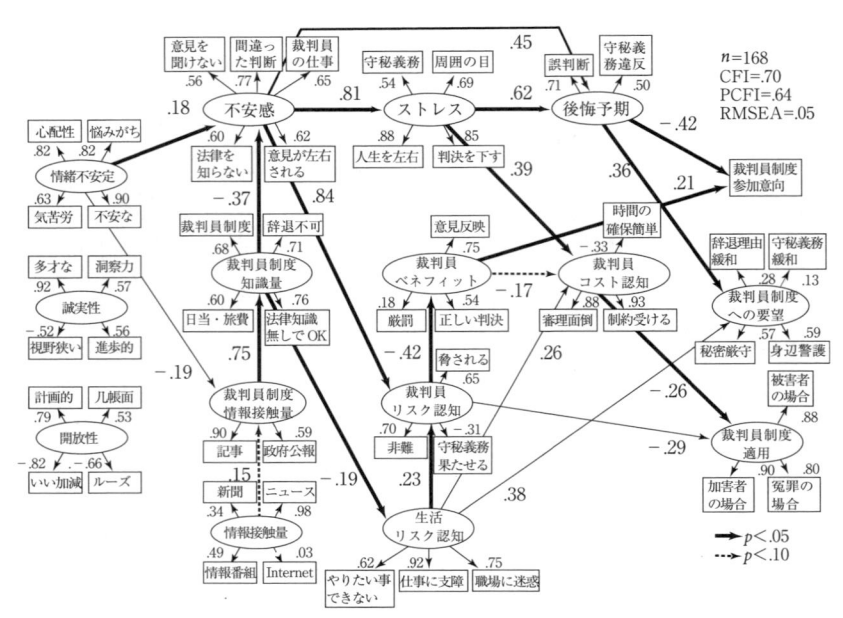

図10-2 裁判員制度の参加意向に影響を及ぼす各要因間の関連性（定職あり群）
(上市・楠見，2010より引用)

　裁判員に選ばれた人が勤める企業・団体等にとっても，身近で具体的な情報となる。また情報発信に関するユニークな試みとして，法務省は，裁判員制度推進派と反対派の意見を落語によって述べるというイベントを行なっている（朝日新聞，2008）。このような情報は，自分が裁判員に選ばれた場合あるいは社員が裁判員になった場合に生じるであろうさまざまな問題（たとえば時間の確保や日常業務（仕事，育児，学業など）との調整，裁判員となることへの不安など）を解決するために役立つだろう。なぜならば体験談は，自分の抱えているなんらかの問題に当てはめやすい，つまり類推による問題解決を促進するからである（Holyoak & Thagard, 1995）。裁判員制度に対して私たちが感じている問題が解決できるということがわかれば，一般市民や企業・団体等の裁判員制度に対する理解も促進されることだろう。

第3節 裁判員裁判に参加した場合の問題

刑事裁判では，検察側，弁護側両方からさまざまな情報（事件の証拠や目撃証言，被告人の情報など）が提示され，そして裁判員はそれら情報を偏りなく判断し，裁判官やほかの裁判員とともに議論をし，有罪無罪や量刑を決めなければならない。しかしながら裁判員は，裁判官と異なり，証拠の採用や事実認定，量刑判断などを適切に行なうために必要なさまざまな専門的なトレーニングを受けていない。そのため，公平な判断，事実に基づいた推論，情報の適切な取捨選択などが困難である可能性がある。また裁判員の専門用語に対する理解が十分でなかったり，あるいは事件に対する認識が裁判官と異なっているような場合には，きちんとした議論が十分にできず，上滑りの議論になってしまうかもしれない。加えて裁判員は，裁判中だけでなく，裁判が終わったあとも相当のストレスを感じることが推察される。ここでは，裁判での判断や推論に関する問題，裁判官や裁判員同士のコミュニケーションの問題，および裁判に対する精神的な問題について考える。

1 判断や推論に影響を及ぼす要因

まずここで人の判断や推論について考える。私たちは，自分の期待に沿うような情報は受け入れやすく，期待に反する情報はすぐには受け入れない傾向がある（Gilovich, 1991）。このため本人は公平に判断したり，適切な推論をしているつもりであったとしても，実際には，偏った判断や推論をしている場合があるのである（おそらくその本人は公平に判断したと確信しており，自分が偏った判断をしていたとは思っていないことだろう）。このような私たちの判断や推論に影響を及ぼす要因のひとつに，確証バイアス（confirmation bias）がある。確証バイアスとは，人は自分の信念や考えに合致する情報は重視するが，自分に都合の悪い情報は軽視する傾向のことである（e.g., Lord et al., 1979）。たとえば，ある裁判員が新聞やニュースなどで自分が担当する事件のことをすでに知っており，そしてそれら報道によって被告人に対して否定的なイメージや感情（嫌悪，怒り，あるいは彼／彼女が犯人に違いないという意識など）が形成されている場合を考える。そのような場合，その裁判員は被告人に有利な証拠や事実よりも，不利な証拠に目を向けたり重視したりする可能性がある。そのため被告人にとって厳しい判断を下す可能性が生じる。もちろん肯定的なイメージや感情が形成されてい

た場合には，被告人に有利な判断となる。

　前述したように，人の意思決定には認知的な思考プロセスと感情的な判断プロセスがあると考えられ，認知的な要因よりも，感情的な要因の方がより強く判断や行動に影響を及ぼしている可能性がある（e.g., 上市・楠見，2000, 2010）。裁判員は専門的なトレーニングを受けていないため，感情の影響をより強く受ける可能性があると思われる。綿村ら（2009）は，架空の傷害事件を用いて，その事件とはまったく関係のない情報（事件後に「犯人が 5,000 万円と不動産を得た」という犯人にとってポジティブな情報，または「被害者の母親が交通事故に遭った」という被害者にとってネガティブな情報）を与えた場合と与えなかった場合との量刑判断を比較した。その結果，被告人の量刑判断とまったく関係のない情報を提示した場合の方が，提示しなかった場合よりも，量刑を重く判断することを示した。また山岡と風間（2004）は，被害者の過失がまったくないにもかかわらず，被害者の否定的要素（普段きちんしている人か，そうでない人か）や社会的地位（暴力団組員，フリーター，大学生，弁護士）の違いによって，加害者に対する量刑判断が異なるかどうかを調べた。その結果，被害者の否定的要素が強く社会的地位が低い場合，被害者の否定的要素が弱く社会的地位が高い場合よりも，加害者に対する量刑が軽くなる可能性があることを示している。またハロー効果（ある人物を評価するときに，その人が持つ顕著な特徴に引きずられて，その人のほかの特徴に対する評価がゆがんでしまう効果のこと）が生じる可能性もある。たとえば，ある被告人の容姿や経歴などが，その被告人の証言あるいは反省の態度が信用できるかどうかという裁判員の判断に影響を及ぼすかもしれない（おそらく裁判員たちは，被告人の容姿や経歴などが，自分の判断に影響を及ぼしているとは自覚していないだろう）。これらのことは，私たちは合理的あるいは公平な判断をしているつもりであっても，私たちの思考や判断は，何らかの情報によって生じた感情や認知のゆがみの影響を受けている可能性があることを示している。

　ほかにも，フレーミング効果（Framing effect, e.g., Tversky & Kahneman, 1981, 1986）の影響があると思われる。裁判では検察側弁護側双方からさまざまな情報（事実認定や証拠提示などの有罪・無罪の判断に必要なことだけでなく，被告人の生い立ちや事件が起きた経緯などの情状酌量の判断に関すること，さらには被害者に関する情報なども含む）が提示される。そのとき検察側はそれら情報の多くをネガティブフレーム（例：被告人は自分のことしか考えない性格である）を用いて被告人が有罪になるように，弁護側はポジティブフレーム（自分に正直な性格である）を用いて被告人が無罪になるように情報を提示すると考えら

れる。このような場合，裁判員の感情に相対的に強く影響を及ぼしたほうのフレームの影響を受けてしまい，公平な判断ができず，裁判員（もしかすると裁判官も）の有罪・無罪判断や量刑判断に差異が生じる可能性もあるだろう。このように，裁判で議論をする際に，裁判員の感情に訴えかけるようなフレームを用いて証拠提示や説明をすることで，裁判員の判断は影響を受けるかもしれない。

　これらのことは，ニュースや新聞，情報番組や雑誌記事などマス・メディアの情報もまた裁判員の判断に影響を及ぼす可能性があることを意味している。とくに問題となるのは，社会的なインパクトの大きな事件，たとえば凶悪事件や有名人が犯した犯罪を，裁判員裁判で裁く場合である。このような事件では，事件に直接関係することだけでなく，事件とはほとんど関係ないことまで連日報道される。その事件に関して，被告人（あるいは被害者）に同情的な報道（ポジティブフレーム）をすることもあれば否定的な報道（ネガティブフレーム）をすることもあるだろう。そのため裁判員は，それら情報によって被告人（あるいは被害者）に対するなんらかのイメージが形成されたあとで，裁判に参加することになる。よって，裁判員自身の気がつかないところで偏った判断をしてしまう可能性もある。

　裁判では，裁判で証拠として採用されたことのみに基づいて判断を下さなければならず，採用されなかった証拠は無視しなければならない。しかしながら，一般市民である裁判員にとっては，採用された証拠のみで判断を下すことはむずかしい。たとえば山崎と伊東（2005）は，裁判で不採用になった証拠が，裁判員の有罪判断にどのように影響を及ぼすかどうかについて，架空の殺人事件を題材にしてシナリオ実験を行なっている。山崎と伊東（2005）は実験参加者を，被告人が殺害を否認する供述調書を証拠として採用することを弁護側が認めて，その供述調書の内容が示された群（統制群）と，最初に被告人が犯行を自白した供述調書が示され，「被告人の自白は違法な取調べによって得られたものなので証拠として採用しないように」と弁護側が主張して，審議の結果，その自白調書を不採用とし，その自白調書を証拠として採用しないように裁判官に強調された群（自白証拠不採用群）と，審議の結果その自白調書を証拠として採用した群（自白証拠採用群）の3群に分けた。さらに自白証拠不採用群と証拠採用群に関しては，「被告人は自発的に強制されずに自白したと思うか」という質問に対し，実験参加者が「任意に自白した」と判断した自白任意群と「任意ではない」と判断した自白非任意群に分けた。そして，有罪か無罪かの判断，被告人が犯人である可能性などについて，これら群間に違いがあるかどうかを検討した。その結果，自白証拠

採用群の方が自白証拠不採用群よりも有罪と判断する割合が高かった。しかし一方で，自白任意群の方は，自白非任意群よりも有罪判断率が高かった。また自白任意群は，自白非任意群よりも，被告人が犯人である可能性も高く評価した。これらのことから，裁判で「被告の自白は証拠として採用しない」と判断された場合，一見参加者は裁判官の判断にしたがって被告人の自白を除外して合理的に有罪か無罪かを判断をしているように見えるが，実は「被告人の自白が任意にされているかどうか」という参加者自身の判断に影響されていることがわかった。これらのことは，裁判員は裁判官の指示に基づいた合理的な判断が十分にはできない可能性があること示唆している。

　またほかの要因として，証拠の信憑性をどのようにとらえるのかという問題がある。裁判では目撃証言は非常に重要な証拠として採用される。しかしながら，その目撃者が「自分の記憶は確かである」と強く思っているからといって，その目撃者の記憶が「正確である」とは限らない（伊藤・矢野，2005）。これはできごとの符号化段階（目撃したできごとを記憶するとき），貯蔵段階（目撃したできごとを忘れずに覚えているとき），検索段階（目撃したできごとを自分の記憶に基づいて証言するとき）のそれぞれにおいて，人の情報処理をゆがめる要因が存在するからである。たとえば符号化段階においては，事件場所の明るさ，できごとを目撃している時間などの物理的な要因だけでなく，目撃者ができごとについてストレスを感じたかどうか，情動が喚起されたかどうかなど目撃者の心理的な要因も影響する。事件の目撃に関して，犯人が凶器を持っていると，凶器に関する記憶は促進されるが，犯人の顔などの記憶については抑制されることが知られている（Loftus et al., 1987；越智，2000, 2005）。検索段階に影響する要因としては，質問のしかたがある。たとえば同じ車の衝突事故の映像を見たとしても，「車が激突したときのスピードはどれくらいでしたか」と質問した場合と，「接触したときのスピードはどれくらいでしたか」と質問した場合とでは，「激突」と質問したほうが，「接触」よりも，車のスピードを速く回答する傾向がある（Loftus & Palmer, 1974）。つまり目撃証言を鵜呑みにして信用することは危険なことといえる。さらにこのような影響を受けることを，目撃者だけでなく，目撃者を尋問する人たち，証拠を評価・判断する側も認識していないという問題もある（厳島ら，2005）。よってこのような影響を取り除くために，どのようなシステムを構築すればよいかについて考えていく必要がある。

2 裁判員と裁判官のコミュニケーション

　裁判では，法律知識に基づき，一定の手続きに従い，法廷に提出された証拠のみによって議論し，事実認定をする必要がある。ここでまず問題となるのが，法律知識である。たとえば「殺人」という用語について考える。一般市民にとっては人を殺せば「殺人」であるが，法的には「殺意」をもって人を殺さないと「殺人」にはならない（殺意はなかったが，暴行や傷害の意思があって人を死にいたらしめた場合は，傷害致死である。殺意も暴行や傷害の意思もなければ過失致死となる）。このように一般的な用語と法律用語には違いがある。さらには，裁判官と裁判員との犯罪に対する意味や事件に対する認識の枠組み，つまりスキーマ（schema）が異なる可能性もある。たとえばある事件の事実認定の際に，裁判官は「ある犯罪が成立するかどうか」という枠組みで事件を見るのに対し，裁判員はたんに「誰がどこで何をしたのか」ということに重点をおく傾向がある（西條，2009）。

　これらのように，裁判員と裁判官の法律用語に関する理解の程度が異なっていたり，事実認定の際に事件に対する焦点の当て方が異なっていると，法廷での議論を混乱させる原因にもなる。さらに裁判官と裁判員が共通の判断基準に基づいて事実認定をして議論を進めていかないと，一見きちんと議論されているように見えて，実際には上滑りの議論がされてしまい，ある意見や証拠などについては議論されるが，あるものについては取りあげられないということが起こる可能性もある（野原，2009）。つまり裁判員裁判において素朴交渉（明確な根拠を与えないまま意見を主張したり，提案された仮定に対して十分な検証をせずに結論を急いだり，あるいは突然合意が形成される議論のこと）（Morimoto et al., 2006）が起こる可能性がある。

　このようなことを回避するためには，一般市民である裁判員には法律用語をきちんと理解してもらう必要がある。山崎と仲（2008）は，「未必の故意」という一般市民にはなじみのない法律用語を用いて，司法修習生と大学生に対し，その用語を説明した場合と，説明しなかった場合とで，用語に対する主観的理解度（理解しているかどうかを自己評定させた）や客観的理解度（その用語の説明を被験者に記述させ，刑事訴訟法を専門家とする法学者が正しいかどうかを判断した），有罪・無罪に対する判断が異なるかどうかを調べた。その結果，司法修習生は用語の説明ありなしに関係なく，主観的および客観的理解度が高く「未必の故意」の意味を正確に理解していた。それに対し大学生は，用語の説明がある群は，用語説明なし群に比べ，用語の主観的理解度は高かった。しかし客観的理解度に関

しては，司法修習生ほどは高くなく，十分理解しているとはいえなかった。このことは，一般人に対して法律用語を説明しただけでは，不十分であることを意味している（ただし有罪・無罪の判断をする際には，「未必の故意」という用語が重要であるという認識を持って判断をしていることがわかったので，法律の知識のない人であっても，用語を説明することで，ある程度専門家と同じような判断が可能となるものと推察される）。また専門用語をできるだけわかりやすく言い換えることにも限界がある。なぜならば専門的な概念用語をわかりやすく言い換えようとすると，必ずといっていいほど意味内容のズレをともなうし，そのズレが有罪・無罪のどちらになるかによって，判決に直接影響するからである（五十嵐，2007）。

　裁判員裁判では，裁判員同士だけでなく，裁判官を含めて意見を交換し討論をする。そのため自分の意見がほかの裁判員の意見や裁判官の意見に左右されたり，あるいは同調してしまう可能性もある。たとえば藤田（2004，2008）は模擬裁判において，裁判官の専門性を認知する裁判員ほど，裁判官の判断を重視する傾向があることを示している。集団での討議においては，参加者がその被告人が犯行を行なったと確信できていないにもかかわらず，自分のグループが有罪と判断すると，自分も有罪と考えて同調してしまう傾向がある（杉森，2006）。またこの同調は，情報量による影響も受ける。杉森ら（2005）は，推定無罪の原則からは必ずしも有罪と断定できない事件の資料を参加者に読ませ（事件の資料は，長文で難解な資料と，短く理解が容易な資料の2種類がある），被告人が犯行を行なったか，有罪か無罪かなどの判断を個別にさせたあと，3人の集団で討議させた。実験群には討議中に「裁判官の意見」あるいは「他の参加者の意見」として見せた（統制群には見せない）。そして討議後に個別に，被告人が犯行を行なったかどうかなどの質問に答えさせた。その結果，事件資料が長く難解な場合，参加者の多くが裁判官の有罪意見を読んで有罪判断に傾いた。また事件資料が短く容易な場合は，裁判官の有罪意見に影響されなかったが，無罪判断の確信度は下がっていた。これらのことは，裁判官の意見によって一般市民の意見が誘導される可能性があることを意味している。一般市民が参加する裁判員裁判では，このような影響を取り除くことは非常に重要なことといえる。

3　裁判員が感じるストレスや不安感

　一般市民である裁判員にとって，裁判は非日常である。刑事裁判を傍聴した経験すらない人も多いことだろう。裁判員になると，ある程度普段とは異なる生活

を強いられたり，通常の生活が制限されたりするため，ストレスが生じる。また身近ではほとんど起こらないような重大な事件について，専門家である裁判官とともに，提出された証拠を基に議論をし，有罪・無罪や量刑について判断しないといけないので，裁判員として十分な仕事ができるかどうか不安に感じると思われる。さらには裁判員として窃盗や暴行などの事件を経験し，徐々に殺人事件などの重大な事件を担当するというプロセスならともかく，場合によってはいきなり死刑か無期懲役かという重大な判断をせまられる事件を担当することもある。初めての裁判で，死刑が求刑されるような重大事件を担当することは，専門家である法曹関係者であったとしても，非常に大きなストレスを感じることだろう。裁判員裁判で死刑が求刑された事件の数は，2010年12月現在，4件である。そのうち2件は死刑判決（横浜2人殺害事件，2010年11月16日に判決，石巻3人殺傷事件，2010年11月25日少年事件では初の死刑判決），1件は無期懲役判決（耳かき店店員殺人事件，2010年11月1日裁判員裁判では初の死刑求刑），1件は無罪判決（鹿児島夫婦強盗殺人事件，2010年12月10日）が下されている。これら事件を担当した裁判員たちの多くは，ショックやストレス，後悔，不安感，罪悪感などさまざまな精神的負担を，裁判中だけでなく現在もなお感じているものと推察される。また証拠調べの時には，通常では見ないような犯行現場の写真や詳細な犯行状況を目の当たりにすることになるので精神的な負担は大きい。2010年1月に福岡地裁で行なわれた傷害致死事件の第2回公判において，被害者の遺体写真を直視できなかった女性裁判員を解任し，補充裁判員の女性を後任にあてるということがあった。福岡地裁はプライバシー保護のため理由を明らかにしなかったが，女性裁判員がその写真を見たために体調を崩した可能性がある（読売新聞，2010）。専門家ともいえるジャーナリストでさえ，悲惨な災害・事件等の取材により大きなストレスを感じているという報告がなされている（松井，2007）。このように裁判員になるということは，通常では体験しないような精神的な負担を感じることになる。このような裁判員が感じるストレスや不安感，後悔や罪悪感などのネガティブな感情を低減するため方法を明らかにし，裁判員に提供することは，必要なことと考えられる。

　個人が行なうことができるこれらネガティブな感情を低減させる方法としては，たとえば，気晴らしをする，感情を発散させる，感じているストレスの見方を変えるなどして，引き起こされた不快な感情を低減させたり（情動焦点型コーピング），あるいはストレスの原因となる問題自体を解決することによってストレスを解消するという方法（問題焦点型コーピング）がある（Lazarus &

Folkman, 1984)。また「今回経験したさまざまなことは今後自分の役に立つ」と考える（合理化する）ことによっても裁判員になったことに対する後悔を低減できる可能性があるだろう（Festinger, 1957；上市・楠見, 2004；Ueichi & Oishi, 2008）。このようなストレス・マネジメントの方法を，あらかじめ裁判員に対して提示しておくことは，裁判員になることの不安やストレスを解消するために有効と思われる。また裁判員が重大なストレスを感じている場合，裁判員となった人の周りの人（家族や知人など）は，こちらからいろいろと聞こうとするのではなく，そっとしておいたり，場合によっては話し相手になってあげることも必要だろう（大和田, 2003）。

　司法や行政，公共団体が行なうべきことは，裁判員のための施設や制度，システムの充実である。たとえば米国では，犯罪被害者などの非常に大きなストレスや精神的痛手を受けた人に対するケア施設やプログラムがある（新, 2000）。裁判員には守秘義務があるので家族にも話せないことが多く，同じ事件を担当した裁判員同士で話し合う機会を設けてほしいという要望や，自分が担当した事件が控訴されたときには，どのようになったか知りたい人もいる。これらのためのシステムも必要だろう。

　よって，裁判員がどのようなストレスを感じるのか，どのようにすればそれらストレスを解消できるのか，さらに周りの人々はどうすればよいかについて明らかにし，それらをサポートするために必要な施設や制度を具体的にすることが必要といえる。もちろんこれらのことは，専門家である法曹関係者に対しても必要なことといえる。

第4節　今後の展望——裁判員制度の問題点を解決するために

　最後に，裁判員制度を定着させるためには，裁判官・検察官・弁護士などの専門家，一般市民，メディア・市民団体などが相互に連携することが重要と考えられる（吉川, 1999；松澤, 2002；杉森, 2002）。現在，裁判所・弁護士会・研究者・一般市民が協力して，裁判員制度についての研究をおこなっている（藤田, 2004, 2008）。また日本新聞協会は，裁判員制度の定着と検証のために，判決後の記者会見による取材協力を呼びかけている（朝日新聞, 2009）。

　次に裁判員裁判に参加するための問題（裁判員になることへの不安，裁判員になった場合に日常生活や職場に及ぼす影響，一般市民や企業・団体などの裁判員制度に対する理解不足など）を解決するための制度をより充実させることが必要

である。そのためには，一般市民が裁判員として参加できるような環境（例：裁判員の日当を上げる，裁判員に不利益をした企業の公表，裁判員の個人情報の保護の徹底など）の整備を充実させる必要があると考えられる。ほかにも裁判員の精神的な負担を軽くするために，裁判員や一般市民のための相談窓口を設置し，心理専門家などによるストレスケアなどの情報やサポートを提供する必要がある。これに関して最高裁判所は，心理専門家による「心のケア・プログラム」の実施を打ち出している（日本経済新聞，2008）。

　このようなことが十分に行なわれ，そしてこのような情報をマスメディアだけでなくインターネットなどを通じて提供することにより，一般市民の裁判員制度に対する理解が深められ，そして不安感を低減させることができると考えられる。もちろんたんに情報を提示するだけでは，人の態度は変わらないと思われる。よって効果的な情報の提示方法について考えていく必要があるだろう。

　加えて裁判員制度を適切に行なうためには，法律の素人である一般市民が裁判員となった場合に生じるであろうさまざまな問題（たとえば，専門用語の理解，確証バイアス，同調，素朴交渉など）を解消し，裁判員としての職務を十分果たすことを可能にするシステム，つまり裁判員に対して，裁判に必要な専門知識を伝達し，そして裁判員の合理的な判断をうながすための方法やシステムの構築もまた必要である。もちろんこれらは非常にむずかしいことでもある。

　人は身近でない抽象的な問題を理解し解決することはむずかしい。しかしその問題を身近で具体的な表現にすると，論理的にはまったく同じ問題であるにもかかわらず簡単に理解できることが知られている（Griggs & Cox, 1982）。このことは法律の専門家である裁判官，検察官，弁護士などが裁判員に専門用語を用いるとき，あるいは証拠を提示する際に，身近で具体的な事例とともに説明することにより，裁判員がより合理的に判断できるようになる可能性があることを意味している。もちろん具体的に示すことにも限界があるので，「裁判員に理解してもらうためには，どこまで具体的に示す必要があるのか」，そして「どこまでなら抽象的であったとしても裁判員は理解することができるのか」について明らかにしていく必要があるだろう。また五十嵐（2007）は，欧米の陪審制度では法律の素人である一般市民に裁判を行なわせるために最小限必要な情報提供をしており，日本の裁判員制度でもそれを取り入れて，裁判員に対して適切な説示をすることが必要であること，そしてこのような説示は，裁判官にとっても，法を再確認し，正しい適用をするために有用であると述べている。彼は，裁判員に提示するべき基本となる情報として，裁判員の任務についての教示（例：法に従って提

出された証拠によって判断する必要があること，守秘義務など），刑事裁判の原則についての説示（推定無罪，検察に立証責任があることなど），手続きについての説明，証拠評価についての説示（証人の信用性，専門家の意見，自白の信憑性など），結審にあたっての説示（その犯罪の各要素が合理的な疑いをこえて立証された場合は有罪，立証されなかった場合は無罪と認定する必要があるなど）など，いくつかの重要な説示をあげている。またこれら情報は，裁判員の有罪・無罪判断に直接影響を及ぼす可能性があることも指摘している。たとえば，痴漢事件や万引き事件を取り扱った模擬裁判において，「被害者が被害にあった事実」と「被告人がその被害を与えたものである事実」を分けて，裁判員に評議・決議させると，「被害者が被害にあった事実」は認定できるが，「被告人が加害を与えたものである事実」は認定できないとして無罪と評決する。しかしながら，これらをひとまとめにして「痴漢事件（万引き事件）があったかどうか判断するように」という説示をした場合，「被害者がうそを言っているとは認められないから，事件はあった」という評決をして，有罪という判断をする可能性があることを指摘している。

　これらのことを踏まえたうえで，裁判に必要な専門知識を裁判員に伝達し，そして裁判員の合理的な判断を保つためには，具体的にどのような方法を用いればよいのか，またどのようなシステムを構築すればよいのかについて研究していく必要があるだろう。たとえば西條（2009）は，検察が主張する内容を構造化して，それを可視化する必要があると述べている。加えて裁判の時，裁判員には事件に関するさまざまな情報（争点や証拠，法律用語など）が提示される。専門家でない裁判員はそれら情報を処理するために大きな認知的負荷が生じると考えられる（杉森，2006）。よって，"今何が争点となっているのか"，"主張している事柄の根拠や証拠はどのように関連しているのか"，ということなどを裁判員に口頭や文書で説明するだけでなく，よりわかりやすくするためにフローチャートのような図を使って示し，図示された全体構造に基づいて，事実認定や審理をする必要もある。

　そのほかにも，裁判員裁判の審議日数についての問題がある。裁判員裁判では裁判員の負担軽減のため，短い日数で集中的に審議し，審議終了後すぐに判決を下す方法が主である。しかし人は，短期間で重要な意思決定をすることは非常に困難である。とくに重要な決定を下す場合，時間をかけて徐々に考えをまとめていく必要があるだけでなく，最終決定を下したあとであっても，その決定で本当によいのか何度も考え，そしてその決定を受け入れ納得していく時間が必要であ

る。さらに集中的に考えたからといって，よい決定ができるとは限らない。裁判員裁判で集中的に審議するよりも，たとえば週に1回ずつの審議を何回か行なう方法のほうが，その時その時で自分の考えをまとめられる。さらには最終的な審議が終わってから，裁判で判決を下すまでの時間があれば，その間に自分たちで下した判決を受け入れやすくなると思われる。

　また裁判員が裁判員となったことで経験したさまざまな事柄（審理や評議などの裁判に関することだけでなく，精神的負担や日常生活での問題なども含む）を，次の裁判員に伝えるシステムも必要と思われる。現在の裁判員制度では，裁判員は事件ごとに選出されるため，ある事件を担当した裁判員たちの経験を，次に裁判員なる人たちに，直接伝えることはむずかしい。しかしながら，たとえば検察審査会のようなシステム（検察審査員は11名で構成され，任期は6か月，3か月で半数ずつ改選される）であれば，裁判員経験者が，新しく裁判員になった人たちに，自分たちの経験を伝えることができる。そうすることにより，裁判員になることに対する不安感等が低減するだろう。ただしこのようなシステムにすると，担当する事件の数が複数になってしまうので，裁判員の負担もより大きくなるという問題もある。

　よって本章で述べたようなさまざまな問題点を踏まえたうえで，どのようにすれば一般市民である裁判員の参加意向を高め，裁判員制度に対する理解を促進できるか，そしてどのようにすれば裁判員制度が持つ問題点を解決することができるのかを検討していくだけでなく，今後も現在の裁判員制度を続けるべきなのか，修正すべきなのか（現在適用範囲外の刑事事件にも適用することだけでなく，行政事件にも導入することなども含む），それともこの制度自体を廃止すべきなのかについての議論も十分に行なっていく必要があるだろう。

ピックアップ 13 刑事司法と社会心理学

わが国の刑事司法は，おおまかに警察→検察→裁判→矯正→更生保護という流れで構成されている。それぞれの機関は，犯罪を犯した者を受理すると，法律の定めに従って処理し，次の機関に送っている。犯罪者以外には直接かかわる機会が少ないという印象であるが，刑事司法の運用には一般市民の意見が反映されたり，刑事司法に対する人々の態度が結果や方向性に影響を与えたりすることもある。こうした刑事司法における人々の態度の影響については，法律的な面から見ていくだけではなく，人々の態度やその形成に影響する要因を心理学的に見ていくことも課題解明に有効な方法であろう。以下では，刑事司法において心理学的なアプローチが必要な場面のいくつかを見てゆく。

1 犯罪や犯罪者に対する人々の態度

人々が犯罪や刑罰に対してどのような態度であるかは，犯罪の通報行動に影響する。たとえば，認知件数が最も多い手口である万引きの場合，店主がその現場を見つけたとき，犯人が小学生であったときと成人であったときによってその後の対処に違いがあるだろうか。ある調査では，警察への通報率が，小学生38.8％，中学生52.3％，高校生57.2％，成人男性65.5％，成人女性62.1％という結果が報告されている（田村，1992）。それでは，その犯人が近所の住人であったときや顔見知りの人のときはどうであろうか。身なりの整った学生と，金髪に染めた若者の場合では異なるだろうか。犯した行為が同じであっても，相手の性別や身なりによって店主の対応に違いがあるかもしれない。こうした一般市民による犯罪者の選択は，その後の刑事司法が扱う集団としての犯罪者の属性に大きく影響する。

さらに，一般市民の犯罪に対する態度も刑事司法に影響する。電車内の痴漢や子どもに対する声かけなど，ある種の逸脱行為に対して人々が厳格に対処すると警察への通報量は増える。その結果，刑事司法が扱う罪種に量的な変化をもたらす。特定の行為を強く非難したり，それまでは大目に見られていた行為を厳格に犯罪視するようになったり，道徳的なことやマナーに属すると考えられていたことを法律によって規制したり取り締まったりするという結果を導くことにもなる。

そうした一般市民の態度の変化は何によってもたらされるのであろうか。た

とえば，犯罪情勢を伝達するメディアは人々の態度変化に大きな役割を果たしていると考えられているが，実際には，どのような人々にどのような影響を与えているのであろうか。そのメカニズムの解明が待たれる（第2章参照）。

2 刑罰に対する態度

刑罰には，一般予防と特別予防の効果があるとされる。一般予防は，刑法が犯罪行為を規定してそれに対する刑罰を示すことによって一般人を威嚇し，犯罪から遠ざけることになるという効果である。一方，特別予防は，犯罪者に刑罰を科すことによってその犯罪者が再び犯罪を犯すことを防ごうとするものである。

一般予防の考え方からすると，刑罰を重くすることで威嚇の効果は高まると考えられる。しかし，実際には，重罰化した後も犯罪は発生し，刑罰を受けた者の再犯も多い。刑罰の一般予防効果には限界があり，特別予防効果も十分とはいえないのである。それにもかかわらず，人々は，重大な犯罪が発生すると，その原因として刑罰が軽いことをあげ，刑罰を重くすることを求める。背景には人々の応報的な感情や正義感，犯罪に対する嫌悪や不安の感情もあろう。こうした人々の犯罪や刑罰に対する態度やその形成過程は刑事司法にとっても重要な関心事である。

3 裁判員制度

裁判員裁判が始まって1年半が経過した。裁判員の参加によって変化が見られる点として，執行猶予判決において保護観察付き執行猶予が言い渡される割合が高まったことがあげられる。

最高裁の調べによれば，執行猶予つきの判決で，保護観察が付いたケースは従来の裁判では37％であったが，裁判員裁判では59％に上がったとされる。保護観察付き執行猶予を言い渡されると，執行猶予期間中，保護観察官や保護司の指導を受けることになる。一般市民にとって，犯罪者の「その後」に不安を感じるのか，あるいは保護観察に対する期待の表われなのか，明らかではない。執行猶予判決のみの特徴ではあるが，裁判員はこれまでの刑事裁判官のみの判断とは異なる視点で判断をしていると思われる。

裁判員はこれまでほかの被告人を裁いた経験をもっていない。判決後の刑罰がどのように実施されているかを熟知しているわけでもない。裁判員は，みずからの経験のなかで比較する対象がない状態で，与えられた情報を手がかりに判断することになる。検察官も弁護人も，裁判員に訴えかけようと，わかりや

すい説明やアピールのしかたを模索している。取り調べを録画した映像なども証拠として提示される。そうした情報は裁判員の判断にどのように影響するのであろうか。裁判員は多くの情報を処理できているのか，判断する際に偏った傾向に陥っている恐れはないのかなど，裁判員が人を判断する際のメカニズムをあらためて分析してみる必要がある（第10章参照）。

4 犯罪者の処遇

犯罪者や非行少年の処遇は，刑事施設や少年院といった矯正施設のなかで行なわれる施設内処遇と，社会内処遇と呼ばれる更生保護の領域に分けられる。刑務所に入っていた者も刑期が終われば社会に戻ってくる。しかし，刑務所を出ても，住居や仕事が無い者があり，再犯にいたる割合も高い。これを防ぐために，出所後の一定期間住居を提供し，その間に就労先を確保することがひとつの方法と考えられている。そのための施設として，全国には100を超える更生保護施設があり，主に更生保護法人によって運営されている。

こうした取り組みをさらに進めるために，国も自立更生促進センターとよばれる更生保護施設を建設し，北海道，北九州，日立などでは運用を開始している。その一方，福島保護観察所に附設された施設は，平成20年7月に建物が完成したものの，住民の反対運動により2年以上運用を開始できない事態に陥っていた。学校の密集地帯である，住民への事前の説明が不十分であったというのが住民側の主張である。

一般に人々の間には，犯罪者を非難したり避けたりする意見がある一方で，犯罪者が改善し，再び社会に戻ってくることまでを否定する声は少ない。犯罪者が二度と犯罪をすることなく社会復帰することは，社会の安全にとっても重要なことである。そうした理念は理解されていても，実際に，そうした活動や施設が受け入れられることは少ない。刑事司法の活動について，どのように人々に理解を求めていくのか，課題として残されている。福島では，運営連絡会議で入所予定者の罪名や犯行動機などを確認することを前提に運用が開始されている。運用の実態を明らかにしていくことが地域の理解につながるのか，今後の経過に関心がもたれる。

5 犯罪の予防

犯罪を予防することは刑事司法の重要な役割のひとつである。近年，犯罪をやりにくくする環境作りが強調され，物理的な犯罪予防策が広がりを見せている。しかし，悪質商法や詐欺の被害においては物理的な予防策がとりにくく，

人々に注意を呼びかける対策が中心となっている。そのため，注意を怠ったために被害に遭ったという受け止め方を招きやすく，非難されることを恐れたり，恥ずかしさから，被害者が潜在化して被害の拡大を防ぐことがむずかしくなっている。こうした犯罪被害の分析においては，その原因を被害者の用心深さなどの個人特性に帰するのではなく，ある属性に属する人々の平均的な反応や行動を想定した議論が必要であろう。人がなぜだまされるのかという現象を社会心理学的に分析し，有効な予防策の普及につながることが期待される。

　以上，刑事司法における課題の解決にあたり，社会心理学的な分析が必要となる場面のいくつかを見てきた。これら以外にも，目撃証言の信頼性や自白の信憑性，刑事司法への信頼と通報行動との関係，犯罪被害のリスクに比して犯罪不安が高いことなども刑事司法における課題として残っている。いずれの課題においても，その対応には人々の行動や態度に影響を与える要因の分析を踏まえたアプローチが欠かせない。そうした社会心理学的な分析から得られた知見を刑事司法の中で活用していくことで，刑事司法が人々にとってわかりやすいものとなり，人々からの信頼を得ることにつながると考える。

ピックアップ 14 刑事司法への信頼
―警察への信頼を中心として

1 信頼の功罪

　刑事司法は警察を始めとして，検察，裁判所，矯正施設など，さまざまな組織によって担われている。では，国民がそれらの組織を信頼できないと，どのようなまずいことがあるだろうか。

　最初に考えられるのは，信頼しない個人が犯罪被害者となるリスクを高めてしまうことである。警察が信頼できなければ警察の薦める防犯対策を採用することはなくなるので，その分，犯罪被害に遭う可能性を高めてしまう。たとえば，「自転車・オートバイ盗，車上ねらいなどが多発しており，その多くが無施錠である。施錠が被害リスクを低める」という情報が警察から提供されても，人は信頼できないソースからの助言に従おうとはしないので，施錠を心がけるようにはならないだろう。空き巣予防のために抵抗時間の長いドアや錠を採用すべき，という勧告についても同様である。

　次に考えられる，刑事司法を信頼できないことのまずい点は，犯人検挙のための協力傾向が低下し，社会全体としての犯罪リスクを高めてしまうことである。自分がたまたま目撃した人物が，ある犯罪に関係しているかもしれないと思っても，「警察というところは目撃者を犯人扱いするらしい。下手をすると自分が容疑者にされて，ひどい目に遭うかもしれない」と考えれば，情報提供をためらうだろう。このような刑事司法への不信と協力回避傾向が国民に共有されてしまうと，それは犯罪者を利することになる。

　もうひとつ考えられる刑事司法への信頼欠如のまずい点は，人々の犯罪リスク認知の高まりを通じて，過剰な犯罪不安をもたらすことである（本書第1章参照）。リスク認知研究領域では，リスク管理者（Risk Manager）への信頼が人々のリスク認知に強く影響することが数多くの研究によって明らかにされている（たとえば，Cvetkovich et al., 2002；Siegrist, 2000；Siegrist & Cvetkovich, 2000；Slovic, 1993）。このことは犯罪リスクの領域でも同様であり，たとえば，ベイカーら（Baker et al., 1983）やホーとマッキーン（Ho & MaKean, 2004）は警察への信頼が高いほど，人々の犯罪リスク認知が低くなるという調査結果を報告している。実際に犯罪リスクが高いのなら，それに対する不安は防犯行動を動機づけるという点で合理的といえるだろう。しかし，犯罪リスクはそれ

ほど高くないにもかかわらず、刑事司法が信頼できないがために、過剰な犯罪不安を抱くことになれば、それは不幸なことである。そのような精神状態でいることそのものが望ましいことではないし、不安に駆られて効果に見合わないコストの高い対策をとることになれば経済的にも望ましいことではない。

以上は、刑事司法への国民の信頼は高いほうがよいという主張の論拠である。ただし、どのような場合でも信頼は高いほうがよいかというと、そうではない。信頼概念の中心にあるのは脆弱性（vulnerability）の受容である。相手に自分の利害を委ねることでひどい目に遭うかもしれない状況に置かれても、そのようなことにはならないと期待し、脆弱な立場に置かれることを受け入れる気になる、というのが信頼である。この定義からすると、刑事司法を担う組織に国民の利益を損ねる行動傾向がある場合には、それらの組織を信頼することは不利益をもたらす対象に身を委ねることになるので、国民にとって望ましいこととはいえない。つまり、刑事司法への高い信頼がよいことといえるのは、刑事司法が実際に国民の利益を高めるという条件を満たしている場合なのである。そして、歴史をふり返ると、あるいは、今日の世界を眺めてみても、この条件が満たされない時代や地域は少なくない。刑事司法に携わる専門家が国民からの信頼を高めようとするときは、まず、現状の刑事司法が国民に利益をもたらしていると自信をもって言い切れるかどうかを確認するところから始めるべきであろう。

2 警察への信頼レベル

では、現在、刑事司法は国民からどれくらい信頼されているだろうか。警察への信頼世論調査の結果を取りあげて検討する。調査会社の中央調査社は、「警察」「国会議員」「官僚」「裁判官」「マスコミ」「銀行」「大企業」「医療機関」「自衛隊」「教師」の10種を評価対象とする国民の信頼感調査を定期的に実施している。それぞれに対して「ほとんど信頼できない」を1点、「たいへん信頼できる」を5点、中央の「どちらともいえない」を3点とし、5段階評価尺度によって、無作為に選んだ全国の成人男女千数百名から回答を求めるという内容である。2010年（平成22年）発表の結果を見ると、警察に対する信頼平均得点は3.1とほぼ中央で、評価対象内での相対的な位置も、医療機関、裁判官、自衛隊、銀行に続いて全10種のうち5位であった。ちなみに群を抜いて低信頼だったのが官僚と国会議員である。警察官による不祥事が相次いだ直後の2000年3月実施の調査では警察への信頼平均得点は2.3とたいへん低かったが、その後、2001年以降に実施された4回の調査では、信頼平均得点は、ほぼ中央値付近

で安定している。中程度の信頼感が維持されているといえよう。

また，国家公安委員会・警察庁も「警察改革の推進についての総合評価書（2005年）」において，警察に対する信頼の世論調査結果を公表している。この調査では「信頼している」「どちらかといえば信頼している」「どちらかといえば信頼していない」「信頼していない」「わからない」の選択肢から選ぶ形となっており，やはり全国の成人男女千数百名が参加している。結果は，「どちらかといえば信頼している」との回答が45.0％と最も多く，「信頼している（15.9％）」と合わせると約6割が警察を信頼するという回答を示している。

中央調査社の結果，および，国家公安委員会・警察庁の総合評価書に示された結果から，警察に対する信頼の現状は，強い信頼が寄せられているとは言い難いが，信頼が崩壊しているわけでもない，といえそうである。

3 信頼は何によって導かれるのか

人々のリスク認知に，そのリスクを管理する組織への信頼が強く影響すると先に述べたが，では，信頼の高さは何によって決まるのだろうか。この問いに対しては，相手への能力認知と動機づけ認知（ないしは公正さ認知）が信頼をもたらすという，イェールコミュニケーション研究プログラム（Hovland et al., 1953）以来の伝統的な見解が半世紀以上にわたって主流の回答でありつづけてきた。刑事司法への信頼問題に当てはめると，能力認知は，「犯人を逮捕する」「犯罪を未然に防ぐ」「罪の大きさに見合った罰を与え，無実の者を罰しない」「罪を犯したものを更生させる」といった業務を適切に遂行するための技術，知識，有能さがそれぞれの担当組織に備わっていると認知されれば，それぞれの組織は信頼されるということになる。一方，動機づけ認知は，それらの業務を一生懸命，フェアな姿勢で行なうかどうかという観点からの認知であり，そういった姿勢が備わっていると人々から認められるならば，信頼が得られるということになる。この動機づけの側面に関して，ある組織が一生懸命に仕事に取り組む理由として大きく2つ考えられる。ひとつはその組織がもともと真面目で熱心な人々から構成され，組織全体としてもそのような性質をもっているというものである。もうひとつは，一生懸命に取り組まないとその組織や構成メンバーに何らかの制裁が下されるから，それを避けるため一生懸命にやるというものである。たとえば，透明性が高くて手抜きがすぐさま露見し，減給や降格などの制裁が下されるシステムが整っているから一生懸命に取り組む，というのがこれにあたる。しかし，このような動機で一生懸命に仕事に取り組んでいると国民に見られても，それは「相手はこちらに裏切られる状況に

あるが，それでもそのようなことはしないと期待すること」という信頼の定義にはそぐわない。なぜなら，監視と制裁システムによって相手が裏切れない状況をつくっているからである。すなわち，信頼とは相手の本来的性質が誠実で正直なものであるという認知に根ざすものであり，監視と制裁システムが機能しているから真面目に取り組むだろうという期待は本質的な信頼とはいえない（山岸，1998；Rousseau et al., 1998）。ところが，信頼回復のための取り組みとしてなされるのは，たいていが，透明性の向上と処罰の準備である。先述の「警察改革の推進についての総合評価書」でも，平成12年以来の不祥事を踏まえて警察がみずからへの信頼回復のための対策として強調したのが「警察における厳正な監察の実施」であった。監視と懲戒のしくみを整えることは，警察が意図的に悪事をはたらくことはないだろうという国民の期待を高めるかもしれないが，これは本質的な信頼とは言い難い。国民からの不信感をカバーするはたらきはもつものの，少々，後ろ向きの対策であるといえよう。

4 前向きの信頼構築

監視と制裁システムの設定が後ろ向きの信頼回復策であるとすれば，では，何が前向きの対策となるのだろうか。主要価値類似性モデル（Salient Value Similarity モデル：Earle & Cvetkovich, 1995）に基づき，筆者は，国民と刑事司法を担う組織が価値を共有し，そして，共有していることをお互いが確認できることが前向きの信頼関係に必要であると考えている。仮に，わが国の警察が有能な人々で構成され，熱心に仕事に励んでおり，そのことを国民が十分に知っていても，つまり，能力認知と動機づけ認知が高い水準にあろうとも，その優秀さや熱心さが警察官自身の保身や組織の体面を保つためだけに向けられていると思われてしまうと，国民からの信頼は得られないだろう。犯罪被害のない地域社会，犯罪者が野放しとならない世の中を望む国民が，同じ思いを警察も強くいだいており，そのためにみずからの能力を最大限注ぎ込んで，業務に励んでいると認識することが信頼構築につながるのではないか。そして，そのような認識は，監視と制裁システムとは別の，地道な地域警察活動を通じたコミュニケーションによってはぐくまれるのではないかと思われるのである。

第11章 犯罪被害者の心理と支援

　犯罪の種類は多様であり，現代人はさまざまな犯罪の被害に遭遇する可能性がある。犯罪被害者の支援は，法律学，精神医学，心理学などの多様な視点により行なわれるが，法律学や精神医学の方法では解決がむずかしい，犯罪被害による社会的あるいは心理的な影響については，心理学による理解や支援が重要な役割を果たしている。本稿では，犯罪被害者の心理と支援について，被害の実態，おもな学説と支援策，研究方法などについて解説する。

第1節　犯罪被害の実態

1　統計上の犯罪被害

　犯罪被害者の支援を社会問題として理解し，犯罪被害者に必要な支援を考えるにあたっては，犯罪被害の実態を適切に評価することが重要である。犯罪被害の実態を評価するには，犯罪に関する統計を調べる方法が，まず，考えられる。

　ここでは，犯罪被害者の範囲について，犯罪被害者等基本法の第二条にある，「犯罪被害者等とは，犯罪等により害を被った者及びその家族又は遺族をいう」，「犯罪等とは，犯罪及びこれに準ずる心身に有害な影響を及ぼす行為をいう」という記述を参考に，殺人，傷害，性犯罪，交通事故などに関する統計の数字を概観してみる。

　まず，犯罪による死傷者と，性犯罪による被害者の人数を統計から求めると，2009年に，刑法犯（交通事故を除く）で死傷した人の人数は，33,076人であり，うち，死者は1,054人，重傷者（治療の見込み日数が30日以上であった者）は2,832人であった。死者の内訳で，最も多いのは殺人罪による死者で476人，重傷者で最も多いのは，傷害罪による2,123人であった。一方，性犯罪の認知件数は，強姦罪が1,402件，強制わいせつが6,688件であった（警察庁, 2010）。

　一方，2009年の交通事故による死傷者数は91万5,029人で，うち死者は4,914人，重傷者は53,690人であった（交通事故総合分析センター, 2010）。ただし，交通事故の統計の死傷者には，被害的立場の者と加害的立場の者との両方が含まれて

いるから，ほかの犯罪の被害者との単純な人数の比較はできない。

　2007年の主要な犯罪（わが国では一般刑法犯）について，10万人あたりの犯罪被害の発生率を，ドイツ，英国，フランス，米国と日本とで比較すると，5か国のなかで，最も犯罪の発生率が高いのは英国の9,157件であり，最も低いのは日本の1,494件であった。殺人事件で同様の比較をすると，最も高いのは，米国の10万人あたり5.6件であり，最も低いのは日本の1.0件であった（法務総合研究所，2009）。現代の日本においては，多くの人が犯罪の被害に遭遇しているが，わが国の統計上の犯罪被害の発生率は，欧米と比較して低い値となっている。

2　暗数を含めた犯罪被害の把握

　犯罪に関する統計の数字は，警察が認知した犯罪被害者の人数である。犯罪の被害に遭った人は，どうせ犯人は捕まらない，あるいは，被害を申告することが恥ずかしいなどと考え，被害を警察に通報しないこともある。犯罪被害者に必要な支援を考えるにあたっては，警察に通報されない暗数を含めた犯罪被害の実態を把握する必要がある。

　暗数を含めた犯罪被害の実態を調べる方法としては，社会調査の方法により代表性のある調査対象者を選んだうえで，犯罪の被害に遭った経験を面接や調査票により調べる方法がある。国際犯罪被害実態調査（ICVS：International Crime Victimization Survey）（ピックアップ1参照）は，この種の調査の例であり，わが国では法務総合研究所が，この調査に参加している。2008年の調査は，層化二段無作為抽出法により日本全国から選んだ16歳以上の男女6,000人を対象に行なわれ，このときの調査では，わが国における性犯罪の申告率は13.3％と推計されている（法務総合研究所，2009）。ICVSによると，暗数を含む性犯罪の被害率のわが国の推計値は，調査に参加した国の平均より高い値となっているなど（Van Dijk et al., 2008），犯罪によっては，統計上の被害者の人数より，実際に被害に遭っている人数が，かなり多いと考えられるものもある。

第2節　犯罪被害者の心理

1　被害者本人の心理と遺族の心理

　犯罪の被害に遭遇すると，さまざまな社会的，経済的，心理的な影響が発生する。これらのうち，犯罪被害者の心理を理解するうえで，重要なのはトラウマ（trauma）に関するモデルと悲嘆（grief）に関するモデルである。

最近では，トラウマという用語が一般の人にも知られていており，何か深刻なできごとを体験したあとの心のショック症状のようなものとして理解されている。トラウマの心理は，犯罪に遭遇して，身体に直接の被害を受けた被害者の心理を理解するうえで重要である。

一方，悲嘆とは，自分にとって，かけがえのないものを喪失した人に見られる心理であって，遺族の心理を理解するのに重要な心理学のモデルである。犯罪被害者の心理を理解するには，被害を直接に被った本人の心理と，被害者の家族の心理のそれぞれを理解することが重要である。

2 トラウマとPTSD

トラウマの学術的な定義については，精神科医が用いる，PTSD（Posttraumatic Stress Disorder, 外傷後ストレス障害）の診断の基準を参照するのが適切であろう。米国精神医学会が定めているDSM-Ⅳ（Diagnostic and Statistical Manual of Mental Disorders, 4th edition, 精神障害の分類と診断の手引き第4版）によると，PTSDは不安障害に分類されている。不安障害は，最近では使われなくなった用語である神経症（ノイローゼ）に相当する精神疾患である。不安障害では，恐怖や不安がひどくなり，日常生活や社会生活を正常に送ることがむずかしくなるのが特徴である。心の症状だけでなく，心臓の鼓動が早くなる，息苦しくなる，手が震えるなどの身体的な症状も，不安障害の特徴である。

PTSDは，極度の恐怖，無力感，絶望をともなうとされ，実際の死や死の脅威，または深刻な負傷，あるいは，自分または他人の身体的保全に対して脅威となるようなできごとを体験または目撃した人に生じるとされている。ここでいうできごとには，犯罪や重大事故のほかに，戦争，自然災害などが含まれる（American Psychiatric Association, 2000）。

犯罪被害者のPTSDに最も顕著な症状は，犯罪の被害に関する記憶の侵入的な想起である。侵入的な想起は，恐怖，苦痛，無力感などの不快な感情をともなうとともに，被害を体験したときの，鮮明な光景，犯人や自分の声，身体の痛みなどの感覚をともない，被害者は，あたかも犯罪被害の体験が再び起こったかのように感じる。想起と同時に，動悸や発汗などの生理的な反応も生じる。このような想起を，再体験，フラッシュバックなどともいう。侵入的な想起は，外的な刺激や内的な感情などにより突然に生じる。被害者は，侵入的な想起が生じるのを，自分の意思でコントロールすることができない。

侵入的な想起は，コントロール不能で苦痛な症状をともなうため，犯罪被害者

は，被害を思い出すきっかけになること，たとえば，被害について人に話す，被害に遭った場所に近づくことなどを避けることがある。また，事件の記憶が失われたり，人と話していても実感がなかったり，普通の人のように喜んだり悲しんだりができないなどの，感情が麻痺した状態になることもある。反対に，ちょっとした物音に驚く，神経が高ぶって眠れない，イライラや怒りが爆発するなど，感情の制御が困難になることもある。その結果，仕事や家事に集中できず，社会的に正常な生活が送れないなどの問題も生じる。

トラウマを体験した人にみられる，このような心と体の反応は異常なものではなく，トラウマを体験した直後の人に広く見られる自然な反応である。トラウマを体験した人のなかには，時間の経過とともに自然にトラウマから回復する人も多い。

一方で，自力では回復が困難な場合もあり，上で述べたような症状が1か月以上持続するとPTSDと診断される。米国で行なわれた精神疾患に関する疫学調査によると，PTSDの有病率は，強姦の体験者で45.9〜65.0％，身体的な虐待の体験者で22.3〜48.5％であるなど，対人暴力の被害を体験した人で高いとされている（Kessler et al., 1995）。PTSDは，統合失調症やうつ病のように，医師による治療が必要な精神疾患である。自力では回復が困難な人や回復が遅れている人には，薬物療法や認知行動療法などの医学的な治療が必要である。

PTSDの診断基準では，自分の意思ではコントロール不能な感情の反応や生理的な反応が重視されている。トラウマティック・ストレスという名称が示すように，PTSDは，一般的なストレス反応の特別な場合と理解されている。PTSDを理解するには，トラウマティックではない，一般的なストレス反応に関する生理学のモデルも理解する必要がある。

ストレスとストレス反応に関する先駆的な研究は，セリエ（Selye, H.）によるもので，セリエは，動物を使った実験で，体内に異物を注入する，温度を急に変化させるなど，動物の身体に負荷をかけると，刺激の種類にかかわらず，ある共通した生理的な反応が生じることを発見した。この反応は，異物の侵入や環境の急激な変化により，ホルモンや自律神経のバランスに異常が生じるためであると理解された。動物の体内には，ホルモンや自律神経により，臓器や細胞の活動を制御する仕組みが備わっている。ホルモンや自律神経は，環境や体内のようすに応じて調整されるが，急激な環境の変化が生じると，これらの調整がうまく機能しない場合がある。人間は，ホルモンや自律神経の調節の不具合を直接に感じることはできないが，不具合により生じた体や心の変化が，体調の不良，不安感，

緊張感などとして意識されると考えられている。PTSDでは，死の恐怖という強大なストレスにより，心と体にさまざまなストレス反応が生じるということができる。ストレスのモデルで重要なことは，物理的，化学的な直接の作用がなくても，体内に生理的な反応が生じることである。

現在では，PTSDの症状と脳の働きとの関係が解明されつつある。たとえば，PTSDの症状は，脳の中心付近にある海馬という器官の働きと密接に関係しているとされている。海馬は，記憶と感情に関係する脳の器官である。大きなストレスを体験すると，副腎皮質ホルモンの一種であるコルチゾルが過剰に分泌され，コルチゾルが海馬を萎縮させ，その結果，記憶障害や不快な感情がともなうできごとの想起などが起こるとされている（Bremmer, 2002）。

3 トラウマのさまざまな様相

PTSDの診断基準ができる前は，「レイプトラウマ症候群」，「ベトナム帰還兵症候群」など，原因となるできごと別にトラウマの学説が唱えられていた。PTSDは，性虐待の被害者と戦闘の体験者とに見られる，一見，異なる生理的および心理的反応が，共通の生物学的な機序に基づくことを明確にしたものであり，トラウマという現象の理解に役立ったといえる。その反面で，トラウマを単純化しているため，犯罪の被害別など，それぞれのトラウマの特徴が見えにくくなっていることにも注意が必要である。

マクファーレンとディジロラーモ（McFarlane & DeGirolamo, 1996）は，被害に遭った時間の長さや反復の回数の違いによりトラウマを理解する必要があるとし，トラウマを3つに分類している。それらは，交通事故などの短時間であるが状況のコントロールがきかない状況下のトラウマ，繰り返される戦闘体験などの連続するトラウマ，児童虐待などの長期でかつ加害者に依存的な関係を持ち続けることを余儀なくされるトラウマの3つである。このように，暴力的で被害者に死の脅威を生じさせるという点では共通するが，被害に遭った時間の長さや反復の回数でみた場合，トラウマにはさまざまなものがある。トラウマの特徴によって，体や心に対する影響が異なる場合があることを理解すべきである。

トラウマの影響は，被害の直後だけではなく，長期にわたって持続する場合もある。たとえば，ベトナム戦争の帰還兵や強制収容所の元収容者は，トラウマの体験から数十年も経過したのちの症状に苦しんでいる。子どもが体験するトラウマは，成長後の人格や行動などに，回復が不能な影響を与える場合があると理解されている。児童虐待は，境界性人格障害や解離性多重人格症などの原因となり

得る。児童虐待の体験があると，みずからが虐待や暴力の加害者になりやすいという，いわゆる虐待の連鎖といわれる問題も指摘されている。子ども時代のトラウマの体験が，人格の形成に影響することは，フロイト（Freud, S.）やエリクソン（Erikson, E. H.）により指摘されてきた心理学の古典的な問題である。

　犯罪の被害後にも恐怖の体験が新たに加わることがある。犯罪被害者は，警察での事情聴取や実況見分，あるいは公判での証言などに協力する必要があるが，この過程で，被害の恐怖を再体験することがある。性犯罪の被害者では，被害に遭ったときの状況を詳しく質問されるなど，刑事司法の手続きへの協力は，被害者の心理的な負担が大きい。時には，刑事司法の担当者の不用意な言動に傷つけられることもある。犯罪被害に遭ったのちに，周囲の人々とのかかわりにより被害の恐怖を再体験することを，2次被害（secondary victimization）と言う。2次被害は，病院関係者，職場や学校の友人や知人，保険会社の関係者，家庭や親族によるものもある。マスコミの取材や報道により生じる2次被害も問題である。2次被害により，被害者が傷つき，被害からの回復が遅れることが問題なだけでなく，2次被害により刑事司法や社会に対する信頼感が低下することも重要な問題である。

　また，被害者を援助するカウンセラーや警察官のなかには，被害者が体験した悲惨なできごとの話を聞き，被害者に対して共感的に接し続けていると，恐怖や怒り，絶望感などの強い感情が生じるほか，伝聞したできごとの再体験をするなど，PTSDに類似した症状が見られることがある。これらの症状は，被害者を通じて2次的にトラウマを体験することが原因で生じると考えられている。2次的なトラウマとしては，2次的外傷性ストレス（secondary traumatic stress），共感疲労（compassion fatigue），代理トラウマ（vicarious traumatization）などの概念がある（Satmm, 1999）。

4　悲嘆と遺族の心理

　犯罪により家族が死亡した場合，遺族は大きな心の傷を負うことになる。犯罪による家族の死は，老衰による自然死などとは異なり，突然であると同時に，他人の故意や重大な過失によるため，遺族の心の傷が大きい。トラウマのモデルとともに遺族の心理を理解するのに重要なのは，悲嘆のモデルである。

　悲嘆のモデルの中でも，最も知られているのは，ロスによる5過程説であろう（Ross, 1969）。ロスによれば，突然の家族の死を体験すると，遺族には，否定，怒り，取り引き，抑うつ，受容の5つの反応が，多くの場合，この順序で表われるという。

最初の否定は，家族の死が信じられないという段階で，これは，できれば突然に訪れた不幸なできごとをなかったことにしたい，という無意識の願望によって生じる心理である。次の怒りの過程は，体験した不幸なできごとに対するやり場のない怒りである。犯罪被害者の遺族の場合，怒りは加害者に向けられるほか，家族，親類，捜査を行なう警察官，治療を担当した医師，あるいは社会全体などさまざまな対象に向けられることがある。3番目の取り引きは，自分が精一杯努力することで，以前の生活を取り返せないか，と願う心理である。遺族のなかには，事件に関係することで，あるいは，必ずしも事件に直接関係しない仕事や社会的活動などで，精力的な努力を続けることがある。自分が精一杯努力することで，失われた不幸の一部でも取り返せるのではないか，という願望や罪悪感が，遺族をこのような行動に駆り立てると考えられている。事件からある程度の時間が経過すると，家族の死が否定できない事実であり，どんなに努力をしても，失った家族を取り返すことができないと悟る。このように認識したとき，遺族は大きな絶望感を感じる。活動性が低下し，自分の内に引きこもり，抑うつ状態に陥ることがある。これが4番目の抑うつである。最後の受容は，抑うつまでの過程を経験したのちに生じる，比較的落ち着いた心の状態であるとされている。

　ロスの説は，末期癌などを突然に告知され，自分の死が近いことを知った人の心理を説明するものとして考えられたものであるが，自分にとってかけがえのないものを失った人に生じる自然な心の過程として理解されている。悲嘆の心理は，犯罪被害者の遺族だけでなく，犯罪の被害が原因で身体の一部を失うなど重い後遺障害を負った人，仕事を失った人，家族と離別した人などにも見られる。悲嘆のモデルには，ロスの5過程説以外にも，デーケンの12段階のモデル（デーケン，1996）などがある。

　家族との死別や，自分にとってかけがえのないものの喪失は，だれもが一生のうち何度か体験し，それを乗り越えることが期待されることから，悲嘆は，正常で自然な心の過程である。しかし，喪失の状況によっては，抑うつが深刻になり，回復が長引くなどの正常な範囲を超え，専門家による援助が必要になることもある。このような悲嘆を，複雑性の（complicated），あるいは病的な（pathological）悲嘆と呼び，正常な心の過程と区別している。ランド（Rando, 1994）は，死別が外傷な体験になる条件として，突然性，予測不可能性，暴力性，子どもの死，複数の死，本人が死に直面することの6つをあげている。犯罪，自殺，事故などにより，家族が突然に死亡した場合に悲嘆が深刻になりやすいといえる。複雑性の悲嘆は，現在，精神疾患とは見なされていないが，PTSDと同様に，医学的な

治療が必要な精神疾患と見なすべきだとの意見があり，現在，複雑性悲嘆の診断基準について議論されている（瀬藤ら，2008）。

悲嘆の心理で，特徴的なのは，時間が経過しても，悲嘆が一様に低減するわけではないことである。犯罪で家族を亡くした場合，死別直後よりも数か月後，あるいは1年後などのほうが，家族の死を実感し，心の傷が大きいと感じるのは珍しくないことである。また，男性よりも女性の悲嘆が大きく，高齢者よりも若い成人の悲嘆が大きいとする研究が多い。

5 社会とトラウマ

トラウマの心理を理解するには，社会がトラウマをどのように見てきたかを理解することも重要である。トラウマとなりうる重大事故や犯罪は，古くから存在していたが，トラウマの研究が始まったのは，19世紀後半のことである。

フロイトとジャネ（Janet, P.）は，当時，ヒステリーとよばれていた女性の症状を研究し，症状の原因が以前の性虐待の体験にあるという仮説を唱えた。また，鉄道事故の被害者や，第1次大戦で精神的な問題により戦闘不能にいたった兵士の研究などが行なわれ，これらの症状は，強度なストレスの体験で生じた生物学的な疾患が原因という仮説も提案されていた（森，2009）。しかし，当時は，これらの仮説を証明することも，有効な治療や支援の方法を見いだすこともできなかった。

20世紀の初頭に，戦争や犯罪のトラウマが問題にされていながら，社会の理解が進まなかったのは，ストレス反応に関する生物学の研究が未熟だったこともあるが，さまざまな社会の価値観や時代背景が複合して，トラウマの理解を妨げていたことも原因のひとつと考えられる。

フロイトとジャネが研究したのは，現代でいえば，子どものときに性虐待を受けた女性のPTSDということになる。当時の男性優位の社会では，社会的な弱者である女性や子どもに対する暴力の問題は，おおやけになりにくい問題であったのと同時に，社会の理解が進まなかったと考えられる。ハーマン（Herman, 1992）は，PTSDの歴史は，女性に対する偏見の克服の歴史であると述べている。

第1次大戦の兵士達のストレスの研究は，ベトナム戦争帰還兵の研究へとつながるのであるが，以前の価値観においては，兵士は国家のために勇敢に戦うものであり，勇敢な兵士であれば，厳しい戦闘が続いても耐えられると考えられていた。PTSDは，勇敢で強靭な兵士であっても，戦闘のストレスが続くと精神的に耐えれないことを示すものである。

また，トラウマの体験者が訴える精神的な症状が，補償金目当ての詐病ではないかとの疑問は，古くから主張されていた。最初のトラウマ研究として知られる鉄道事故の被害者の研究が行なわれた当時には，賠償神経症（compensation neurosis）という概念も唱えられた。事故の被害者のなかには，社会的な立場が弱い庶民が多かったことも関係していると考えられる。なお，PTSD の診断基準が成立した背景には，ベトナム帰還兵に対する年金の支払い基準を明確するという背景もあった。現代においても，犯罪や事故の被害者のなかには，補償金などを目当てに詐病を訴える者がいないわけではない。本当に被害に苦しむ人と，そうでない人の鑑別をすることは重要である。

　アメリカの精神医学会が PTSD を精神疾患として公式に認めたのは，PTSD の診断基準が DSM に掲載された 1980 年のことである。PTSD が精神疾患と認められた理由のひとつには，1970 年代の時代背景があったと考えられる。1970 年代の米国は，公民権運動や女性解放運動がさかんな時代であり，それまでの価値観に代わり，新しい価値観が注目された時代であった。弱者の権利に注目し尊重する時代背景が，弱者のトラウマの理解に影響を与えたといえる。

第3節　犯罪被害者の支援

1　被害者支援の歴史

　近年では，被害者の権利擁護，弱者保護などの考えが一般的になり，さまざまな支援策が講じられているが，わが国で犯罪被害者の支援の取り組みが本格化したのは，10 数年前のことである。欧米では，わが国より早く被害者の支援が進んでいたが，歴史が浅いという点では，欧米の状況も類似している。

　犯罪被害者に注目した研究は，1940 年代に始まったとされている。被害者学という言葉を最初に使ったのはメンデルソーン（Menderson, B.）とされるが，メンデルソーンの被害者学は，犯罪に巻き込まれる，あるいは，犯罪を誘発する被害者の特徴を調べ，犯罪の発生防止策を見いだすことが目的とされた（中田，1958）。同じ時代に被害者の研究を行なっていたヘンティヒ（Von Hentig, H.）もメンデルソーンと同様に，犯罪の発生原因のひとつとして被害者を位置づけていた（藤本・朴，1994）。この時代における犯罪被害者の研究は，被害者の権利擁護という視点では必ずしもなかった。

　現代の被害者学や被害者支援に通じる視点は，フライ（Fry, M.）が 1957 年に発表した論説がきっかけであったとされている（Fry, 1959）。フライは，税金を

財源とし，暴力犯罪の被害者が被った損害を経済的に補償する制度の創設を唱えた。この論説では，功利主義者のベンサム（Bentham, J.）が引用されているように，フライは，援助制度が社会全体の利益になると主張している。フライは，国家による公平な経済的補償を行なうことが被害者の応報感情を鎮めるため，被害者自身による復讐を禁じ，犯罪者に比較的緩やかな刑罰を科し，犯罪者の更生をめざすという近代国家の刑事司法制度の維持に役立つと主張している。

フライの論説は，欧米のおもな国で，犯罪被害者の援助制度がつくられるきっかけになったとされている。最初に犯罪被害者の援助制度をつくったのはニュージーランドで，1964 年のことであった。その後，おもな欧米諸国では，1970 年代に同様の制度を設けた。日本では，1980 年に犯罪被害者給付制度がつくられた。

犯罪被害者を尊重し，社会が支援に責任をもつという考え方は，しだいに広まり，1973 年に英国のブリストルで，民間の支援団体である BVSS（Bristol Victim Support Schemes）が設立され，1979 年に全国組織となっている（奥村，1996）。米国では 1975 年に民間の支援団体である NOVA（National Organization for Victim Assistance）が設立されている。

1985 年には国連総会で「犯罪及びパワー濫用の被害者のための司法の基本原則宣言」が採択された。被害者は，同情と，被害者の尊厳に対する尊敬の念をもって扱われなければならないこと，被害者が十分な弁償を得られない場合には国家は経済的補償を行なうよう努力しなければならないこと，被害者は，物質的，医療的，精神的，社会的な援助を受けることができること，警察，司法，健康，社会サービスなどの担当者は，被害者のニーズに適切に対応し，適切な援助を迅速に行なうためのガイドラインについて適切な訓練を受けなければならないこと，などが宣言された。

2 わが国の取り組み

わが国では欧米から約 20 年遅れ，1990 年代後半からさまざまな施策が実施され始めた。まず，刑事司法の手続きで被害者を保護する施策が広がった。検察や警察などで，被害者の安全の確保に関する配慮，事情聴取の際のプライバシーの確保，被害者との接し方に関する職員の教育，相談機関の連絡先などの情報を掲載したパンフレット類の作成などが行なわれるようになった。

2000 年には，犯罪被害者保護のための二法と呼ばれる，「刑事訴訟法及び検察審査会法の一部を改正する法律」と「犯罪被害者等の保護を図るための刑事手続きに付随する措置に関する法律」とが成立した。これらの法律により，被害者が

裁判所で証言する場合，衝立を設ける，別室に設置したビデオカメラを利用して証言することなどが可能になった。

また，裁判の結果を被害者に伝える制度，被害者が刑事司法の手続きに参加可能な制度がつくられた。警察や検察が，事件の起訴・不起訴の理由，刑事裁判の結果，加害者の現在の状況などを被害者に通知する制度が始まった。2000年の犯罪被害者保護のための二法により，被害者や遺族が希望すれば，裁判で心情を話すことができるようになったが，2008年には被害者参加制度が開始され，被害者が公判に出席し，被告人や検察官に質問を行なうことが可能になった。また，刑事事件を担当した裁判所が，刑事裁判に引き続いて損害賠償請求についての審理も行なう制度も開始された。

被害者の相談に応じる行政機関の窓口や，民間の援助団体も設立された。1998年には，民間の被害者支援団体が加盟する「全国被害者支援ネットワーク」が設立され，現在では，すべての都道府県に民間の援助団体がある。民間の援助団体のなかには「犯罪被害者等早期援助団体」の指定を受けている団体もある。指定を受けた団体は，警察から被害者や事件の情報を直接に得ることができ，早期に必要な支援を行なうことができる。

以上のような，被害者支援の施策の進展を理解するには，刑事司法の歴史における犯罪被害者の地位の変化について知る必要がある。近代において，刑事司法は，国家が社会秩序を維持するために行なう制度とされてきた。犯罪の捜査は警察が行ない，公訴は検察官が行なう。裁判は，被告人と検察官の間で争われ，判決が禁錮刑や懲役刑などとなった場合，刑の執行は国が行なう。このような制度のなかでは，被害者に期待されるのは証人としての役割くらいであり，被害者がみずから進んで公判を傍聴しない限り，被害者には裁判の結果さえ伝えられなかった。近代の刑事司法においては被害者の主体的な役割や，被害者の権利に関心が及ばないのが一般的であった。最近では，刑事司法の手続きにおいて，被害者の主体的な役割が重視されつつあるが，これは，刑事司法の制度における大きな変革であるといえる。

わが国で1990年代後半から始まった，被害者支援の一連の施策は，社会の要請にしたがって刑事司法の機関が個別に実施したもので，必ずしも同じ理念に基づいて実施されたわけではなかった。また，犯罪被害者は，長い間，社会から孤立していたという歴史があり，今後，施策が後退する可能性もないとはいえない。このような背景のなか，国や地方公共団体が行なうべき支援の内容などを明記した，犯罪被害者等基本法が2004年に成立した（ピックアップ15も参照）。基本

法に基づく5年計画の犯罪被害者等基本計画は，2005年12月に策定された。現在，政府や地方公共団体が行なう被害者支援の大部分は，基本法と基本計画に基づき実施されている。

3 家庭や地域における支援

　精神医学や心理学の研究において，女性や子どもに対するトラウマの研究が遅れていたのと同様，家庭や地域で犯罪の被害に遭う女性や子どもに対する犯罪被害の支援も遅れがちであった。これは，刑事司法が家族や地域における犯罪被害にどこまで介入するか，という議論があったからである。

　近代の法制度では，国家が社会秩序を維持するために行なう刑法と，犯罪の当事者間で損害賠償などを争う民法とを明確に分離してきた。同時に，欧米では，「法は家庭に入らず」というローマ法以来の格言があるように，家庭の揉めごとは，家庭で解決すべきものだと考えられてきた。日本では，かつて家制度があり，家庭内のことは戸主が解決すべきとの考えが主流であった。しかし，家庭や地域の機能に期待し，公的機関が家庭や地域の問題へ介入することを避けてきた結果，女性や子どもなどの弱者に対する犯罪が隠蔽され，見過ごされてきたという側面がある。

　犯罪被害のなかには，親族や知人からの暴力が原因によるものも多いのが実情である。親族や知人による暴力は発覚しにくく，被害が重大になって，はじめて公的機関が介入することもある。内閣府が2008年に行なった，「男女間の暴力に関する調査」においては，既婚者あるいは，結婚の経験のある女性の5.9％が，配偶者からくり返し身体に対する暴行を受けた経験があると回答している。配偶者から受けた被害を警察に連絡・相談したと回答した女性は2.2％にすぎず，53.0％は，家族や友人を含めて誰にも相談しなかったと回答している。また，警察の統計によると，加害者が親族や知人などの面識のある者である割合は，殺人事件で約85％，強姦事件で約40％である。

　2001年には，「配偶者からの暴力の防止及び被害者の保護に関する法律」（DV防止法）が成立し，国と地方公共団体には配偶者からの暴力を防止し，被害者を保護する責任があるとされた。警察は暴力の制止，被害者の保護，被害の発生を防止する措置をとることとされ，各都道府県には，DV被害者を支援するセンターが設置された。センターでは，被害者からの相談を受け付けるほか，必要があれば被害者を一時保護し，暴力行為を行なう配偶者から隔離する。2000年には，「児童虐待の防止等に関する法律」，「ストーカー行為等の規制等に関する法律」も施

行され，DVと同様に児童虐待やストーカーについても，警察や地方公共団体が介入するための仕組みが整えられた。

4 被害者支援の課題

このように，わが国では，これまでにさまざまな支援策が実行され，多くの問題については解決が図られつつあるが，犯罪被害者の支援にはさまざまな課題もある。

犯罪被害の賠償は大きな課題のひとつである。保険制度が普及している交通事故を除くと，加害者に支払い能力がない場合も多く，犯罪被害者が被害の賠償を受けることはまれである。公的な給付金として犯罪被害者等給付制度があるが，見舞金的な性格であり，被害者の損害を補償する制度は十分とはいえない。

また，支援の多くは，民間団体の協力で進められているが，民間団体が活動を遂行するにあたっての財源の確保の問題がある。被害者支援の専門家は都市部には多いが，地方には少なく，地方の被害者は必要な支援を受けにくいなどの問題もある。被害者支援を行なう機関どうしの連携の問題もある。犯罪被害者は，思いがけずに事件や事故などに遭遇するので，支援策の種類や内容を詳しく知らないことが一般的である。最初に相談を受けた窓口がどこであっても，被害者が必要な援助が受けられるように十分な連携を図る必要がある。

第4節　今後の展望—犯罪被害者の心理と支援の新たな研究

本節では，心理学と精神医学の研究方法について，これまでわが国で行なわれた研究を中心に紹介し，今後期待される研究の視点について述べたい。犯罪被害者の心理と支援に関する心理学と精神医学の研究は，図11-1に示すように，おおむね4種類に分類できる。

被害の実態やPTSDや精神健康などの問題の大きさを評価するには，疫学あるいは社会調査の方法が用いられる。この種の調査は，全国あるいは地域を代表する大規模な標本を集める必要があるため，国の機関や研究所など，大きな組織でないと実施することはむずかしい。被害の暗数を含めた実態を調査した例としては，国際犯罪被害実態調査（ICVS）や，内閣府による「男女間の暴力に関する調査」があげられる。PTSDを含めた精神疾患の実態については，世界保健機構（WHO）が主導する世界保健調査（World Mental Health, WMH）がある。わが国では4,134人に対する調査が行なわれ，PTSDの12か月有病率は0.7％と

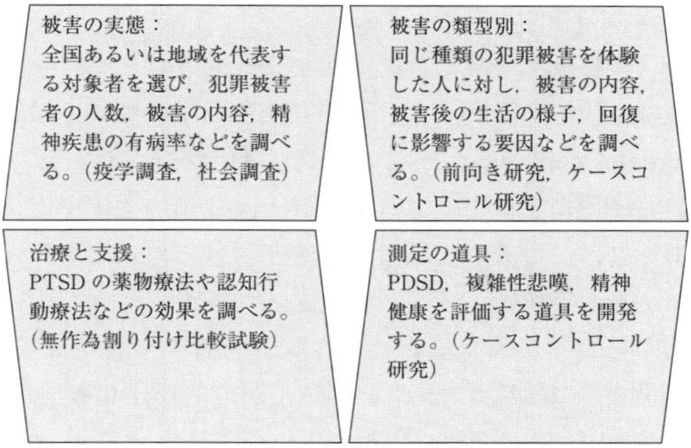

被害の実態：	被害の類型別：
全国あるいは地域を代表する対象者を選び，犯罪被害者の人数，被害の内容，精神疾患の有病率などを調べる。（疫学調査，社会調査）	同じ種類の犯罪被害を体験した人に対し，被害の内容，被害後の生活の様子，回復に影響する要因などを調べる。（前向き研究，ケースコントロール研究）
治療と支援：	測定の道具：
PTSDの薬物療法や認知行動療法などの効果を調べる。（無作為割り付け比較試験）	PDSD，複雑性悲嘆，精神健康を評価する道具を開発する。（ケースコントロール研究）

図 11-1　犯罪被害者の心理と支援に関する心理学及び精神医学の研究の種類

報告されている (Kawakami et al., 2005)。

　被害者が被った被害や，被害者が直面している問題の種類や大きさを詳しく知るためには，犯罪被害の類型別の調査が必要である。国の機関が行なったおもな調査として，警察庁が 2003 年に，殺人や性犯罪の被害者を対象に行なった「犯罪被害実態調査」，内閣府が 2006 年に行なった，「配偶者からの暴力の被害者の自立支援等に関する調査」，内閣府が，平成 2007 年から 2009 年に行なった，「犯罪被害類型別継続調査」などがある。これらの調査の結果については，それぞれの官公庁のホームページに報告書の全文あるいは概要が公開されている。

　被害の内容と精神的な影響との関係，あるいは，被害後の経験と回復のようすとの関係などを評価するためには，犯罪の態様の別に，さらに詳しい調査や研究が必要である。犯罪被害の態様別にみると，わが国で，研究が多く行なわれているのは，子どもや女性に対する虐待 (Tanimura et al., 1990；Nagata et al., 1999；Matsunaga et al., 1999；Mizuta et al., 2005；Yoshihama et al., 2007；Ariga et al., 2008)，地下鉄サリン事件 (Ohbu et al., 1997；Ohtani et al., 2004；Yanagisawa et al., 2006)，交通事故 (Hamanaka et al., 2006：Fujita & Nishida, 2008；Matsuoka et al., 2008；Nishi et al., 2009) などである。性犯罪，強盗，傷害などの被害者に関する研究は，十分な研究の蓄積がないのが現状である。犯罪の態様の別の研究において，おそらく，心理学の視点からの興味のひとつは，犯罪被害からの回復のようすに違いが生じる要因は何かということであろう。これらの予測因子（predictive factor）を明らかにするには，前向き研究（prospective study）の方法が最も適している。前向き研究は，犯罪の被害に遭った被害者を，

一定の期間，追跡し調査するものである。

　PTSD の場合，薬物療法，認知行動療法，支持的カウンセリングなど，さまざまな治療や支援の方法があるが，これらの方法の効果については，ランダム化比較試験（randomized controlled trial）による評価が行なわれる。ランダム化比較試験は，新しい治療や支援を受ける実験群と，従来の治療や支援を受ける対照群の 2 つのグループに，等質な実験参加者を割付けて，効果を確かめる方法である（ピックアップ 6 も参照）。

　PTSD の有病率を調べる調査においても，予測因子を調べる研究においても，精神的な被害の程度を客観的に評価することが可能な，信頼性と妥当性の高い測定の道具が必要である。PTSD の症状を調べようとする場合は，臨床診断面接尺度（Clinician-Administered PTSD Scale for DSM-IV：CAPS）（Blake et al, 1995）や，出来事インパクト尺度（Impact Event of Scale：IES-R）（Weiss & Marmar, 1996）が多く使われている。複雑性の悲嘆であれば，複雑性悲嘆尺度（Inventory of Traumatic Grief：ITG）（Prigerson & Jacobs, 2001）などがある。特定の精神疾患だけでなく，より広い精神健康を評価する場合は，K6 および K10（Kestler et al, 2002）などが使われる。これらの尺度は日本語に訳され，日本人を対象として妥当性と信頼性を確認する研究が行なわれている（Asukai et al., 2002；飛鳥井ら，2003；白井ら，2005；Furukawa et al, 2008）。なお，これらの尺度を使う方法としては，自記式の質問票による方法と，構造化面接による方法とがある。前者の方法は，より多くの調査対象者を調べる場合に向いているが，PTSD であるかを調べる場合には，判定の正確さに一定の限界がある。後者の方法は，より正確な判定が可能であるが，調査の費用がかかるのと，調査対象者の負担が大きいという問題がある。

　被害の実態を調べる疫学調査や，PTSD の予測因子を調べる前向き研究は，最善な研究方法といえるが，これらの研究は，費用がかかると同時に，調査を計画してから結果が出るまでに時間がかかる。この章で見てきたように，犯罪被害者の心理と支援に関する問題は多様であるとともに時代によって変化するため，大規模な研究では，これらの問題に柔軟に対応しにくいという欠点もある。

　犯罪被害者の支援では，犯罪や精神疾患に関する既存の概念や定義では説明できない被害のようすや，刑事司法や医療などの既存の制度では対応できない被害が問題にされることがある。このような新しい問題については，身近で小規模な集団を対象とした調査により明らかにされていくのが一般的である。たとえば，鈴木（1999）はストーカーの被害の実態について地域の若い女性を対象に調査を

行なっており，Omata（2002）は，女子大学生を対象に，教師やアルバイト先の上司などによる性被害の影響を調査している。

　対象者を少数に絞って，事例研究や質的研究の方法により，被害のようすや回復のようすを具体的に明らかにする研究も重要である（たとえば，八木澤ら2008；藤野，2010）。また，2次的外傷性ストレスなどの視点から，援助者のストレスを研究する視点も重要である（たとえば，大岡ら，2007；最上，2008）。これらの研究は，大きな研究組織でなくても実施可能な研究といえる。

　この章では，犯罪被害者の心理と支援について，これまでのおもな学説，支援策および研究方法について解説した。犯罪被害者のニーズは，安全の確保，情報の提供，2次被害の防止，刑事手続きや民事訴訟での権利の保護，経済的な支援，心のケアや社会復帰の援助などさまざまであり，犯罪の態様や被害者によって，ニーズや支援が必要な時期も異なる。また，犯罪被害者の支援は，警察や検察などの刑事司法の機関や，自治体，病院，民間団体などの多くの機関が協力して行なう必要があり，法律家，精神科医，臨床心理士はもちろん，行政学，看護学，社会学などのさまざまな専門家の関与が必要である。

　この分野を学ぶには，まず，犯罪被害者の心理と支援は，さまざまな学問の分野にまたがる領域であることを理解し，心理学の視点だけではなく，ほかの分野の視点と問題解決の方法を理解する必要がある。心理学を学んでいると，被害者の心のケアという問題に関心が偏りがちであるが，犯罪被害者の支援は，単一の視点や方法により達成できるものではなく，多様な方法により達成されるものであることを理解する必要がある。

　同時に，心理学ならでは可能な問題の評価や解決の方法についての視点をもつべきである。とくに，犯罪被害と被害者の心理に関しては，被害者に対する社会の理解や，精神医学では診断や治療の対象となりにくいさまざまな社会的，心理的な影響及びそれらに対する支援の方法など，心理学に解決が期待される問題は多いと考えられる。

ピックアップ15 市民の中の犯罪被害者

1 犯罪被害者遺族が直面する問題

　犯罪被害で家族を失うということは，今まで築き上げたすべてを壊してしまうほどの体験である。多くの人は，耐えきれないようなできごとに直面し，深い悲しみに沈んだとしても，その暗闇のなかで一筋の光を見いだし，なんとか生きていこう，自分自身を生かしていこう，と立ち上がろうとする。しかし，被害後に起こる困難によって遺族はますます傷つき，それが回復を妨げてしまう事がある。具体例を遺族の手記から紹介する。

　（夫を殺された妻の手記より）
　"本当に具合が悪く長期に仕事を休みたいのですが，生活を支える身では休むこともできず，今日は大丈夫だろうかと1日1日苦しい思いのまま出勤しています。怒りをぶつける所もなく，泣くこともできず，生活していくほかないのです。一家の柱をなくしすがる者もなく，経済的にも苦しい生活をしています。"
　（子どもを2人同時に交通犯罪で亡くした母の手記より）
　"子供を殺され，「普通の人」ではなくなってしまった私に対する，周りの人達の態度は激変していった……（略）……そして私は周囲の人から「腫れもの」として扱われるようになり，私にどうやって接してよいかわからず，どのような言葉をかけてよいかわからなくなってしまった多くの友人，知人が私から離れていった。"
　（息子を少年に殺された父の手記より）
　"どのようにして息子が殺され，どのような少年審判が行なわれたのかを知るためには，捜査資料を読むしかありませんが，当時としては少年審判終了後に民事訴訟を起こさなければ捜査資料を入手することができず民事訴訟を提訴することにしました。まわりの人たちからは「お金が欲しくて裁判をやっているのだろう！」，「異常だ」，「迷惑だ」などと陰口をいわれ，息子の死の真相を知ろうとやっと立ち上がった私ども遺族は，やり場のない怒りや苦しみ，あらゆる侮辱を受けなければならない理不尽さを味わってきました。"

　これらの手記が示すように，遺族は被害前には予想もしなかった困難に直面

することとなる。しかし，その回復のための支援体制はつい最近までほとんどなかったに等しい。

たとえば，心身のケアや回復のための支援や情報提供も乏しく，時には複数の窓口をたらい回しにされ，口にするのも辛い被害経験を繰り返し話さねばならなかった。

そして，加害者が逮捕・起訴され裁判が行なわれた場合でも，真実についての情報は得られず，被告の嘘や，被害者を侮辱するような発言を傍聴席で黙って聞いているしかなかった。傍聴希望者が多数のため，遺族であるのに傍聴席にすら座れないこともあった。いつ裁判が始まったのかも知らされず，マスコミから教えられて初めて知ったという人もいる。

経済的な問題も大きい。娘が通り魔事件で殺害された遺族に対して，救急救命費として174万円が請求された例もある（東，2006）。1980年以降は国庫から犯罪被害者給付金が支給されるようになったが，被害回復に十分とはいえず，被害者や遺族は，被害のために生じた医療費，介護費，生活費，すべて自分達で負担しなければならない。その支出は時には一生続く。

また，周辺からは偏見や好奇の目でみられ，「やられる側にも何か問題があったのだ」と，被害の原因をあら探しされる（第5章参照）。

このように，犯罪被害者が置かれていた状況は，加害者に対する手厚い保護に比べると，惨憺たるものであったといえる。

2 被害者の声が動かした被害回復制度の発展と被害者の権利確立

11章で言及されたように，政府による被害者のための施策は1990年代になってようやく本格的な動きをみせた。しかしこうした近年の画期的な動きが，何もなかった時代の被害者や遺族の渾身の運動により実現されてきた，ということはあまり知られていない。

かつて，国も，市民も，研究者も被害者の置かれている実態や補償について理解しようという視点はほとんどなく，その必要性を認識されなかった時代が存在した（諸澤，2001）。

犯罪被害者への補償制度を求める運動は，1966年にひとり息子を通り魔殺人で失った市瀬朝一氏の活動にさかのぼる。市瀬氏は，新聞報道などで知った殺人事件の遺族とともに，1967年6月「殺人犯罪を撲滅する遺族の会」（その後，「被害者補償制度を促進する会」に改称）を結成した。市瀬氏は途中，失明しながらも被害者補償制度を訴える署名活動を続けた結果，1975年7月に衆議院法務委員会で証人として補償制度の必要性を訴えることとなる。市瀬氏

は志半ばにして1977年に病で帰らぬ人となるが、その闘いは、木下惠介監督『息子よ』に描かれ、大きな反響を呼んだ。

市瀬氏の活動に加え、1974年に起きた三菱重工ビル爆破事件（死者8名重軽傷者376名）で犯罪被害者への補償制度への機運が高まったこともあり、1980年に犯罪被害者等給付金の支給等に関する法律（以下犯給法）が制定され、翌年から施行された。本法律は、故意の犯罪行為の被害者や遺族に対して給付金を支給し、経済的、精神的な打撃を軽減するという被害者視点を正面に据えた初めての施策といわれる（犯罪被害者白書，2007）。しかし、犯給法も被害早期の見舞金的性格が強く、その後の長期的な経済的負担の補填という意味ではまったく不十分なものであった（岡村ら，2009）。ここから再び被害者対策は停滞する。

そして、犯給法成立から10年後の1990年、犯罪被害者給付金制度発足10周年を記念したシンポジウムで、息子を飲酒運転で殺された母親の発言が状況を変化させた。

「日本では、不幸な目に遭ってもそこからしっかりと早く立ち直ることが求められるので、被害者であることを大声でいい、大きな声で泣けない。そんな被害者を精神的に支援する体制を作ってほしい。」（大久保，2001）。

この後、大学関係者や関連分野の実務家による「犯罪被害者実態調査会」が発足し、1992年から3年をかけ初の本格的な被害者実態調査が行なわれた（宮澤ら，1996）。1992年には東京医科歯科大学に「犯罪被害者相談室」、1995年には水戸被害者援助センター（のちにいばらき被害者支援センターに名称変更）が誕生し、その後は全国各地で民間の被害者支援センターが設立された。2009年7月には、47都道府県すべてに支援センターが設置されるに至った。

これらの民間支援団体は、主として電話や面接による相談、病院や裁判所等への付き添い、専門医や関係機関への照会などのサービスを犯罪被害者やその家族に提供している。また、市民への広報啓発活動や支援員の養成研修、自助グループ支援なども行なっている。こうした活動のほとんどは、専門的訓練を受けたボランティアが支えている[1]。

一方、被害者の権利確立を求めた被害者運動も21世紀に入ると本格的な始動をみせる。

その第一の担い手が全国犯罪被害者の会（通称あすの会[2]）である。あすの会

---

[1] 各地の支援センターについては、「全国被害者支援ネットワーク」ホームページ参照：http://www.nnvs.org/list/index.html
[2] 「今日は苦しいが、明日は必ずよくしてみせる」という思いが込められている（全国犯罪被害者の会，2010）

創設の契機は，1999年10月31日にさかのぼる。逆恨みによって妻を殺害された岡村勲弁護士ら，犯罪被害者と遺族5人が会し，それまでひとりで悩み苦しみながら秘めていた思いを語り合った。そして，被害者の置かれた悲惨な状況を社会に訴え，被害者の権利と被害回復制度の確立をめざして立ち上がったのである。2000年1月23日に開催されたシンポジウム「犯罪被害者は訴える」では，予想を超える数の参加者が集まり，会は本格的に活動を開始することとなった。その後，2002年12月8日の第4回シンポジウムにおいて，あすの会の会員と支援者らは①被害者のための刑事司法，②訴訟参加，③付帯私訴の実現を求めて，全国各地で署名活動を行なう決議をし，2003年7月には55万7,215人の署名を持って小泉総理大臣（当時）に面会した（全国犯罪被害者の会，2010）。これらの活動が結実し，2004年12月1日，犯罪被害者等基本法が議員立法により成立するにいたった。基本法では，犯罪被害者等は個人の尊厳が重んぜられ，その尊厳にふさわしい処遇を保障される権利を有すること，そして，相談および情報提供，保健医療サービス，福祉サービスの提供など国・地方公共団体が講ずべき基本的施策が定められた。

3 私たち一人ひとりができること

このように，わが国で犯罪被害者の支援や権利が制度化した背景には，犯罪被害者たちの当事者としての尽力があった。ここで指摘すべきは，活動に携わった被害者たちには，新しくできる制度の直接的な恩恵はないということである。しかし，「こんな思いはもう決して誰にもして欲しくない」という利他的な動機，そして「亡くなった人の命を無駄にしたくない」という思いが活動の原動力となっていたのである。

ある遺族の手記にこう書かれている。

"加害者になるか，ならないかは自分で決められますが，被害に遭うか遭わないかは選択できません。犯罪は向こうから襲ってくるのです。"（高橋幸夫氏の手記より；犯罪被害者白書, 2009）

まさに，いつ，だれが犯罪の被害者になるか，遺族になってしまうのか，わからないのである。被害者の権利を認め，支援していく制度が，過去の被害者達の声でようやくつくられた今，よりいっそうの拡充と発展が望まれるところである。

では，国や地方公共団体が動き出した一方で，一市民である私たちには何が

できるだろうか。実は，基本法は国や地方公共団体等の公的機関の役割だけを明記しているのではない。第六条には，はっきりと「国民の責務」が提示されている。

　国民は，犯罪被害者等の名誉又は生活の平穏を害することのないよう十分配慮するとともに，国及び地方公共団体が実施する犯罪被害者等のための施策に協力するよう努めなければならない。（基本法第6条）

　どんな施策が掲げられても，社会の理解と協力がなければそれらの効果は十分発揮されない。周囲の理解や配慮があってこそ，被害者は疎外され孤立することなく，回復の道を辿ることができる。
「寄り添う」気持ちが，被害者遺族が再び生きていく力になることもある。

"同情ではなく，一緒に悩んで考えてほしいのです。悲しみに寄り添ってほしいだけなのです。"
"生きて行くことに消極的になりかけた私たちに「まだまだ世の中捨てたものではない。こんなにも私達を支えて下さっている方がいる」と希望を持たせ，この次は支えられる立場から支える立場へと決意させて下さいました。"
"周りの人々の支えもあり，憎しみだけでは生きていけないことに気がつき，そこでもやはり人によって助けてもらい生きていく力をもらいました。"

（遺族の手記より）

　直接的でなくとも，被害者支援につながることはたくさんある。知ろうとすることもそのひとつである。そして，被害者の視点に立ってみた時，犯罪という社会問題がまた違った角度から見えてくるかもしれない。

ピックアップ 16 修復的司法と心理学

犯罪が発生すると，警察等の捜査機関が犯人（加害者）を検挙し，加害者は検察官によって裁判所に公訴を提起（起訴）され，裁判所における裁判により，（有罪であるとの認定に基づいて）刑罰が科せられ，その刑が執行される。これが，現在の刑事司法の流れである。この過程で，加害者の行為及び意図，その行為が引き起こした結果，加害者に帰すべき責任などが検討され，刑罰が科せられるが，責任帰属の問題や科せられる刑罰の相当性（どのような行為に対してどのような刑罰が相応しいのか）の問題など，心理学の立場からも検討しなければならない課題がある。

1 刑事司法における新しい流れ

(1) 被害者の参加

従来の刑事司法では，その過程において被害者の果たしている役割についてあまり取りあげられることはなかった。もちろん，警察や検察庁において，被害者からの聴取は行なわれており，裁判においても被害者が証人として話を聞かれることはあるが，たとえば，裁判の過程において被害者が直接意見を述べたいと希望しても，それが制度として担保されていたわけではなかったし，刑の執行の段階においても，被害者が意見や要望を表明する機会はほとんどなかった。刑事司法の当事者は公益の代表者である検察官（国）と加害者であり，被害者は刑事司法の当事者として扱われてはいなかった。

しかしながら，犯罪被害者に対する支援の必要性が認識されるようになり，2005（平成17）年に「犯罪被害者等基本法」が成立した。それにともない，刑事司法のさまざまな段階における被害者の意見表明の機会を担保するなど，刑事司法に被害者が参加できる制度が整えられてきている。

(2) 市民の参加

他方，刑事裁判に一般市民が関与することが司法に対する国民の理解の増進とその信頼の向上に資することから，2004（平成16）年に「裁判員の参加する刑事裁判に関する法律」が制定され，2009（平成21）年5月から刑事裁判に一般市民から選ばれる裁判員を参加させる裁判員制度が始まっている。刑事裁判に一般市民が参加することにより，国民の感覚が反映されることになる。

このように刑事司法においては，一方で被害者を取り込み，他方で国民の参

加を得ることで，より適正な法の執行（正義の実現）をめざそうとしている。このため，刑事司法に対しては，法律の観点からだけではなく，一般的な感覚に関する人文科学及び社会科学の諸分野の知見を採り入れることが望まれる。

2 修復的司法

上述のような視点から，修復的司法の考え方を取りあげてみよう。修復的司法という場合に，それが何を意味するのかは人によって異なっている。細井ら（2006）は，修復的司法に関するさまざまな考え方を整理して理論的な検討を加えるとともに，刑事司法の諸段階や諸外国における修復的司法の現状についてまとめている。そこでは，「修復的司法とは，「償い」という手段を用いて事態を健全化する……ような司法の手段であり……，その際には被害者・加害者・家族・コミュニティ縁者などの関係当事者の自発的な参加の下に自由に語り，聴き，各人のニーズの充足が個別妥当に図られる。被害者，加害者という2項対立は止揚される。日本式にいえば被害者と加害者が何とか「折り合い」をつける直接的営みである。」と説明されている。

この説明に対しても，たとえば「関係当事者の自発的な参加」に関して，関係当事者の範囲はどこまでなのか，自発的な参加が不可欠の要素なのかなど，検討すべき点はあるが，とりあえず，従来の刑事司法におけるような刑罰の付与とは異なる考え方であるとして論を進める。

(1) 刑罰か修復か

刑事司法においては，保護すべき法益の侵害として犯罪をとらえ，その対応として刑罰を考えるのが主流であるが，修復的司法では，加害者の行為により被害者，家族，コミュニティなどの関係性が破壊されてしまったため，それをどのように再構築（修復）するかを問題にする。刑罰については，行為に対する応報を中心に置く考え方と行為者に対する教育を中心に置く考え方がある。一見すると，修復的司法では，刑罰の代わりに関係性の修復をめざすかのように受け取られるが，刑罰と関係性の修復も二者択一ではなく，両立が可能な場合もある。

(2) 関係性の修復

修復的司法においては，「折り合い」をつけるために，加害者と被害者の直接的な話し合いを想定することが多い。この場合，たんに対話の場を設定するのではなく，対話を通じての両当事者の心理的な動きを理解して，適切な支援を行なうための特別の配慮が必要となる。被害者が加害者と会うことは，被害者自身が会うことを望んでいたとしても，大きな心理的負担を生じさせること

が多い。両者が会うことが，一義的に関係性の修復につながるわけではない。関係性の修復に向けた周到な準備と綿密な状況設定，対話の内容の組み立て等の特別な配慮が必要である。

(3) 加害者の処遇と被害者との関係

処遇段階における修復的司法について考える際には，加害者の立ち直り（更生）について検討しなければならない。これは，犯罪者をどのように処遇するかという問題であり，とくに被害者との関係を考えた場合，被害者は何を求めているのか，加害者が刑罰を科せられることが被害者にとってどのような意味があるのかということにつながる問題である。

被害者が求めていることには，加害者に対して求めることと国や社会に対して求めることの2つがある。被害者が求めることとしては，たとえば，加害者の真摯な謝罪，被害の回復，損害の賠償，加害者が二度と犯罪を起こさないこと，今後の接触がないこと，罪が償われること，加害者に関連した情報の提供，心の安定のための支援等があげられる。これらの多くは，加害者に直接求められることであるが，被害の回復などは加害者に対してだけではなく国や社会に求めることもあり，また，心の安定のための支援や加害者に関連した情報の提供などは国や社会に求めることである。

加害者の処遇においては，加害者の立ち直り（更生）をめざすことになるが，その一環として被害者の求めていることにどのように対応するかも併せて検討されなければならず，両者のバランスが大切である。

3 処遇場面における動き

処遇段階には，矯正施設における処遇と保護観察による社会内処遇とがある。前者においては被害者の視点を採り入れた処遇が，後者においてはしょく罪指導や被害者の心情等を加害者に伝達する制度が，それぞれ実施されている。

修復的司法においては，その主要な手段として被害者と加害者との対話等があり，諸外国においては公的・非公的な機関による対話の場の提供がある。日本においては，たとえば，細井ら（2006）や藤岡（2005）に具体例の提示はあるが，公式にはあまり行なわれていないように思われる。

処遇段階で被害者の心情等を加害者に伝達する心情等伝達制度は存在しており，被害者が希望する場合には，被害者の心情等を保護観察官が聴取して，その内容を保護観察中である加害者に伝達している。また，伝達の状況についても，被害者が希望すれば被害者に知らせている。しかしながら，更生保護においても，被害者と加害者を直接会わせることはほとんど実施されていない。

矯正施設に収容され刑の執行を受けている加害者も，いずれは社会に戻ることになるので，その時に円滑な社会復帰ができるようなはたらきかけが必要となる。このようなはたらきかけは，更生保護の果たすべき機能のひとつであり，現在，矯正施設に収容中の者に関する生活環境の調整として実施されている。しかしながら，加害者及びその家族等の人権上の問題もあり，ほとんどの場合，はたらきかけの対象は加害者の家族等に限られており，修復的司法が考えるようなコミュニティにまで広げられているわけではない。

　修復的司法の考え方は，刑罰の概念に再考をうながすだけではなく，処遇そのものについても見直しをうながしている。それはけっして，法律や制度の問題だけではなく，関係する当事者の心理的・社会的な状況の把握が必要である。被害者と加害者の対話などにおいては，物理的に対話の場を提供すればよいのではなく，被害者，加害者の双方に対して，心理的なケアが必要であり，心理学の知見を積み重ねていくことが望まれる。

引用・参考文献

【第1章】

荒井崇史・藤 桂・吉田富二雄 (2010). 犯罪情報が幼児を持つ母親の犯罪不安に及ぼす影響 心理学研究, **81**, 397-405.
朝日新聞 (2010). 5年後, 10年後, 見据えて 福島自立更正促進センター 12月28日
東 洋・大山 正・詫摩武俊・藤永 保 (1995). 心理用語の基礎知識 有斐閣
Baumer, T. L., & DuBow, F. (1976). *"Fear of crime" in the polls: What they do and do not tell us.*
Brooks, J. (1974). The fear of crime in the United States. *Crime and Delinquency,* **20**, 241-244.
Conklin, J. E. (1975). *The impact of crime.* Hants: Macmillan.
Cornish, D. B., & Clarke, R. V. (1986). *Reasoning criminal: Rational choice perspectives on offending.* New York: Springer-Verlag.
Costelloe, M. T., Chiricos, T., Burianek, J., Gertz, M., & Maier-Katkin, D. (2002). The social correlates of punitiveness toward criminals: A comparison of the Czech Republic and Florida. *Justice System Journal,* **23**, 191-218.
DeFronzo, J. (1979). Fear of crime and handgun ownership. *Criminology,* **17**, 331-340.
Ditton, J. (2000). Crime and the city. *British Journal of Criminology,* **40**, 692.
DuBow, F., McCabe, E., & Kaplan, G. (1979). *Reactions to crime: A critical review of the literature.* Washington, DC: U.S.Government Printing Office.
Dugan, L. (1999). The effect of criminal victimization on a household's moving decision. *Criminology,* **37**, 903-930.
Farrall, S., & Gadd, D. (2004). The frequency of the fear of crime. *British Journal of criminology,* **44**, 127-132.
Farrall, S., Jackson, J. M., & Gray, E. (2009). *Social order and the fear of crime in contemporary times.* Oxford; Oxford University Press.
Ferraro, K. F. (1995). *Fear of crime: Interpreting victimization risk.* Albany: State University of New York Press.
Ferraro, K. F., & LaGrange, R. L. (1987). The measurement of fear of crime. *Sociological Inquiry,* **57**, 70-101.
Ferraro, K. F., & LaGrange, R. L. (1992). Are older people most afraid of crime? Reconsidering age differences in fear of victimization. *Journals of Gerontology,* **47**, S233-244.
Franklin, T. W., Franklin, C. A., & Fearn, N. E. (2008). A multilevel analysis of the vulnerability, disorder, and social integration models of fear of crime. *Social Justice Research,* **21**, 204-227.
藤永保識 (編) (1983). 心理学事典 平凡社
舟生真奈美・三輪佳子・羽生和紀 (2003). 新しい犯罪不安尺度の作成─信頼性と妥当性の検討─ 日本心理学会第67回大会発表論文集, 347.
古谷嘉一郎・浦 光博 (2006).「わが子」を守りたい親の心 日本社会心理学会第47回大会発表論文集, 32-33.
Garofalo, J. (1979). Victimization and the fear of crime. *Journal of Research in Crime and Delinquency,* **16**, 80-97.
Gordon, N. T., & Riger, S. (1979). Fear and avoidance: A link between attitudes and behavior.

Victimology, **4**, 395-402.
Green, G., Gilbertson, J. M., & Grimsley, M. F. J. (2002). Fear of crime and health in residential tower blocks: A case study in Liverpool, UK. *European Journal of Public Health*, **12**, 10-15.
Greenberg, M. S., & Beach, S. R. (2004). Property crime victims' decision to notify the police: Social, cognitive, and affective determinants. *Law and Human Behavior*, **28**, 177-186.
Hale, C. A. (1996). Fear of crime: A review of the literature. *International Review of Victimology*, **4**, 79-150.
Hartnagel, T. F. (1979). The perception and fear of crime: Implications for neighborhood cohesion, social activity, and community affect. *Social Forces*, **58**, 176-193.
Hipp, J. R. (2010). A dynamic view of neighborhoods: The reciprocal relationship between crime and neighborhood structural characteristics. *Social Problems*, **57**, 205-230.
Hirschi, T. (2002). *Causes of delinquency*. New Brunswick, NJ: Transaction Publishers.
星野周弘 (1975a). 公共の安全性に対する犯罪の影響の測定とその対策 1 ―不安感による地域社会の安全水準の測定と安全性の要因の分析―科学警察研究所報告　防犯少年編, **16**, 45-60.
星野周弘 (1975b). 公共の安全性に対する犯罪の影響の測定とその対策 2 ―犯罪・事故発生率と不安尺度による地域社会の安全水準の測定と安全性の要因の分析―科学警察研究所報告　防犯少年編, **16**, pp77-93.
星野周弘・清永賢二 (1984). 犯罪に対する不安感についての日米間の比較研究　科学警察研究所報告　防犯少年編, **25**, 96-106.
Hough, M. (2004). Worry about crime: Mental events or mental states? *International Journal of Social Research Methodology*, **7**, 173-176.
Hunter, A. (1978). Symbols of incivility: *Social disorder and fear of crime in urban neighborhoods*. Paper presented at the annual meeting of the American society of criminology Dallas, Texas.
石田　祐 (2009). ソーシャル・キャピタルが地域の犯罪リスク認知に与える影響― JGSS-2006 による実証分析―　日本版総合的社会調査共同研究拠点　研究論文集, **6**, 73-92.
Jackson, J. M. (2004). Experience and expression: Social and cultural significance in the fear of crime. *British Journal of Criminology*, **44**, 946-966.
Jackson, J. M. (2006). Introducing fear of crime to risk research. *Risk Analysis*, **26**, 253-264.
Jackson, J. M. (2009). A psychological perspective on vulnerability in the fear of crime. *Psychology, Crime & Law*, **15**, 365-390.
Jackson, J. M., & Stafford, M. (2009). Public health and fear of crime: A prospective cohort study. *British Journal of Criminology*, **49**, 832-847.
Kanan, J. W., & Pruitt, M. V. (2002). Modeling fear of crime and perceived victimization risk: The in significance of neighborhood integration. *Sociological Inquiry*, **72**, 527-548.
Keane, C. (1998). Evaluating the influence of fear of crime as an environmental mobility restrictor on women's routine activities. *Environment and Behavior*, **30**, 60-74.
King, R. (2009). Women's fear of crime on university campuses: New directions? *Security Journal*, **22**, 87-99.
清永賢二・高杉文子 (1990). 犯罪への不安感に関する研究 1　不安感に及ぼす性・年齢差の影響, 科学警察研究所報告　防犯少年編, **31**, 94-104.
小林寿一・鈴木　護 (2000). 居住環境が犯罪発生と犯罪不安感に及ぼす影響　科学警察研究所報告　防犯少年編, **40**, 115-124.
LaGrange, R. L., & Ferraro, K. F. (1987). The elderly's fear of crime: A critical examination of the research. *Research on Aging*, **9**, 372-391.
LaGrange, R. L., & Ferraro, K. F. (1992). Perceived risk and fear of crime: Role of social and

physical incivilities. *Journal of Research in Crime and Delinquency, 29*, 311-334.

Lewis, D. A., & Salem, G. (1986). *Fear of crime : Incivility and the production of a social problem.* Piscataway, NJ: Transaction Publishers.

毎日新聞 (2010). 仮出所者の支援施設始動　反対の中，月内にも　5月31日夕刊

Markowitz, F. E., Bellair, P. E., Liska, A. E., & Liu, J. (2001). Extending social disorganization theory: Modeling the relationships between cohesion, disorder, and fear. *Criminology, 39*, 293-319.

Nair, G., & Ditton, J. (1993). Environmental improvements and the fear of crime. *British Journal of Criminology, 33*, 555.

小俣謙二 (1999). 近隣地域における犯罪被害及び犯罪不安に関与する要因の環境心理学的研究　犯罪心理学研究，**37**, 1-13.

小俣謙二 (2009). 被害発生率および住民の犯罪不安，リスク認知の高い高層住宅団地の特徴—住構造および立地環境を中心に—　犯罪心理学研究，**47**, 59-73.

小野寺理江・桐生正幸・樋村恭一・三本照美・渡邉和美 (2002). 犯罪不安喚起の諸要因を検討する実験室研究のアプローチ　犯罪心理学研究，**40**, 1-11.

Ouimet, M., & Coyle, E. J. (1991). Fear of crime and sentencing punitiveness: Comparing the general public and court practitioners. *Canadian Journal of Criminology, 33*, 149-162.

Riger, S., & Gordon, M. T. (1981). The fear of rape: A study in social control. *Journal of Social Issues, 37*, 71-92.

Riger, S., LeBailly, R. K., & Gordon, M. T. (1981). Community ties and urbanites' fear of crime: An ecological investigation. *American Journal of Community Psychology, 9*, 653-665.

Robinson, J. B., Lawton, B. A., Taylor, R. B., & Perkins, D. D. (2003). Multilevel longitudinal impacts of incivilities: Fear of crime, expected safety, and block satisfaction. *Journal of Quantitative Criminology, 19*, 237-274.

Ross, C. E. (1993). Fear of victimization and health. *Journal of Quantitative Criminology, 9*, 159-175.

Rountree, P. W., & Land, K. C. (1996a). Burglary victimization, perceptions of crime risk, and routine activities: A multilevel analysis across seattle neighborhoods and census tracts. *Journal of Research in Crime and Delinquency, 33*, 147-180.

Rountree, P. W., & Land, K. C. (1996b). Perceived risk versus fear of crime: Empirical evidence of conceptually distinct reactions in survey data. *Social Forces, 74*, 1353-1376.

阪口祐介 (2008). 犯罪リスク知覚の規定構造—国際比較からみる日本の特殊性—　社会学評論，**59**, 462-477.

Sampson, R. J., Raudenbush, S. W., & Earls, F. J. (1997). Neighborhoods and violent crime: A multilevel study of collective efficacy. *Science, 277*, 918-924.

Schafer, J. A., Huebner, B. M., & Bynum, T. S. (2006). Fear of crime and criminal victimization: Gender-based contrasts. *Journal of Criminal Justice, 34*, 285-301.

Scott, Y. M.　2003　*Fear of crime among inner-city African Americans.* New York: FB Scholarly Publishing.

島田貴仁 (2007). 一般市民と警察官との犯罪リスク認知構造の差異—犯罪リスク認知の研究2—　犯罪心理学研究，**45**（特別号），132-133.

島田貴仁 (2008a). JGSSによる犯罪リスク知覚と犯罪被害の測定—他の犯罪被害調査との比較—　谷岡一郎・岩井紀子・仁田道夫（編）　日本人の意識と行動・日本版総合的社会調査JGSSによる分析　東京大学出版会　pp.329-344.

島田貴仁 (2008b). 犯罪に対する不安感等に関する調査研究 (1) —調査の概要と，犯罪被害実態と

犯罪不安感― 季刊社会安全，**70**，8-16．

島田貴仁・雨宮　護・岩倉　希・髙木大資（2010）．コミュニティ意識と犯罪被害・犯罪不安との関連―パネルデータによる因果検討― 日本行動計量学会第38回大会抄録集，160-161．

島田貴仁・羽生和紀（2008）．同居家族の犯罪被害に対するリスク認知と被害不安―利他的不安の検討― 日本心理学会第72回大会発表論文集，1270．

島田貴仁・鈴木　護（2006）．パネルデータを用いた犯罪不安の形成要因の分析 日本心理学会第70回大会発表論文集，437．

島田貴仁・鈴木　護・原田　豊（2004）．犯罪不安と被害リスク知覚―その構造と形成要因― 犯罪社会学研究，29，51-64．

Singer, S. I. (1988). The fear of reprisal and the failure of victims to report a personal crime. *Journal of Quantitative Criminology*, **4**, 289-302.

Skogan, W. G., & Maxfield, M. G. (1981). The problem and the cities. In W. G. Skogan, & M. G. Maxfield(Eds.), *Coping with crime: Individual and neighborhood reactions*. Thousand Oaks, CA : Sage Publications. pp.11-26.

Snedker, K. A. (2006). Altruistic and vicarious fear of crime: Fear for others and gendered social roles. *Sociological Forum*, **21**, 163-195.

Sprott, J. B., & Doob, A. N. (1997). Fear, victimization, and attitudes to sentencing, the courts, and the police. *Canadian Journal of Criminology*, **39**, 275-291.

Stafford, M. C., & Galle, O. R. (1984). Victimization rates, exposure to risk, and fear of crime. *Criminology*, **22**, 173-185.

鈴木　護・島田貴仁（2006）．犯罪不安感に対する地域環境整備と社会的秩序紊乱の影響　科学警察研究所報告　犯罪行動科学編，**43**，17-26．

社会安全研究財団（2008）．犯罪に対する不安感等に関する調査研究―第3回調査報告書― 財団法人社会安全研究財団

Taylor, R. B. (1997). Social order and disorder of street blocks and neighborhoods: Ecology, microecology, and the systemic model of social disorganization. *Journal of Research in Crime and Delinquency*, **34**, 113-155.

Taylor, R. B. (2000). *Breaking away from broken windows: Baltimore neighborhoods and the nationwide fight against crime, grime, fear, and decline*. Boulder, Colorado: Westview Press.

Taylor, R. B. (2002). Fear of crime, social ties, and collective efficacy: Maybe masquerading measurement, maybe déjà vu all over again. *Justice Quarterly*, **19**, 773.

Taylor, R. B., Gottfredson, S. D., & Brower, S. (1984). Block crime and fear: Defensible space, local social ties, and territorial functioning. *Journal of Research in Crime and Delinquency*, **21**, 293-331.

Taylor, R. B., & Hale, M. (1986). Testing alternative models of fear of crime. *Journal of Criminal Law & Criminology*, **77**, 151-189.

泊　真児（2006）．多摩市民の犯罪被害経験と不安感および防犯対策に関する研究―調査データの基礎的分析― 人間関係学研究（大妻女子大学人間関係学部紀要），**8**，21-37．

泊　真児（2008）．多摩市民の犯罪被害経験と不安感および防犯対策に関する研究2―性差の分析― 人間関係学研究（大妻女子大学人間関係学部紀要），**10**，81-93．

Troyer, R. J., & Wright, R. D. (1985). Community response to crime: Two middle-class anti-crime patrols. *Journal of Criminal Justice*, **13**, 227-241.

Vanderveen, G. (2006). *Interpreting fear, crime, risk and unsafety*. Den Haag: Boom Juridische Uitgevers.

Warr, M. (1994). Public perceptions and reactions to violent offending and victimization. In A.

J. Reiss, & J. A. Roth (Eds.), *Understanding and preventing violence*. Vol. 4. *Consequences and control*. Washington, DC: National Academy Press. pp.1-66.
Warr, M., & Ellison, C. G. (2000). Rethinking social reactions to crime: Personal and altruistic fear in family households. *American Journal of Sociology*, **106**, 551-578.
Warr, M., & Stafford, M. C. (1983). Fear of victimization: A look at the proximate causes. *Social Forces*, **61**, 1033-1043.
Whitley, R., & Prince, M. (2005). Fear of crime, mobility and mental health in inner-city London, UK. *Social Science & Medicine*, **61**, 1678-1688.
Wilcox, P., Quisenberry, N., & Jones, S. (2003). The built environment and community crime risk interpretation. *Journal of Research in Crime and Delinquency*, **40**, 322-345.
Wilson, J. Q., & Kelling, G. L. (1982). Broken windows: The police and neighborhood safety. *The Atlantic*, **211**, 29-38.
Winkel, F. W. (1986). Reducing fear of crime through police visibility: A field experiment. *Criminal Justice Policy Review*, **1**, 381-398.
Xie, M. & McDowall, D. (2008). Escaping crime: The effects of direct and indirect victimization on moving. *Criminology*, **46**, 809-840.
Yin, P. (1982). Fear of crime as a problem for the elderly. *Social Problems*, **30**, 240.
Zhang, L., Messner, S. F., Liu, J., & Zhou, Y. A. (2009). Guanxi and fear of crime in contemporary urban china. *British Journal of Criminology*, **49**, 472-490.
Zhao, J., Scheider, M. C., & Thurman, Q. C. (2002). The effect of police presence on public fear reduction and satisfaction: A review of the literature. *Justice Professional*, **15**, 273.

● ピックアップ 1

法務省（2008）．犯罪白書平成 20 年版　法務総合研究所
島田貴仁（2008）．犯罪に対する不安感等に関する調査研究（1）―調査の概要と，犯罪被害実態と犯罪不安感―　季刊社会安全，**70**, 8-16.
島田貴仁（2011）．犯罪被害をめぐる認知，感情，そして行動　社会安全研究財団（編）犯罪に対する不安感等に関する調査研究―第 4 回調査報告書―　財団法人社会安全研究財団

【第 2 章】

Amerio, P., & Roccato, M. (2005). A predictive model for psychological reactions to crime in Italy: An analysis of fear of crime and concern about crime as a social problem. *Journal of Community and Applied Social Psychology*, **15**, 17-28.
荒井崇史・藤　桂・吉田富二雄（2010）．犯罪情報が幼児を持つ母親の犯罪不安に及ぼす影響　心理学研究，**81**, 397-405.
Boyanowsky, E. O. (1977). Film preferences under conditions of threat: Whetting the appetite for violence, information, or excitement? *Communication Research*, **4**, 133-145.
Boyanowsky, E. O., Newtson, D., & Walster, E. (1974). Film preferences following a murder. *Communication Research*, **1**, 32-43.
Chadee, D., & Ditton, J. (2005). Fear of crime and the media: Assessing the lack of relationship. *Crime, Media, Culture*, **1**, 322-332.
Chermak, S. M. (1994). Body count news: How crime is presented in the news media. *Justice Quarterly*, **11**, 561-582.
Chermak, S. M. (1998). Predicting crime story salience: The effects of crime, victim, and defendant

characteristics. *Journal of Criminal Justice*, **26**, 61-70.
Chiricos, T., Eschholz, S., & Gertz, M. (1997). Crime, news and fear of crime: Toward an identification of audience effects. *Social Problems*, **44**, 342-357.
Chiricos, T., Padgett, K., & Gertz, M. (2000). Fear, TV news, and the reality of crime. *Criminology*, **38**, 755-785.
Davis, F. J. (1952). Crime news in Colorado newspapers. *The American Journal of Sociology*, **57**, 325-330.
Ditton, J., Chadee, D., Farrall, S., Gilchrist, E., & Bannister, J. (2004). From imitation to intimidation: A note on the curious and changing relationship between the media, crime and fear of crime. *British Journal of Criminology*, **44**, 595-610.
Ditton, J., & Duffy, J. (1983). Bias in the newspaper reporting of crime news. *British Journal of Criminology*, **23**, 159-165.
Dominick, J. R. (1973). Crime and law enforcement on prime-time television. *Public Opinion Quarterly*, **37**, 241-250.
Doob, A. N., & Macdonald, G. E. (1979). Television viewing and fear of victimization: Is the relationship causal? *Journal of Personality and Social Psychology*, **37**, 170-179.
Eschholz, S., Chiricos, T., & Gertz, M. (2003). Television and fear of crime: Program types, audience traits, and the mediation effect of perceived neighborhood racial composition. *Social Problems*, **50**, 395-415.
Ferguson, C. J., & Kilburn, J. (2009). The public health risks of media violence: A meta-analytic review. *The Journal of Pediatrics*, **154**, 759-763.
Ferraro, K. F. (1995). *Fear of crime: Interpreting victimization risk*. New York: State University of New York Press.
Fisher, S., Allan, A., & Allan, M. M. (2004). Exploratory study to examine the impact of television reports of prison escape on fear of crime, operationalised as state anxiety. *Australian Journal of Psychology*, **56**, 181-190.
Galofaro, J. (1981). Crime and the mass media: A selective review of research. *Journal of Research in Crime and Delinquency*, **18**, 319-350.
Gerbner, G., & Gross, L. (1976). Living with television: The violence profile. *Journal of Communication*, **26**, 172-194.
Gerbner, G., Gross, L. P., Eleey, M. F., Jackson-Beeck, M., Jeffries-Fox, S., & Signorielli, N. (1977). TV violence profile No.8: The highlights. *Journal of Communication*, **27**, 171-180.
Gerbner, G., Gross, L., Jackson-Beeck, M., Jeffries-Fox, S., & Signorielli, N. (1978). Cultural indicators: Violence profile No.9. *Journal of Communication*, **28**, 176-207.
Gerbner, G., Gross, L. P., Morgan, M., & Signorelli, N. (1980). The 'mainstreaming' of American: Violence profile No.11. *Journal of Communication*, **30**, 10-27.
Gerbner, G., Gross, L., Signorielli, N., Morgan, M., & Jackson-Beeck, M. (1979). The demonstration of power: Violence profile No.10. *Journal of Communication*, **29**, 177-196.
Gunter, B. (1987). *Television and the fear of crime*. London: John Libbey.
Hale, C. (1996). Fear of crime: A review of the literature. *International Review of Victimology*, **4**, 79-150.
Heath, L., (1984). Impact of newspaper crime reports on fear of crime: Multimethodological investigation. *Journal of Personality and Social Psychology*, **47**, 263-276.
Heath, L., & Gilbert, K. (1996). Mass media and fear of crime. *American Behavioral Scientist*, **39**, 379-386.

Heath, L. & Petraitis, J. (1987). Television viewing and fear of crime: Where is the mean world? *Basic and Applied Social Psychology, 8*, 97-123.
池田謙一（1997）．変転する政治のリアリティ―投票行動の認知社会心理学―　木鐸社
Koomen, W., Visser, M., & Stapel, D. A. (2000). The credibility of newspapers and fear of crime. *Journal of Applied Social Psychology, 30*, 921-934.
小城英子（2004）．『劇場型犯罪』とマス・コミュニケーション　ナカニシヤ出版
Lab, S. P. (2004). *Crime prevention: Approaches, practices and evaluation.* 5th ed. Cincinnati, OH : Anderson Publication.　渡辺昭一・島田貴仁・齊藤知範・菊池城治（訳）（2005）．犯罪予防―方法，実践，評価―　財団法人社会安全研究財団
Liska, A. E., & Baccaglini, W. (1990). Feeling safe by comparison: Crime in the newspapers. *Social Problems, 37*, 360-375.
McCombs, M. E., & Shaw, D. L. (1972). The agenda-setting function of mass media. *Public Opinion Quarterly, 36*, 176-187.
Minnebo, J. (2006). The relation between psychological distress, television exposure, and television-viewing motives in crime victims. *Media Psychology, 8*, 65-93.
内閣府（2007）．治安に関する世論調査　平成18年12月調査　内閣府　2007年2月19日　http://www8.cao.go.jp/survey/h18/h18-chian/index.html　2010年1月26日閲覧
Noelle-Neumann, E. (1993). *The spiral of silence: Public opinion-our social skin.* 2nd ed. Chicago: University of Chicago Press.　池田謙一・安野智子（訳）（1997）．沈黙の螺旋理論―世論形成過程の社会心理学―　改訂版　ブレーン出版
O'Keefe, G. J. (1985). Take a bite out of crime. *Society, 22*, 56-64.
O'Keefe, G. J., & Reid-Nash, K. (1987). Crime news and real-world blues. *Communication Research, 14*, 147-163.
Paik, H., & Comstock, G. (1994). The effects of television violence on antisocial behavior: A meta-analysis. *Communication Research, 21*, 516-546.
Potter, W. J. (1986). Perceived reality and the cultivation hypothesis. *Journal of Broadcasting and Electronic Media, 30*, 159-174.
Romer, D., Jamieson, K. H., & Aday, S. (2003). Television news and the cultiation of fear of crime. *Journal of Communication, 53*, 88-104.
Rousenbaum, D. P., & Heath, L. (1990). The "psycho-logic" of fear-reduction and crime-prevention program. In J. Edwards, R. S. Tindale, L. Heath, & E. J. Posavac (Eds.), *Social Influence processes and prevention.* New York: Plenum Press, pp.221-247.
斉藤慎一（2001a）．ニュース報道の機能分析　萩原　滋（編）　変容するメディアとニュース報道―テレビニュースの社会心理学―　丸善　pp.169-199.
斉藤慎一（2001b）．マスメディアによる社会的現実の構成　高木　修（監修）・川上善郎（編）　シリーズ21世紀の社会心理学5　情報行動の社会心理学―送受する人間のこころと行動―　北大路書房　pp.40-53.
阪口祐介（2008）．メディア接触と犯罪不安―「全国ニュース」と「重要な他者への犯罪不安」の結びつき―　年報人間科学, 28, 61-74.
佐藤博樹・石田　浩・池田謙一（2000）．社会調査の公開データ―2次分析への招待―　東京大学出版会
Sheley, J. F., & Ashkins, C. D. (1981). Crime, crime news, and crime views. *Public Opinion Quarterly, 45*, 492-506.
Shrum, L. J. (1995). Assessing the social influence of television: A social cognition perspective on cultivation effects. *Communication Research, 22*, 402-429.

Shrum, L. J. (1996). Psychological processes underlying cultivation effects: Further tests of construct accessibility. *Human Communication Research*, **22**, 482-509.

Skogan, W., G. & Maxfield, M. G. (1981). *Coping with crime: Individual and neighborhood reactions*. California: Sage publication.

Smolej, M., & Kivivuori, J. (2006). The relation between crime news and fear of violence. *Journal of Scandinavian Studies in Criminology and Crime Prevention*, **7**, 211-227.

総務省（2009）．通信利用動向調査（世帯編）　平成20年度調査　総務省　2009年4月7日　http://www.johotsusintokei.soumu.go.jp/ statistics/pdf/HR200800_001.pdf　2010年1月26日閲覧

社会安全研究財団（2008）．犯罪に対する不安感等に関する調査研究—第3回調査報告書—　財団法人社会安全研究財団

田崎篤郎・児島和人（1992）．マス・コミュニケーション効果研究の展開（新版）　北樹出版

Tyler, T. R. (1980). Impact of directly and indirectly experienced events: The origin of crime-related judgments and behaviors. *Journal of Personality and Social Psychology*, **39**, 13-28.

Tyler, T. R. (1984). Assessing the risk of crime victimization: The integration of personal victimization experience and socially transmitted information. *Journal of Social Issues*, **40**, 27-38.

Tyler, T. R., & Cook, F. L. (1984). The mass media and judgments of risk: Distinguishing impact on personal and societal level judgments. *Journal of Personality and Social Psychology*, **47**, 693-708.

Wakshlag, J., Vial, V., & Tamborini, R. (1983). Selecting crime drama and apprehension about crime. *Human Communication Research*, **10**, 227-242.

Warr, M., & Ellison, C. G. (2000). Rethinking social reactions to crime: Personal and altruistic fear in family households. *The American Journal of Sociology*, **106**, 551-578.

Weaber, J., & Wakshlag, J. (1986). Perceived vulnerability to crime, criminal victimization experience, and television viewing. *Journal of Broadcasting and Electronic Media*, **30**, 141-158.

Weitzer, R., & Kubrin, C. E. (2004). Breaking news: How local TV news and real-world conditions affect fear of crime. *Justice Quarterly*, **21**, 497-520.

【第3章】

Clarke, R. V. (1999). Hot products: Understanding, anticipating and reducing demand for stolen goods. Police Research Series Paper, London, UK: Home office

Cohen, L. E., & Felson. M. (1979). Social change and crime rate trends: A routine activity approach. *American Sociological Review*, **44**, 588-608.

Cohen, L. E., Kluegel, J. R., & Land, K. C. (1981). Social inequality and predatory criminal victimization: An exposition and test of a formal theory. *American Sociological Review*, **46**, 505-524.

Hindelang, M. S., Gottfredson, M., & Garofalo, J. (1978). *Victims of Personal Crime*. Cambridge, Massachusetts: Ballinger.

Hough, M. (1987). Offenders' choice of targets: Findings from victim surveys. *Journal of Quantitative Criminology*, **3**, 355-369.

法務総合研究所（2000）．第一回犯罪被害実態(暗数)調査　法務総合研究所

Jensen, G. F., & Brownfield, D. (1986). Gender, lifestyles, and victimization: Beyond routine activity. *Violence and Victims*, **1**, 85-99.

Johnson, S., Bernasco, W., Bowers, K., Elffers, H., Ratcliffe, J., Rengert, G., & Townsley, M. (2007).

Space time patterns of risk: A cross national assessment of residential burglary victimization. *Journal of Quantitative Criminology, 23*, 201-219.

菊池城治・雨宮 護・島田貴仁・齊藤知範・原田 豊 (2009). 声かけなどの不審者遭遇情報と性犯罪の時空間的近接性の分析 犯罪社会学研究, **34**, 150-162.

菊池城治・雨宮 護・島田貴仁・齊藤知範・原田 豊 (2010). 近接反復被害の罪種間比較—時空間K関数の応用— GIS理論と応用, **18**, 129-138.

Lauritsen, J. L., Laub, J. H., & Sampson, R. J. (1992). Conventional and delinquent activities: Implications for the prevention of violent victimization among adolescents. *Violence and Victims, 7*, 91-108.

Lauritsen, J. L., Sampson, R. J., & Laub, J. H. (1991). The link between offending and victimization among adolescents. *Criminology, 29*, 265-292.

Lening, Z., Messner, S. E., & Jianhong, L. (2007). Bicycle-theft victimization in contemporary urban China. *Journal of Research in Crime and Delinquency, 44*, 406-426.

Lynch, J. P. (1987). Routine activity and victimization at work. *Journal of Quantitative Criminology, 3*, 283-300.

Massey, J. L., Krohn, M. D., & Bonati, L. M. (1989). Property crime and the routine activities of individuals. *Journal of Research in Crime and Delinquency* **26**, 378-400.

Miethe, T. D., & McDowall, D. (1993). Contextual effects in models of criminal victimization. *Social Forces, 71*, 741-759.

Miethe, T. D., & Meier, R. F. (1990). Opportunity, choice, and criminal victimization rates: A theory of a theoretical model. *Journal of Research in Crime and Delinquency, 27*, 243-266.

Miethe, T. D., & Meier, R. F. (1994). *Crime and its social context: Toward an integrated theory of offenders, victims, and situations.* Albany, NY: State University of New York Press.

小俣謙二 (2006). 犯罪被害とライフスタイルの関連に関する研究 犯罪心理学研究, **44** (特別号), 156-157.

Polvi, N., Looman, T., Humphries, C., & Pease, K. (1991). The time course of repeat burglary victimization. *British Journal of Criminology, 31*, 411-414.

Ratcliffe, J. (2010). 犯罪予防における近接性の重要性 公開セミナー「地理的犯罪分析と犯罪予防」報告書. pp.3-10. (http://www.anzen-kodomo.jp/program/research/pdf/y_harada06.pdf) (2011年2月26日閲覧)

Ratcliffe, J., & McCullagh, M. J. (1998). Identifying repeat victimization with GIS. *British Journal of Criminology, 38*, 651-662.

Roman, J., & Chalfin, A. (2007). Is there an iCrime wave? *Research for Safer Societies.* Urban Institute Justice Policy Center.

Roncek, D. W., & Maier, P. A. (1991). Bars, blocks, and crimes revisited: Linking the theory of routine activities to the empiricism of hot spots. *Criminology, 29*, 725-753.

Rountree, P. W., Land, K. C., & Miethe, T. D. (1994). Macro-micro integration in the study of victimization: A hierarchical logistic model analysis across Seattle neighborhoods. *Criminology,* **32**, 387-414.

Sampson, R. J., & Lauritsen, J. L. (1990). Deviant lifestyles, proximity to crime, and the offender-victim link in personal violence. *Journal of Research in Crime and Delinquency, 27*, 110-139.

Sampson, R. J., & Wooldredge, J. D. (1987). Linking the micro- and macro-level dimensions of lifestyle-routine activity and opportunity models of predatory victimization. *Journal of Quantitative Criminology, 3*, 371-393.

Sherman, L. W., Gartin, P. R., & Buerger, M. L. (1989). Hot spots of predatory crime: Routine

activities and the criminology of place. *Criminology*, **27**, 27-55.
Singer, S. I. (1981). Homogeneous victim-offender populations: A review and some research implications. *Journal of Criminal Law and Criminology*, **72**, 779-788.
Smith, D. A., & Jarjoura, G. R. (1989). Household characteristics, neighborhood composition, and victimization risk. *Social Forces*, **68**, 621-640.
Stark, R. (1987). Deviant places: A theory of the ecology of crime. *Criminology*, **25**, 893-909.
Tseloni, A. (2000). Personal criminal victimization in the United States: Fixed and random effects of individual and household characteristics. *Journal of Quantitative Criminology*, **16**, 415-442.
Wilcox, P., Land, K. C., & Hunt, S. A. (2003). *Criminal circumstance: A dynamic multicontextual criminal opportunity theory*. New York: Aldine de Gruyter.

● ピックアップ2

樋野公宏・小島 隆矢（2007）．住宅侵入盗発生率と地域特性との関係―東京都下29区市の町丁を対象に―　日本建築学会計画系論文集，**616**, 107-112.
岩倉　希（2010a）．都市部の侵入窃盗犯罪の実態と発生要因　法政大学大学院紀要，**64**, 23-30.
岩倉　希（2010b）．ArcGISと社会経済データを使用した東京都の侵入窃盗犯罪の分析　法政大学情報メディア教育研究センター研究報告，**23**, 109-114.
長澤秀斗・Prima Oky Dicky A.・細越久美子・細江達郎（2009）．建物・土地の利用形態からみた地域特性と窃盗犯罪発生との関連の検討―岩手県M市の3交番管轄地域を対象として―　応用心理学研究，**34**, 23-32.
Sampson, R. J., Raudenbush, S. W., & Earls, F. J. (1997). Neighborhoods and violent crime: A multilevel study of collective efficacy. *Science*, **277**, 918-924.
Shaw, C., & McKay, H. (1942). *Juvenile delinquency and urban areas*. Chicago: University of Chicago Press.
島田貴仁・原田　豊（1999）．都市の空間構成と犯罪発生との関連―GISによる定量的分析―科学警察研究所報告　防犯少年編，**40**, 77
島田貴仁（2003）．クライム・マッピング―地理的犯罪分析の現状と方向性―　5．集計データを扱う　捜査研究，**623**, 62-71.

【第4章】

安倍淳吉（1978）．犯罪の社会心理学　新曜社
Batson, C. D. (2004). Benefits and liabilities of empathy-induced altruism. In A. G. Miller (Ed.) *The social psychology of good and evil*. New York: The Guilford Press.
Bushman, B. J., Baumaister, R. F., & Phillips, C. M. (2001). Do people agrees to improve their mood?: Catarsis beliefs, affect regulation opportunity, and agressive responding. *Journal of Personarity and Social Psychology*, **81**, 17-32.
Cialdini, R., Baumann, D., & Kenrick, D. (1981). Insights from sadness. *Developmental Review*, **1**, 207-223.
Clark, M. (1983). Reaction to aid in communal and exchange relations. In J. D. Fisher. pp.281-304. A. Nadler & B. M. DePaulo (Eds.), *New directions in helping*. Vol. 1. New York: Academic Press.
Dawkins, R. (1989). *The selfish gene. 2nd ed*. London: Oxford University Press.　日高敏隆・岸由二・羽田節子・垂水雄二（訳）（1991）．利己的な遺伝子　紀伊國屋書店
出口保行（2008）．犯罪心理学の最前線　日本心理学会ワークショップ資料
Gibson, J. J. (1979). *The ecological approach to visual perception*. Boston: Houghton Mifflin.　古崎

敬（訳）（1986）．生態学的視覚論　サイエンス社
Herman, J. L. (1992). *Trauma and recovery.* New York: Harper-Collins Publishers. 中井久夫（訳）（1996）．心的外傷と回復　みすず書房
細江達郎（2001）．犯罪心理学　ナツメ社
小林　裕（1994）．非行少年の道徳性の理解　水田恵三（編著）　犯罪・非行の社会心理学　ブレーン出版
Kohlberg, L. (1978). *The cognitive developmental approach to behavior disorders : A study of the development of moral reasoning in delinquency.* NY: Bruner.
Krebs, D. L., & Rosenwald, A. (1977). Moral reasoning and moral behavior on conventional adults. *Merril-Palmer Quarterly: Journal of Developmental Psychology,* **23**, 77-87.
Latané, B., & Darley, J. M. (1970). *Unresponsive bystander: Why doesn't he help?* Meredith Corporation Tokyo. 竹村研一・杉崎和子（訳）（1977）．冷淡な傍観者—思いやりの社会心理学—　ブレーン出版
Lorenz, K. Z. (1985). *Das sogenannte Böse.* München: Deutscher Taschenbuch Verlag. 日高敏隆・久保和彦（訳）（1991）．攻撃—悪の自然誌—　みすず書房
松井　豊（1988）．援助行動の意思決定過程に関する研究　東京都立大学人文科学研究科博士論文（未公刊）
Miller, A. G. (2004). *The social psychology of good and evil.* New York: The Guilford Press.
水田恵三（2002）．犯罪に挑む社会心理学　笠井達夫・桐生正幸・水田恵三（編）　犯罪に挑む心理学　北大路書房
Rosenthal, A. M. (2008). *Thirty-eight witness.* New York : Melville House.
Sutherland, E. H. (1947). *Principles of criminology.* 4th ed. Philadelphia: J. B. Lippincoft.
Sutherland, E. H., Cressey, D. R., & Luckenbill, D. F. (1992). *Principles of criminology.* 11th ed. New York: Dix Hills.
Waal, R. (1996). *Good Natured.* Cambridge: Harvard University Press.
Waal, R. (2009). *The Age of Empathy.* New York: Random House. 柴田裕之（訳）（2010）．共感の時代へ—動物行動学が教えてくれること—　紀伊國屋書店
Wallance, P. (1999). *The psychology of the internet.* Cambridge University Press. 川浦庚至・貝塚泉（訳）（2001）．インターネットの心理学　NTT出版
Zimbardo, P. (2004). A situational perspective on the psychology of evil. In A. G. Miller (Ed.), *The social psychology of good and evil.* New York: The Guilford Press. pp.21-50.
Zimbardo, P. (2007). *The lucifer effect: Understanding how good people turn evil.* New York: Random House.

● ピックアップ3

Benedict, R. (1946). *The chrysanthemum and the sword: Patterns of Japanese culture.* Boston: Houghton Mifflin. 長谷川松治（訳）（2005）．菊と刀　講談社
Braithwaite, J. (1989). *Crime, shame and reintegration.* Cambridge University Press.
Erikson, E. H. (1963). *Childhood and society* (2nd. Ed.). New York: Norton. 仁科弥生（訳）（1977）．幼児期と社会Ⅰ・Ⅱ　みすず書房
Hirschi, T. (1970). *Cause of delinquency.* California University Press. 森田洋司（訳）（1995）．非行の原因—家庭・学校・社会へのつながりを求めて—　文化書房博文社
永房典之（2004a）．恥意識尺度（Shame-Consciousness Scale）作成の試み　東洋大学大学院社会学研究科紀要，**40**, 42-47.
永房典之（2004b）．非行抑制機能としての恥意識に関する研究　社会安全，**52**, 24-43.

永房典之（2008）．なぜ人は心にブレーキをかけるのか？ なぜ人は他者が気になるのか？—人間関係の心理— 金子書房 pp.16-29.
Tangney, J. P. (1991). Moral affect: The good, the bad, and the ugly. *Journal of Personality and Social Psychology*, **61**, 598-607.
Tangney, J. P. (1995). *Shame and guilt in interpersonal relationships*. In J. P. Tangney & K. W. Fischer (Ed.), *Self-conscious emotions: Shame, guilt, embarrassment, and pride*. New York: Guilford Press. pp.114-139.
Tangney, J. P. (2003). Self-relevant Emotions. M.R.Leary & J.P.Tangney (Ed.), *Handbook of self and identity*. New York: Guilford Press. pp.384-400.
Tangney, J. P., & Dearing, R. L. (2002). *Shame and guilt*. New York: Guilford Press.

【第5章】

阿部晋吾（2005）．犯罪被害者およびその責任追及行動に対する第三者の評価 日本社会心理学会第46回大会発表論文集（Web版）
阿部晋吾（2006）．犯罪被害者の責任追及行動に対する第三者の認知的・行動的反応 日本社会心理学会第47回大会発表論文集，116-117.
Alexander, C. S. (1980). The responsible victims: Nurses' perception of victims of rape. *Journal of Health and Social Behavior*, **21**, 22-33.
Alexander, C. S., & Becker, H. J. (1978). The use of vignette in survey research. *Public Opinion Quarterly*, **42**, 93-104.
Anderson, I., & Beattie, G. (2001). Depicted rapes: How similar are vignette and newspaper accounts of rape? *Semiotica*, **137**, 1-21.
Anderson, I., Beatie, G., & Spencer, C. (2001). Can blaming victims of rape be logical? Attribution theory and discourse analytic perspectives. *Human Relations*, **54**, 445-467.
Anderson, I., & Lyons, A. (2005). The effect of victims' social support on attributions of blame in female and male rape. *Journal of Applied Social Psychology*, **35**, 1400-1417.
Bell, S. T., Kuriloff, P. J., & Lottes, I. (1994). Understanding attributions of blame in stranger rape and date rape situations: An examination of gender, race, identification, and students' social perceptions of rape victims. *Journal of Applied Social Psychology*, **24**, 1719-1734.
Bieneck, S. (2009). How adequate is the vignette technique as a research tool for psycho-legal research? In M. E. Oswald, S. Bieneck & J. Hupfeld-Heinemann (Eds.), *Social psychology of punishment of crime*. Chichester: Wiley.
Burt, M. R. (1980). Cultural myths and supports for rape. *Journal of Personality and Social Psychology*, **38**, 217-230.
Calhoun, L. G., Selby, J. W., & Warring, L. J. (1976). Social perception of the victim's causal role in rape: An exploratory examination of four factors. *Human Relations*, **29**, 517-526.
Cann, A., Calhoun, L. G., & Selby, J. W. (1979). Attributing responsibility to the victim of rape: Influence of information regarding past sexual experience. *Human Relations*, **32**, 57-67.
Critchlow, B. (1985). The blame in the bottle: Attribution about drunken behavior. *Personality and Social Psychology Bulletin*, **11**, 258-274.
Davies, M., & Rogers, P. (2006). Perceptions of male victims in depicted sexual assaults: A review of the literature. *Aggression and Violent Behavior*, **11**, 367-377.
Deitz, S. R., Littman, M., & Bentley, B. J. (1984). Attribution of responsibility for rape: The influence of observer empathy, victim resistance, and victim attractiveness. *Sex Roles*, **10**, 261-

280.

Dexter, H. R., Penrod, S., Linz, D., & Saunders, D. (1997). Attributing responsibility to female victims after exposure to sexually violent films. *Journal of Applied Social Psychology*, **27**, 2149-2171.

Feldman, P. J., Ullman, J. B., & Dunkel-Schetter, C. (1998). Women's reactions to rape victims: Motivational processes associated with blame and social support. *Journal of Applied Social Psychology*, **28**, 469-503.

Fulero, S. M., & Delara, C. (1976). Rape victims and attributed responsibility: A defensive attribution approach. *Victimology: An International Journal*, **1**, 551-563.

Gold, A. R., Landerman, P. G., & Bullock, K. W. (1977). Reactions to victims of crime: Sympathy, defensive attribution, and the just world. *Social Behavior and Personality*, **5**, 295-304.

萩原　滋（1986）．責任判断過程の分析　多賀出版

Harvey, M. D., & Rule, B. G. (1978). Moral evaluations and judgment of responsibility. *Personality and Social Psychology Bulletin*, **4**, 583-588.

Howard, J. A. (1984). Social influences on attribution: Blaming some victims more than others. *Journal of Personality and Social Psychology*, **47**, 494-505.

Howells, K., Shaw, F., Greasley, M., Robertson, J., Gloster, D., & Metcalfe, N. (1984). Perception of rape in an British sample: Effects of relationship, victim status, sex, and attitude to women. *British Journal of Social Psychology*, **23**, 35-40.

石村善助・所　一彦・西村春夫（1986）．責任と罰の意識構造　多賀出版

Janoff-Bullman, R. (1979). Characterological versus behavioral self-blame: Inquiries into depression and rape. *Journal of Personality and Social Psychology*, **37**, 1798-1809.

Johnson, J. D. (1994). The effect of rape type and information admissibility on perceptions of rape victims. *Sex Roles*, **30**, 781-792.

Johnson, J. D. (1995). Attributions about date rape: Impact of clothing, sex, money spent, date type, and perceived similarity. *Family and Consumer Sciences Research Journal*, **23**, 292-310.

Johnson, J. D., & Lee, M. (2000). Effects of clothing and behavior on perceptions concerning an alleged date rape. *Family and Consumer Sciences Research Journal*, **28**, 331-356.

Johnson, J. D., & Workman, J. E. (1994). Blaming the victim: Attributions concerning sexual harassment based on clothing, just-world belief, and sex of subject. *Home Economic Research Journal*, **22**, 382-400.

Jones, C., & Aronson, E. (1973). Attribution of fault to a rape victim as a function of responsibility of the victim. *Journal of Personality and Social Psychology*, **26**, 415-419.

小西聖子（1996）．日本の大学生における性被害の調査　日本＝性研究会議会報，**8**, 28-47.

小西聖子（2006）．犯罪被害者の心の傷　白水社

Koss, M. P., Gidycz, C., J. & Wisniewski, N. (1987). The scope of rape: Incidence and prevalence of sexual aggression and victimization in a national sample of higher education students. *Journal of Consulting and Clinical Psychology*, **55**, 162-170.

Krahé, B. (1991). Social psychological issues in the study of rape. In W. Stroebe & M. Hewstone (Eds.), *european rewiew of social Psychology*. Vol. 2. Chichester: John Wiley & Sons. pp.279-309.

Krahé, B., Temkin, J., & Bieneck, S. (2007). Schema-driven information processing in judgments about rape. *Applied Cognitive Psychology*, **21**, 601-619.

Krulewitz, J. E., & Nash, J. E. (1979). Effects of rape victim resistance, assault outcome, and sex of observer on attributions about rape. *Journal of Personality*, **47**, 557-574.

Langhinrichsen-Rohling, J., & Monson, C. M. (1998). Marital rape: Is the crime taken seriously

without co-occurring physical abuse? *Journal of Family Violence*, **13**, 433-443.
Lerner, M. J. (1980). *The belief in a just world*. New York: Plenum.
Lonsway, K. A., & Fitzgerald, L. F. (1994). Rape myths: In review. *Psychology of Women Quarterly*, **18**, 133-164.
Luginbuhl, J., & Mullin, C. (1981). Rape and responsibility: How and how much is the victim blamed? *Sex Roles*, **7**, 547-559.
諸井克英（1987）．防衛的帰属理論に関する実験的研究―交通事故の当事者に関する責任判断を中心として― 人文論集，**38**, 33-74．
Muller, R. T., Caldwell, R. A., & Hunter, J. E. (1994). Factors predicting the blaming of victims of physical child abuse or rape. *Canadian Journal of Behavioral Science*, **26**, 259-279.
Neff, J. A. (1979). Interactional versus hypothetical others: The use of vignette in attitude research. *Sociology and Social Research*, **64**, 105-125.
日本 DV 防止・情報センター（2007）．デート DV ってなに？ Q & A 解放出版社
Omata, K. (2002). Long-term psychological aftereffects of sexual victimization and influence of victim-assailant relationship upon them among Japanese female college students. 犯罪心理学研究，**40**, 1-19．
小俣謙二（2008）．性犯罪被害者に対する第三者の態度に関与する心理要因 日本心理学会第 72 回大会発表論文集，443．
Pinzone-Glover, H. A., Gidycz, C. A., & Jacobs, C. D. (1998). An acquaintance rape prevention program. *Psychology of Women Quarterly*, **22**, 605-621.
Pollard, P. (1992). Judgments about victims and attackers in depicted rapes: A review. *British Journal of Social Psychology*, **31**, 307-326.
Popiel, D. A., & Susskind, E. C. (1985). The impact of rape: Social support as a moderator of stress. *American Journal of Community Psychology*, **13**, 645-676.
Robbennolt, J. K. (2000). Outcome severity and judgment of "responsibility": A meta-analytic review. *Journal of Applied Social Psychology*, **30**, 2575-2609.
Rubin, Z., & Peplau, L. A. (1975). Who believes in a just world? *Journal of Social Issues*, **31**, 65-89.
Schneider, L. J. (1992). Perceptions of single and multiple incident rape. *Sex Roles*, **26**, 97-108.
Schneider, L. J., Mori, L. T., Lambert, P. L., & Wong, A. O. (2009). The role of gender and ethnicity in perception of rape and its aftereffects. *Sex Roles*, **60**, 410-421.
Scroggs, J. R. (1979). Penalties for rape as a function of victim provocativeness, damage, and resistance. *Journal of Applied Social Psychology*, **6**, 360-368.
Shaver, K. G. (1970). Defensive attribution: Effects of severity and relevance on the responsibility assigned for an accident. *Journal of Personality and Social Psychology*, **14**, 101-113.
Shaver, K. G. (1985). *The attribution of blame: Causality, responsibility, and blameworthiness*. New York: Springer-Verlag.
Shaver, K. G., & Schutte, D. A. (2001). Toward a broader psychological foundation for responsibility: Who, what, how. In A. E. Auhagen & H. Bierhoff (Eds.), *Responsibility: The many faces of a social phenomenon*. London: Routledge. pp.35-47.
Shaw, J. I., & McMartin, J. A. (1977). Personal and situational determinants of attribution of responsibility for an accident. *Human Relations*, **30**, 95-107.
白岩祐子・宮本聡介（2009）．犯罪被害者に対する有責性帰属の検討 1 ―被害者に対する印象との関連について― 日本社会心理学会第 50 回大会発表論文集，968-969．
Sigal, J., Gibbs, M. S., Goodrich, C., Rashid, T., Anjum, A., Hsu, D., Perrino, C. S., Boratav, H. B., Carson-Arenas, A., van Baarsen, B., van der Pligt, J., & Pan, W. (2005). Cross-cultural

reactions to academic sexual harassment: Effects of individualist vs. collectivist culture and gender of participants. *Sex Roles,* **52**, 201-215.

Simonson, K., & Subich, L. M. (1999). Rape perceptions as a function of gender-role traditionality and victim-perpetrator association. *Sex Roles,* **40**, 617-634.

Stormo, K. J., Lang, A. R., & Strzke, W. G. K. (1997). Attribution about acquaintance rape: The role of alcohol and individual differences. *Journal of Applied Social Psychology,* **27**, 279-305.

Suarez, E., & Gadalla, T. M. (2010). Stop blaming the victim: A meta-analysis on rape myth. *Journal of Interpersonal Violence,* **25**, 2010-2035.

Sugarman, D. B., & Hotaling, G. T. (1989). Dating violence: Prevalence, context and risk makers. In M. A. Pirog-Good & J. E. Stets (Eds.), *Violence in dating relationships.* New York: Praeger. pp.3-32.

Thornton, B. (1984). Defensive attribution of responsibility: Evidence for an arousal-based motivational bias. *Journal of Personality and Social Psychology,* **46**, 721-734.

外山みどり (2005). 責任の帰属と法 菅原郁夫・サトウタツヤ (編) 法と心理学のフロンティア 北大路書房 pp.97-119.

Ulman, S., & Knight, R. A. (1995). Women's resistance strategies to different rapist types. *Criminal Justice and Behavior,* **22**, 263-283.

Walster, E. (1966). Assignment of responsibility for an accident. *Journal of Personality and Social Psychology,* **3**, 73-79.

Weiner, B. (2001a). Responsibility for social transgressions: An attributional analysis. In B. F. Male, L. J. Moses & D. A. Baldwin (Eds.), *Intentions and intentionality.* Cambridge: The MIT Press. pp331-344.

Weiner, B. (2001b). An attributional approache to perceived responsibility for transgressions: Extentions to child abuse, punishment goals and political ideology. In A. E. Auhagen & H. Bierhoff (Eds.), *Responsibility: The many faces of a social phenomenon.* London: Routledge. pp.49-59.

Workman, J. E., & Freeburg, E. W. (1999). An examination of date rape, victim dress, and perceiver variables within the context of attribution theory. *Sex Roles,* **41**, 261-277.

Yamawaki, N., & Tschanz, B. T. (2005). Rape perception differences between Japanese and American college students: On the mediating influence of gender role traditionality. *Sex Roles,* **52**, 379-392.

湯川進太郎・泊 真児 (1999). 性的情報接触と性犯罪行為可能性―性犯罪神話を媒介として― 犯罪心理学研究, **37**, 15-27.

● ピックアップ4

Brownmiller, S. (1975). *Against our will: Men, women, and rape.* New York: Simon & Shuster. 幾島幸子 (訳) (2000). レイプ―踏みにじられた意思― 勁草書房

Burt, M. R. (1980). Cultural myths and supports for rape. *Journal of Personality and Social Psychology,* **38**, 217-230.

Campbell, R., & Johnson, C. R. (1997). Police officers perceptions of rape: Is there consistency between state law and individual beliefs? *Journal of Interpersonal Violence,* **12**, 255-274.

Flores, S. A., & Hartlaub, M. G. (1998). Reducing rape-myth acceptance in male college students: A meta-analysis of intervention studies. *Journal of College Student Development,* **39**, 438-448.

Frese, B., Moya, M., & Megias, J. L. (2004). Social perception of rape: How rape myth acceptance modulates the influence of situational factors. *Journal of Interpersonal Violence,* **19**, 143-161.

萩原玉美（1990）．強姦罪における被害者の法的保護1　アメリカ合衆国の資料を中心にして　警察研究，**61**, 22-32.
Herman, J. L. (1992). *Trauma and recovery*. New York: Harper Collins Publishers.　中井久夫（訳）(1997)．心的外傷と回復　みすず書房
Johnson, B. E., Kuck, D. L., & Schander, P. R. (1997). Rape myth acceptance and sociodemographic characteristics: A multidimensional analysis. *Sex Roles*, **36**, 693-706.
Jones, C., & Aronson, E. (1973). Attribution of fault to a rape victim as a function of respectability of the victim. *Journal of Personality and Social Psychology*, **26**, 415-419.
Krahé, B. (1988). Victim and observer characteristics as determinants of responsibility attributions to victims of rape. *Journal of Applied Social Psychology*, **18**, 50-58.
Lonsway, K. A., & Fitzgerald, L. F. (1994). Rape myths: In review. *Psychology of Women Quarterly*, **18**, 133-164.
大渕憲一・石毛　博・山入端津由・井上和子（1985）．レイプ神話と性犯罪　犯罪心理学研究，**23**, 1-12.
小俣謙二（2008）．性犯罪被害者に対する第三者の態度に関与する心理要因　日本心理学会第72回大会発表論文集，443.
齋藤豊治（2006）．性暴力犯罪の保護法益　齋藤豊治・青井秀夫（編）　セクシュアリティと法　東北大学出版会　pp.221-250.
Seligman, C., Brickman, J., & Koulack, D. (1977). Rape and physical attractiveness: Assigning responsibility to victims. *Journal of Personality*, **45**, 554-563.
白岩祐子・深澤道子（1998）．性犯罪に対する社会的認知　日本心理学会第62回大会発表論文集，188.
湯川進太郎・泊　真児（1999）．性的情報接触と性犯罪行為可能性—性犯罪神話を媒介として—　犯罪心理学研究，**37**, 15-27.

【第6章】

荒井崇史・島田貴仁（2010）．脅威アピールによる犯罪予防行動の促進（2）—事前関心の影響に関する予備的検討—　日本社会心理学会第51回大会発表論文集，92-93.
Aspinwall, L. G., & Taylor, S. E. (1997). A stitch in time : Self-regulation and proactive coping. *Psychological Bulletin*, **121**, 417-436.
Bowers, K. J., & Johnson, S. D. (2005). Using publicity for preventive purposes. In N. Tilley (Ed.), *Handbook of crime prevention and community safety*. Devon, UK: Willan Publishing. pp.329-354.
Breitenbecher, K. H., & Scarce, M. (1999). A longitudinal evaluation of the effectiveness of a sexual assault education program. *Journal of Interpersonal Violence*, **14**, 459-478.
Cohen, L. E., & Felson, M. (1979). Social change and crime rate trends : A routine activity approach. *American Sociological Review*, **44**, 588-608.
Conklin, J. E. (1975). *The impact of crime*. Hants: Macmillan.
Covello, V. T., McCallum, D., & Pavlova, M. T. (1989). *Effective risk communication : The role and responsibility of government and nongovernment organizations*. New York: Plenum.
Davis, R. C., & Smith, B. (1994). Teaching victims crime prevention skills : Can individuals lower their risk of crime? *Criminal Justice Review*, **19**, 56-68.
DuBow, F., McCabe, E., & Kaplan, G. (1979). *Reactions to crime : A critical review of the literature*. Rockville, MD: National Institute of Justice.
Floyd, D. L., Prentice-Dunn, S., & Rogers, R. W. (2000). A meta-analysis of research on protection

motivation theory. *Journal of Applied Social Psychology, 30*, 407-429.

深田博己（編）（2002）．説得心理学ハンドブック―説得コミュニケーション研究の最前線― 北大路書房

Furstenberg, F. J. (1972). Fear of crime and its effects on citizen behavior. In A. D. Biderman (Ed.), *Crime and justice : A symposium*. New York: Nailburg Publishing Company.

Greenberg, S. W. (1987). Why people take precautions against crime : A review of the literature on individual and collective responses to crime. In N. D. Weinstein (Ed.), *Taking care : Understanding and encouraging self-protective behavior*. Cambridge, U.K.: University Press. pp.231-253.

Groff, E. R., Kearley, B., Fogg, H., Beatty, P., Couture, H., & Wartell, J. (2005). A randomized experimental study of sharing crime data with citizens: Do maps produce more fear? *Journal of Experimental Criminology, 1*, 87-115.

原田　豊・島田貴仁（2000）．カーネル密度推定による犯罪集中地区の検出の試み 科学警察研究所報告 防犯少年編，**40**, 30-41.

Heath, L., & Davidson, L. (1988). Dealing with the threat of rape: Reactance or learned helplessness? *Journal of Applied Social Psychology, 18*, 1334-1351.

Hindelang, M. J., Gottfredson, M. R., & Garofaro, J. (1978). *Victims of personal crime: An empirical foundation for a theory of personal victimization*. Massachusetts: Ballinger Publishing.

Honda, A., & Yamanoha, T. (2010). Perceived risks and crime prevention strategies of Japanese high school and university students. *Crime Prevention and Community Safety, 12*, 77-90.

星野周弘（1999）．社会病理学概論 学文社

Janis, I. L., & Feshbach, S. (1953). Effects of fear-arousing communications. *Journal of Abnormal and Social Psychology, 48*, 78-92.

警察庁（2010）．平成 21 年の犯罪 警察庁

警視庁（2010）．「都内の治安に関するアンケート調査」結果 警視庁

吉川肇子（2000）．リスクとつきあう―危険な時代のコミュニケーション― 有斐閣選書

吉川肇子（2007）．リスク・コミュニケーション 今田高俊（編） 社会生活からみたリスク 岩波書店　pp.128-147.

木村堅一（1996）．防護動機理論に基づくエイズ予防行動意図の規定因の検討 社会心理学研究，**12**, 86-96.

木下冨雄（1997）．科学技術と人間の共生―リスク・コミュニケーションの思想と技術― 有福孝岳（編） 環境としての自然・社会・文化 京都大学学術出版会　pp.145-191.

Kuttschreuter, M., & Wiegman, O. (1998). Crime prevention and the attitude toward the criminal justice system: The effects of a multimedia campaign. *Journal of Criminal Justice, 26*, 441-452.

Lavrakas, P. J., Rosenbaum, D. P., & Kaminski, F. (1983). Transmitting information about crime and crime prevention to citizens: The evanston newsletter quasi-experiment. *Journal of Police Science and Administration, 11*, 463-473.

Lichtenstein, S. (1978). Judged frequency of lethal events. *Journal of Experimental Psychology: Human Learning and Memory, 4*, 551-578.

Maddux, J. E., & Rogers, R. W. (1983). Protection motivation and self-efficacy: A revised theory of fear appeals and attitude change. *Journal of Experimental Social Psychology, 19*, 469-479.

McMath, B. F., & Prentice-Dunn, S. (2005). Protection motivation theory and skin cancer risk: The role of individual differences in responses to persuasive appeals. *Journal of Applied Social Psychology, 35*, 621-643.

Miethe, T. D., & Meier, R. F. (1990). Opportunity, choice, and criminal victimization: A test of a theoretical model. *Journal of Research in Crime and Delinquency,* **27**, 243-266.

Mulilis, J., & Lippa, R. (1990). Behavioral change in earthquake preparedness due to negative threat appeals: A test of protection motivation theory. *Journal of Applied Social Psychology,* **20**, 619-638.

中谷内一也（2004）．ゼロリスク評価の心理学　ナカニシヤ出版

中谷内一也・島田貴仁（2008）．犯罪リスク認知に関する一般人―専門家間比較―　学生と警察官の犯罪発生頻度評価―　社会心理学研究，**24**, 34-44.

National Research Council (1989). *Improving risk communication.* Washington, D.C.: National Academy Press.

Norris, F. H. (1997). Frequency and structure of precautionary behavior in the domains of hazard preparedness, crime prevention, vehicular safety, health maintenance. *Health Psychology,* **16**, 566-575.

Norris, F. H., & Johnson, K. W. (1988). The effects of "self-help" precautionary measures on criminal victimization and fear: Implications for crime-prevention policy. *Journal of Urban Affairs,* **10**, 161-181.

Norris, F. H., & Kaniasty, K. Z. (1992). A longitudinal study of the effects of various crime prevention strategies on criminal victimization, fear of crime, and psychological distress. *American Journal of Community Psychology,* **20**, 625-648.

大阪府警察本部（2010）．ひったくりに遭わないために　http://www.police.pref.osaka.jp/05bouhan/gaitohanzai/taisaku/hittakuri/index.html

O'Keefe, D. J. (2002). *Persuasion: Theory and research.* 2nd ed. Thousand Oaks, CA: Sage Publications.

Petty, R. E., & Cacioppo, J. T. (1986). The elaboration likelihood model of persuasion. In L. Berkowitz (Ed.), *Advances in experimental social psychology.* New York: Academic Press. pp.123-205.

Reppetto, T. A. (1976). Crime prevention and the displacement phenomenon. *Crime and Delinquency,* **22**, 166-177.

Rippetoe, P. A., & Rogers, R. W. (1987). Effects of components of protection-motivation theory on adaptive and maladaptive coping with a health threat. *Journal of Personality and Social Psychology,* **52**, 596-604.

Roh, S., Kim, E., & Yun, M. (2010). Criminal victimization in South Korea: A multilevel approach. *Journal of Criminal Justice,* **38**, 301-310.

Rountree, P. W., Land, K. C., & Miethe, T. D. (1994). Macro-micro integration in the study of victimization: A hierarchical logistic model analysis across seattle neighborhoods. *Criminology,* **32**, 387-414.

Schneider, A. L., & Schneider, P. R. (1978). *Private and public-minded citizen responses to a neighborhood-based crime prevention strategy.* Eugene, OR: Institute of Policy Analysis.

島田貴仁（2007）．犯罪・防犯情報の発信　地域安全対策研究会（編）　安全・安心の手引き　ぎょうせい　pp.221-237.

島田貴仁・雨宮　護・菊池城治（2010）．近隣での防犯対策が市民の犯罪の知覚に与える影響―青色防犯パトロールと犯罪発生マップを例にして―　犯罪社会学研究，**35**, 132-148.

島田貴仁・荒井崇史（2010）．脅威アピールによる犯罪予防行動の促進（1）―脅威情報の種類が予防行動意図に与える影響―　日本社会心理学会第51回大会発表論文集，90-91.

Slovic, P. (1986). Informing and educating the public about risk. *Risk Analysis,* **6**, 403-415.

社会安全研究財団（2008）．犯罪に対する不安感等に関する調査研究―第3回調査報告書―　財団法

人社会安全研究財団
Weinstein, N. D. (1987). *Taking care: Understanding and encouraging self-protective behavior*. Cambridge University Press.
Weinstein, N. D. (1989). Optimistic biases about personal risks. *Science*, **246**, 1232.
Weinstein, N. D. (1993). Testing four competing theories of health-protective behavior. *Health Psychology*, **12**, 324-333.
Weinstein, N. D., Rothman, A. J., & Nicolich, M. (1998). Use of correlational data to examine the effects of risk perceptions on precautionary behavior. *Psychology and Health*, **13**, 479-501.
Weinstein, N. D., Sandman, P. M., & Roberts, N. E. (1990). Determinants of self-protective behavior: Home radon testing. *Journal of Applied Social Psychology*, **20**, 783-801.
Witte, K. (1992). Putting the fear back into fear appeals: The extended parallel process model. *Communication Monographs*, **59**, 329-349.
Witte, K., & Allen, M. (2000). A meta-analysis of fear appeals: Implications for effective public health campaigns. *Health Education and Behavior*, **27**, 591.
Zhang, L., Messner, S. F., & Liu, J. (2007). A multilevel analysis of the risk of household burglary in the city of Tianjin, China. *British Journal of Criminology*, **47**, 918-937.

● ピックアップ5
Brantingham, P. J., & Faust, F. L. (1976). A conceptual model of crime prevention. *Crime and Delinquency*, **22**, 284-296.
原田　豊 (2006). 犯罪予防論の動向―発達的犯罪予防と状況的犯罪予防―　警察学論集, **59**, 69-97.
法務省 (2010). 平成22年度版犯罪白書　法務総合研究所
法務省矯正局総務課 (2010). 平成22年度矯正予算の概要　刑政, **121**, 70-81.
警察庁 (2010). 平成21年の犯罪　警察庁
Lab, S. P. (2007). *Crime prevention: Approaches, practices and evaluations*. 6th ed. Cincinatti, Ohio : Anderson Publishing.
Schneider, S. (2010). *Crime prevention: Theory and practice*. New York : CRC Press
Sherman, L.W., Farrington, D. P., Welsh B. C., & MacKenzie, D. L. (2002). Preventing crime. In L. W. Sherman, D. P. Farrington, B. C. Welsh & D. L. MacKenzie (Eds.), *Evidence-based crime prevention*. New York: Routledge. pp.1-12.　津富　宏・小林寿一 (監訳) (2008). エビデンスに基づく犯罪予防　財団法人社会安全研究財団 pp.1-12.
Tonry, M. H., & Farrington, D. P. (1995). Strategic approaches to crime prevention. In M. H. Tonry & D. P. Farrington (Eds.), *Building a safer society: Strategic approaches to crime prevention*. Chicago: University of Chicago Press. pp.1-20.

【第7章】

安藤香織 (2002). 環境ボランティアは自己犠牲的か―活動参加への動機づけ―　質的心理学研究, **1**, 129-142.
Brantingham, P. J., & Brantingham, P. L. (1991). Introduction: The dimensions of crime. In P. J. Brantingham & P. L. Brantingham (Eds.), *Environmental criminology*. Illinois: Waveland Press. pp.7-26.
Brantingham, P. J., & Faust, F. L. (1976). A conceptual model of crime prevention. *Crime and Delinquency*, **22**, 284-296.
Brown, B. B. (1987). Territoriality. In D. Stokols & I. Altman (Eds.), *Handbook of environmental*

psychology. New York: John Willey & Sons. pp.505-531.
Brown, B. B., Perkins, D. D., & Brown, G.（2003）. Place attachment in a revitalizing neighborhood: Individual and block levels of analysis. *Journal of Environmental Psychology*, **23**, 259-272.
Clarke, R. V. G.（1980）. "Situational" crime prevention: Theory and practice. *British Journal of Criminology*, **20**, 136-147.
Clarke, R. V.（1995）. Situational crime prevention. In M. Torny & D. P. Farrington（Eds.）, *Building a safer society: Strategic approaches to crime prevention. Crime and Justice 19*. Chicago : University of Chicago Press. pp.91-150.
Cleveland, G., & Saville, G.（2003a）. 2nd generation CPTED-An introduction to 2nd generation CPTED-Part1. *CPTED Perspective*, March (6), 7-8.
Cleveland, G., & Saville, G.（2003b）. Introduction to 2nd generation CPTED-Part2-continued from the last issue of CPTED perspective. *CPTED Perspective*, June (6), 4-7.
Cornish, D. B., & Clarke, R. V.（2003）. Opportunities, precipitators and criminal decisions: A reply to Wortley's critique of situational crime prevention. In M. J. Smith & D. B. Cornish（Eds.）, *Theory of practice in situational crime prevention. Crime prevention studies 16*. New York: Criminal Justice Press. pp.41-96.
Crowe, I. D.（1991）. *Crime prevention through environmental design*. Butterworth-Heinemann. 高杉文子（訳）猪狩達雄（監）（1994）．環境設計による犯罪防止　都市防犯研究センター
Felson, M.（2002）. *Crime and everyday life*. 3rd ed. London: Pine Forge. 守山　正（訳）（2005）．日常生活の犯罪学　日本評論社
ハウジングアンドコミュニティ財団　（2006）．住民による防犯活動事例調査
Hillery, G. A.（1955）. Definition of community: Areas of agreement. *Rural Sociology*, **20**, 111-123. 山口弘光（1965）（訳）　ヒラリー／コミュニティの定義―合意の範囲を巡って―　鈴木　広（編）都市化の社会学　増補版　誠信書房　pp.303-321.
樋村恭一・渡邉和美（2002）．防犯心理学の基礎的研究1―犯人の視点，住民の視点―　犯罪心理学研究，**40**（特別号），2-3.
樋野公宏・雨宮　護（2006）．防犯まちづくりの視点　第2回「動線（Access and Movement）」と「監視（Surveillance）」　新都市，**60**，94-103.
法務省（2009）．平成21年版犯罪白書
伊藤　滋（編）（1982）．都市と犯罪　東洋経済新報社
伊藤高史（2005）．防犯ボランティアと監視社会論―メディアと自由を巡る論点からの考察―　メディアコミュニケーション，**55**，99-111.
警察庁（2004）．平成16年版警察白書
Kelling, G. L., & Coles, C. M.（1996）. *Fixing broken windows: Restoring order and reducing crime in our communities*. Free Press. 小宮信夫（監訳）（2004）．割れ窓理論による犯罪防止―コミュニティの安全をどう確保するか―　文化書房博文社
小林秀樹（1992）．集住のなわばり学　彰国社
小林寿一（2002）．地域の非行防止活動の活性化について―地域レベルのプロセスと効果の検討―　犯罪社会学研究，**27**，74-86.
小林寿一（2003）．我が国の地域社会における非行統制機能について　犯罪社会学研究，**28**，39-54.
小林寿一（2007）．犯罪防止・刑事司法領域での実践（2）少年非行の防止　日本コミュニティ心理学会（編）　コミュニティ心理学ハンドブック　pp.713-717.
小林寿一・鈴木　護（2000）．居住環境が犯罪発生と犯罪不安感に及ぼす影響　科学警察研究所報告防犯少年編，**40**，20-29.
小出　治（2003）．防犯環境設計の実際　小出　治（監）・樋村恭一（編）　都市の防犯―工学・心理

学からのアプローチ―　北大路書房　pp.149-163.
小宮信夫（2005）．犯罪は「この場所」で起こる　光文社
Lab, S. P. (2004). *Crime prevention, Approaches, practices and evaluations*. 5th ed.: Newark, New Jersey: Mathew Bender & Company　渡辺昭一・島田貴仁・齊藤知範・菊池城治（訳）（2006）．犯罪予防―方法，実践，評価　財団法人社会安全研究財団
MacIver, R. M. (1924). *Community: A sociological study: Being an attempt to set out the nature and fundamental laws of social life*. New York: Macmillan.　中　久郎・松本通晴（監訳）（1975）．コミュニティ　ミネルヴァ書房
増本弘文（1998）．ライフスタイル理論の現状と展望　被害者学研究，**8**, 17-29.
守山　正（2009）．現代における「子どもの安全」総合的検討　犯罪と非行，**162**, 5-27.
内閣府（2006）．子どもの防犯に関する特別世論調査（平成18年）
中　久郎（1975）．訳者付論Ⅰ：マッキーバーの『コミュニティ』論　MacIver, R. M. (1924). *Community : A sociological study; Being an attempt to set out the nature and fundamental laws of social life*. New York: Macmillan.　中　久郎・松本通晴（監訳）　コミュニティ　ミネルヴァ書房　pp.477-495.
Newman, O. (1972). *Defensible space: Crime prevention through urban design*. New York: Macmillan.　湯川利和・湯川聡子（訳）（1976）．まもりやすい住空間―都市設計による犯罪防止―　鹿島出版会
日本防犯設備協会（監修）（2000）．防犯住宅をつくる（改訂版）　創樹社
大橋智樹（2009）．仙台市市街地における落書きの実態調査と消去実験　犯罪心理学研究，**47**(特別号), 172-174.
大塚　尚（2001）．割れ窓理論（Broken Windows Theory）警察學論集，**54**, 75-87.
岡田和也・浜井　浩（2001）．高まる犯罪不安と厳罰化　犯罪心理学研究，**40**（特別号），36-37.
小俣謙二（編著）（1997）．住まいとこころの健康―環境心理学からみた住み方の工夫―　ブレーン出版
小俣謙二（2007）．住環境―人と住まい，地域の結びつきの研究―　佐古順彦・小西啓史（編）朝倉心理学講座12　環境心理学　朝倉書店　pp.106-126.
小俣謙二・浅川達人・羽生和紀・柴田征司・原田　章・島田貴仁（2011）．無理のない，持続可能な防犯活動を目指して―防犯団体活動実態調査結果報告―　社会技術研究開発プロジェクト「子どもの被害の測定と防犯活動の実証的基盤の確立」（代表原田　豊）
小俣謙二・島田貴仁・羽生和紀・原田　章（2009）．住民による防犯活動の実態調査　犯罪心理学研究，**47**（特別号），122-123.
Rogers, R. W. (1975). A protection motivation theory of fear appeals and attitude change. *Journal of Psychology*, **91**, 93-114.
Rogers, R. W. (1983). Cognitive and physiological processes in fear appeals and attitude change: A revised theory of protection motivation. In J. T. Cacioppo & R. E. Petty (Eds.), *Social psychophysiology*. New York: Guilford Press. pp.153-176.
埼玉県県土整備部土づくり企画室（2006）．埼玉県防犯のまちづくり実践事例集
坂本雄介（2006）．自主防犯団体の参加者意識に関する研究　東京工業大学卒業論文
Sampson, R. J., Raudenbush, S. W., & Earls, R. F. (1997). Neighborhoods and violent crime: A multilevel study of collective efficacy. *Science*, **277**, 918-924.
Saville, G., & Genre, C. (2003)．米国における環境設計による犯罪予防の新しい動向を基にした現場警察官の防犯活動（事例研究）　JUSRIレポート，**19**, 10-34.
瀬渡章子（2009）．奈良市富雄地区における「子どもの安全」地域活動―現状と課題―　犯罪と非行，**162**, 40-61.

Sherman, L. W., Farrington, D. P., Welsh, B. C., & Mackenzie, D. L. (Eds.) (2002). *Evidence-based crime prevention*. Routledge. 津富　宏・小林寿一（監訳）(2008). エビデンスに基づく犯罪予防　財団法人社会安全研究財団

島田貴仁（2008）. 子どもの犯罪被害実態と防犯対策を考える　予防時報, **232**, 8-13.

島田貴仁（2009）. 集合的効力感が住宅侵入盗に与える影響　日本社会心理学会第50回大会・日本グループダイナミックス学会第56回大会合同大会発表論文集, 92-93.

島田貴仁・雨宮　護・岩倉　希・高木大資（2009）. 住宅対象犯罪と集合的効力感に関する生態学的分析　行動計量学会第37回発表論文抄録, 276-277.

植村勝彦（2006）. コミュニティの概念　植村勝彦・高畠克子・箕口雅博・原　裕視・久田　満（編）よくわかるコミュニティ心理学　ミネルヴァ書房　pp.2-5.

植村勝彦（2007）. コミュニティ心理学とは何か　植村勝彦（編）　コミュニティ心理学入門　ナカニシヤ出版　pp.1-22.

渡辺　巧（2009）. 杉並の地域住民による防犯ボランティアの現況と支援のあり方　警察學論集, **62**, 140-165.

Welsh, B. C. (2003). Community-based approaches to preventing delinquency and crime: Promising results and future directions. 犯罪社会学研究, **28**, 7-24.

Welsh, B. C., & Hoshi, A. (2002). Communities and crime prevention. In L. W. Sherman, D. P. Farrington, B. C. Welsh & D. L. MacKenzie (Eds.), *Evidence-based crime prevention*. Routledge, Pp.165-197. 津富　宏・小林寿一（監訳）(2002). エビデンスに基づく犯罪予防　財団法人社会安全研究財団　pp.157-187.

Wilson, J. Q., & Kelling, G. L. (1982). The police and neighborhood safety: Broken windows. *The Atlantic Monthly*, **211**, 29-38.

湯川利和（1987）. 不安な高層　安心な高層　学芸出版社

● ピックアップ6

Farrington, D. P., Gottfredson, D., Sherman, L. W., & Welsh, B. C. (2002). The Maryland scientific methods scale. In L. W. Sherman, D. P. Farrington, B. C. Welsh & D. L. MacKenzie (Eds.), *Evidence-based crime prevention*. New York: Routledge. pp.13-21. 津富　宏・小林寿一（監訳）(2008). エビデンスに基づく犯罪予防　財団法人社会安全研究財団　pp.13-22.

Grabosky, P. N. (1996). Unitended consequences of crime prevention. In R. Homel (Ed.), *Politics & practice of situational crime prevention*, Boulder, CO: Lynne Rienner Publishers. pp.25-56.

Petrosino, A., Turpin-Petrosino, C., & Buehler, J. (2003). Scared straight and other juvenile awareness programs for preventing juvenile delinquency: A systematic review of the randomized experimental evidence. *The Annals of the American Academy of Political and Social Science*, **589**, 41-62.

津富　宏（2000）. EBP エビデンス・ベイスト・プラクティスへの道―根拠に基づいた実務を行うために―　犯罪と非行, **124**, 67-99.

津富　宏（2008）. 少年非行対策におけるエビデンスの活用　小林寿一（編著）少年非行の行動科学　北大路書房　pp.226-238.

● ピックアップ7

Adams, R. E., Rohe, W. M., & Arcury, T. A. (2005). Awareness of community-oriented policing and neighborhood perceptions in five small to midsize cities. *Journal of Criminal Justice*, **33**, 43-54.

Bennett, T. (1991). The effectiveness of a police-initiated fear-reducing strategy. *British Journal of*

Criminology, 31, 1-14.
警察庁（2011）．平成 22 年 12 月末現在における自主防犯活動を行う地域住民・ボランティア団体（2011 年 2 月 25 日）http://www.npa.go.jp/safetylife/seianki55/news/doc/22_btyousa.pdf
Holmberg, L.（2004）．Policing and the feeling of safety: The rise (and fall?) of community policing in the nordic countries. *Journal of Scandinavian Studies in Criminology and Crime Prevention, 5*, 205-219.
Salmi, S., Voeten, M. J. M., & Keskinen, E.（2000）．Relation between police image and police visibility. *Journal of Community and Applied Social Psychology, 10*, 433-447.
島田貴仁・雨宮　護・菊池城治（2010）．近隣での防犯対策が市民の犯罪の知覚に与える影響—青色防犯パトロールと犯罪発生マップを例にして—　犯罪社会学研究，35, 132-148.
Troyer, R. J., & Wright, R. D.（1985）．Community response to crime: Two middle-class anti-crime patrols. *Journal of Criminal Justice, 13*, 227-241.
Yin, R. K., Vogel, M. E., Chaiken, J. M., & Both, D. R.（1976）．*Citizen patrol projects: National evaluation program phase 1 summary report.* Washington, D. C.: US Depertment of Justice.

● ピックアップ 8
Gatti, U., Tremblay, R. E., & Larocque, D.（2003）．Civic community and juvenile delinquency: A study of the regions of Italy. *British Journal of Criminology, 45*, 22-40.
Hagan, J., Merkens, H., & Boehnke, K.（1995）．Delinquency and disdain: Social capital and the control of right-wing extremism among East and West Berlin youth. *American Journal of Sociology, 100*, 1028-1052.
Healy, J., & Cote, S.（2001）．*The well-being of nations: The role of human and social capital.* Paris: Organization for Economic Co-operation and Development.
Kennedy, B. P., Kawachi, I., Prothrow-Stith, D., Lochner, K., & Gupta, V.（1998）．Social capital, income inequality, and firearm violent crime. *Social Science and Medicine, 47*, 7-17.
Lederman, D., Loayza, N., & Menendez, A. M.（2002）．Violent crime: Does social capital matter? *Economic Development and Cultural Change, 50*, 509-539.
内閣府国民生活局（2003）．ソーシャル・キャピタル—豊かな人間関係と市民活動の好循環を求めて—　国立印刷局
Putnam, R. D.（1993）．*Making democracy work: Civic traditions in modern Italy.* Princeton, NJ: Princeton University Press.
Putnam, R. D.（2000）．*Bowling alone: The collapse and revival of American community.* New York: Simon & Schuster.
Rosenfeld, R., Messner, S. F., & Baumer, E. P.（2001）．Social capital and homicide. *Social Forces, 80*, 283-309.
高木大資・辻　竜平・池田謙一（2010）．地域コミュニティによる犯罪抑制—地域内の社会関係資本および協力行動に焦点を当てて—　社会心理学研究，26, 36-45.

【第 8 章】
雨宮　護・樋野公宏・小島隆矢・横張　真（2007）．批判論の論点と市民の態度からみたわが国の防犯まちづくりの課題　都市計画論文集，42, 691-696.
雨宮　護・齊藤知範・菊池城治・島田貴仁・原田　豊（2009）．GPS を用いた子どもの屋外行動の時空間特性の把握と大人による見守り活動の評価　ランドスケープ研究，72, 747-752.
雨宮　護・齊藤知範・島田貴仁・原田　豊（2008）．小学校児童の空間行動と犯罪被害に関する実証

的研究　都市計画論文集，**43**, 37-42.

雨宮　護・横張　真（2006）．都市部に立地する公園における逸脱行為の実態と行為発生予測モデルの構築　都市計画論文集，**41**, 863-868.

Brantingham, P. L., & Brantingham, P. J. (1995). Criminality of place: Crime generators and crime attractors. *European Journal on Criminal Policy and Research.* **33**, 5-26.

Clarke, R. V., & Eck, J. (2003). *Become a problem-solving crime analyst: In 55 small steps.* London : Routledge.

Cleveland, G., & Saville, G. (2003a). An introduction to 2nd Generation CPTED: Part1. *CPTED Perspectives,* **6**, 7-9.

Cleveland, G., & Saville, G. (2003b). An introduction to 2nd Generation CPTED: Part 2. *CPTED Perspectives,* **6**, 4-8.

Cohen, L. E., & Felson, M. (1979). Social change and crime rate trends: A routine activity approach. *American Sociological Review,* **44**, 588-608.

Coleman, A. (1985). *Utopia on trial: Vision and reality in planned housing.* Longwood. p.219.

Cozens, P. (2007). Planning, Crime and Urban Sustainability. In A. Kungolas, C. Brebbia, & E. Beriatos (Eds.) *Sustainable Development and Planning* III. Vol. 1. WIT transactions on ecology and the environment. Southampton: WIT Press, pp.187-196.

Cozens, P. (2008). Crime prevention through environmental design. In R. Wortley, & L. Mazerolle (Eds.), *Environmental criminology and crime analysis.* Devon: Willan publishing. pp.153-177.　島田貴仁・渡辺昭一（監訳）（2010）．環境犯罪学と犯罪分析　財団法人社会安全研究財団

Crowe, T. (1991). *Crime prevention through environmental design.* Butterworth-Heinemann.　高杉文子（訳）・猪狩達夫（監）（1994）．環境設計による犯罪予防　都市防犯研究センター

Crowe, T.D. (2000). *Crime prevention through environmental design: Applications of architectural design and space management concepts (2nd ed).* Butterworth-Heinemann.

Eck, J. (2002). Preventing crime at places. In L. W. Sherman, D. P. Farrington, B. C. Welsh, & D. L. Mackenzie (Eds.), *Evidence based crime prevention.* London : Routledge. pp.241-294.　津富宏・小林寿一（監訳）（2008）．エビデンスに基づく犯罪予防　財団法人社会安全研究財団

Eck, J. E., Chainey,S., Cameron, J. G., Leitner, M., & Wilson, R. E. (2005). *Mapping crime: Understanding hot spots.* National Institute of Justice. Office of Justice Programs.Washington. DC. http://www.ncjrs.gov/pdffiles1/nij/209393.pdf

Ekblom. P. (2006). *Specification for rebuilding CPTED.* http://www.designagainstcrime.com/web/news.revising_cpted.htm.

Felson. M. (2008). Routine activity approach. In R. Wortley, & L. Mazerolle (Eds.), *Environmental criminology and crime analysis.* Devon, UK : Willan publishing. pp.70-77.　島田貴仁・渡辺昭一（監訳）（2010）．環境犯罪学と犯罪分析　財団法人社会安全研究財団

Forrest, R., & Kennett, P. (1997). Risk residence and the post-Fordist city. *American behavioral scientist.* **41**. 342-359.

Gill, M., & Spriggs, A. (2005). Assessing the impact of CCTV. *Home Office Research Study. Number292.*

原田　豊・島田貴仁（2000）．カーネル密度推定による犯罪集中地区の検出の試み　科学警察研究所報告防犯少年編，**402**, 125-136.

原田　豊・鈴木　護・島田貴仁（2001）．東京23区におけるひったくりの密度分布の推移　科学警察研究所報告防犯少年編，**411**, 39-52.

樋野公宏（2008）．駐車場に設置する防犯カメラ等の効果及び利用者等の態度　都市計画論文集，**43**, 763-768.

樋野公宏・雨宮　護（2005）．英国の防犯まちづくりのガイドライン　Safer Places　連載「防犯まちづくりの新視点」第1回　新都市，**59**, 82-87.
樋野公宏・雨宮　護（2006a）．「動線（Access and Movement）」と「監視性（Surveillance）」　連載「防犯まちづくりの新視点」第2回　新都市，**60**, 94-103.
樋野公宏・雨宮　護（2006b）．「所有意識（Ownership）」と「物理的防御（Physical Protection）」　連載「防犯まちづくりの新視点」第3回　新都市，**60**, 119-127.
樋野公宏・雨宮　護（2006c）．「活動（Activity）」と「維持管理（Management and maintenance）」　連載「防犯まちづくりの新視点」第4回　新都市，**60**, 62-72.
樋野公宏・雨宮　護（2006d）．「構成（Structure）」と Safer Places の活用　連載「防犯まちづくりの新視点」最終回　新都市，**60**, 95-103.
樋野公宏・小島隆矢（2007）．住宅侵入盗発生率と地域特性との関係　日本建築学会計画系論文集，**616**, 107-112.
石川　愛・鍋島美奈子・鈴木広隆（2009）．詳細事件情報を考慮したひったくり発生と道路空間特性との関係に関する研究　日本建築学会環境系論文集，**74**, 55-61.
石川　愛・鈴木広隆（2008）．道路ネットワークにおける見通し距離とひったくり発生との関係に関する研究　日本建築学会環境系論文集，**623**, 101-106.
Jacobs, J. (1961). *The death and life of great American cities*. Random House.　山形浩生（訳）(2010)．アメリカ大都市の死と生（新版）　鹿島出版会
Jeffery, C .R. (1971). *Crime prevention through environmental design*. Thousand Oaks, CA: Sage Publications.
Jeffery, C. R. (1977). *Crime prevention through environmental design*. Thousand Oaks, CA: Sage Publications.
Mawby, R. I. (1977). Defensible space: A theoretical and empirical appraisal. *Urban studies*, **14**, 169-179.
Mayhew, P. (1979). Defensible space: The current status of crime prevention theory. *Howard Journal of Criminal Justice*. **18**. 150-159.
Merry, S. (1981). Defensible space undefended: Social factors in crime control through environmental design. *Urban affairs quarterly*, **16**, 397-422.
中谷友樹・矢野桂司（2008）．犯罪発生の時空間3次元地　地学雑誌，**117**, 506-521.
Newman, O. (1996). *Creating defensible space*. Darby, PA: Diane Pub. Co.
Newman, O. (1972). *Defensible space: Crime prevention through urban design*. Oxford, UK: Architectural press.　湯川利和・湯川聡子（訳）(1976)．まもりやすい住空間―都市設計による犯罪防止―　鹿島出版会
Oc, T. & Tiesdell, S. (1999). The fortress, the panoptic, the regulatory and the animated: Planning and urban design approaches to safer city centres. *Landscape research*, **243**, 265-286.
ODPM & Home Office (2004). *Safer Places -The Planning System and Crime Prevention*. http://www.communities.gov.uk/pub/724/SaferplacestheplanningsystemandcrimepreventionPDF3168Kb_id1144724.pdf
岡本英生（2007）．成人ひったくり犯から見た犯行に影響を及ぼす環境的要因に関する研究　犯罪心理学研究，**44**, 15-21.
Pain, R., & Townshend, T. (2002). A safer city centre for all?: Sense of 'community safety' in Newcastle upon Tyne. *Geoforum*. **33**, 105-119.
Ratcliffe, J. (2006). *Video surveillance of public places. Problem-oriented guides for police*. Response Guides Series. **4**. http://www.cops.usdoj.gov/files/ric/Publications/e02061006.pdf
酒井隆史・高祖岩三郎（2005）．公共圏の解体と創出―ネオリベラル・アーバニズムと抵抗のアーバ

ニズム― 現代思想, **33**, 56-86.

佐藤俊明・岡部篤行（2006）. 線および面を生成元とするネットワークボロノイ図を用いた解析ツールの開発 GIS 理論と応用, **14**, 53-62.

佐藤俊明・岡部篤行（2007）. ネットワークボロノイクロス K 関数法の提案とそのツール開発 GIS 理論と応用, **15**, 55-62.

Saville, G.（2009）. SafeGrowth: Moving Forward in Neighborhood Development. *Built Environment*, **31**, 386-403.

Saville, G., & Cleveland, G.（1997）. *2nd generation CPTED: An antidote to the social Y2K virus of urban design.* 1998 International CPTED Association Conference. http://www.pac2durham.com/resources/schools.pdf.

Saville, G., & Cleveland, G.（2008）. *Second generation CPTED: The rise and fall of opportunity theory.* In R. Atlas (Ed.), *21st century security and CPTED*. New York : CRC Press. 79-90.

Saville, G., & Mangat, M.（2009）. *SafeGrowth: Creating Safety and Sustainability Through Community Building and Urban Design.* Community Safety Paper Series. New York: MetLife Foundation and LISC/CSI. http://www.policefuturists.org/pdf/LISC_SafeGrowth_final.pdf.

Schneider, R., & Kitchen, T.（2002）. *Planning for crime prevention: A trans Atlantic perspective.* Routledge. 防犯環境デザイン研究会（訳）（2006）. 犯罪予防とまちづくり―理論と米英における実践― 丸善

Sherman, L. W.（1995）. *Hot spots of crime and criminal careers of places.* In J. E. Eck, & D. Weisburd (Eds.), *Crime and Place*. Monsey, New York: Criminal Justice Press.

Sherman, L. W., Farrington. D. P., Welsh. B. C., & Mackenzie. D. L.(Ed.),（2002）. *Evidence based crime prevention.* London : Routledge. 津富 宏・小林寿一（監訳）（2008）. エビデンスに基づく犯罪予防 財団法人社会安全研究財団

Sherman, L. W., Garten, P. R., & Buerger, M. E.（1989）. Hot spots of predatory crime: Routine activities and the criminology of place. *Criminology,* **27**, 27-56.

Taylor, R. B.（2002）. Crime prevention through environmental design (CPTED): Yes. no. maybe. unknowable. and all of the above. In R. B. Bechtel (Ed.), *Handbook of environmental psychology*. Hoboken, NJ: John Wiley. pp.413-426.

Tiesdell, S., & Oc, T.（1998）. Beyond 'fortress' and 'panoptic' cities -towards a safer urban public realm. *Environment and planning B: Planning and design*, **25**, 639-655.

Wagers, M., Sousa, W., & Kelling, G.（2008）. Broken windows. In R. Wortley, & L. Mazerolle (Ed.), *Environmental criminology and crime analysis*. pp.247-262. Devon, UK: Willan publishing. 島田貴仁・渡辺昭一（監訳）（2010）. 環境犯罪学と犯罪分析 財団法人社会安全研究財団

Wekerle, G. R., & Whitzman, C.（1995）. *Safe cities: Guidelines for planning, design, and management.* Hoboken, NJ: John Wiley & Sons. p.224. 瀬渡章子・樋村恭子（訳）（2003）. 安全な都市―計画・設計・管理の指針― 財団法人都市防犯研究センター

Welsh, B. C., & Farrington, D.（2002）. *Crime prevention effects of closed circuit television: A systematic review.* Home Office Research Study. Number 252. London : Home Office Research. Development and Statistics Directorate.

Welsh, B. C., & Farrington, D. P.（2009）. *Making public places safer: Surveillance and crime prevention.* London : Oxford University Press. p.168.

Wilson, J. Q., & Kelling, G. L.（1982）. The police and neighborhood safety: Broken windows. *The Atlantic Monthly*, **211**, 29-38.

Wilson, P., & Wileman, B.（2005）. Developing a safe city strategy based on CPTED research: An Australian case study. *Journal of architectural and planning research*. **22**, 319-329.

山本俊哉・松本吉彦・柏原誠一（2006）．戸建て住宅における侵入被害開口部の位置に関する調査　日本建築学会技術報告集，**24**, 277-280.

山本俊哉・松本吉彦・柏原誠一・大串秋穂（2007）．接道条件と周囲の土地利用から見た戸建住宅の侵入リスクに関する調査　日本建築学会技術報告集，**26**, 741-746.

山本俊哉・松本吉彦・柏原誠一・高橋浩介・森田歩（2009）．低層集合住宅における侵入被害窓の自然監視性と接近制御性に関する実態調査　日本建築学会技術報告集，**30**, 553-556.

Zahm, D. (2005). Learning, translating, and implementing CPTED. *Journal of Architectural and Planning Research*, **22**, 284-293.

Zelinka, A., & Brennan. D. (2001). *Safescape: Creating Safer, More Livable Communities through Planning Design*. Chicago: Planners Press.

● ピックアップ 9

平 伸二（2010）．青色防犯灯による防犯効果と青色・白色複合LED照明の開発　福山大学こころの健康相談室紀要，**4**, 67-74.

小山恵実（2008）．夜間の青色光が近隣居住者の生活におよぼす影響について―非視覚的生理作用および生活環境適合性についての考察―　照明学会誌，**92**, 650-653.

二滝享司（2006）．青色防犯灯で安全・安心のまちに―複合的な防犯対策による犯罪抑止―　照明学会全国大会講演論文集，**39**, 269-270.

照明学会普及部（2007）．平成19年照明普及賞　2007年12月　http://www.ieij.or.jp/fukyubu/awardH19.html（2010年1月5日閲覧）

須谷修治（2008）．青色防犯灯の導入背景と全国実態調査報告　照明学会誌，**92**, 631-636.

戸田直宏（2007）．サーカディアンリズムへの光の影響　照明学会誌，**91**, 655-658.

【第9章】

Bengtsson, A. (1970). *Environmental planning for children's play*. Lockwood.　北原理雄（訳）（1974）．遊び場のデザイン　鹿島出版会

Bengtsson, A. (1972). *Adventure playgrounds*. Crosby Lockwood.　大村虔一・大村璋子（訳）（1974）．新しい遊び場　鹿島出版会

Heart, R. A. (1997). *Children's participation: The theory and practice of involving young citizens in community development and environmental care*. London: Earthscan.　木下 勇・田中治彦・南 博文・IPA日本支部（訳）（2000）．子どもの参画―コミュニティづくりと身近な環境ケアへの参画のための理論と実際―　萌文社

梶木典子（2005）．住民と行政のパートナーシップによる冒険遊び場づくりの運営実態―全国の自治体を対象とした調査結果より―　日本建築学会大会学術講演梗概集　オーガナイズドセッション F-1, 93-96.

梶木典子（2006）．ますますパワーアップ！遊育プログラム進行中　N遊S　NPO法人日本冒険遊び場づくり協会，**26**, 3.

梶木典子・古賀久貴・斉藤啓子・菅 博嗣・関戸まゆみ・根本暁生（2004）．はじめよう！パートナーシップで冒険遊び場づくり　NPO法人　日本冒険遊び場づくり協会

梶木典子・瀬渡章子・田中智子・森賀文月（2002）．冒険遊び場の活動実態とプレイリーダーの役割に関する研究―冒険遊び場運営団体を対象とした調査結果―　日本建築学会計画系論文集，**560**, 237-244.

Lady Allen of Hurtwood. (1961). *Adventure Playgrounds*.　大村虔一・大村璋子（訳）（1973）．都市の遊び場　鹿島出版会

森田ゆり（2006）．子どもが出会う犯罪と暴力―防犯対策の幻想― 日本放送出版協会
Play Wales & Hughes, B. (2001). *The first claim: A framework for playwork quality assessment.* Wales: Play Wales．嶋村仁志（訳）（2009）．プレイワーク―子どもの遊びに関わる大人の自己評価― 学文社
仙田 満（1992）．子どもとあそび―環境建築家の眼― 岩波書店
島田貴仁（2009）．子どもの被害調査と日常活動調査―その必要性と社会実装のための試み― 犯罪と非行，**162**, 86-106.

● ピックアップ 10

濱本有希・平 伸二（2008）．大学生による小学生への地域安全マップの作製指導とその効果測定 福山大学こころの健康相談室紀要，**2**, 35-42.
平 伸二（2007）．地域安全マップの作製とその効果測定 福山大学こころの健康相談室紀要 **1**, 35-42.
小宮信夫（2005）．犯罪は「この場所」で起こる 光文社
小宮信夫（2006）．地域安全マップ作製マニュアル―子どもと地域を犯罪から守るために―（改訂版）東京法令出版
小宮信夫（2009）．間違いだらけの地域安全マップ―本当に必要な防犯教育とは― 教育と医学，**57**, 608-614.
三阪梨紗・濱本有希・平 伸二（2009）．高校生を指導者とした地域安全マップ作製とその効果測定 福山大学こころの健康相談室紀要，**3**, 97-105.
文部科学省スポーツ・青少年局学校健康教育課（2009）．学校の安全管理の取組状況に関する調査（平成 19 年度実績） 2009 年 6 月 17 日 http://www.mext.go.jp/a_menu/gakkouanzen/syousai/__icsFiles/afieldfile/2009/06/17/1267499_1.pdf（2009 年 12 月 12 日閲覧）

● ピックアップ 11

雨宮 護・菊池城治・畑 倫子・佐々木誠・温井達也・今井 修・原田 豊（2010）．簡易 GPS ロガーとシール式日記を用いた子どもの行動調査法 第 19 回地理情報システム学会研究発表大会論文集（CD-ROM）．
雨宮 護・齋藤知範・菊池城治・島田貴仁・原田 豊（2009）．GPS を用いた子どもの屋外行動の時空間特性の把握と大人による見守り活動の評価 ランドスケープ研究，**72**, 747-752.
Brantingham, P. J., & Brantingham, P. L. (1981). Notes on the geometry of crime. In P. J. Brantingham, P. L. Brantingham (Eds.), *Environmental criminology.* Beverly Hills, CA: Sage. pp.27-53.
Cohen, L. E., & Felson, M. (1979). Social change and crime rate trends: A routine activity approach. *American Sociological Review,* **44**, 588-605.
菊池城治・雨宮 護・齊藤知範・島田貴仁・原田 豊（2010）．子どもの空間行動シミュレーションシステムの開発 Research Abstracts on Spatial Information Science CSIS Days. 47.
中村 攻（2000）．子どもはどこで犯罪にあっているか―犯罪空間の実情・要因・対策― 晶文社
島田貴仁・小俣謙二・原田 豊（2009）．小学生の屋外での犯罪被害に影響する要因 犯罪心理学研究，**46**（特別号），148-149.
島田貴仁・齊藤知範・雨宮 護・菊池城治・畑 倫子・原田 豊（2010）．GPS による小学生児童の日常行動の測定 GIS ―理論と応用― **18**, 85-91.

● ピックアップ 12

畑 倫子・雨宮 護・菊池城治・原田 豊・島田貴仁・齊藤知範（2010）．小学生児童の外出に対す

る保護者の規制─規制を強める背景要因について─　日本コミュニティ心理学会第13回大会プログラム・発表論文集，76-77.
加藤孝義（2003）．環境認知の発達心理学　新曜社
川野健治・根ヶ山光一（2001）．子どもがモノに接触する際の母親による調整　ヒューマンサイエンス，**13**, 23-36.
厚生労働省（2010）．平成21年人口動態統計月報年計(概数)の概況　2010年6月2日　http://www.mhlw.go.jp/toukei/saikin/hw/jinkou/geppo/ nengai09/dl/gaikyou.pdf
南　博文（1995）．環境の隠れた空間次元を読む　空間認知の発達研究会（編）　空間に生きる　北大路書房　pp.172-173.
中野洋恵（2005）．子どもは男の子と女の子でしつけに違いをつけるべきでしょうか　大日向雅美・荘厳舜哉（編）　子育ての環境学　大修館書店　pp.178-179.
Prezza, M., & Pacilli, M. G.（2007）．Current fear of crime, sense of community and loneliness in Italian adolescents: The role of autonomous mobility and play during childhood. *Journal of Community Psychology,* **35**, 151-170.
Prezza, M. C., Pilloni, S., Morabito, C., Sersante, C., Alparone, F. R., & Giuliani, M. V.（2001）．The influence of psychosocial and environmental factors on children's independent mobility and relationship to peer frequentation. *Journal of Community and Applied Social Psychology,* **11**, 435-450.
Rissotto, A., & Tonucci, F.（2002）．Freedom of movement and environmental knowledge in elementary school children. *Journal of Environmental Psychology,* **22**, 65-77.
仙田　満（1995）．あそぶ　あそびの行動と空間　空間認知の発達研究会（編）　空間に生きる　北大路書房　pp.152-171.
田中俊也（2006）．児童期（小学生の時期）　二宮克美・大野木裕明・宮沢秀次（編）　ガイドライン生涯発達心理学　ナカニシヤ出版　pp.57-72.

【第10章】

朝日新聞（2008）．裁判員時代　サバくのは魚屋？お奉行？　10月6日朝刊
朝日新聞（2009）．裁判員経験　聞かせてください　2月27日朝刊
新　恵理（2000）．犯罪被害者支援─アメリカ最前線の支援システム─　径書房
Festinger, L.（1957）．*A theory of cognitive dissonance.* Evanston : Row, Peterson and Company. 末永俊郎（監訳）（1965）．認知的不協和の理論─社会心理学序説─　誠信書房
藤田政博（2004）．模擬裁判評議の経験が裁判員制度に対する評価に及ぼす影響　集団主義的傾向・社会勢力認知との関連で　法と心理，**3**, 68-80.
藤田政博（2008）．司法への市民参加の可能性─日本の陪審制度・裁判員制度の実証研究─　有斐閣
Gilovich, T.（1991）．*How we know what isn't so: The fallibility of human reason in everyday life.* New York: The Free Press. 守　一雄・守　秀子（訳）（1993）．人間この信じやすきもの─迷信・誤信はどうして生まれるか─　新曜社
Gilovich, T., & Medvec, V. H.（1994）．The temporal pattern to the experience of regret. *Journal of Personality and Social Psychology,* **67**, 357-365.
Gilovich, T., & Medvec, V. H.（1995）．The experience of regret: What, when, and why. *Psychological Review,* **102**, 379-395.
Gilovich, T., Medvec, V. H., & Kahneman, D.（1998）．Varieties of regret: A debate and partial resolution. *Psychological Review,* **105**, 602-605.
Griggs, R.A., & Cox, J.R（1982）．The elusive thematic-materials effect in Wason's selection task.

British Journal of Psychology, **73**, 407-420.
Holyoak, K. J., & Thagard, P. (1995). *Mental leaps: Analogy in creative thought*. Cambridge : MIT Press.
Hovland, C.I., Lumsdaine, A. A., & Sheffield, F. D. (1949). *Experiments on mass communication*. Princeton: Princeton University Press.
伊田政司・谷田部友香 (2005). 刑事事件にたいする主観的量刑判断 法と心理, **41**, 71-80.
五十嵐二葉 (2007). 説示なしでは裁判員制度は成功しない 現代人文社
伊東裕司・矢野円郁 (2005). 確信度は目撃記憶の正確さの指標となりえるか 心理学評論, **48**, 278-293.
厳島行雄・丸山昌一・藤田政博 (2005). 目撃証言への社会的影響について―推定変数とシステム変数からのアプローチ― 心理学評論, **48**, 258-273.
Janis, I., & Mann, L. (1977). *Decision making: A psychological analysis of conflict, choice, and commitment*. New York: Free Press.
Kahneman, D., & Miller, D. T. (1986). Norm theory: Comparing reality to its alternatives. *Psychological Review,* **96**, 136-153.
Kahneman, D., & Tversky, A. (1982). The simulation heuristics. In D. Kahneman, P. Slovic & A. Tversky (Eds.), *Judgment under uncertainty: Heuristics and biases*. New York: Cambridge University Press. pp.201-208.
吉川肇子 (1999). リスク・コミュニケーション―相互理解とよりよい意思決定をめざして― 福村出版
楠見 孝・栗山直子・齊藤貴浩・上市秀雄 (2008). 進路意思決定における認知・感情過程―高校から大学への追調査に基づく検討― キャリア教育研究, **26**, 3-17.
楠見 孝・上市秀雄 (2008). 意思決定スタイルの個人差の構造―衝動型-熟慮型と後悔の関係― 日本心理学会第72回大会発表論文集, 930.
Lazarus, R.S., & Folkman, S. (1984). *Stress, appraisal, and coping*. New York : Springer Publishing Company.
Loftus, E. F., Loftus, G.R., & Messo, J. (1987). Some facts about "weapon focus." *Law and Human Behavior,* **11**, 55-62.
Loftus, E. F., & Palmer, J. C. (1974). Reconstruction of auto-mobile destruction: An example of the interaction between language and memory. *Journal of Verbal Learning and Verbal Behaviour*, **13**, 585 -589.
Lord, C. G., Ross, L., & Lepper, M. R. (1979). Biased assimilation and attitude polarization: The effect of prior theories on subsequently considered evidence. *Journal of Personality and Social Psychology*, **37**, 2098-2109.
松井 豊 (2007). ジャーナリストの惨事ストレスケアに関する心理学的研究 報道人ストレス研究会
松本隆信・塩見哲郎・中谷内一也 (2005). リスクコミュニケーションに対する送り手の評価―原子力広報担当者を対象として― 社会心理学研究, **20**, 201-207.
松澤 伸 (2002). 市民と裁判官のコミュニケーション―北欧の参審制と我が国の裁判員制度― 法と心理, **2**, 41-49.
McCrae, R. R., & Costa, P. T. (1991). Adjective check list scales and the five-factor model. *Journal of Personality and Social Psychology,* **60**, 630-637.
Mischel, W., & Shoda, Y. (1995). A cognitive-affective system theory of personality: Reconceptualizing situation, disposition, dynamics, and invariance in personality structure. *Psychological Review*, **102**, 246-268.

Morimoto, I., Saijo, M., Nohara, K., Takagi, K., Otsuka, H., & Okumura, M. (2006). How do ordinary Japanese reach consensus in group decision making? Identifying and analyzing naive negotiation. *Group Decision and Negotiation,* **15**, 157-169.
日本経済新聞（2008）．裁判員に「心のケア」事件想起・量刑決める責任　最高裁，裁判後，無料相談など　4月13日朝刊
野原佳代子（2009）．裁判員裁判評議における素朴交渉発生の可能性と問題点—模擬評議「及川事件」の発話交換に発現する裁判官と裁判員の枠組みのずれ—　法と心理，**8**, 11-17.
越智啓太（2000）．ウェポンフォーカス効果—実証的データと理論的分析—　応用心理学研究，**26**, 37-49.
越智啓太（2005）．情動喚起が目撃者・被害者の記憶に及ぼす効果　心理学評論，**48**, 299-315.
大和田攝子（2003）．犯罪被害者遺族の心理と支援に関する研究　風間書房
織　朱實（2003）．環境政策における市民参加制度—米国環境法施行における市民参加制度の概要—　環境情報科学，**32**, 24-29.
ラドフォード, M.・中根允文（1991）．意志決定行為—比較文化的考察—　ヒューマンティワイ
西條美紀（2009）．評議における素朴理論　法と心理，**8**, 5-10.
最高裁判所（2008a）．よくわかる！　裁判員制度 Q&A 第2版　最高裁判所
最高裁判所（2008b）．裁判員制度に関する意識調査　2008年4月1日　http://www.saibanin.courts.go.jp/topics/pdf/08_04_01_isiki_tyousa/siryo1.pdf（2010年2月14日閲覧）
杉森伸吉（2002）．裁判員制における市民 - 専門家の異質性の融和—集団主義的傾向・社会的勢力認知との関連で—　法と心理，**2**, 30-40.
杉森伸吉（2006）．裁判員制度が機能するための心理学的検討課題について　法と心理，**5**, 20-25.
杉森伸吉・門池宏之・大村彰道（2005）．裁判員に与える情報が複雑なほど裁判官への同調が強まるか？—裁判員への認知的負荷が裁判官から受ける正当性勢力に及ぼす効果—　法と心理，**4**, 60-70.
寺井あすか・中川正宣・柳瀬徹夫（2003a）．フィードバック的心理処理を含む意思決定のニューラルネットワークモデル　認知科学，**10**, 112-120.
寺井あすか・上市秀雄・中川正宣（2003b）．意思決定の反復によるフィードバック的な心理処理の変化　日本認知科学会第20回大会発表論文集，66-67.
寺井あすか・矢島基充・上市秀雄・中川正宣（2002）．フィードバック的処理を含む意思決定過程のニューラルネットワークモデル—オンライン実験データに基づくモデル構成—　日本認知科学会第19回大会論文集，176-177.
Trimpop, R. M. (1994). *The psychology of risk taking behavior.* New York: North-Holland.
Tversky, A., & Kahneman, D. (1981). The framing decisions and the psychology of choice. *Science,* **211**, 453-458.
Tversky, A., & Kahneman, D. (1986). Rational choice and the framing of decisions. *Journal of Business,* **59**, S251-278.
上市秀雄（2003）．個人的リスク志向・回避行動の個人差を規定する要因の分析　風間書房
Ueichi, H., & Kusumi, T. (1999). Change of decision-making processes in repeated risk-taking behavior in a complex dynamic situation. *Proceedings of Second International Conference on Cognitive Science,* 946-949.
上市秀雄・楠見　孝（2000）．後悔がリスク志向・回避行動における意思決定に及ぼす影響—感情・パーソナリティ・認知要因のプロセスモデル—　認知科学，**7**, 139-151.
上市秀雄・楠見　孝（2004）．後悔の時間的変化と対処方法—意思決定スタイルと行動選択との関連性—　心理学研究，**74**, 487-495.
上市秀雄・楠見　孝（2006）．環境ホルモンのリスク認知とリスク回避行動　認知科学，**13**, 32-46.
Ueichi, H., & Kusumi, T. (2008). Structural equation modeling of risk avoidance in everyday life.

In K. Shigemasu, A. Okada, T. Imaizumi, & T. Hoshino (Eds.), *New trends in psychometrics*. Tokyo: Universal Academic Press. pp.491-500.

上市秀雄・楠見　孝（2010）．裁判員制度に対する参加意向・要望に影響を及ぼす認知・感情要因の関連性―定職の有無による比較―　認知心理学研究，**7**, 89-101.

Ueichi, H., & Oishi, M. (2008). The effects of coping methods on guilt over a period of time. *International Journal of Psychology Abstracts of the 29th International Congress of Psychology (ICP2008) Berlin*, **43**, 340.

和田さゆり（1996）．性格特性語を用いた Big Five 尺度の作成　心理学研究，**67**, 61-67.

綿村英一郎・分部利紘・高野陽太郎（2009）．量刑判断における主観的手がかり　日本心理学会第73回大会発表論文集，467.

Weitzer, R., & Kubrin, C. E. (2004). Breaking news: How local TV news and real-world conditions affect fear of crime. *Justice Quarterly*, **21**, 497-521.

Yamagishi, K., Kitano, M., Morinaga, E., Iwamura, T., Matsubara, T., & Nagae, N. (1999). Perception of dioxin and other risk in Japan: Replication and extension. *Perceptual and Motor Skills*, **88**, 1009-1018.

山岡重行・風間文明（2004）．被害者の否定的要素と量刑判断　法と心理，**1**, 98-110.

山崎優子・伊東裕司（2005）．不採用証拠の存在が採用証拠の評価・判決に及ぼす影響について―社会人と学生が仮想的に裁判員になった場合の比較・検討―　法と心理，**4**, 47-59.

山崎優子・仲真紀子（2008）．「未必の故意」に関する教示が司法修習生と大学生の裁判理解および法的判断に及ぼす影響　法と心理，**7**, 8-18.

読売新聞（2008）．裁判員候補321人に1人　8月26日朝刊

読売新聞（2010）．遺体写真表示後女性裁判員解任　福岡地裁，体調崩す？　1月21日朝刊

Zechmeister, E. B., & Johnson, J. E. (1992). *Critical thinking: A functional approach*. Belmont, CA: Brooks Cole.

Zeelenberg, M., & Pieters, R. (2004). Consequences of regret aversion in real life: The case of the Dutch postcode lottery. *Organizational Behavior and Human Decision Processes*, **93**, 155-168.

Zeelenberg, M., van Dijk, W. W., van der Pligt, J., Manstead, A. S. R., van Empelen, P., & Reinderman, D. (1998). Emotional reactions to the outcomes of decision: The role of counterfactual thought in the experience of regret and disappointment. *Organizational Behavior and Human Decision Processes*, **75**, 117-141.

● ピックアップ 13

田村雅幸（1992）．万引問題に関するデパート・スーパー等の調査　犯罪と非行，**91**, 110-130.

● ピックアップ 14

Baker, M. H., Nienstedt, B. C., Everett R. S., & McCleary, R. (1983). The Impact of a crime wave: Perception, fear, and confidence in the police. *Law & Society Review*, **17**, 319-335.

中央調査社（2010）．「議員，官僚，大企業，警察等の信頼感」調査

Cvetkovich, G. T., Siegrist, M., Murray, R., & Tragesser, S. (2002). New information and social trust: Asymmetry and perseverance of attributions about hazard managers. *Risk Analysis*, **22**, 359-367.

Earle, T. C., & Cvetkovich, G. (1995). *Social trust: Toward a cosmopolitan society*. Westport, CT: Praeger Press.

Ho, T., & MaKean, J. (2004). Confidence in the police and perception of risk. *Western Criminology Review*, **5**, 108-118.

Hovland, C. I., Janis, I. L., & Kelley, H. H. (1953). *Communication and persuasion.* New Haven, CT: Yale University Press.

国家公安委員会・警察庁 (2005). 警察改革の推進についての総合評価書

Rousseau, D. M., Sitkin, S. B., Burt, R. S., & Camerer, C. (1998). Not so different after all: A cross discipline view of trust. *Academy of Management Review,* **23**, 393-404.

Siegrist, M. (2000). The influence of trust and perceptions of risk and benefits on the acceptance of gene technology. *Risk Analysis,* **20**, 195-203.

Siegrist, M., & Cvetkovich, G. T. (2000). Perception of hazards: The role of social trust and knowledge. *Risk Analysis,* **20**, 713-720.

Slovic, P. (1993). Perceived risk, trust, and democracy. *Risk Analysis,* **13**, 675-682.

山岸俊男 (1998). 信頼の構造　東京大学出版会

【第11章】

American Psychiatric Association (2000). *Diagnostic and statistical manual of mental disorders.* 4th ed. *Text revision.* Washington, DC: APA.　高橋三郎・大野裕・染谷俊幸 (訳) (2003). DSM-IV-TR　精神疾患の診断・統計マニュアル　医学書院

Ariga, M., Uehara, T., Takeuchi, K., Ishige, Y., Nakano, R., & Mikuni, M. (2008). Trauma exposure and posttraumatic stress disorder in delinquent female adolescents. *Journal of Child Psychology and Psychiatry,* **49**, 79-87.

飛鳥井望・廣幡小百合・加藤　寛・小西聖子 (2003). CAPS (PTSD臨床診断面接尺度) 日本語版の尺度特性　トラウマティック・ストレス, **1**, 47-53.

Asukai, N., Kato, H., Kawamura, N., Kim, Y., Yamamoto, K., Kashimoto, J., Miyake, Y., & Nishizono-Maher, A. (2002). Reliability and validity of the Japanese-language version of the Impact of Event Scale-Revised IES-R-J. *Journal of Nervous and Mental Disease,* **190**, 175-182.

Blake, D. D., Weathers, F. W., Nagy, L. M., Kaloupek, D. G., Gusman, F. D., Charney, D., & Keane, T. M. (1995). The development of a clinician-administered PTSD scale. *Journal of Traumatic Stress,* **8**, 75-90.

Bremner, J. D. (2002). *Dose stress damage the brain? Understanding trauma-related disorders from a mind-body perspective.* New York: W. W. Norton.　北村美都穂 (訳) (2003). ストレスが脳をだめにする―心と体のトラウマ関連障害―　青土社

デーケン, A. (1996). 死とどう向き合うか　日本放送出版協会

Fry, M. (1959). Justice for victims. *Journal of Public Law,* **8**, 191-194.

藤本哲也・朴　元奎 (1994). アメリカ合衆国における被害者学の生成と発展　被害者学研究, **3**, 41-55.

藤野京子 (2010). 児童虐待を受けた女性サバイバーが30歳代に至るまでのプロセス　犯罪心理学研究, **47**, 33-46.

Fujita, G., & Nishida, Y. (2008). Association of objective measures of trauma exposure from motor vehicle accidents and posttraumatic stress symptoms. *Journal of Traumatic Stress,* **21**, 425-429.

Furukawa, T., & Kawakami, N., Saitoh, M., Ono, Y., Nakane, Y., Nakamura, Y., Tachimori, H., Iwata, N., Uda, H., Nakane, H., Watanabe, M., Naganuma, Y., Hata, Y., Kobayashi, M., Miyake, Y., Takeshima, T., & Kikkawa, T. (2008). The performance of the Japanese version of the K6 and K10 in the World Mental Health Survey Japan. *International Journal of Methods in Psychiatric Research,* **17**, 152-158.

Hamanaka, S., Asukai, N., Kamijo, Y., Hatta, K., Kishimoto, J., & Miyaoka, H. (2006). Acute stress disorder and posttraumatic stress disorder symptoms among patients severely injured in motor vehicle accidents in Japan. *General Hospital Psychiatry, 28*, 234-241.

Herman, J. L. (1992). *Trauma and recovery*. New York : Basic Books　中井久夫（訳）(2004). 心的外傷と回復　みすず書房

法務総合研究所（2009）. 平成 21 年版犯罪白書

Kawakami, N. Takeshima, T., Ono, Y., Uda, H., Hata, Y., Nakane, Y., Nakane, H., Iwata, N., Furukawa, T., & Kikkawa, T. (2005). Twelve-month prevalence, severity, and treatment of common mental disorders in communities in Japan. *Psychiatry and Clinical Neurosciences, 59*, 441-452.

警察庁（2010）. 平成 21 年の犯罪　警察庁

Kessler, R. C., Andrews, G., Colpe, L. J., Hiripi, E., Mroczek, D. K., Normand, S. L. Walters, E. E., & Zaslavsky, A. M. (2002). Short screening scales to monitor population prevalences and trends in nonspecific psychological distress. *Psychological Medicine, 32*, 959-976.

Kessler, R.C., Sonnega, A., Bromet, E., Hughes, M., & Nelson, C. B. (1995). Posttraumatic stress disorder in the National Comorbidity Survey. *Archive of General Psychiatry, 52*, 1048-1060.

交通事故総合分析センター（2010）. 交通統計　交通事故総合分析センター

Matsunaga, H., Kaye, W. H., McConaha, C., Plotnicov, K., Pollice, C., Rao, R., & Stein, D. (1999). Psychopathological characteristics of recovered bulimics who have a history of physical or sexual abuse. *Journal of Nervous and Mental Disease, 187*, 472-477.

Matsuoka, Y., Nishi, D., Nakajima, S., Kim, Y., Homma, M., & Otomo, Y. (2008). Incidence and prediction of psychiatric morbidity after a motor vehicle accident in Japan: The Tachikawa cohort of motor vehicle accident study. *Critical Care Medicine, 36*, 74-80.

McFarlane, A. C., & DeGirolamo, G. (1996). The nature of traumatic stressors and the epidemiology of posttraumatic reactions. In B.A. van der Kolk, A.C. McFarlane & L. Weisaeth (Eds.), *Traumatic stress*. New York: Guilford. pp.129-154.　西澤　哲（訳）(2001). トラウマティック・ストレス　誠信書房

Mizuta, I., Ikuno, T., Shimai, S., Hirotsune, H., Ogasawara, M., Ogawa, A., Honaga, E., & Inoue, Y. (2005). The prevalence of traumatic events in young Japanese women. *Journal of Traumatic Stress, 18*, 33-37.

最上多美子（2008）. 二次的外傷性ストレスとセラピストとしての成長　心理臨床学研究, *26*, 432-443.

森　茂起（2009）. DSM-Ⅲまでのトラウマ概念「神経症」の時代　トラウマティック・ストレス, *7*, 109-119.

Nagata, N., Kiriike, T., Iketani, Y., Kawarada, H. & Tanaka, H. (1999). History of childhood sexual or physical abuse in Japanese patients with eating disorders: Relationship with dissociation and impulsive behaviors. *Psychological Medicine, 29*, 935-942.

中田　修（1958）. メンデルソーン氏の被害者　犯罪学雑誌, *24*, 178-185.

Nishi, D., Matsuoka, Y., Noguchi, H., Sakuma, K., Yonemoto, N., Yanagita, Homma, M., Kanba, S., & Kim, Y. (2009). Reliability and validity of Japanese version of the Peritraumatic Distress Inventory. *General Hospital Psychiatry, 31*, 75-79.

Ohbu, S., Yamashina, A., Takasu, N., Yamaguchi, T., Murai, T., Nakano, K., Matsui, Y., Mikami, R., Sakurai, K., & Hinohara, S. (1997). Sarin poisoning on Tokyo subway. *Southern Medical Journal, 90*, 587-598.

Ohtani, T., Iwanami, A., Kasai, K., Yamasue, H., Kato, T., Sasaki, T., & Kato, N. (2004). Post-traumatic stress disorder symptoms in victims of Tokyo subway attack: A 5-year follow-up

study. *Psychiatry and Clinical Neurosciences,* **58**, 624-629.
大岡由佳・前田正治・田中みとみ・髙松真理・矢島潤平・大江美佐里・金原伸一・辻丸秀策（2007）．精神科看護師が職場で被るトラウマ反応　精神医学, **49**, 143-153.
奥村正雄（1996）．イギリスにおける被害者学の生成と発展　被害者学研究, **6**, 81-106.
Omata, K. (2002). Long-term pychological aftereffects of sexual victimization and influence of victim-assailant relationship upon them among Japanese female college students. 犯罪心理学研究, **40**, 1-17.
Prigerson, H. G., & Jacobs, S.C. (2001). Traumatic grief as a distinct disorder: A rationale, consensus criteria, and a preliminary empirical test. In M. S. Stroebe, R. O. Hansson, W. Stroebe, & H. Schut (Eds.) *Handbook of Bereavement Research.* Washington, D.C. : APA. pp.613-645.
Rando, T.A. (1994). Complications in mourning traumatic death. In I. B. Corless, B. B. Germino, & M. Pittman (Eds.) *Dying, death, and bereavement: Theoretical perspectives and other ways of knowing.* Boston: Jones and Bartlett
Ross, E. K. (1969). *On death and dying.* New York: Macmillan.　鈴木　晶（訳）（1998）．死ぬ瞬間——死とその過程について——　読売新聞社
瀬藤乃理子・丸山総一郎・加藤　寛（2008）．複雑性悲嘆（CG）の診断基準化に向けた動向　精神医学, **50**, 1119-1133.
白井明美・木村弓子・小西聖子（2005）．外傷的死別におけるPTSD　トラウマティック・ストレス, **3**, 181-187.
鈴木眞悟（1999）．若い女性のストーカー被害の実態　科学警察研究所報告　防犯少年編, **40**, 53-66.
Stamm, B. H. (1999). *Secondary traumatic stress: Self-care issues for clinicians, researchers and educators.* Lutherville: Sidran Press.　小西聖子・金田ユリ子（訳）（2003）．二次的外傷性ストレス　誠信書房
Tanimura, M., Matsui, I., & Kobayashi, N. (1990). Child abuse of one of a pair of twins in Japan. *Lancet,* **336**, 1298-1299.
Van Dijk, J. J. M., van Kesteren, J. N., & Smit, P. (2007). *Criminal victimization in international perspective: Key findings from the 2004-2005 ICVS and EU ICS.* The Hague : Boom Legal Publishers.
八木澤麻子・丹羽奈緒・野村和孝・嶋田洋徳・神村栄一（2008）．大学生における外傷体験からの回復過程に関する検討　トラウマティック・ストレス, **6**, 191-199.
Yanagisawa, N., Morita, H., & Nakajima, T. (2006). Sarin experiences in Japan: Acute toxicity and long-term effects. *Journal of Neurological Sciences,* **249**, 76-85.
Yoshihama, M., Horrocks, J., & Kamano, S. (2007). Experiences of intimate partner violence and related injuries among women in Yokohama, Japan. *American Journal of Public Health,* **97**, 232-234.
Weiss, D. S., & Marmar, C. R. (1996). The impact of event scale-revised. In J. Wilson & T. M. Keane (Eds.), *Assessing psychological trauma and PTSD.* New York: Guilford. pp.399-411.

● ピックアップ 15
東　大作（2006）．犯罪被害者の声が聞こえますか　講談社
諸澤英道（2001）．新版被害者学入門　成文堂
内閣府（2007）．平成19年版犯罪被害者白書
内閣府（2009）．平成21年版犯罪被害者白書
大久保恵美子（2001）．犯罪被害者支援の軌跡——犯罪被害者心のケア——　少年写真新聞社

岡村　勲（監）(2009). 犯罪被害者のための新しい刑事司法　第2版　明石書店
全国犯罪被害者の会（2010）. あすに生きる―犯罪被害者の権利と回復を求めて―（改訂増補版）

● ピックアップ 16
藤岡淳子（編著）(2005). 被害者と加害者の対話による回復を求めて　誠心書房
細井洋子・西村春夫・樫村志郎・辰野文理（編著）(2006). 修復的司法の総合的研究　風間書房
Zehr, H. (1990). *Changing lenses: A new focus for crime and justice,* Scottsdale, PA: Herald Press.
　　西村春夫・細井洋子・高橋則夫（監訳）(2003). 修復的司法とは何か―応報から関係修復へ―　新泉社

索引

事項索引

●A～Z
CPTED　165
CPTED 第二世代　141
CRAVED　54
DSM-Ⅳ　242, 254
DV 防止法　251
GPS　178, 207
ICPSR　26
NIMBY　6
PTSD（外傷後ストレス障害）　72, 242
RMA　100
VIVA　54

●あ
青色防犯灯　181, 182
青色防犯パトロール　127, 155
悪質商法　97, 234
遊びの 3 間　185
アフォーダンス　63
暗数　23, 51, 81, 89, 205, 241, 252
安全・安心まちづくり推進要綱　180

●い
イェールコミュニケーション研究プログラム　238
イグザンプラーの効果　32
意思決定　67, 108, 125, 216
1 次バイアス　109
1 次予防　127, 134
逸脱　4, 30, 77, 79, 111, 112, 177
一般予防　126, 233
因果関係　9, 20, 40, 54, 108, 149, 151
インターネット　28, 114, 124, 132, 229
インパーソナル・インパクト仮説　32
インフォーマルな社会統制　4, 20, 129, 151
インフォームド・コンセント　121

●え
英国　15, 84, 155, 172, 241, 249
英国犯罪調査（BCS）　15, 24, 30, 107
疫学調査　243, 254
エンドラップ廃材遊び場　196

●お
横断研究　108
応報感情　249
落ち度　87

●か
介入　143, 152, 164, 251
加害者－被害者関係　94, 203, 251, 263
確証バイアス　221
過失　87
環境決定論　169, 178
環境心理学　13
環境整備活動　137
環境設計による犯罪予防　126, 127, 130, 134, 182
環境犯罪学　130, 134
監視性　107, 137, 139, 172, 182, 191
感情ヒューリスティックス　16
間接被害　10, 11, 14, 18

●き
危険なできごとカルテ　205
規範　79, 202
虐待　55, 243, 251
キャサリン・ジェノベーゼ嬢殺害事件　64
キャンベル共同計画　152
脅威アピール　115
教育プログラム　81, 97, 119, 199
共感性　68, 71, 74
共感疲労　245
共鳴現象　32, 36
拠点　43, 137, 139, 207
近接性　50
近接反復被害　55, 57
近隣監視　137
近隣防犯活動　21

●け
警察への信頼　26, 236
刑事司法　4, 232, 250, 261
刑事司法への信頼　6, 125, 236, 261
系統的レビュー　152
刑罰　5, 126, 233, 262
刑法犯認知件数　2, 8, 59, 181
刑務所実験　63

現実的でない楽観主義　120
厳罰化　5
●こ
合計特殊出生率　211
攻撃性　30, 62, 71, 72, 74
更生保護　5, 122, 234
構造的選択モデル　49, 50, 54
公的統計　23, 59
行動規制　193, 209
荒廃理論　13
広報　28, 41, 113
交絡変数　20, 35
5過程説　245
国際犯罪被害実態調査（ICVS）　23, 241, 252
国勢調査　55, 60
コクラン共同計画　152
コスト　128, 179
コミュニティ指向警察活動　155
コミュニティへの懸念モデル　13
根拠に基づく実務　21, 131, 150, 179
●さ
罪悪感　76, 227
罪種固有の犯罪不安　12, 25
裁判員制度　5, 81, 233, 261
3次予防　127, 134
●し
ジェンダー　90
自己効力感　79, 116, 146, 201
自己非難　86
自己評価　71
自己表出性　139, 145
自主防犯活動　112, 136, 146, 191
システマティックな社会観察　13
施設内処遇　234
自然監視性　4, 191, 197
持続可能性　146, 174, 180, 203
実験法　9, 31, 119, 122, 143, 155, 183, 223, 254
シナリオ　82, 223
市民パトロール　155
社会意識に関する世論調査　2, 8, 26
社会解体（理論）　13, 59, 141
社会生物学　63
社会的絆　4, 19, 143
社会的尊敬度　92
社会的地位　139, 222

社会的比較　37
集合的効力感　16, 20, 59, 140
集合的ジレンマ　157
修正防護動機理論　116
住宅侵入盗　24, 55, 58, 104, 177
縦断研究　20, 54, 77, 108
修復的司法　262
重要な他者　18, 40
主観的確率　7
主要価値類似性モデル　239
状況的犯罪予防　126, 130, 134
条件づけ理論　70
小地域集計　51, 58
少年非行　127, 138, 144, 149
情報公開　41, 58, 121
申告率　24
人種　18, 35, 46, 51, 168
心神喪失　85
侵入的な想起　242
信頼　143, 157
●す
スキーマ　225
ステレオタイプ　99, 100
ストーカー　251, 254
ストレス　71, 89, 184, 215, 227, 243
●せ
脆弱性　10, 17, 35, 51, 105, 237
生態学的心理学　63
精緻化見込みモデル　118
正当世界信念　89, 91
性犯罪神話尺度　94, 101
性犯罪被害　24, 55, 81, 106
性別　17, 45, 93, 232
性役割観　93
性役割期待　46, 212
セーファー・プレイス　172
責任　84, 85, 88
責任帰属　88
責任の分散理論　72
セクシャル・ハラスメント　80, 94, 101
接近制御　137
説得　105
ゼロリスク　111, 120
全国犯罪被害者の会　258
全国犯罪被害調査（米国）　10, 24

潜在的加害者　30, 43, 53, 111, 114, 129, 133, 140, 167
潜在的被害者　48, 129, 133
●そ
総合的社会調査（GSS）　10, 30
ソーシャルキャピタル　17, 140, 157
外遊び　185, 188
●た
対人ネットワーク　19, 78, 131, 157
逮捕リスク　7, 108, 113
代理仮説　35
代理トラウマ　245
代理被害　18
男女間の暴力に関する調査　251
男女共同参画社会　212
●ち
地域安全マップ　199
秩序びん乱　53, 140, 162, 182
秩序びん乱の兆候モデル　13, 14
秩序びん乱の認知　19
調査法　8, 77, 253, 254
地理情報システム（GIS）　51, 159, 176
地理的分析　53
●つ
通報　5, 23, 52, 204, 232, 241
罪の文化　76
●て
転移　111, 179
●と
統一犯罪報告（米国）　29
動機づけ　70, 79, 114
動機づけ認知　238
統制可能性　86
動線　172
同調　73, 79, 226
同調的恥　79
道徳性　70
特別予防　126, 233
匿名性　18, 59, 74
ドメスティックバイオレンス　55, 95, 251
トラウマ　99, 242
トルネード仮説　73
●に
2次的外傷性ストレス　245, 255
2次被害　81, 245, 255

2次分析　30
2次予防　127, 134, 138
日常活動調査　175, 207
日常活動理論　47, 105, 138, 148, 162, 176, 205
日本版総合的社会調査（JGSS）　31
認知的安定性　89
認知的不協和理論　89
●の
能力認知　238, 239
●は
配偶者間暴力　95
陪審制度　214
培養理論　32
ハインリッヒの法則　204
恥　87, 94
恥の文化　76
場所に基づく犯罪予防　164
場所への愛着　4, 139, 166, 201
場所への介入　178
発達的犯罪予防　126
パトロール　21, 106, 141, 153, 177
ハロー効果　222
犯行対象としての魅力　17, 51, 53
犯行対象の強化　54
犯罪及び秩序違反法（英国）　15
犯罪原因論　10, 47
犯罪捜査　5, 129
犯罪対処行動　105
犯罪多発地区　127, 162
犯罪に対する懸念　2, 3, 38
犯罪に対する反応　10
犯罪に対する不安感等に関する調査　23
犯罪に強い社会の実現のための行動計画　16, 112
犯罪の三角形　163
犯罪パターン理論　205
犯罪発生マップ　113, 123, 161, 199
犯罪−犯罪不安のパラドックス　10, 13
犯罪被害経験　10, 12, 18, 23, 28, 33, 36, 143, 205, 257
犯罪被害実態(暗数)調査　23
犯罪被害者　10, 80, 92, 128, 241, 248, 257
犯罪被害者給付制度　249
犯罪被害者等基本法　214, 240, 250, 259
犯罪被害調査　23, 24, 34, 51, 175, 205

犯罪不安　6, 25, 30, 34, 53, 114, 126, 128, 155, 160, 168, 179, 200, 211, 235, 236
犯罪予防　43, 112, 126
犯罪リスク認知　7, 14, 236
バンダリズム　133, 143, 147, 166, 177
反復被害　55, 119, 205
●ひ
被害者学　248
被害者参加制度　5, 250
被害者支援　93, 248, 252, 260
被害者なき犯罪　111
被害リスク　7, 42, 45, 48, 55, 108, 111, 205
悲嘆　242
ひったくり　14, 104, 107, 177
非難　100, 111, 216
ビネット　82
ヒヤリ・ハット　204
評価研究の質　150
●ふ
不安障害　78, 242
不安全行動　105
プライミング効果　32
フラッシュバック　242
プルイット・アイゴー団地　165
フレーミング　74
フレーミング効果　32, 222
プレーリーダー（プレーワーカー）　195
文化差　94
分化的接触理論　71
●へ
米国　19, 89, 94, 101, 107, 122, 137, 241
●ほ
防衛的回避仮説　118
防衛的帰属　89
冒険遊び場　193
防護動機理論　116, 146
防犯カメラ　22, 50, 122, 149, 153, 174, 179, 182
防犯ボランティア　125, 178, 191, 208
保護観察　128, 234
保護観察官　263
没個性化　63
ホットスポット　162, 175
●ま
前向き研究　124, 253
マクロレベル　12, 58

マス・メディア　30, 223
街の要塞化　136
守りやすい空間　14, 135, 166, 167, 169, 177
マルチレベル分析　14, 21, 51, 54, 57
万引き　59, 79, 122, 133, 144, 230, 232
●み
ミクロレベル　12
見守り活動　3, 122, 178, 182, 186, 191
●め
メタ分析　95, 102, 116, 152
メリーランド科学的方法尺度　151
●も
モデリング　70
●や
薬物乱用　70, 114
役割期待　46, 52
●ゆ
有病率　243, 253, 254
●よ
予見可能性　87
●ら
ライフスタイル理論　45, 105, 148
楽観バイアス　122
ラベリング　4
ランダム化比較試験　151, 254
●り
リスク解釈モデル　12
リスク・コミュニケーション　120
リスク認知　30, 115
利他的不安　17, 18, 38
領域性　14, 139, 167
量刑判断　89, 214
両面提示コミュニケーション　219
●る
類似性仮説　35
●れ
レイプ神話　84, 99, 119
●わ
割れ窓理論　19, 63, 140, 142, 168

人名索引

●A
安倍淳吉　68
安部晋吾　98
アレクサンダー（Alexander, C. S.）　82, 95
雨宮　護　135, 136, 138, 172, 175, 178, 180, 207, 208
アンダーソン（Anderson, I.）　84, 93, 94
荒井崇史　17, 38, 117, 118
アロンソン（Aronson, E.）　91, 92, 99

●B
バンデューラ（Bandura, A.）　70
バットソン（Batson, C. D.）　71, 72
ベネディクト（Benedict, R.）　76
ビーネック（Bieneck, S.）　82, 83
バウワーズ（Bowers, K. J.）　113
ブレイスウェイト（Braithwaite, J.）　77, 78
ブランティンガム（Brantingham, P. J.）　126, 133, 134, 163, 205
ブランティンガム（Brantingham, P. L.）　133, 163, 205
ブラウン（Brown, B. B.）　139
ブシュマン（Bushman, B. J.）　71

●C
チリコス（Chiricos, T.）　31, 34, 35, 37
シャルディー（Cialdini, R.）　72
クラーク（Clarke, R. V.）　54, 133, 134, 163
コーエン（Cohen, L. E.）　47, 53, 54, 162
コールマン（Coleman, A.）　169
コンクリン（Conklin, J. E.）　106
コーニッシュ（Cornish, D. B.）　18, 134
コベッロ（Covello, V. T.）　123
クロウ（Crowe, T.）　134, 165

●D
ダーリィ（Darley, J. M.）　64, 67, 72
デイビス（Davis, F. J.）　29
出口保行　72
ディットン（Ditton, J.）　22, 29, 30, 33, 37
デュボウ（Dubow, F.）　7, 10

●E
エック（Eck, J.）　162, 163, 169
エクブロム（Ekblom, P.）　170
エリクソン（Erikson, E. H.）　78, 245

●F
ファレル（Farrall, S.）　15
ファーリントン（Farrington, D. P.）　126, 149-151, 169, 179
ファウスト（Faust, F. L.）　126, 134
フェルソン（Felson, M.）　47, 53, 54, 105, 133, 162, 205
フェラーロ（Ferraro, K. F.）　6, 8, 12, 13, 18-20, 40
フィッシュバック（Feshbach, S.）　117
フロイト（Freud, S.）　245, 247
フライ（Fry, M.）　248
藤岡淳子　263
藤田政博　226, 228
深田博己　115, 117, 118
フルステンブルグ（Furstenberg, F. J.）　107

●G
ガーブナー（Gerbner, G.）　32, 36, 39
ギブソン（Gibson, J. J.）　63
ギロビッチ（Gilovich, T.）　216, 221
グレーザー（Glaser, D.）　71
グラボスキー（Grabosky, P. N.）　149
グリーンベルグ（Greenberg, M. S.）　5
グロフ（Groff, E. R.）　123

●H
萩原　滋　84, 89
ホール（Hale, M.）　13
濱本有希　199-201
羽生和則　17
原田　豊　61, 109, 126, 175
畑　倫子　210
ヒース（Heath, L.）　27, 33, 36, 38
ハーマン（Herman, J. L.）　72, 99, 100, 247
樋村恭一　138
ヒンデラング（Hindelang, M. S.）　45, 46, 51
樋野公宏　58, 136, 172, 177, 178
平　伸二　181, 182, 184, 199-202
ハーシ（Hirschi, T.）　4, 78
本多明生（Honda, A.）　107
星野周弘　16, 112
細江達郎　69
細井洋子　262, 263
ホブランド（Hovland, C. I.）　219, 238

●I
岩倉　希　59

●J
ジャクソン（Jackson, J. M.）　4, 13, 15-17, 21
ジェイコブズ（Jacobs, J.）　164
ジャニス（Janis, I. L.）　117, 216
ヤノフ−ブルマン（Janoff-Bullman, R.）　86
ジェフリー（Jeffery, C. R.）　165
ジョンソン（Johnson, J. D.）　90-92

●K
梶木典子　197
川野健治　209
ケリング（Kelling, G. L.）　140, 168
吉川肇子　120, 121, 228
菊池城治　44, 55, 208
木下冨雄　120
キビビュオリ（Kivivuori, J.）　34
小林秀樹　139
小林寿一　17, 144, 146
コールバーグ（Kohlberg, L.）　69, 70
小島隆矢　58, 177
小宮信夫　140, 199, 201, 202
小西聖子　81, 94
コーメン（Koomen, W.）　34, 36
楠見　孝　215, 216, 218-220, 222, 228

●L
ラブ（Lab, S. P.）　30, 126, 135, 137, 142
ラグランジェ（LaGrange, R. L.）　6, 8, 12, 19
ラタネ（Latané, B.）　64, 67-69, 72
ラブラカス（Lavrakas, P. J.）　122
ラーナー（Lerner, M. J.）　91
ルイス（Lewis, D. A.）　19, 20
リクテンシュタイン（Lichtenstein, S.）　109
リスカ（Liska, A. E.）　30, 37
ロフタス（Loftus, E.F.）　224

●M
松井　豊　74, 227
ミューバイ（Mawby, R. I.）　169
マックスフィールド（Maxfield, M. G.）　10, 11, 27, 30
マイヤー（Meier, R. F.）　49, 50, 54, 107
メリー（Merry, S.）　169
メンデルソーン（Menderson, B.）　248
ミース（Miethe, T. D.）　49, , 50, 54, 55, 107
南　博文　209
宮本聡介　87
守山　正　146

●N
永房典之　76-79
仲　真紀子　225
中村　攻　205
中谷内一也　109, 110, 112
根ヶ山光一　209
ニューマン（Newman, O.）　135, 165, 166, 168, 169
ノリス（Norris, F. H.）　107, 108

●O
越智啓太　224
大渕憲一　100
岡田和也　130
オーキエフ（O'Keefe, G. J.）　40, 41, 115
小俣謙二　17, 52, 88, 91, 94, 101, 137, 139, 146-148
小野寺理江　17
小城英子　29

●P
ペティ（Petty, R. E.）　118
ポラード（Pollard, P.）　84, 88-90, 92, 94, 96
パットナム（Putnam, R. D.）　157, 158

●R
ラトクリフ（Ratcliffe, J.）　55, 179
レペット（Reppetto, T. A.）　111
ライガー（Riger, S.）　4, 10, 20
ロジャース（Rogers, R. W.）　96, 115, 116, 146
ロンセック（Roncek, D. W.）　53
ローゼンバウム（Rosenbaum, D. P.）　122
ローゼンフェルド（Rosenfeld, R.）　158
ローゼンタール（Rosenthal, A. M.）　64
ローゼンワールド（Rosenwald, A.）　70
ロス（Ross, E. K.）　245, 246
ラウントリー（Rountree, P. W.）　107
ルビン（Rubin, Z.）　91

●S
斉藤慎一　32
阪口祐介　17, 38
セーラム（Salem, G.）　19, 20
サンプソン（Sampson, R. J.）　59, 143
サビル（Saville, G.）　136, 141, 142, 170-172, 174
シュナイダー（Schneider, A.L.）　106
シュナイダー（Schneider, L. J.）　88, 94, 96
シュナイダー（Schneider, P. R.）　106

シュナイダー（Schneider, S.）　128, 129
瀬渡章子　146
セリグマン（Seligman, C.）　99
セリエ（Selye, H.）　243
シェーバー（Shaver, K. G.）　84-87, 89, 90, 94, 96
シャーマン（Sherman, L. W.）　53, 129, 131, 162, 179
島田貴仁　14, 17-19, 25, 58, 61, 112, 117, 123, 143, 156, 175, 186, 203, 207
白岩祐子　87, 100
スコーガン（Skogan, W. G.）　10, 11, 27, 28, 30
スロビック（Slovic, P.）　122, 236
スタフォード（Stafford, M. C.）　4, 12, 21
杉森伸吉　226, 230
サザーランド（Sutherland, E. H.）　71
鈴木　護　17, 18, 144
鈴木眞悟　254

● T
髙木大資　158
田村雅幸　232
テイラー（Taylor, R. B.）　13, 14, 19
泊　真児　17, 94, 100
トンリー（Tonry, M. H.）　126
テロニー（Tseloni, A.）　55
津富　宏　150
タイラー（Tyler, T. R.）　32, 38, 39

● U
上市秀雄　215, 216, 218-220, 222, 228
植村勝彦　131, 132

● W
ウォルスター（Walster, E.）　89, 90
ウォー（Warr, M.）　4, 8, 12, 18, 38
渡邉和美　138
ワイナー（Weiner, B.）　86, 87, 96
ウェインステイン（Weinstein, N. D.）　105, 108, 116, 122
ウェルシュ（Welsh, B. C.）　138, 143, 169
ウィルコックス（Wilcox, P.）　14, 18, 49, 55
ウィルソン（Wilson, J. Q.）　140, 141, 168
ウィッテ（Witte, K.）　115, 116

● Y
山岸俊男　239
山本俊哉　177
山入端津由（Yamanoha, T.）　107

山崎優子　223, 225
ヤマワキ（Yamawaki, N）　94
横張　真　177
イン（Yin, R. K.）　4, 6, 155
湯本進太郎　94, 100
湯川利和　135

● Z
ザング（Zhang, L.）　14, 108
ジンバルドー（Zimbardo, P.）　63

執筆者一覧（執筆順）

島田貴仁	科学警察研究所犯罪行動科学部	第1章，第6章，ピックアップ1, 5, 6, 7, 11
荒井崇史	東北大学大学院文学研究科	第2章
菊池城治	フィラデルフィア市警察本部	第3章
水田恵三	尚絅学院大学総合人間科学部	第4章
小俣謙二	駿河台大学心理学部	第5章，第7章
雨宮　護	筑波大学システム情報系	第8章
梶木典子	神戸女子大学家政学部	第9章
上市秀雄	筑波大学システム情報系	第10章
藤田悟郎	科学警察研究所交通科学部	第11章
岩倉　希	日本大学文理学部人文科学研究所	ピックアップ2
永房典之	淑徳大学短期大学部	ピックアップ3
白岩祐子	東京大学大学院人文社会系研究科	ピックアップ4
高木大資	日本学術振興会（東京大学）	ピックアップ8
平　伸二	福山大学人間文化学部	ピックアップ9
濱本有希	静岡県警察本部刑事部科学捜査研究所	ピックアップ10
畑　倫子	文京学院大学人間学部	ピックアップ12
辰野文理	国士舘大学法学部	ピックアップ13
中谷内一也	同志社大学心理学部	ピックアップ14
小林麻衣子	明治学院大学心理学部	ピックアップ15
久保　貴	東京福祉大学心理学部	ピックアップ16

編者紹介

小俣謙二（おまたけんじ）
- 1953 年　神奈川県に生まれる
- 1981 年　名古屋大学大学院文学研究科博士課程後期課程単位取得満了
- 現　在　駿河台大学心理学部教授（博士：心理学）
- 主著・論文
  - 住まいとこころの健康―環境心理学からみた住み方の工夫（編著）　ブレーン出版　1997 年
  - 犯罪に挑む心理学－現場が語る最前線（分担執筆）　北大路書房　2002 年
  - 都市の防犯－工学・心理学からのアプローチ（分担執筆）　北大路書房　2003 年
  - 朝倉心理学講座 12　環境心理学（分担執筆）　朝倉書店　2007 年

島田貴仁（しまだたかひと）
- 1972 年　大阪府に生まれる
- 1996 年　大阪大学大学院人間科学研究科博士前期課程（行動学）修了
- 2005 年　カーネギーメロン大学公共政策・経営研究科修士課程（犯罪政策）修了
- 現　在　科学警察研究所犯罪行動科学部犯罪予防研究室長
- 主著・論文
  - Spatial Diffusion of Residential Burglary in Tokyo　Behaviormetrica 2004 年
  - 犯罪統計入門（分担執筆）　日本評論社　2006 年
  - 日本人の意識と行動（分担執筆）　東京大学出版会　2008 年
  - 環境犯罪学と犯罪分析（監訳）　（財）社会安全研究財団　2010 年

犯罪と市民の心理学
犯罪リスクに社会はどうかかわるか

2011年 5 月20日	初版第 1 刷発行
2019年 3 月20日	初版第 2 刷発行

定価はカバーに表示してあります。

編　者　小　俣　謙　二
　　　　島　田　貴　仁
発　行　所　㈱北大路書房
〒603-8303　京都市北区紫野十二坊町12-8
　　　　　　電　話　(075) 431-0361㈹
　　　　　　Ｆ Ａ Ｘ　(075) 431-9393
　　　　　　振　替　01050-4-2083

©2011　　制作／見聞社　　印刷・製本／㈱太洋社
検印省略　落丁・乱丁本はお取り替えいたします。
ISBN978-4-7628-2755-6　　Printed in Japan

・ JCOPY 〈㈳出版者著作権管理機構　委託出版物〉
本書の無断複写は著作権法上での例外を除き禁じられています。
複写される場合は，そのつど事前に，㈳出版者著作権管理機構
（電話 03-5244-5088,FAX 03-5244-5089,e-mail: info@jcopy.or.jp）
の許諾を得てください。